Zu diesem Buch

Fünftausend Begriffe aus Philosophie, Politik, Gesellschaft, Wirtschaft, Wissenschaft, Kunst und Literatur – treffsicher beschrieben von Dichtern und Denkern, Namhaften und Anonymen – sind in diesem Handbuch alphabetisch erfaßt. Kaum ein Begriff wird nur einmal definiert. Argument und Gegenargument, These und Antithese lösen einander in geistreichen Formulierungen ab. Kürze der Darstellung, Schärfe des Ausdrucks und Anspruch auf Gültigkeit verbinden sich mit aphoristischer Spracheleganz zu schlagfertiger Vernunft.
Der Scharfsinn eines Voltaire, der Sarkasmus eines Schopenhauer, der Esprit eines Wilde, die Satire eines Kraus und mehr als tausend anderer Autoren verschaffen ein hohes literarisches Vergnügen, dem der Gebrauchswert des Nachschlagewerks nicht nachsteht. Denn Definitionen, die mit Witz zum Kern einer Sache kommen, ersparen langatmige Erklärungen. Sie sind Schnellinformationen, die Denkanstöße geben und Sprachknoten lösen – bei Rede, Gespräch, Diskussion, Referat, Artikel oder Brief.
Professor Dr. jur. Lothar Schmidt, Diplom-Volkswirt, lehrt Politologie an der Universität Frankfurt am Main. Weitere Angaben über den Herausgeber enthält das alphabetische Verzeichnis der Autoren und das Verzeichnis der Quellen.

Außerdem vom Autor bei Rowohlt lieferbar:
«Das treffende Zitat zu Politik, Recht, Wirtschaft» (rororo handbuch 6314)
«Geld. Aphorismen und Zitate aus drei Jahrtausenden» Mitherausgeber: Robert W. Kennt (rororo sachbuch 8760)

Schlagfertige Definitionen

Von Aberglaube bis Zynismus

Ausgewählt von Lothar Schmidt

5000 geschliffene Begriffsbeschreibungen
für Rede, Gespräch, Diskussion, Referat, Artikel
oder Brief

rororo
Rowohlt

Titel der Originalausgabe:
«Das große Handbuch geflügelter Definitionen»
Umschlagentwurf Werner Rebhuhn

Gekürzte und überarbeitete Ausgabe

57.–59. Tausend April 1992

Veröffentlicht im Rowohlt Taschenbuch Verlag GmbH,
Reinbek bei Hamburg, Dezember 1974

Satz Aldus (Linotron 505 C)
Gesamtherstellung Clausen & Bosse, Leck
Printed in Germany
1290-ISBN 3 499 16186 9

Über das Definieren

Definitionen sind Schnellinformationen. Wegen ihrer Kürze und Abgeschlossenheit sind Definitionen ein angemessener sprachlicher Ausdruck in unserer informationsüberfluteten Gesellschaft.

Das Verbindende der hier vorgestellten Definitionen ist das mehr oder minder stark ausgeprägte aphoristische Moment. Viele Definitionen sind als Aphorismen niedergeschrieben worden; eine nicht minder große Zahl findet sich in wissenschaftlichen Abhandlungen oder in literarischen Werken.

Was unterscheidet die aphoristische Definition von der Definition im allgemeinen? Die Definition ist *ein logisch vollkommener Begriff (Kant). Die aphoristische Definition ist der Bumerang der Logik.* Während also die Definition im üblichen Sinne eine vollständige Beschreibung des Gegenstandes liefert, beschränkt sich die aphoristische Definition unter bewußtem Verzicht auf Vollständigkeit darauf, einen charakteristischen Aspekt ihres Gegenstandes schlaglichtartig zu beleuchten. Für die aphoristische Definition ist weder die Vollständigkeit noch die Logik erstrebenswert. Für sie ist Logik nur die *Zwangsjacke der Phantasie (Nahr).*

Die Definition ist eine besonders leistungsfähige, die Erkenntnis vorantreibende Begriffsbeschreibung. Die aphoristische Definition ist eine Definition mit Pfiff und Pointe. *Die Definition ist Fertiggedachtes, die aphoristische Definition schlagfertig Gedachtes.*

Die aphoristische Definition bringt viel Information in wenig Worten. Sie beruht auf der Erkenntnis, daß jede Information nur so viel wert ist, wie sie übertragbar ist. Während die wissenschaftliche Definition ein Höchstmaß an Informations*inhalt* durch ihre Vollständigkeit bietet, garantiert die aphoristische Definition ein Höchstmaß an Informations*übertragung* durch ihre Schlagfertigkeit, durch das blitzartige Erhellen eines Blickwinkels.

Aus der Fülle des Gedankengutes, zu dem Autoren aus vielen Ländern und Zeiten beigetragen haben, treten bestimmte Strukturtypen der aphoristischen Definition deutlich hervor. Ohne Anspruch auf Vollständigkeit seien hier einige davon genannt, belegt jeweils durch charakteristische Vertreter ihrer Gattung.

Die philosophische Definition:
Alles Denken ist nichts anderes als ein Vorstellen durch Merkmale. (Kant)
Das Gedächtnis ist die Versammlung des Denkens. (Heidegger)
Freiheit ist die Macht, die wir über uns selber haben. (Grotius)

Die wissenschaftliche Definition:
Ordnung ist die Verbindung des Vielen nach einer Regel. (Kant)
Der Präzedenzfall ist ein Urteil, das ein Prinzip konserviert. (Disraeli)
Der Staat ist die Einheit eines Systems von Normen, die regeln, unter welchen Bedingungen ein bestimmter Zwang von Mensch zu Mensch geübt werden soll. (Kelsen)

Die Arbeitsdefinition, die sich – an den Fachmann gewendet – auf die Wiedergabe eines Merkmales beschränkt und alle anderen Bestimmungsgründe wegläßt:
Regieren, das heißt vorausschauen. (de Girardin)
Verwaltung: Zwangsinterpretation der Bürgerrechte. (Faber)
Demokratie ist die wiederholt auftauchende Vermutung, daß mehr als die Hälfte aller Leute in mehr als der Hälfte der Fälle recht haben. (E. B. White)

Die genetische Definition, die zur Herstellung der nächsten Gattung vom Entwicklungsprozeß des Definitionsgegenstandes ausgeht:
Wohlstand: Durchgangsstadium von der Armut zur Unzufriedenheit. (Nahr)
Intelligenz entsteht dadurch, daß Verstand mit Verstand zu tun bekommt. (Bacmeister)
Konformismus entsteht aus stillschweigendem Übereinkommen, schlafende Hunde nicht zu wecken, deren Bellen beiden Teilen unangenehm werden könnte. (Wannenmacher)

Die Brennspiegeldefinition, welche im Kleinen die das große Ganze bestimmenden Zusammenhänge aufdeckt:
Einen Menschen lieben heißt einwilligen, mit ihm alt zu werden. (Camus)
Institutionen sind Aufbewahrungsorte für Werte. (Marney)
Politik ist der Kampf um den Gesetzgeber. (Wiggins)

Die formale Definition, die gerade durch ihre übertriebene Strenge Züge des Komischen enthält:
Bücher sind nichtperiodische Publikationen mit einem Umfang von 49 Seiten oder mehr. (Definition der UNESCO)

Honig ist der süße Stoff, den die Bienen erzeugen, indem sie Nektariensäfte oder auch andere, an lebenden Pflanzenteilen sich vorfindende süße Säfte aufnehmen, durch körpereigene Stoffe bereichern, in ihrem Körper verändern, in Waben aufspeichern und dann reifen lassen. (Verordnung über Honig vom 21. 3. 1930. Reichsgesetzblatt Teil I, S. 101)

Die dunkle Definition, die Unbekanntes mit Unbekanntem erklärt:
Der Staat ist die politische Offenbarung des Weltgeistes. (Hegel)
Staaten sind Gedanken Gottes. (Ranke)
Politik ist, daß man Gottes Schritt durch die Weltgeschichte hört, dann zuspringt und versucht, einen Zipfel seines Mantels zu fassen. (Bismarck)

Die negative Definition, die sagt, welche Eigenschaft der Gegenstand nicht hat:
Der Kreis ist ein Nichteck. (Definition eines Kindes)
Der Punkt ist etwas, was keine Teile hat. (Euklid)

Die tangentiale Definition, welche die Genauigkeit der Kürze opfert und den Sachverhalt eher streift als trifft:
Beweise? Gereimte Behauptungen. (Lohberger)
Jeder Zweifel ist die Forderung nach einer Methode. (Ortega y Gasset)
Schlagfertigkeit ist die schnellste Bestätigung des Selbstgefühls. (Hans Arndt)

Die metaphorische Definition, in welcher ein geläufiges Vorstellungsbild stellvertretend für einen schwer faßbaren Begriff steht:
Die Meinung ist eine Küche, worin alle Wahrheiten abgeschlachtet, gerupft, zerhackt, geschmort und gewürzt werden. (Börne)
Koalition: eine Partei wäscht die andere. (Renner)
Metaphern sind die Masken des Gedankens. Auch diese. (Kudszus)

Die nonkonformistische Definition, die den Gegenstand aus der Perspektive des Außenseiters sieht:
Erziehung ist, ideell gesehen, Zivilschutz gegen radioaktiven Niederschlag der Medien. (McLuhan)
Die große Koalition ist die formierte Gesellschaft des Parlaments zur Abwehr mißlicher Wählereinflüsse. (Nahr)

Die effektbetonte Definition, die vornehmlich durch Paradoxie wirkt:
Arbeit: eines der Verfahren, durch das A dem B Eigentum erwirbt. (Bierce)
Demokratie: Herrschaft des Volkes, das den von Minderheiten bestimmten Mehrheitsentscheidungen gehorcht. (Haller)
Recht: Zwangsregeln, welche die Öffentlichkeit verlangt, respektiert, in Kauf nimmt, duldet oder erträgt. (Wiggins)

Die kabarettistische oder humoristische Definition:
Ein Schnupftabakhersteller ist ein Mann, der sein Geschäft in fremder Leute Nasen steckt. (Quinn)
Kochkunst: eine ebenso angenehme wie heimtückische Methode, Muskelfleisch in Bauchspeck zu verwandeln. (Nahr)
Definition eines Kusses: die anatomische Nebeneinanderstellung von zwei Ringmuskeln im Zustand der Kontraktion. (Gibbons)

Wer das Handwerk der Definitionenschreiber näher betrachtet, wird oft eine der folgenden Methoden erkennen können:

Definition durch Identität:
Demut ist Unverwundbarkeit. (Ebner-Eschenbach)
Philosophieren ist zweifeln. (Montaigne)
Opportunist = Jenachdemer. (Wilhelm Busch)

Definition durch Vergleich:
Worte sind Taschen, in die bald dies, bald jenes, bald mehreres auf einmal hineingesteckt worden ist. (Nietzsche)
Prägnante Sätze sind wie scharfe Nägel, welche die Wahrheit in unser Gedächtnis hineinzwingen. (Diderot)
Sprechen, das heißt vor sich selber hermarschieren. (Queneau)

Definition durch Kontrast:
Schönheit: die Macht, womit eine Frau einen Liebhaber bezaubert und einen Ehegatten in Schrecken hält. (Bierce)
Der Hauptunterschied zwischen einem Rechtsstaat und einer Diktatur besteht darin, daß man den einen ohne besonderen Grund verlassen kann, während man in der anderen ohne besonderen Grund festgehalten wird. (Nahr)

Definition durch «Verwandtschaft» der Begriffe:
Erfolg ist das Kind der Keckheit. (Disraeli)
Liebe ist das Kind der Illusion und die Mutter der Desillusion. (Unamuno)
Die Phantasie ist die schönste Tochter der Wahrheit, nur etwas lebhafter als die Mama. (Spitteler)

Definition durch Transposition, das heißt, es wird eine Eigenschaft aus einem fremden Bereich verwendet, um eine spezielle Seite des Definitionsgegenstandes aufzuhellen:
Modelländerungen sind die Trippelschritte der Technik. (Nahr)
Die Kultur ist ein sehr dünner Firnis, der sich leicht in Alkohol auflöst. (Aldous Huxley)

Definition durch Wortspiel:
Der Mensch ist ein Pferd, das sich selbst anspornt. (Irzykowski)
Steuer: teuere Nautik des Staatsschiffes. (Lohberger)
Wortspiel: Sprache auf Ferien. (Morley)

Beim Definieren kommen nicht nur immer wieder bestimmte Strukturtypen und Methoden vor, sondern auch bestimmte Arbeitstechniken.

Beispiele:
Heuchelei ist eine Huldigung, welche das Laster der Tugend darbringt. (La Rochefoucauld)
Heuchelei ist eine Huldigung, welche die Wahrheit dem Irrtum darbringt. (Shaw)
Karikatur ist eine Huldigung, welche die Mittelmäßigkeit dem Genius darbringt. (Wilde)
Betrug ist eine Huldigung, welche die Gewalt der Vernunft darbringt. (Unbekannt)

Oder:
Gerechtigkeit ist Wahrheit in Aktion. (Joubert)
Der Wille ist Charakter in Aktion. (Unbekannt)
Politik ist Wirtschaftslehre in Aktion. (La Follette)

Oder:
Ein Kunstwerk ist ein Stück Natur, gesehen durch ein Temperament. (Zola)
Naturalismus: Wirklichkeit, gesehen durch kein Temperament. (Ludwig Marcuse)

Oder:
Intuition ist Vernunft in Eile. (Jackson)
Journalismus ist Literatur in Eile. (Arnold)
Ungeduld ist Warten in Eile. (Unbekannt)
Der Kommunist ist ein Sozialist in großer Eile. (Gough)

Oder:
Nachahmung ist die aufrichtigste Form der Schmeichelei. (Colton)
Neid ist die aufrichtigste Form der Schmeichelei. (Wiggins)
Der Kuß ist die aufrichtigste Form der Schmeichelei. (Unbekannt)

Oder:
Humor: der Schwimmgürtel auf dem Strom des Lebens. (Börne)
Der Leichtsinn ist ein Schwimmgürtel für den Strom des Lebens. (Raabe)
Philosophien sind Schwimmgürtel, gefügt aus dem Kork der Sprache. (Morgenstern)

Oder:
Philosophie ist gesunder Menschenverstand im Frack. (Braston)
Ironie ist eine Beleidigung im Frack. (Unbekannt)
Schlagfertigkeit ist eine Beleidigung im Frack. (Unbekannt)

Wer öfter in diesem Buch liest, wird gewiß noch weitere Strukturtypen, Methoden oder Arbeitstechniken der aphoristischen Definition entdecken. Vielleicht wird er auch selber Definitionen verfassen und mitteilen wollen.

Die Definitionen dieses Buches zeigen dem Leser, wie sich die aphoristische Definition mutig und unbekümmert gerade an jene Gegenstände heranwagt, die im wissenschaftlichen Sinne als undefinierbar gelten – zum Beispiel Liebe, Glück, Freiheit, Recht und Politik. Im Gegensatz dazu bleibt die wissenschaftliche Definition der Vollständigkeit verhaftet. Darin offenbart sich ihre wichtigste Funktion: sie soll dem Gedankengang alle unerlaubten Auswege und Abwege verbauen.

Menschen, die von Berufs wegen recht behalten müssen, werden sich niemals freiwillig in die Fessel einer Definition begeben: *Politiker und Propheten definieren nicht.*

Lothar Schmidt

A

Aberglaube

Ein Aberglaube ist eine frühreife Erklärung, welche die Zeit überdauert hat. *Iles*

Der Aberglaube ist die Poesie des Lebens; deswegen schadet's dem Dichter nicht, abergläubisch zu sein. *Goethe*

Aberglauben ist die verschämte Ausflucht von Menschen, die so viel lieber glauben würden. *Anita*

Aberglaube ist die Freigeisterei zweiten Ranges. *Nietzsche*

Aberglaube selbst ist Lokalphilosophie. *Lichtenberg*

Abhängigkeit

Abhängig: auf die Großmut eines anderen angewiesen, da ohne Druckmittel. *Bierce*

Abschiednehmen

Abschiednehmen ist immer ein Stückchen Tod. *Französisches Sprichwort*

Absolut, Absolute Monarchie

Absolut: unabhängig, nicht verantwortlich. Eine absolute Monarchie ist die, in der der Souverän alles tut, was ihm gefällt – solange es den Mördern gefällt. Es sind nicht mehr viele absolute Monarchien übriggeblieben; die meisten wurden von konstitutionellen Monarchien abgelöst, in denen die Macht des Souveräns zum Bösen – und zum Guten – sehr beschränkt ist, oder von Republiken, die durch den Zufall regiert werden. *Bierce*

Abstand

Abstand: das einzige, was die Reichen den Armen zubilligen und von ihnen erhalten. *Bierce*

Abstinenzler

Abstinenzler: ein schwacher Mensch, welcher der Versuchung erliegt, sich selbst eines Vergnügens zu berauben. *Bierce*

Abstrahieren

Abstrahieren heißt die Luft melken. *Hebbel*

Absurd

Als absurd bezeichnen wir, was nicht möglich ist und trotzdem passiert; was möglich ist, aber nicht passiert, bezeichnen wir als typisch. *Laub*

Absurdität: eine Meinungsäußerung, die der eigenen Ansicht offenkundig widerspricht. *Bierce*

Achtung

Es scheint, daß «jemand achten» heißt «sich ihm gleichstellen». *La Bruyère*

Ärger

Ärger ist die Unfähigkeit, Wut in Aktion umzusetzen. *Wolfgang Herbst*

Ärger ist eine Säure, die ihren Behälter stärker zerfrißt als das, worüber man sie ausgießt. *Zitiert nach «Das Beste» 1968*

Ästhet

Der Ästhet ist der rechte Realpolitiker im Reich der Schönheit.
Karl Kraus

Ärztlicher Kunstfehler

Ärztlicher Kunstfehler: Aeskulapsus.
Niederreuther

Agitator

Agitator: ein Politiker, der die Obstbäume seiner Nachbarn schüttelt, um die Würmer umzuquartieren.
Bierce

Das Geheimnis des Agitators ist, sich so dumm zu machen, wie seine Zuhörer sind, damit sie glauben, sie seien so gescheit wie er.
Karl Kraus

Albernheit

Die Albernheit ist eine Erholung von der Umwelt.
Bamm

Allein

Allein: in schlechter Gesellschaft.
Bierce

Allein ist der Zustand, in dem sich jeder Nachdenkliche befindet.
Nahr

Alt, Alter

Alt werden heißt sehend werden.
Ebner-Eschenbach

Alt werden heißt sich selbst ertragen lernen.
Kudszus

Alt ist man dann, wenn man an der Vergangenheit mehr Freude hat als an der Zukunft.
John Knittel

Alter: der Lebensabschnitt, in dem wir die Sünden, derer wir noch frönen, dadurch wettmachen, daß wir die Sünden schmähen, die zu begehen wir nicht mehr unternehmungslustig genug sind.
Bierce

Das Alter ist ein Spital, das alle Krankheiten aufnimmt.
Sprichwort

Alter: das ist immer noch das einzige Mittel, das man entdeckt hat, um lange leben zu können.
Auber

Das Alter ist ein Tyrann, der bei Lebensstrafe alle Vergnügungen der Jugend verbietet.
La Rochefoucauld

Die Tragödie des Alters beruht nicht darin, daß man alt ist, sondern daß man jung ist.
Wilde

Respekt vor dem Alter ist die zivilisierte Form des Mitleids der Jugend, die ihren Sieg in der Tasche hat.
Hans Kasper

Das Alter ist ein Aussichtsturm.
Hans Kasper

Altern, das ist an die Jugend denken.
Lohberger

Altern beginnt damit, daß wir nur noch Konsequenzen aus dem ziehen können, wozu wir geboren sind.
Kudszus

Amnestie

Amnestie: ein Akt, durch den die Herrscher die häufigsten Ungerechtigkeiten verzeihen, die sie begangen haben.
Pierre Véron

Amnestie: die Großmut des Staates gegenüber solchen Rechtsbrechern, deren Bestrafung ihm zu teuer wäre.
Bierce

Amnestie: das schönste Wort der menschlichen Sprache.
Victor Hugo

Amüsement
→ Vergnügen

Amüsement ist das Glück derer, die nicht denken können. *Pope*

Sich amüsieren heißt etymologisch: die Muse loswerden. Amüsement wäre also das Vergnügen der Plattköpfe. *Seume*

Angst

Angst ist der Preis, den wir für unsere Beweglichkeit zahlen. Pflanzen und Steine kennen keine Angst.
Kudszus

Anhänger

Anhänger: ein Mitläufer, der noch nicht alles erhalten hat, worauf er rechnet. *Bierce*

Anklagen

Anklagen: die Schuld oder Unwürdigkeit eines anderen beteuern; gewöhnlich, um uns selber dafür zu rechtfertigen, daß wir ihm Unrecht getan haben. *Bierce*

Anmaßung

Die Forderung, geliebt zu werden, ist die größte der Anmaßungen.
Nietzsche

Anmut

Anmut ist ein Ausströmen der inneren Harmonie. *Ebner-Eschenbach*

Anmut ist eine Schönheit, die nicht von der Natur gegeben, sondern von dem Subjekte selbst hervorgebracht wird. *Schiller*

Die menschliche Anmut ist eine Geschlossenheit des Wesens, deren Gesetze man nicht kennt: eine geheime Sympathie aller Züge untereinander und jedes einzelnen Zuges mit dem Ganzen. *La Rochefoucauld*

Anpassung

Anpassung ist die Stärke der Schwachen. *Wolfgang Herbst*

Anschauung

Die intellektuelle Anschauung ist der kategorische Imperativ der Theorie. *Friedrich Schlegel*

Anspruchslosigkeit

Anspruchslosigkeit ist Seligkeit.
Ebner-Eschenbach

Anständigkeit

Anständigkeit ist die Verschwörung der Unanständigkeit mit dem Schweigen. *Shaw*

Anständigkeit ist der Trost, der einem nach schlechten Geschäften bleibt.
Nahr

Anteilnahme

Die allgemeine Anteilnahme ist die allseitige Bestätigung der Einsamkeit. *Edel*

Anteilnahme: das ist die gesellschaftliche Form der Zudringlichkeit.
Lohberger

Antwort

Eine richtige Antwort ist wie ein lieblicher Kuß. *Goethe*

Antworten finden heißt: vom Fragen ermüdet sein. *Kudszus*

Aphorismus

→ Definition, Epigramm, Maximen, Sentenz, Zitat

Ein Aphorismus ist der letzte Ring einer langen Gedankenkette.
Ebner-Eschenbach

Der Aphorismus ist das vorletzte Glied einer Gedankenkette, dessen letztes ein Paradoxon ist.
Nowaczyński

Der Aphorismus ist ein Sektor, der den Kreis ahnen läßt. *Wiesner*

Aphorismen: Gedanken als Ereignisse. *Ekelund*

Aphorismen sind die Einfälle der Philosophen. *Vauvenargues*

Jeder Aphorismus ist Bekenntnis persönlicher Erfahrung und philosophische Besinnung zugleich – Leben und Gedanke in einem. *Margolius*

Aphorismen sind Gegengaben: der Geist gibt als Weisheit zurück, was das Leben ihm schenkte. *Kessel*

Aphorismen sind transportierfähige Weisheiten, ausgesuchtester Extrakt des Denkens und Fühlens. *Alger*

Aphorismus: vorverdaute Weisheit.
Bierce

«Geist in Raten» murmelte ein Schriftsteller – und schrieb Aphorismen. *Reitz*

Aphorismen sind Ansätze, die keine Angst haben, steckenzubleiben.
Wolfgang Herbst

Der Aphorismus ist der Handschlag der Sprache. *Lohberger*

Der Aphorismus ist ein Anstoß zu einer sich im Leser vollziehenden Kristallisation. *Kessel*

Der Aphorismus ist der Kristall unter den mehr oder minder durchsichtigen Mineralien des Gedachten; er ist ein Blitz, der für die Dauer eines Augenaufschlages das Dunkel des dumpf Gefühlten erhellt; er spricht aus, was sich gemeinhin der Aussage entzieht.
Beutelrock

Aphorismen sind Glockenstäbe: Man schlägt den Triangel einer Erfahrung an, darauf erklingt eine ganze Tabulatur. *Kessel*

Ein echter Aphorismus ist ein Universum im Wassertropfen. *Kessel*

Aphoristische Bemerkungen sind oft wie ein farbloser Niederschlag aus lebendigen Wahrnehmungen, die erst demjenigen wieder einen farbigen Inhalt darbieten, der eine eigene Lebenserfahrung hinzubringt. So gibt es Flüssigkeiten, die wie reines Wasser aussehen, aber durch Hinzutun eines neuen Stoffes den darin aufgelösten zur Erscheinung kommen lassen.
Auerbach

Der Aphorismus ist ein geistiges Florett. *Michel*

Aphorismen sind die Schwalben der Dialektik. *d'Ors*

Der Aphorismus deckt sich nie mit der Wahrheit; er ist entweder eine halbe Wahrheit oder anderthalb.
Karl Kraus

Aphorismen sind Schnäpse: Es genügt ein Schluck, um die klarsten Visionen zu haben. *Kessel*

Der Aphorismus ist die älteste, die einfachste und die allgemeinste Form philosophischer Erwägung. *Margolius*

Der Aphorismus ist ein gewitztes Kerlchen, das Kunst und Philosophie in Liebe gezeugt haben: von der Philosophie hat es die Art zu fragen, von der Kunst die Art zu antworten. *Branstner*

Der gute Aphorismus ist wie eine mathematische Formel. Er stellt eine Erfahrungstatsache dar, in die eine ganze Menge Einzelerscheinungen aus Welt, Leben und Gesellschaft mit mehr oder weniger Rest aufgehen. *Hagemann*

Der Aphorismus hat das eine mit der Mathematik gemein, daß er bestrebt ist, ein Problem zu fixieren, um es auf eine gültige Formel zu bringen. Innerhalb dieser Formel ist auch die Unbekannte denkbar – in Form der Paradoxie, skeptisch oder lakonisch. *Kessel*

Der Aphorismus, die Sentenz, sind die Formen der Ewigkeit. *Nietzsche*

Jeder Aphorismus ist das Amen einer Erfahrung. *Kudszus*

Aphoristische Definition

Die aphoristische Definition ist eine Definition, der zum Glück die Perfektion fehlt. *Schmidt*

Die aphoristische Definition ist eine Definition, die sich mit Vorliebe das Nichtdefinierbare aussucht. *Renner*

Aphoristische Definitionen sind kandierte Früchte vom Baum der Erkenntnis. *Nahr*

Die aphoristische Definition ist ein Schnappschuß der Erkenntnis, der aber nicht in jedem Falle von einer Kleinbildkamera stammen muß. *Nahr*

Aphoristisch denken

Aphoristisch denken ist der Versuch, der Unvollkommenheit gedanklicher Perfektion zu entgehen. *Hans Kasper*

Appetit

Appetit ist konkrete Sehnsucht. *Anita*

Appetit auf irgend etwas . . . Lust auf Lust. *Anita*

Appetit ist die Luxusausgabe des Hungers. *Anita*

Aprilnarr

Aprilnarr: ein Märznarr, zu dessen Torheit ein weiterer Monat hinzugekommen ist. *Bierce*

Arbeit

Arbeit: eines der Verfahren, durch das A dem B Eigentum erwirbt. *Bierce*

Arbeit ist der Fluch der trinkenden Klassen. *Wilde*

Die Arbeit, dieser Fluch, womit Gott das menschliche Geschlecht segnete, gibt uns wahres und dauerhaftes Vergnügen. *Möser*

Arbeit ist häufig der Vater des Vergnügens. *Voltaire*

Die Arbeit ist die zuverlässigste Seligkeit dieser Erde. *Wichert*

Was man eine ehrliche Arbeit nennt, ist eine, die mit so viel Kraft ausgestattet ist, daß sie einer Illusion Wirklichkeit zu geben vermag. *Max Jakob*

Die Arbeit ist eine Schmach, weil das Dasein keinen Wert an sich hat. *Nietzsche*

Architektur

Die Architektur ist die erstarrte Musik. *Schelling*

Architektur ist gefrorene Musik. *Schopenhauer*

Architektur: das Blühen der Geometrie. *Emerson*

Die Architektur ist die Physiognomie der Nationen. *Custine*

Architektur ist eine Art Machtberedsamkeit in Formen. *Nietzsche*

Moderne Architektur ist das aus der richtigen Erkenntnis einer fehlenden Notwendigkeit erschaffene Überflüssige. *Karl Kraus*

Argwohn

Was ist Argwohn? Ein Gefühl, das uns dazu treibt, das zu suchen, was wir nicht zu wissen begehren. *de Flers*

Aristokratie

Nur derjenige Staat verdient Aristokratie genannt zu werden, in welchem wenigstens die kleinere Masse, welche die größere despotisiert, eine republikanische Verfassung hat. *Friedrich Schlegel*

Der Aristokrat ist ein Demokrat mit gefüllten Taschen. *Josh Billings*

Armee

Armee: eine Streitmacht, welche die Fehler der Diplomaten berichtigt. *Daniels*

Armee: Bollwerk der Gesellschaft. *Flaubert*

Armut

Armut ist die weit aufklaffende, erbarmungslose Hölle, die unter der zivilisierten Gesellschaft gähnt. *Henry George*

Die Armut und die Hoffnung sind Mutter und Tochter. Indem man sich mit der Tochter unterhält, vergißt man die andere. *Jean Paul*

Aroma

Aroma: ein Wispern, das die Nase hört. *Unbekannt*

Arroganz

Arroganz ist die Karikatur des Stolzes. *Feuchtersleben*

Arroganz ist die Perücke geistiger Kahlheit. *Aus den «Fliegenden Blättern»*

Atom

Das Atom ist unser kleinstes Porträt; es enthüllt unsere Kraft als Schrekken. *Rychner*

Aufklärung

Die Maxime, jederzeit selbst zu denken, ist die Aufklärung. *Kant*

Die wahre Aufklärung ist diejenige, die den Menschen lehrt, daß er sich selbst ein Gesetz ist; die wahre Kultur ist diejenige, die ihn gewöhnt, diesem Gesetz ohne Rücksicht auf Belohnung und Strafe zu folgen. *Jacobi*

Aufklärung ist der Ausgang des Menschen aus seiner selbstverschuldeten Unmündigkeit. Unmündigkeit ist das Unvermögen, sich seines Verstandes ohne Leitung eines anderen zu bedienen. *Kant*

Aufklärung in allen Ständen besteht eigentlich nur in richtigen Begriffen von unseren wesentlichen Bedürfnissen. *Lichtenberg*

Aufklärung: Die Vernunft macht immer heller, in welchem Dunkel wir leben. *Ludwig Marcuse*

Aufmerksamkeit

Die Aufmerksamkeit ist der Meißel des Gedächtnisses. *de Lévis*

Aufmerksamkeit ist der Stoff, aus dem das Gedächtnis besteht; und Gedächtnis ist akkumulierter Genius. *Lowell*

Aufrichtigkeit

Aufrichtigkeit ist Offenheit des Herzens. Man findet sie bei sehr wenig Menschen, und die, die man gewöhnlich sieht, ist nur eine feine Heuchelei, um das Vertrauen anderer anzulokken. *La Rochefoucauld*

Aufrichtigkeit ist der Gipfel guter Manieren. *Shaw*

Vollkommene Aufrichtigkeit ist der Weg zur Originalität. *Baudelaire*

Weibliche Aufrichtigkeit ist ein Beweis für äußerstes Desinteresse. *Nahr*

Auge

Das Auge ist des Herzens Hand. *Sprichwort*

Das Auge: der Helfershelfer des Räubers «Hand». *Hilsbecher*

Augenblick

Der Augenblick ist nichts als der wehmütige Punkt zwischen Verlangen und Erinnern. *Musil*

Augenblick: der Orgasmus der Zeit. *Hilsbecher*

Ausdauer

Ausdauer ist konzentrierte Geduld. *Carlyle*

Ausdauer ist eine Tochter der Kraft, Hartnäckigkeit eine Tochter der Schwäche, nämlich – der Verstandesschwäche. *Ebner-Eschenbach*

Ausnahme

Ausnahmen sind nicht immer Bestätigung der alten Regel. Sie können auch Vorboten einer neuen Regel sein. *Ebner-Eschenbach*

Auto

Auto: Mittel der Technik, das uns instand setzt, in der Regel viel schneller und bequemer die nächste Reparaturwerkstatt zu erreichen, als wir das zu Fuß vermöchten. *Nahr*

Autobiographie

Autobiographie: eine Alibiographie. *Unbekannt*

B

Baby

Ein Baby ist ein Engel, dessen Flügel schrumpfen, während die Beine wachsen. *Französisches Sprichwort*

Barbarei
→ Kultur, Zivilisation

Barbarei ist die Abwesenheit von Normen und Berufungsinstanzen.
Ortega y Gasset

Worin besteht Barbarei anders als darin, daß man das Vortreffliche nicht anerkennt? *Goethe*

Die Barbarei ist der Prunktitel, den sich die Roheit beilegt. *Suarès*

Das sicherste Zeichen der Barbarei und Primitivität ist der Kult der Zahl und der Quantität.
Coudenhove-Kalergi

Die Kultur der Häßlichkeit heißt Barbarei. *Lohberger*

Barbarei und Zivilisation – Vorgericht und Nachspeise der Kultur.
Hans Kasper

Beamter
→ Untergebener

Ein Beamter ist oft ein Mann, der sich durch den Fleiß seiner Untergebenen auszeichnet.
Aus den «Fliegenden Blättern»

Bedeutung

«Bedeutung» legen wir einem Ereignis bei, wenn es dabei «um Werte geht», «Sinn», wenn daraus Werte hervorgehen. *Radbruch*

Bedürfnis

Das Bedürfnis gilt als die Ursache der Entstehung: in Wahrheit ist es oft nur die Wirkung des Entstandenen.
Nietzsche

Begabung

Vielleicht ist alle Begabung nichts anderes als Begabung zur Einsamkeit, zur Stille, in der es klingen darf – und siehe, es klingt! *Wildgans*

Begabungen sind produktive Gleichgewichtsstörungen. *Kudszus*

Begehren

Begehren heißt: sich verloren haben. *Nietzsche*

Begeisterung

Begeisterung: eine in der Jugend auftretende Unruhe, die durch geringe Dosen Reue in Verbindung mit äußerlich angewandter Erfahrung heilbar ist. *Bierce*

Begeisterung ist jene Laune des Geistes, bei der die Vorstellungskraft den besseren Teil des Urteils ausmacht. *Warburton*

Begeisterung ist nichts als moralische Trunkenheit. *Byron*

Begeisterung ist der unverkennbare Beweis dafür, daß du in deine Arbeit verliebt bist. *Unbekannt*

Die Begeisterung ist das tägliche Brot der Jugend. Die Skepsis ist der tägliche Wein des Alters. *Buck*

Begierde

Begierde ist des Menschen Wesen selbst. *Spinoza*

Die Begierde ist die Wiederbelebungsform des Genusses. Aber auch der Genuß ist eine Begierde: nach Begierde. *Lohberger*

Begierde – ein sicher auf sein Ziel springender Tierleib. Gier – ein hastig ins Ungefähr greifendes Gerippe. *Ludwig Strauß*

Begriff

Begriffe sind Bildzeichen für oft wiederkehrende Empfindungen. *Nietzsche*

Begriffe sind Tastversuche des Geistes. *Otto Michel*

Begriff ist Summe, Idee Resultat der Erfahrung; jene zu ziehen, wird Verstand, dieses zu erfassen, Vernunft erfordert. *Goethe*

Die Begriffe der Menschen von den Dingen sind meistens nur ihre Urteile über die Dinge. *Hebbel*

Ein Begriff entsteht, indem eine produktive Kraft Reize gestaltet. *Nietzsche*

Der Begriff ist die Wahrheit der Substanz. *Hegel*

Der Begriff dient dazu, zu bestimmen, welches das Element ist, das sich wiederholt und das ich daher wiederfinden werde. *Saint-Exupéry*

Die Erschaffung eines Begriffs ist die Erschaffung einer Gesamtheit im Zusammenhanglosen – eines Gefüges oder eines Netzes von Beziehungen, die durch bedingte Reflexe verbunden sind. *Saint-Exupéry*

Ein Begriff ist die Individualisierung eines Ganzen oder genauer gesagt: einer Struktur. Und ich bediene mich sodann dieses neuen Wesens wie einer unveränderlichen Größe. *Saint-Exupéry*

Begriff: das Ganze der Bestimmungen. *Hegel*

Begriffe sind die Inseln im Meer des Ungesagten. *Nahr*

Behagen

Behagen: Gemütszustand beim Betrachten der Sorgen deines Nächsten. *Bierce*

Behauptung

Eine kühne Behauptung ist der Hecht im Karpfenteich unserer trägen Gedanken und Meinungen. *Tschopp*

Beifall

Beifall ist die Amme jeder Kunst. *Aus den «Fliegenden Blättern»*

Beifall: das Echo auf die Platitüde. *Bierce*

Der Beifall ist der Ansporn vornehmer Geister, das Ende und Ziel der kleinen. *Colton*

Im Beifall ist immer eine Art Lärm: selbst in dem Beifall, den wir uns selber zollen. *Nietzsche*

Bekannter

Bekannter: jemand, den wir gut genug kennen, um von ihm Geld zu borgen, aber nicht gut genug, um ihm etwas zu leihen. Ein Grad der Freundschaft, den man «flüchtig» nennt, wenn sein Gegenstand arm oder unbedeutend ist, und «intim», wenn er reich oder angesehen ist. *Bierce*

Beleidigung

Beleidigungen sind die Argumente derer, die unrecht haben. *Rousseau*

Benehmen

Ein gutes Benehmen ist wie ein vollendeter Faltenwurf.
Japanisches Sprichwort

Beredsamkeit

→ Rede, Vortrag

Beredsamkeit ist Logik in Flammen. *Lyman Beecher*

Beredsamkeit: Gedanken, die atmen, und Worte, die brennen. *Gray*

Beredsamkeit ist die Poesie der Prosa. *Bryant*

Beredsam ist, wer, selbst ohne es zu wollen, mit seiner Überzeugung oder Leidenschaft Geist und Herz anderer erfüllt. *Vauvenargues*

Beredsamkeit ist die Fähigkeit, unsere Ansicht auch in anderen zu erregen, unser Gefühl in ihnen zu entzünden und sie so in Sympathie mit uns zu versetzen. *Schopenhauer*

Also besteht, wie ich glaube, die ganze Beredsamkeit im Beweisen, im Schildern und im Rühren. Alle glänzenden Gedanken und Ausdrücke, die zu dem einen oder dem andern von diesen drei Dingen nichts beitragen, sind nur Spiele des Witzes. *Fénelon*

Beredsamkeit ist Gedankenmalerei in der Form, daß zuletzt noch etwas hinzugefügt wird, damit ein Bild entsteht und kein Porträt. *Pascal*

Meister der Beredsamkeit ist der, der alles Nötige sagt und nur dies.
La Rochefoucauld

Beredsamkeit ist die Fähigkeit, Wahrheit in eine Sprache übersetzen zu können, die dem völlig verständlich ist, der dir zuhört. *Emerson*

Beredsamkeit ist die Kunst, so von den Dingen zu sprechen, daß jedermann gern zuhört. *Pascal*

Die Beredsamkeit liegt weniger im Tone der Stimme, in Augen und Miene einer Person als in der Wahl der Worte. *La Rochefoucauld*

Beredsamkeit: eine Verschwörung zwischen Rede und Tat mit der Absicht, den Verstand zu übertölpeln. *Bierce*

Beredsamkeit ist wohlgekleidete Vernunft und Argumente in richtiger Ordnung. *Collier*

Beredsamkeit: die Kunst, ein Geschäft des Verstandes als ein freies Spiel der Einbildungskraft zu betreiben.
Kant

Beredsamkeit: die Kunst, Dummköpfe durch Worte davon zu überzeugen, daß Weiß die Farbe ist, die es zu sein scheint. Sie schließt die Gabe ein, jede Farbe weiß erscheinen zu lassen.
Bierce

Berühmtheit

Berühmtheit: jemand, der sich freut, daß ihn viele kennen, die er nicht kennenzulernen braucht. *Mencken*

Die Berühmtheit ist ein hundertfach gedruckter Name. *Laffitte*

Beruf

Ein Beruf ist das Rückgrat des Lebens. *Nietzsche*

Der Beruf ist eine Schutzwehr, hinter welche man sich, wenn Bedenken und Sorgen allgemeiner Art einen anfallen, erlaubterweise zurückziehen kann. *Nietzsche*

Alle Berufe sind Verschwörungen gegen den Laien. *Shaw*

Bescheidenheit

Bescheidenheit ist die zarte Kunst, deinen Charme zu erhöhen, indem du vorgibst, seiner nicht gewahr zu sein. *Herford*

Bescheidenheit ist eine Eigenschaft, für die der Mensch bewundert wird, falls die Leute je von ihm hören sollten. *Howe*

Bescheidenheit ist das Gefühl, der andere werde nach einer kleinen Weile gewiß entdecken, wie wundervoll du bist. *Unbekannt*

Die Bescheidenheit? Das ist die Kunst, andere zu veranlassen, das Gute zu sagen, das man nicht wagen würde, von sich selbst zu sagen. *Unbekannt*

Bescheidenheit ist der einzige sichere Köder, wenn du nach Lob angelst. *Chesterfield*

Die Bescheidenheit ist eine Eigenschaft, die vom Bewußtsein der eigenen Macht herrührt. *Cézanne*

Bescheidenheit ist das Gewissen des Körpers. *Balzac*

Bescheidenheit ist der Anfang aller Vernunft. *Anzengruber*

Bescheidenheit ist mehr eine Konsequenz des Denkens als des guten Willens. *Ludwig Marcuse*

Bescheidenheit ist der Zaun der Weisheit. *Jüdische Lebensweisheit*

Bescheidenheit ist weniger Unterschätzung unserer selbst, als Hochschätzung anderer. Der Bescheidene ist der Ehrfürchtige. *Margolius*

Die Bescheidenheit ist für das Verdienst, was die Schatten bei den Gestalten eines Gemäldes: sie geben ihnen Kraft und Relief. *La Bruyère*

Bescheidenheit bei mittelmäßigen Fähigkeiten ist bloße Ehrlichkeit; bei großen Talenten ist sie Heuchelei. *Schopenhauer*

Was ist denn Bescheidenheit anderes als geheuchelte Demut, mittels welcher man in einer von niederträchtigem Neide strotzenden Welt für Vorzüge und Verdienste die Verzeihung derer erbetteln will, die keine haben. *Schopenhauer*

Bescheidenheit und Ehrgeiz findet man nie beisammen. Die Bescheidenheit ist Gleichgültigkeit und Bequemlichkeit der Seele, der Ehrgeiz dagegen ist Tätigkeit und glühender Eifer. *La Rochefoucauld*

Es gibt eine Bescheidenheit, die nur der Mantel des Hochmuts ist. *Carmen Sylva*

Bescheidenheit kann schwerlich als Tugend bezeichnet werden. Sie ist mehr ein Gefühl als eine Neigung. Sie ist eine Art Furcht, dem üblen Ruf zu verfallen. *Aristoteles*

Die Bescheidenheit ist nichts anderes als Faulheit, Mattigkeit und Mangel an Mut, so daß man mit Recht sagen kann, daß die Bescheidenheit für die Seele eine Erniedrigung ist. *La Rochefoucauld*

Für das scharfblickende Auge ist die Bescheidenheit kaum mehr als eine sichtbarere Form der Eitelkeit.
Renard

Bescheidenheit ist vielleicht eine Art Stolz, der über eine Geheimtreppe ankommt. *Renard*

Bescheidenheit ist zuweilen überspannter Stolz. *George Sand*

Bescheidenheit ist immer falsche Bescheidenheit. *Renard*

Falsche Bescheidenheit ist die schicklichste aller Lügen. *Chamfort*

Falsche Bescheidenheit ist die letzte Raffinesse der Eitelkeit.
La Bruyère

Besonnenheit

Besonnenheit ist die seidene Schnur, die durch die Perlenkette aller Tugenden läuft. *Thomas Fuller*

Besonnenheit ist die unzertrennliche Begleiterin der Weisheit; aber mit dem Genius verbindet sie nicht einmal eine Grußbekanntschaft. *Colton*

Besonnenheit ist die Vernunft der Politik. *Gambetta*

Besserung

Besserung ist: etwas sichtbar werden lassen von dem, was den guten Menschen gefällt. Nicht mehr!
Nietzsche

Beständigkeit

Die Beständigkeit ist die Trägheit des Herzens. *Unbekannt*

Beständigkeit ist bestenfalls eine langweilige, schläfrige Eigenschaft.
Farquhar

Beständigkeit ist die letzte Zuflucht des Phantasielosen. *Wilde*

Bett

Das Bett ist ein guter Beichtstuhl und die Audienz des Gewissens.
Jean Paul

Betrug

Betrug ist die Huldigung, welche die Gewalt der Vernunft darbringt.
Unbekannt

Beweis

Beweis: eine Aussage, die einen Grad glaubwürdiger ist als die Unwahrscheinlichkeit. *Bierce*

Beweisen heißt in der Philosophie soviel als aufzeigen, wie der Gegenstand durch und aus sich selbst sich zu dem macht, was er ist. *Hegel*

Die Beweise sind das Gegengift gegen das Gift der Zeugenaussagen.
Bacon

Beweis: das Zeugnis zweier glaubwürdiger Zeugen, das dem eines einzigen entgegengesetzt ist. *Bierce*

Beweise? Gereimte Behauptungen!
Lohberger

Beweisen heißt überhaupt nichts, als des Zusammenhangs und damit der Notwendigkeit bewußt werden.
Hegel

Bewunderung

Bewunderung: eine Verwunderung, die beim Verlust der Neuigkeit nicht aufhört. *Kant*

Bewunderung: eine sehr kurzlebige Leidenschaft, die sofort verfällt, sobald man mit ihrem Gegenstand näher bekannt wird. *Addison*

Bewunderung: eine jugendliche Laune, die kaum jemals bis zu reiferen Jahren anhält. *Josh Billings*

Bewunderung: eine beliebte Form der Selbsterniedrigung, nicht frei von Stolz. *Bierce*

Bewundern: erwartungsvoll umschmeicheln. *Bierce*

Bewunderung ist nur das Maß unserer Kenntnisse und beweist weniger die Vollkommenheit der Dinge als die Unvollkommenheit unseres Geistes. *Vauvenargues*

Bewunderung: die Tochter der Unkenntnis. *Benjamin Franklin*

Bewunderung: die höfliche Beachtung des anderen Menschen, der Ähnlichkeit mit dir hat. *Bierce*

Bewußtsein

Ein leuchtender Pfeil, aus blauem Dunkel kommend, in blaues Dunkel strebend, schwirrend von der Erregung des Flugs: unser Bewußtsein. *Hilsbecher*

Ein Teil dessen, was wir das Unbewußte nennen, ist das Archiv des Bewußtseins. Ein anderer: seine Kloake. *Hilsbecher*

Zum Bewußtsein kommen heißt: ein Gewissen bekommen, heißt wissen, was gut und böse ist.
Thomas Mann

Beziehung

Beziehungen sind eine Waage mit ungleichem Gewicht. *Wiesner*

Bibliothek

Bibliotheken sind Büffets des Geistes.
Aus den «Fliegenden Blättern»

Die Bibliothek ist das Tagebuch der menschlichen Rasse, das Beratungszimmer der Weisen. *Dawson*

Bigamie

Bigamie: auf die Spitze getriebene Korrektheit. *FitzGibbon*

Bigamie: eine Frau zuviel. Monogamie: dasselbe. *Wilde*

Bigamie: Möglichkeit zur Ersparung der schmerzlichen Publizität der Scheidung und der Alimentationszahlung. *Herford*

Die Bigamie ist der Versuch, ein Übel zu verkleinern, indem man es verdoppelt. *Nahr*

Bilanz

Die Bilanz ist das Jahreszeugnis des Managers. *Nahr*

Bild

Das Bild ist ein Modell der Wirklichkeit. *Wittgenstein*

Bildung
→ gebildet, Hochschulbildung

Bildung ist die Fähigkeit, fast alles anhören zu können, ohne die Ruhe zu verlieren oder das Selbstvertrauen. *Frost*

Bildung ist vollendete Natur. *Platen*

Sich mitzuteilen ist Natur; Mitgeteiltes aufzunehmen, wie es gegeben wird, ist Bildung. *Goethe*

Bildung ist das Leben großer Geister mit dem Zwecke großer Ziele.
Nietzsche

Bildung kommt von bilden, das heißt sich und andere formen, gestalten: Bild werden. Das Ungebildete ist also das Bild-Lose, Wert-Lose, Sinn-Lose. *Otto Michel*

«Bildung» haben, das heißt sich ein Bild machen können, das heißt eine Brücke schlagen über die Einseitigkeit von Denken und Leben. *Lohberger*

Jede Bildung ist ein Gefängnis, an dessen Eisengitter Vorübergehende Ärgernis nehmen, an dessen Mauern sie sich stoßen können; der sich Bildende, darin eingesperrt, stößt sich selbst, aber das Resultat ist eine wirklich gewonnene Freiheit. *Goethe*

Bildung: wesentlich das Mittel, den Geschmack gegen die Ausnahme zu richten. *Nietzsche*

Bildung nennen wir eben den in der Wirklichkeit angewandten Begriff, insofern er nicht rein in seiner Abstraktion erscheint, sondern in Einheit mit dem mannigfaltigen Inhalt alles Vorstellens. *Hegel*

Eine umfassende Bildung ist eine gut dotierte Apotheke; aber es besteht keine Sicherheit, daß nicht für Schnupfen Zyankali gereicht wird.
Karl Kraus

Alle Bildung reduziert sich auf den Unterschied von Kategorien.
Hegel

Bildung ist die Fähigkeit, Wesentliches von Unwesentlichem zu unterscheiden und jenes ernst zu nehmen. *de Lagarde*

Bildung ist ein unentreißbarer Besitz. *Menander*

Bildung ist das, was die meisten empfangen, viele weitergeben und wenige haben. *Karl Kraus*

Bildung ist das, was übrigbleibt, wenn wir vergessen, was wir gelernt haben. *Halifax*

Bildung ist Unsterblichkeit der edelsten Geister. *Nietzsche*

Daß Bildung der Inbegriff dessen sei, was man vergessen hat, ist eine gute Erkenntnis. Darüber hinaus ist Bildung eine Krankheit und eine Last für die Umgebung des Gebildeten.
Karl Kraus

Bildung heißt, sich mit jedem Menschen auf den Ton setzen können, dessen Zusammenklang mit dem eigenen – Wohllaut beginnt.
Aus den «Fliegenden Blättern»

Bildung ist eine Krücke, mit der der Lahme den Gesunden schlägt, um zu zeigen, daß er auch bei Kräften sei. *Karl Kraus*

Bildung: das, was den eigenen Mangel an Intelligenz dem Weisen offenbart und dem Toren verbirgt. *Bierce*

Blume

Die Blume ist das Lächeln der Pflanze. *Hille*

Börse

Die Börse ist ein Monte Carlo ohne Musik. *Georg von Siemens*

Börse: Thermometer der öffentlichen Meinung. *Flaubert*

Böse

→ Gut und Böse

Das Böse ist das, was man sich nicht verzeihen kann. *Jouhandeau*

Man nennt einen Menschen böse nicht darum, weil er Handlungen ausübt, welche böse sind, sondern weil diese so beschaffen sind, daß sie auf böse Maximen an ihm schließen lassen. *Kant*

Bosheit

Die Bosheit ist die Antwort auf eine enttäuschte Zutraulichkeit. *Kessel*

Bosheit ist nichts als eine Gemütskrankheit. *Novalis*

Boshaft sein, das heißt im voraus vergelten. *Toulet*

Botschafter

Botschafter sind die Augen und Ohren der Staaten. *Guicciardini*

Ein Boschafter ist ein ehrenwerter Mann, der ins Ausland geschickt wird, um zum Besten seines Landes zu lügen. *Wotton*

Braut

Braut: eine Frau, die eine schöne Glückserwartung hinter sich hat. *Bierce*

Brief

Der Brief ist eine geschriebene Unterhaltung. *Gracian*

Der Brief ist ein unangemeldeter Besuch, der Briefbote der Vermittler unhöflicher Überfälle. *Nietzsche*

Ein Brief ist eine Seele. Er ist ein so treues Abbild der geliebten Stimme, die spricht, daß empfindsame Seelen ihn zu den köstlichsten Schätzen der Liebe zählen. *Balzac*

Buch

Ein Buch ist ein Freund, der nie verrät. *Jüdische Lebensweisheit*

Ein Buch ist wie ein Garten, den man in der Tasche trägt. *Afrikanisches Sprichwort*

Das Buch, Gefäß des Geistes. *Thomas Mann*

Bücher sind nur dickere Briefe an Freunde. *Jean Paul*

Bücher und Briefe, die wir schreiben, sind die Farben, mit denen wir unser Gefängnis ausmalen. *Kudszus*

Ein Buch ist für mich eine Art Schaufel, mit der ich mich umgrabe. *Walser*

Bücher sind Schiffe, welche die weiten Meere der Zeit durcheilen. *Bacon*

Bücher sind Gedankengräber. *Longfellow*

Bücher sind nichtperiodische Publikationen mit einem Umfang von 49 Seiten oder mehr. *Definition der UNESCO*

Ein Buch, wenn es so zugeklappt daliegt, ist ein gebundenes, schlafendes, harmloses Tierchen, welches keinem was zuleide tut. Wer es nicht aufweckt, den gähnt es nicht an. Wer ihm die Nase nicht gerade zwischen die Kiefern steckt, den beißt es auch nicht. *Wilhelm Busch*

Ein Buch ist ein Spiegel. Wenn ein Affe hineinguckt, so kann freilich kein Apostel heraussehen. Wir haben keine Worte, mit dem Dummen von Weisheit zu sprechen. Der ist schon weise, der den Weisen versteht.
Lichtenberg

Ein Buch ist dem Verfasser, was den Schönen ihr Bild im Spiegel ist.
Jean Paul

Die besten Bücher sind die, von denen jeder Leser meint, er habe sie selbst machen können. *Pascal*

Ein sicheres Zeichen von einem guten Buche ist, wenn es einem immer besser gefällt, je älter man wird.
Lichtenberg

Bündnis

Bündnis: in der internationalen Politik die Vereinigung zweier Diebe, die ihre Hände so tief in den Taschen des anderen stecken haben, daß sie nicht unabhängig voneinander einen dritten ausplündern können. *Bierce*

Bürger, das Bürgerliche

Der Bürger ist seinem Wesen nach ein Geldverdiener. *Dawson*

Das Bürgerliche als ein stets vorhandener Zustand des Menschlichen ist nichts anderes als das Streben einer ausgeglichenen Mitte zwischen den zahllosen Extremen und Gegensatzpaaren menschlichen Verhaltens.
Hesse

Bürokratie
→ Verwaltung

Die Bürokratie ist ein gigantischer Mechanismus, der von Zwergen bedient wird. *Balzac*

Butler

Der Butler ist die feierliche Prozession eines einzigen. *Wodehouse*

C

Café

Das Café ist das Wartezimmer der Poesie. *Kesten*

Cartesianisch

Cartesianisch: abgeleitet von Descartes, einem berühmten Philosophen, dem Autor des gefeierten Satzes Cogito ergo sum – mit ihm, so nahm er befriedigt an, habe er die Wirklichkeit der menschlichen Existenz bewiesen. Der Satz müßte jedoch folgendermaßen verbessert werden: Cogito cogito ergo cogito sum – «Ich denke, daß ich denke, also denke ich, daß ich bin»: die größte Annäherung an die Gewißheit, die je einem Philosophen gelungen ist. *Bierce*

Eine Glosse zu Descartes: manchmal denke ich; und manchmal bin ich.
Valéry

Chaos

Das Unbeherrschte ist das Chaos.
Hilsbecher

Das Chaos ist eine fürchterliche Parodie auf die Gleichheit aller! Im Chaos hat man kein eigenes Antlitz.
le Fort

Charakter

Ein Charakter ist ein vollständig gebildeter Wille. *Novalis*

Der Charakter ist die sittliche Ordnung, durch das Medium einer individuellen Natur gesehen. *Emerson*

Der Charakter ist der moralische Ausdruck des Selbstbewußtseins. *Kessel*

Charakter: die Summe der Tendenzen, in einer bestimmten Weise zu handeln. *Thomas Henry Huxley*

Charakter nennt man die Gebundenheit der Ansichten, durch Gewöhnung zum Instinkt geworden. *Nietzsche*

Charakter ist Mut zur Monotonie. *Kudszus*

Der Charakter ist weiter nichts als eine langwierige Gewohnheit. *Plutarch*

Charakter eines Menschen: seine gebändigte, zugehauene, zugeschliffene oder seine wild wuchernde Natur. *Ebner-Eschenbach*

Der Charakter ist ein Fels, an welchem gestrandete Schiffer landen und anstürmende scheitern. *Kant*

Charakter – das ist eine Zeitfrage. *Brecht*

Der Charakter wird mehr durch den Mangel gewisser Erlebnisse als durch das, was man erlebt, bestimmt. *Nietzsche*

Charakter im Großen und Kleinen ist, daß der Mensch demjenigen eine stete Folge gibt, dessen er sich fähig fühlt. *Goethe*

Der Charakter des Menschen ist sein Schicksal. *Heraklit*

Charakter ist das, was du im Dunklen bist. *Dwight L. Moody*

Charakter ist die Fähigkeit, sich selbst im Wege zu stehen, obwohl man ausweichen könnte. *Zitiert nach «Hör zu» 17/1969*

Charakterfestigkeit besitzen heißt, den Einfluß der anderen auf sich selbst erprobt haben. Also bedarf es der anderen. *Stendhal*

Charme

Charme: die Art, wie ein Mensch «ja» sagt, ohne daß ihm eine bestimmte Frage gestellt worden war. *Camus*

Charme ist die Fähigkeit, in einem Menschen das Gefühl zu erwecken, daß er so wundervoll sei wie du. *Unbekannt*

Charme ist das, was in anderen ist und das uns zufriedener macht mit uns selbst. *Amiel*

Charme ist Honig für das Herz. *Zitiert nach «Hör zu» 20/1969*

Charme ist nichts als Schmeichelei, die dick mit der Maurerkelle aufgetragen wird, und die dennoch aus ehrlichem Herzen kommt. *Unbekannt*

Chic

Chic ist: Mode, bevor sie modern wird. *Anita*

Chic ist der i-Punkt auf dem i. Ohne Punkt würde das i niemals auffallen. *Anita*

Chic ist, was sich eigentlich nicht ganz schickt. *Anita*

Chic haben bedeutet: anderer Leute Blicke an richtiger Stelle anzuziehen und an richtiger Stelle abzulenken. *Anita*

Christentum

Das Christentum ist seiner Definition und seinem Wesen nach die Religion der Inkarnation. Gott vereint Sich mit der Welt, die Er erschafft, um sie eins zu machen und um sie in gewissem Sinne Sich einzuverleiben.
Teilhard de Chardin

Das Christentum ist die Religion der tiefsten Beunruhigung.
Gerhart Hauptmann

Jemand lieben, daß man davon sterben könnte, jemand, dessen Züge man nie gesehen, dessen Stimme man nie gehört – das ist das ganze Christentum. *Green*

Christentum ist eine Stufe der moralischen Entwicklung, die unabhängig ist von irgendeinem individuellen Lehrer. *Shaw*

D

Dame

Eine Dame ist eine Frau, deren Anwesenheit zur Folge hat, daß sich Männer wie Herren benehmen. *Unbekannt*

Dank

Dank: das ist Liebe in der Erinnerung, die im Gedächtnis zur Tat wird.
Björling

Dank ist eine Vorauszahlung für die nächste Gunst. *Unbekannt*

Dankbarkeit
→ Undankbarkeit

Dankbarkeit ist das Gedächtnis des Herzens. *Massieu*

Die Dankbarkeit ist die Tugend der Nachwelt. *Vischer*

Dankbarkeit ist eine Art Gerechtigkeit. *Samuel Johnson*

Dankbarkeit ist eine Pflicht, die erfüllt werden sollte, die aber keiner das Recht hat, zu erwarten. *Rousseau*

Die Dankbarkeit ist eine Last, und jede Last will abgeschüttelt sein.
Diderot

Dankbarkeit ist bei den meisten nichts als ein geheimes Verlangen, noch größere Wohltaten zu empfangen.
La Rochefoucauld

Unter Dankbarkeit versteht man gemeinhin die Bereitwilligkeit, lebenslänglich Salbe aufzuschmieren, weil man einmal Läuse gehabt hat.
Karl Kraus

Dankbarkeit ist ein wacher Sinn für künftige Gunstbezeugungen.
Walpole

Dasein

Zur Definition des Daseins: Da ist, was auf seinem zeitlosen Sprung aus dem Nichtsein ins Nichtsein aufgehalten wird und der verzögernden Zeit anheimfällt. *Hilsbecher*

Definition
→ Aphoristische Definition, Begriff, Dichter-«Definitionen», McLuhan-Definitionen

Definition: ein logisch vollkommener Begriff. *Kant*

Eine Definition ist ein Einfassen der Wildnis einer Idee mit einem Wall von Worten. *Samuel Butler*

Definieren heißt ausschließen und negieren. *Ortega y Gasset*

Definieren heißt, sämtliche das Objekt von anderen unterscheidende Merkmale angeben. *Schopenhauer*

Die Definition enthält alles, was zur Wesentlichkeit des Gegenstandes gehört, worin seine Natur auf eine einfache Grundbestimmung zurückgebracht ist als Spiegel für alle Bestimmtheit, die allgemeine Seele alles Besonderen. *Hegel*

Definitionen sind Regeln der Übersetzung von einer Sprache in eine andere. Jede richtige Zeichensprache muß sich in jede andere nach solchen Regeln übersetzen lassen: Dies ist, was sie alle gemeinsam haben. *Wittgenstein*

Die meisten Definitionen sind Konfessionen. *Ludwig Marcuse*

Jede Definition ist eine Nottaufe, angewandt nicht, weil man Furcht hat, daß das Ding stirbt, sondern ganz im Gegenteil, daß es zu schnell wächst und zu sprechen beginnt, bevor wir es eingeordnet haben. *Eschmann*

Deflation

Deflation: Die Wirtschaft mit Zinsfüßen treten. *Steguweit*

Demagogie

Demagogie ist die Fähigkeit, Massen in Bewegung zu schieben, und die Unfähigkeit, sie wieder zu bremsen. *Wolfgang Herbst*

Demagogen sind Leute, die in den Wind sprechen, den sie selbst gemacht haben. *Qualtinger*

Dementi

Ein Dementi ist nach den Spielregeln der hohen Politik ein halbes Eingeständnis einer ganzen Dummheit. *St. John Perse*

Unter einem Dementi versteht man in der Diplomatie die verneinende Bestätigung einer Nachricht, die bisher lediglich ein Gerücht gewesen ist. *Priestley*

Demokratie

Demokratie ist die wiederholt auftauchende Vermutung, daß mehr als die Hälfte der Leute in mehr als der Hälfte der Fälle recht haben. *Elwyn Brooks White*

Demokratie: Herrschaft des Volkes, das den von Minderheiten bestimmten Mehrheitsentscheidungen gehorcht. *Haller*

Demokratie ist die Notwendigkeit, sich gelegentlich den Ansichten anderer Leute zu beugen. *Churchill*

Die demokratische Methode ist diejenige Ordnung der Institutionen zur Erreichung politischer Entscheidungen, bei welcher einzelne die Entscheidungsbefugnis vermittels eines Konkurrenzkampfs um die Stimmen des Volkes erwerben. *Schumpeter*

Die Idee der Demokratie verlangt die Fühlung der Staatsmänner mit dem Volke. Ohne das ist Demokratie nur als parteiliche Vorbereitung und als Manipulation der Abstimmungen da. *Jaspers*

Demokratie ist eine Methode, kein Ideal. *Hohlenberg*

Demokratie: der Staat sagt: das Volk bin ich. *Haller*

Demokratie: die Regierung des Volkes durch das Volk für das Volk. (Government of the people, by the people, for the people.) *Abraham Lincoln*

Die Demokratie ist nichts als ein Niederprügeln des Volkes durch das Volk für das Volk. *Wilde*

Demokratie gründet sich auf die Überzeugung, daß in gewöhnlichen Menschen außergewöhnliche Fähigkeiten liegen. *Unbekannt*

Die Emanzipation des Laien, das ist die Demokratie. *Thomas Mann*

Demokratie ist die Verzweiflung darüber, daß es keine Helden gibt, die dich regieren; und Befriedigtsein darüber, daß man sich mit ihrem Fehlen abfinden muß. *Carlyle*

Demokratie heißt Selbsterziehung und Information des Volkes. Es lernt nachdenken. Es weiß, was geschieht. Es urteilt. Die Demokratie fördert ständig den Prozeß der Aufklärung. *Jaspers*

Demokratie heißt: die Spielregeln einhalten, auch wenn kein Schiedsrichter zusieht. *Hausmann*

Demokratie ist im Grunde die Anerkennung, daß wir, sozial genommen, alle füreinander verantwortlich sind. *Heinrich Mann*

Wo die Freiheit ihre Geschäfte selbst zu führen vermag, wird sie Demokratie. *Dos Passos*

Demokratie, die Praxis der Selbstregierung, ist ein Vertrag, in dem sich freie Menschen verpflichten, die Rechte und Freiheiten der Mitbürger zu achten. *Franklin D. Roosevelt*

Demokratie entsteht, wenn man nach Freiheit und Gleichheit aller Bürger strebt und die Zahl der Bürger, nicht aber ihre Art berücksichtigt. *Aristoteles*

Die Art einer Verfassung ist ferner dadurch bestimmt, ob alle Bürger, insofern sie Bürger sind, Anteil an der Regierung haben. Eine solche Verfassung ist die Demokratie. *Hegel*

Demokratie ist die Verfallsform des Staates. *Nietzsche*

Demokratie ist das auf den Bereich der Politik ausgedehnte Prinzip der Toleranz. *Unbekannt*

Ziel und Mittel der Demokratie: möglichst vielen Unabhängigkeit schaffen. *Nietzsche*

Demokratie: . . . Sie ist die anspruchsvollste und eben damit gefährdetste aller politischen Ordnungsformen, nämlich jene, die beständig aus dem freien Kräftespiel gleichberechtigter Personen erwächst. *Guardini*

Die Demokratie setzt die Wahl durch die beschränkte Mehrheit an Stelle der Ernennung durch die bestechliche Minderheit. *Shaw*

Demokratie beruht auf drei Prinzipien: auf der Freiheit des Gewissens, auf der Freiheit der Rede und auf der Klugheit, keine der beiden in Anspruch zu nehmen. *Mark Twain*

Demokratie ist organisiertes Mißtrauen. *Unbekannt*

Die Demokratie ist der Neid in politischer Funktion. *Vilhelm Andersen*

Hundertprozentige Demokratie: Keiner ist so unbedeutend, daß er einem andern nicht schaden könnte. *Laub*

Demokratie ist eine Regierungsform, in der jedem die laute Frage erlaubt ist, was das Land alles unter einer erstklassigen Verwaltung leisten könnte. *Unbekannt*

Das eigentliche Kennzeichen der Demokratie besteht heutzutage nicht sosehr in der Volkstümlichkeit des Regierungs-, sondern des Verwaltungssystems; daher muß das wahre Ziel die Demokratisierung der Verwaltung sein. *Masaryk*

Demokratie ist Diskussion. *Masaryk*

Demokratie heißt Regierung durch Diskussion; aber sie ist nur wirksam, wenn man die Leute dazu bringt, daß sie aufhören zu reden. *Attlee*

Demokratie heißt nicht «ich bin so gut wie du», sondern «du bist so gut wie ich». *Theodore Parker*

Das Übel der Demokratie liegt nicht im Triumph der Quantität, sondern im Triumph schlechter Qualität. *Unbekannt*

Demokratie: die Tyrannei des Volkes. *Lohberger*

Die Demokratie ist in Wirklichkeit nicht mehr als die Aristokratie der Redner, die durch die zeitweilige Monarchie eines Redners unterbrochen wird. *Hobbes*

Demokratie ist das Prinzip, daß jeder Mensch, der frei, 21, im Lande geboren, und nie den falschen Tritt gefaßt hat, berechtigt ist, das geringere von zwei Übeln zu wählen. *Unbekannt*

Die Demokratie ist eine Aristokratie von Schurken. *Byron*

Die moderne Demokratie ist eine durch Wahlen und durch die öffentliche Meinung gebilligte Oligarchie. *Haller*

Demokratie: das Volk erfreut sich nur dem Namen nach der Herrschaft. Es fürchtet und es hofft, und es wird von denen beherrscht, die es fürchten und hoffen lassen. *Lohberger*

Die demokratischen Einrichtungen sind Quarantäneanstalten gegen tyrannenhafte Gelüste. *Nietzsche*

Demokratie, das ist die Kunst, sich an die Stelle des Volkes zu setzen und ihm feierlich in seinem Namen, aber zum Vorteil einiger guter Hirten die Wolle abzuscheren. *Romain Rolland*

Eine vollkommene Demokratie ist die schamloseste Sache der Welt. *Edmund Burke*

Demokratie, das bedeutet Herrschaft der Politik; Politik, das bedeutet ein Minimum von Sachlichkeit. *Thomas Mann*

Demokratie: Regieren durch Amateure. *Anderson*

Demokratie: Regieren durch allgemeines Unwissen. *Hubbard*

Demokratie ist der göttliche Durchschnitt. *Walt Whitman*

Demokratisch heißt, jedermanns Sklave sein dürfen. *Karl Kraus*

Demokratisch heißt ein Land, in dem jeder das gleiche Recht hat, sich seinem Mitmenschen gegenüber überlegen zu fühlen. *Unbekannt*

Die Demokratie verleiht jedem Menschen das Recht, sein eigener Unterdrücker zu sein. *Lowell*

Demokratie ist die Vorstufe des Sozialismus. *Lenin*

Die Demokratie ist ein Verfahren, das garantiert, daß wir nicht besser regiert werden als wir es verdienen. *Shaw*

Sternstunde einer Demokratie: Wenn die Regierung sich dem guten Willen eines Volkes beugen muß. *Rudolf Rolfs*

Eine ernsthafte Schwäche der Demokratie ist, daß sie sich ziemlich danach richten muß, was der Bürger denkt, ehe Gewißheit besteht, ob er es überhaupt tut. *Hans Kasper*

Die Größe der Demokratie liegt in der Tatsache, daß sie sich nie erfüllt. In dieser Hinsicht gleicht sie dem Menschen. Ein Mensch kann immer ein besserer Mensch werden und die Demokratie ist das menschlichste Prinzip eben deshalb, weil sie immer den Himmel offen läßt für eine neue Hoffnung. *Guéhenno*

Demut

Demut ist Unverwundbarkeit. *Ebner-Eschenbach*

Demut ist, wenn jemand ohne Verlangen, hochgeachtet zu werden, seine Unvollkommenheit erkennt. *Spinoza*

Demut ist eigentlich nichts anderes als eine Vergleichung seines Wertes mit der moralischen Vollkommenheit. *Kant*

Demut ist die dem Menschen eigentümliche Würde vor Gott. *le Fort*

Demut ist die erste aller Tugenden – für andere Leute. *Holmes*

Die Demut ist keine beschauliche Tugend; sie ist Aufrechterhalten von Frieden und Geduld inmitten stürmischer Herausforderung. *Henry Ward Beecher*

Die Demut ist das Vorzimmer jeder Vollkommenheit. *Aymé*

Demut ist eine Bombe ohne Zünder. *Wolfgang Herbst*

Demut ist die Bescheidenheit der Seele. *Voltaire*

Demut: Ergebnis einer Subtraktion von dem anfänglicheren «Mut». Plötzlich erwies sich als Über-Mut, was man «seinen Mut» nannte. Die Spanne zwischen «Mut» und «Über-Mut», von «Mut» abgezogen, ergab «Demut». *Hilsbecher*

Demut ist der Stolz der Bescheidenen. *Sprichwort*

Die Demut ist das Gegengift des Stolzes. *Voltaire*

Demut soll nie etwas anderes sein als die Verneinung von Hochmut. Sonst wird sie Kleinmut. *Ludwig Marcuse*

Demut ist Selbsterkenntnis mit Rückversicherung. *Nahr*

Demut ist nur eine erheuchelte Unterwerfung, um sich andere zu unterwerfen; ein Kunstgriff des Stolzes, der sich erniedrigt, um sich zu erheben. *La Rochefoucauld*

Der getretene Wurm krümmt sich. So ist es klug. Er verringert damit die Wahrscheinlichkeit, von neuem getreten zu werden. In der Sprache der Moral: Demut. *Nietzsche*

Demut: geziemende und übliche Geisteshaltung gegenüber Reichtum oder Macht. Besonders angebracht, wenn sich ein Arbeitnehmer an einen Arbeitgeber wendet. *Bierce*

Denken

Denken ist Reden mit sich selbst. *Kant*

Denken ist ein beständig auf seine Widerspruchslosigkeit geprüftes stilles Sprechen. *Reininger*

Denken ist das, was viele Leute zu tun glauben, wenn sie lediglich ihre Vorurteile neu ordnen. *William James*

Denken, das heißt unterscheiden. *Darrow*

Sich das Denkwürdigste sagen lassen heißt – Denken. *Heidegger*

Denken ist ein Herausheben. *Nietzsche*

Alles Denken ist nichts anderes als ein Vorstellen durch Merkmale. *Kant*

Denken heißt Vorstellungsinhalte untereinander verständigen. *Lohberger*

Das Denken ist überhaupt das Auffassen und Zusammenfassen des Mannigfaltigen in der Einheit. *Hegel*

Aufgabe des Denkens ist, die Welt der Dinge widerzuspiegeln, sich ihnen anzupassen; kurz, Denken heißt: Wahres denken, wie Verdauung heißt: die Nahrung assimilieren. *Ortega y Gasset*

Denken als physiologischer Prozeß besteht in elektrochemischen Reaktionen, die sich in der Großhirnrinde und den mit ihr korrespondierenden Zentren abspielen. *Koestler*

Denken, das heißt nein sagen. *Alain*

Das Nicht-Haben ist der Anfang allen Denkens. *Musil*

Der vernünftige Denken ist ein Interpretieren nach einem Schema, welches wir nicht abwerfen können. *Nietzsche*

Denken heißt Vergleichen. *Rathenau*

Das Denken betrachtet alles in der Form der Allgemeinheit und ist dadurch die Tätigkeit und Produktion des Allgemeinen. *Hegel*

Das logische Denken ist das Muster einer vollständigen Fiktion. *Nietzsche*

Alles systematische Denken entspricht einem Spiel nach bestimmten Regeln. *Koestler*

Denken: die Erkenntnis durch Begriffe. *Kant*

Denken ist die Zauberei des Geistes. *Byron*

Das Denken wiederholt die Funktion des Welt-Alls im Kleinen. *Lohberger*

«Denken» im primitiven Zustand ist Gestalten-Durchsetzen wie beim Kristalle. *Nietzsche*

Denken heißt: einen Punkt außerhalb des Zweckmäßigen so ausdauernd und konsolidiert beziehen, daß der Welt Zeit genug bleibt, ihr nun ganz verwandeltes Bild bis zum Hervortreiben neuer Gegensatzpaare zu detaillieren. *Heimito von Doderer*

Die große Kunst des Denkens besteht darin, Taten überflüssig zu machen. *Diettrich*

Wir können das Denken frei nennen, wenn es dem freien Wettbewerb der verschiedenen Überzeugungen ausgesetzt ist, das heißt, wenn jede Überzeugung ihren Standpunkt vertreten kann und keine rechtlichen oder finanziellen Vor- oder Nachteile mit einer Überzeugung verbunden sind.
Bertrand Russell

Alles Denken hat als Voraussetzung ein «Gleichmachen». *Nietzsche*

Denken nennt man jene leidenschaftliche Arbeit, durch die alle übrigen Leidenschaften zur Ruhe kommen. *Diettrich*

Alles was man denkt ist entweder Zuneigung oder Abneigung. *Musil*

Denken ist zeugen: man sagt nicht umsonst Geistes-Kinder.
Otto Michel

Alles Denken ist Zurechtmachen.
Morgenstern

Denken heißt kämpfen. Jeder Gedanke drückt den Sieg des Bewußtseins über das Unbewußte aus.
Lohberger

Denken ist die Arbeit des Intellekts, Träumen sein Vergnügen.
Victor Hugo

Denken ist Liebkosen der göttlichen Weisheit. *Bettina von Arnim*

Warten, geduldig sein, das heißt denken. *Nietzsche*

Das Denken ist gewissermaßen das Atemholen des Geistes. Man darf es nicht allzu lang unterlassen, wenn man nicht Gefahr laufen will, geistig zugrundezugehen.
Aus den «Fliegenden Blättern»

Denken heißt Erinnerungen abwägen. *Lohberger*

Denken heißt: Möglichkeiten erwägen. *Schlick*

Jeder neue Gedanke ist ein Widerspruch. Denken heißt widersprechen können. *Lohberger*

Radikales Denken: das bedeutet dem Wortsinn nach ein Denken, das zu den Wurzeln geht. Es könnte aber ebensogut ein Denken sein, ob es nun bewußt arbeitet oder nicht, das von den Wurzeln her denkt und nicht unbedingt unter dem Zwang steht, sie auszureißen. *Eschmann*

Denken ist eine Anstrengung, Glauben ein Komfort.
Ludwig Marcuse

Die Hottentotten nennen das Denken die Geißel des Lebens.
Lichtenberg

Denken: Arm- und Beinarbeit erleichternde Tätigkeit des Gehirns. *Bayr*

Denken? Denken! Das heißt den Faden verlieren. *Valéry*

Denken, das heißt eingesehen haben, daß das Wissen zu Ende geht.
Lohberger

«Ein Sachverhalt ist denkbar» heißt: Wir können uns ein Bild von ihm machen. *Wittgenstein*

«Denkgebäude» – ein architektonisches Paradox: Zuerst wird der First gezimmert, zuletzt der Keller gebaut. Thesen suchen verzweifelt ihre Gründe. *Kudszus*

Denker

Denker sind Leute, die aufs neue denken, und die denken, daß das, was vorher gedacht worden war, niemals hinreichend bedacht worden war.
Valéry

Er ist ein Denker: das heißt, er versteht sich darauf, die Dinge einfacher zu nehmen als sie sind. *Nietzsche*

Die Geschichte der Denker ist unter anderem auch eine Geschichte der Überholten. Von Platon bis Schopenhauer: lauter Überholte. Wenn aber jemand fünfzig Jahre überholt worden ist und dann noch kräftig lebt, hat er auch alle überholt, die ihn überholt haben. *Ludwig Marcuse*

Denkmal
→ Monument

Denkmal: ein Bauwerk, das die Erinnerung an etwas stützen soll, das entweder dieser Stütze nicht bedarf oder an das man sich nicht erinnern kann. *Bierce*

Dentist

Dentist: ein Taschenspieler, der, während er Metall in deinen Mund hineinsteckt, Münzen aus deiner Tasche herauszieht. *Bierce*

Deutsch

Deutsch sein heißt, eine Sache um ihrer selbst willen zu tun.
Richard Wagner

Deutsch sein heißt, eine Sache um ihrer selbst willen zu übertreiben.
Unbekannt

Deutsch sein, das heißt sein Denken und Leben sich selbst schwermachen; sein Denken durchs Leben und sein Leben durchs Denken. *Lohberger*

Dialektik

Die Dialektik ist die Ausbildung des Widersprechungsgeistes, welcher dem Menschen gegeben, damit er den Unterschied der Dinge erkennen lerne. *Goethe*

Dialektik ist nur eine Form der Rache. *Nietzsche*

Dialektik ist die Kunst (oder der Trick), zu zwei Seiten das Ding zu erdenken, das sie hat. *Kudszus*

Die Dialektik ist der Text, den wir der dinglichen Musik des Daseins unterlegen. *Heimito von Doderer*

Dialog

Ein Dialog ist eine Kette oder ein Kranz von Fragmenten. Ein Briefwechsel ist ein Dialog in vergrößertem Maßstabe, und Memorabilien sind ein System von Fragmenten.
Friedrich Schlegel

Dichten
→ Dichtung, Lyrik, Poesie

Dichten heißt: Abspiegeln der Welt auf individuellem Grunde. *Hebbel*

Dichten ist nichts anderes als ein ewiges Symbolisieren: wir suchen entweder für etwas Geistiges eine äußere Hülle oder wir beziehen ein Äußeres auf ein unsichtbares Inneres.
August Wilhelm Schlegel

Dichten heißt, die Zeit im Wort hart angehen, sie zersetzen, verbrennen, damit ein Unzerstörbares herausschaue, ein klarer Kristall, der das ewige Licht wunderbar bricht. *Diettrich*

Dichten ist ein Brückenschlagen von dem, der schreibt, zu dem, der liest. *Kasack*

Die Dichtkunst ist die Erinnerung und die Ahnung der Dinge: was sie feiert, ist noch nicht tot. Was sie besingt, lebt schon. *Lamartine*

Dichten ist ein Übermut. *Goethe*

Dichtkunst ist ein Spiel der Sinnlichkeit, durch den Verstand geordnet. *Kant*

Dichten ist keine Tätigkeit. Dichten ist eine Existenzweise. *Edel*

Dichten ist keine Tätigkeit, sondern ein Zustand. *Musil*

Dichten selbst ist schon Verrat.
Goethe

Dichten heißt, sich ermorden.
Hebbel

Dichten ist eine Arbeit, die nur gut Geratenen gerät. *Ebner-Eschenbach*

Dichter

→ Poet, Schriftsteller

Der Dichter ist das Sprachrohr der Ratlosigkeit seiner Zeit.
Marie Luise Kaschnitz

Der Dichter ist das Erzeugnis und der Gegner seiner Zeit im Sinn der Zukunft. *Hille*

Dichter: Seher, die uns etwas von dem Möglichen erzählen. *Nietzsche*

Dichter sind Propheten, deren Prophezeiungen niemals Wahrheit werden. *Howe*

Dichter sein heißt nicht, Gedichte machen, sondern eine neue Lebensweise schaffen. *Paul La Cour*

Dichter ist, wer durch die eigentümliche Schwierigkeit seiner Kunst auf Einfälle kommt – und der ist es nicht, bei dem sie ihretwegen ausbleiben. *Valéry*

Dichter sind Träume Gottes.
Otto Michel

Man habe nur die Fähigkeit, fortwährend ein lebendiges Spiel zu sehen und immerfort von Geisterscharen umringt zu leben, so ist man Dichter.
Nietzsche

Dichter sind reine Kiesel, an die der schöne Himmel und die schöne Erde und die heilige Religion anschlagen, daß die Funken fliegen. *Claudius*

Was ist da viel zu definieren! Lebendiges Gefühl der Zustände und Fähigkeit, es auszudrücken, machen den Poeten. *Goethe*

Der Dichter ist nichts «Besonderes». Er ist der Mensch, wie er eigentlich geplant ist. *Eschmann*

Wer ist ein Dichter? Der, dessen Leben symbolisch ist. *Thomas Mann*

Der Dichter ist ein Mensch, der mit einem Instinkt für Armut geboren wurde. *Hubbard*

Viele Romanciers heute sind verhinderte Essayisten, die zur einträglicheren Gattung flüchten.
Ludwig Marcuse

Dichtung
→ Literatur

Dichtung ist eine Form der Liebe.
le Fort

Dichtung ist der Versuch, mit den Mitteln der artikulierten Sprache das darzustellen oder wiederherzustellen, was Schreie, Tränen, Liebkosungen, Küsse, Seufzer usw. dunkel auszudrücken versuchen, und was die Dinge scheinbar ausdrücken wollen in dem, was wir für ihr Leben und ihre Absicht nehmen. *Valéry*

Dichtung ist nichts anderes als konzentrierter Einsatz von Leben.
Kasack

Alle große Dichtung ist eine Frucht des Leidens. *Muschg*

Dichtung ist Gericht sowohl wie Trost. *Heinrich Mann*

Zur Dichtung gehört wesentlich das, was man nicht weiß; die Ehrfurcht davor. Eine fertige Weltanschauung verträgt keine Dichtung. *Musil*

Dichtung: ein Text im Smoking; engagierte Dichtung: ein Text im Smoking mit roter Fliege. *Schlosser*

Dieb
→ Kleptomane, Taschendieb

Ein Dieb ist ein Mensch, der zu vernünftig ist, um zu verhungern, aber zu unvernünftig, um zu arbeiten; zu verschämt, um zu betteln, aber gerade unverschämt genug, um zu stehlen. *Aus den «Fliegenden Blättern»*

Diktator
→ Tyrann

Diktatoren sind Kutscher, die stets aufpassen müssen, daß die Pferde nicht durchgehen. Könige können es sich erlauben, im Fond des Wagens zu sitzen. *Frank Thieß*

Diktator: das Oberhaupt einer Nation, welche die Unerträglichkeit der Gewaltherrschaft der Geißel der Herrschaftslosigkeit vorzieht. *Bierce*

Diktatur
→ Tyrannis, Rechtsstaat

Die Diktatur ist die vollendetste Form der Eifersucht. *Malaparte*

Eine Diktatur ist ein Staat, in dem sich alle vor einem fürchten und einer vor allen. *Moravia*

Diktatur heißt jene Regierungsform, in der man zu allem, was nicht erlaubt ist, gezwungen wird. *Unbekannt*

Diktaturen sind Einbahnstraßen. In Demokratien herrscht Gegenverkehr. *Moravia*

Demokratie: die öffentliche Meinung schlägt sich in Gesetzen nieder. Diktatur: die öffentliche Meinung wird in Gesetzen niedergeschlagen.
Wiggins

Dilemma

Dilemma: der Lohn der Konsequenz. *Bierce*

Dilettant(ismus)

Dilettantismus ist Liebe zur Kunst ohne Gegenliebe.
Aus den «Fliegenden Blättern»

Dilettant sein, das heißt: seiner eigenen Einfälle nicht wert, aber auf sie stolz sein. *Schnitzler*

Unter Dilettant versteht man jeden, der eine Kunst nur zu einem Vergnügen ausübt.
Aus den «Fliegenden Blättern»

Diplomat

Ein Diplomat ist ein Mann, der die Paukenschläge der Staatsmänner in Harfenklänge verwandeln soll.
O'Neill

Der Diplomat ist ein Mensch, der zweimal denkt, bevor er – nichts sagt. *Unbekannt*

Diplomaten sind Taschendiebe – Artisten der Fühlungnahme.
Hans Kasper

Diplomatie

→ Politik, Ultimatum

Die Diplomatie ist die Polizei in Galauniform. *Napoleon I.*

Diplomatie ist die Kunst, garstige Dinge auf die netteste Weise zu tun oder zu sagen. *Goldberg*

Diplomatie: die patriotische Kunst, für sein Vaterland zu lügen. *Bierce*

Diplomatie ist ein Schachspiel, bei dem die Völker matt gesetzt werden. *Karl Kraus*

Diplomatie und Öffentlichkeit gehen eine Verbindung ein wie Feuer und Wasser: die Diplomatie zischt und wird zu Wasser. *Ludwig Marcuse*

Und was ist die nicht geheime Diplomatie? Man sieht, wie die Partner ins Konferenzzimmer gehen und wieder herauskommen – und man erfährt das Resultat: zum Beispiel, daß beide friedliebend sind.
Ludwig Marcuse

Unsere auswärtigen Angelegenheiten sind ein offenes Buch – im allgemeinen ein Scheckbuch. *Will Rogers*

Internationale Diplomatie kann definiert werden als der Tausch vieler brennender Fragen gegen eine schwelende. *Bierce*

Diskretion

Diskretion ist die Kunst, Geheimnisse so auszuplaudern, daß das Siegel der Verschwiegenheit nicht verletzt wird. *Unbekannt*

Diskussion

Die Diskussion ist das Sieb der Wahrheit. *Guazzo*

Die Diskussion ist der Übungsplatz des Geistes. *Wiggins*

Die Diskussion ist eine der wichtigsten Dinge der Welt, denn sie ist nahezu unsere einzige Arena des Denkens. Ohne Diskussion ist jede intellektuelle Erfahrung nur eine Übung in einer privaten Turnhalle. *Bourne*

Diskussion: eine Methode, andere in ihren Irrtümern zu bestärken.
Bierce

Dogma

Dogma – mit anderen Worten also, offenbarte Wahrheit. *Chesterton*

Dogma: ein Versuch, einen Stock mit nur einem Ende zu erzeugen. *Laub*

Don Juan

Don Juan ist nicht der Mann, der die Frauen liebt, sondern der Mann, den die Frauen lieben. *Ortega y Gasset*

Drama

Das Drama ist ein epischer Knoten, der gelöst werden will. *Hilsbecher*

Das Dramatische ist die Einheit des Kampfes mit dem Leiden. *Rathenau*

Modernes Drama: ein Stück, in dem außer action eigentlich nichts passiert. *Nahr*

Dreck

Dreck: Materie am unrichtigen Ort. *Palmerston*

Druckerkunst

Die Druckerkunst ist die Artillerie der Idee. *Rivarol*

Die Druckerkunst ist eine Erfindung, die aus einem Auge ein Ohr macht. *Unbekannt*

Du

Einen als solchen noch nicht erkannten Fremdkörper nennen wir «du». *Kudszus*

Duften

Duften ist Sterben der Blume. *Hebbel*

Dummheit

Dummheit ist nicht: wenig wissen. Auch nicht: wenig wissen wollen. Dummheit ist: glauben, genug zu wissen. *Anita*

Was nennen die Menschen am liebsten «dumm»? Das Gescheite, das sie nicht verstehen. *Ebner-Eschenbach*

Dummheit ist unbewußte Unwissenheit. *Josh Billings*

Dumm ist nicht, wer etwas Dummes begeht, sondern wer seine Dummheit nachher nicht zu bedecken versteht. *Gracian*

Dummheit ist angeborene Denkfaulheit. *Aus den «Fliegenden Blättern»*

Der Mangel an Urteilskraft ist eigentlich das, was man Dummheit nennt, und einem solchen Gebrechen ist gar nicht abzuhelfen. *Kant*

Dumm sein heißt, zahlreiche kleine schnelle, aber durchaus verbrecherische Akte zu setzen, durch die einer seine eigene Leistungsfähigkeit unterbricht. *Heimito von Doderer*

Die Dummheit ist oft der Schmuck der Schönheit: sie ist das, was den Augen die matte Klarheit schwärzlicher Weiher und die ölglatte Ruhe tropischer Gewässer gibt. *Baudelaire*

Die größte Dummheit der Menschen besteht darin, daß sie auf eine immer unergiebigere Weise gescheit werden. *Diettrich*

E

Edelmut

Edelmut ist nur verkappter Ehrgeiz, der die kleinen Vorteile verachtet, um größeren nachzugehen. *La Rochefoucauld*

Edelmut ist nur das Mitleid vornehmer Seelen. *Chamfort*

Egoismus

→ Eigenliebe, Selbstliebe

Der Egoismus besteht darin, sein Glück auf Kosten anderer zu machen. *Lacordaire*

Egoismus ist das verabscheuungswürdigste Laster, das keiner bei anderen vergeben will und ohne das er selbst nicht sein kann. *Henry Ward Beecher*

Egoismus: Schmerzlinderungsmittel gegen Dummheit. *Leahy*

Der Egoismus ist eine Droge, die es bestimmten Menschen ermöglicht, mit sich selbst auszukommen. *Unbekannt*

Egoismus heißt nicht leben, wie man zu leben wünscht; es heißt, von anderen verlangen, daß sie so leben, wie man es wünscht. *Wilde*

Egoismus ist Selbstvertrauen, das auf Schwierigkeiten aus ist. *Unbekannt*

Egoismus ist Einsamkeit. *Schiller*

Egoismus ist das perspektivistische Gesetz der Empfindung, nach dem das Nächste groß und schwer erscheint: während nach der Ferne zu alle Dinge an Größe und Gewicht abnehmen. *Nietzsche*

Egoismus ist die Eigenschaft, der sich die Weisheit fügt. *Unbekannt*

Die sublimierteste Form des Egoismus heißt Mutterliebe. *Seidel*

Egoist

Ein Egoist ... ein Mensch, der nicht an mich denkt. *Labiche*

Egoist: ein Mensch, der sich nicht die Mühe macht, seine Haltung zu bemänteln. *Nahr*

Egoist: ein unfeiner Mensch, der für sich mehr Interesse hat als für mich. *Bierce*

Wer nur sich selbst sein alter ego ist,
Der ist und bleibt ein alter Egoist.
Aus den «Fliegenden Blättern»

Egoist: ein Mensch, der von sich selbst fasziniert ist. *Unbekannt*

Egoisten sind von unseren Freunden alle, denen unsere Freundschaft gleichgültig ist. *Montherlant*

Die Menschen nennen diejenigen Egoisten, welche sich nicht rücksichtslos von ihnen ausnützen lassen. *Aus den «Fliegenden Blättern»*

Ehe

Die Ehe ist der einzige gesetzliche Vertrag, der zwischen den Parteien alle Gesetze beseitigt, die jenes besondere Verhältnis schützen. *Shaw*

Ehe ist vielfach nur der Kontrakt, auf dessen Bruch die Unterhaltspflicht als Konventionalstrafe steht. *Jaspers*

Die Ehe ist das öffentliche Bekenntnis einer streng privaten Absicht. *Dayenhart*

Die Ehe ist ein Bündnis widerstreitender Kooperation. *Renner*

Die Ehe ist eine polizeilich anerkannte Freundschaft. *Robert Louis Stevenson*

Die Ehe ist ein Souvenir der Liebe. *Rowland*

Die Ehe ist die Prosaübersetzung eines Liebesgedichts. *Bougeard*

Die Ehe ist eine Romanze, in welcher der Held im ersten Kapitel stirbt. *Unbekannt*

Die Ehe ist ein bewaffnetes Bündnis gegen die Außenwelt. *Chesterton*

Die Ehe ist eine lange Unterhaltung, unterbrochen durch Dispute. *Robert Louis Stevenson*

Die Ehe ist ein Hafen im Sturm, öfters aber ein Sturm im Hafen. *Sprichwort*

Die Ehe ist das einzige bekannte Beispiel eines glücklichen Zusammentreffens eines unbeweglichen Gegenstandes mit einer unwiderstehlichen Kraft. *Nash*

Die Ehe ist und bleibt die wichtigste Entdeckungsreise, die der Mensch unternehmen kann. *Kierkegaard*

Die Ehe ist ein Hauptabschnitt im Leben, weil es einem da gerade ist, als ob einem das Haupt abgeschnitten würde. *Aus den «Fliegenden Blättern»*

Die Ehe ist eine Einrichtung, die populär ist, weil sie das Maximum der Versuchung mit dem Minimum der Gelegenheit verbindet. *Shaw*

Was ist die Ehe? Ein Abonnement zu reduzierten Preisen. *Unbekannt*

Die Ehe ist der Sonderfall eines Abonnements, das mehr Geld kostet, als wenn man einzelweise bezahlen müßte. *Laub*

Die Ehe ist eine Geschichte; sie beginnt mit einem Prinzen, der einen Engel küßt, und sie endet mit einem glatzköpfigen Mann, der über den Tisch hinweg auf eine fette Frau blickt. *Unbekannt*

Der Arzt nennt die Ehe ein verkehrtes Fieber, das mit Hitze anfängt und mit Kälte endet.
Der Chemiker: eine einfache Wahlverwandtschaft.
Der Apotheker: ein niederschlagendes Pulver.
Der Mathematiker: eine Gleichung, wo bei zwei gegebenen Größen sich leicht eine dritte findet.
Der Jurist: ein Kontrakt.
Der Kaufmann: eine Spekulation, die ebenso oft falliert als glückt.
Der Dichter: einen Roman, der manchmal mehrere Auflagen erlebt.
Der Schauspieler: eine Tragikomödie, die stets vom Publikum beklatscht wird.
Der Theaterdirektor: ein Abonnement; eheliche Untreue ist ein abonnement suspendu.
Der Musiker: ein Konzert, in welchem die Liebe die Flöte bläst, die Kinderchen die Querpfeife, die Nachbarn die Trompete und der Mann zuweilen ein Hornsolo.
Der Soldat: einen Feldzug, der sich bald zum Siebenjährigen, bald zum Dreißigjährigen Krieg ausdehnt. *Aus den «Fliegenden Blättern»*

Die Ehe ist eine Lotterie, in der die Männer ihre Freiheit und die Frauen ihr Glück aufs Spiel setzen. *Französisches Sprichwort*

Die Ehe ist die einzige wirkliche Leibeigenschaft, die unser Gesetz kennt. Es gibt keine Sklaven mehr, außer den Herrinnen jedes Hauses. *Mill*

Manche Ehe ist ein Zellengefängnis zu zweien. *Hille*

Die Ehe ist eine Mausefalle mit Liebe als Speckbrocken und Paragraphen als Widerhaken. *Nahr*

Ehe ist, wenn man trotzdem liebt. *von Radecki*

Die organisierte Liebe, die Liebe als Institution, heißt Ehe. *Lohberger*

Im achtbarsten Sinne des Wortes Ehe handelt es sich um die gesellschaftliche Erlaubnis, die zwei Personen zur Geschlechtsbefriedigung aneinander erteilt wird, unter Bedingungen, wie sie sich von selbst verstehen, aber solchen, welche das Interesse der Gesellschaft im Auge haben. *Nietzsche*

Die Ehe ist ein Opferstock, in dem bald der eine, bald der andere Partner sein Scherflein hineinzulegen genötigt ist. *Diettrich*

Es gibt gar keine wirksamere Innere Mission als den Ehestand. *Herder*

Die Ehe ist das höchste Geheimnis. *Novalis*

Die Ehe ist der Anfang und der Gipfel aller Kultur. Sie macht den Rohen mild, und der Gebildete hat keine bessere Gelegenheit, seine Milde zu beweisen. Unauflöslich muß sie sein, denn sie bringt so vieles Glück, daß alles einzelne Unglück dagegen gar nicht zu rechnen ist. *Goethe*

Ehe ist nie ein Letztes, sondern Gelegenheit zum Reifwerden. *Goethe*

Die gute Ehe ist ein ewiger Brautstand. *Theodor Körner*

Was man eine glückliche Ehe nennt, verhält sich zur Liebe wie ein korrektes Gedicht zu improvisiertem Gesang. *Friedrich Schlegel*

Eine Vernunftehe schließen heißt in den meisten Fällen, alle seine Vernunft zusammenzunehmen, um die wahnsinnigste Handlung zu begehen, die ein Mensch begehen kann. *Ebner-Eschenbach*

Die zweite Ehe ist der Triumph der Hoffnung über die Erfahrung. *Samuel Johnson*

Ehegatte

Der Ehegatte ist ein Mann von wenig Worten. *Unbekannt*

Der Ehegatte ist das, was übrigbleibt, nachdem der Nerv gezogen worden ist. *Rowland*

Ehre

Die Ehre ist die Poesie der Pflicht. *Vigny*

Die Ehre des Mannes besteht in der Schätzung seiner selbst, die des Weibes in dem Urteile anderer. *Kant*

Die Ehre ist, objektiv, die Meinung anderer von unserem Wert und, subjektiv, unsere Furcht vor dieser Meinung. *Schopenhauer*

Ehre ist die Mystik der Rechtlichkeit. *Friedrich Schlegel*

Was ist Ehre? Was mich aufrecht hält. *Camus*

Die Ehre ist das äußere Gewissen, und das Gewissen ist die innere Ehre. *Schopenhauer*

Die erworbene Ehre ist eine Kaution für jene, die man noch erwerben muß. *La Rochefoucauld*

Ehre ist nichts als ein gemalter Schild beim Leichenzuge. *Shakespeare*

Die Ehre, die Tugend der Ungerechten. *Camus*

Die Ehre ist ein Rechenspiel, bald gilt man nichts, bald gilt man viel. *Abraham a Santa Clara*

Die Ehre ist der Wurmfortsatz im seelischen Organismus. Ihre Funktion ist unbekannt, aber sie kann Entzündungen bewirken. Man soll sie getrost den Leuten abschneiden, die dazu inklinieren, sich beleidigt zu fühlen. *Karl Kraus*

Die Empfindung von der Ehre ist am Franzosen Eitelkeit, an dem Spanier Hochmut, an dem Engländer Stolz, an dem Deutschen Hoffart und am Holländer Aufgeblasenheit. *Kant*

Ehre und Konvention sind die Bausteine der Gesellschaft. Die Lüge der Kitt. *Hans Kasper*

Ehrerbietigkeit

Ehrerbietigkeit ist das komplizierteste, indirekteste und eleganteste aller Komplimente. *Shenstone*

Ehrfurcht

Ehrfurcht: Respekt mit weit geöffnetem Mund. *Unbekannt*

Ehrgeiz

Ehrgeiz ist die Unbescheidenheit des Geistes. *Davenant*

Ehrgeiz ist die einzige Macht, welche die Liebe besiegt. *Cibber*

Ehrgeiz ist die letzte Zuflucht des Versagens. *Wilde*

Ehrgeiz ist Habsucht auf Stelzen und maskiert. *Landor*

Ehrgeiz: ein übermächtiges Verlangen, von seinen Feinden zu Lebzeiten geschmäht und von seinen Freunden nach dem Tode verlacht zu werden. *Bierce*

Ehrlich

Die Liebe zur Ehrlichkeit ist die Tugend des Zuschauers, nicht die der handelnden Personen. *Shaw*

Ehrlich sein heißt – wie es in dieser Welt hergeht –, ein Auserwählter unter Zehntausenden sein. *Shakespeare*

Eifer

Eifer ist Tatenlust aller Fähigkeiten. *Bovee*

Eifer ist Begeisterung, gemildert durch Vernunft. *Pascal*

Eifer: Fanatismus mit Toleranz. *Unbekannt*

Eifer ist das Salz der Beredsamkeit. *Victor Hugo*

Eifersucht

Eifersucht ist die Gelbsucht der Seele. *Dryden*

Eifersucht ist Angst vor dem Vergleich. *Max Frisch*

Eifersucht ist die Seele der Liebe. *Japanisches Sprichwort*

Die Eifersucht ist der Schatten, den die Liebe wirft.
Aus den «Fliegenden Blättern»

Eifersucht: das heißt einen Menschen lieben, als ob man ihn verabscheute. *Lemaître*

Eifersucht ist die radikalste, ursprünglichste und unverhohlenste Form der Bewunderung – sozusagen Bewunderung in Kriegsbemalung.
Robert Louis Stevenson

Eifersucht ist eine Leidenschaft, die mit Eifer sucht, was Leiden schafft. *Schleiermacher*

Die Eifersucht ist die geistreichste Leidenschaft und trotzdem noch die größte Torheit. *Nietzsche*

Eifersucht ist ein Hundegebell, das die Diebe anlockt. *Karl Kraus*

Bei Weibern ist die Liebe so oft eine Tochter als die Mutter der Eifersucht. *Börne*

Eifersucht ist Beschämung – Beschämung, die Rechnung ohne den Wirt gemacht zu haben. Unsere Wünsche, unsere Neigungen brachten wir in Anschlag, nicht die des andern.
Rahel Varnhagen von Ense

Eifersüchtige sind Wucherer, die vom eigenen Pfund die höchsten Zinsen nehmen. *Karl Kraus*

Die Eifersucht einer Frau ist nichts anderes als verletzte Eigenliebe.
Anatole France

Die Eifersucht der Ehefrauen auf junge Mädchen ist nur der Ärger über die Tatsache, daß eine Währung noch in Kraft ist, in der man selber bereits die Zahlungen eingestellt hat. *Nahr*

Eifersucht ist versteckter Neid.
Lohberger

Eifersucht ist Liebesneid.
Wilhelm Busch

Die Eifersucht ist eine Art von Neid, und Neid ist ein kleines, kriechendes Laster, das keine andere Befriedigung kennt als das gänzliche Verderben seines Gegenstandes. *Lessing*

Eifersüchtig: ungebührlich besorgt, etwas zu behalten, das nur verlorengeht, wenn sein Besitz sich lohnt.
Bierce

Eigenliebe

→ Egoismus, Selbstliebe, Selbstsucht

Die Eigenliebe ist drei Viertel der Zeit nichts als Würde in Gips. *Murger*

Eigenliebe ist das Instrument unserer Selbsterhaltung. *Voltaire*

Die Eigenliebe ist das Schloß zum Herzen des Menschen; die Schmeichelei ist der Schlüssel. *Unbekannt*

Eigenliebe ist der Beginn einer lebenslangen Romanze. *Wilde*

Eigenliebe ist die größte aller Schmeichlerinnen.
La Rochefoucauld

Die Eigenliebe ist ein merkwürdiges Wesen; trotz grausamster Hiebe kann es schlafen und dann wach werden – tödlich verletzt einer kleinen Schramme wegen. *Moravia*

Eigensinn

Eigensinn ist Wille, der sich bestätigt, ohne sich rechtfertigen zu können. *Amiel*

Aller Eigensinn beruht darauf, daß der Wille sich an die Stelle der Erkenntnis gedrängt hat. *Schopenhauer*

Eigensinn ist das wohlfeilste Surrogat für Charakter. *Hebbel*

Eigensinn ist die Parodie des Charakters. *Hegel*

Eigensinn ist die Energie der Dummheit.
Aus den «Fliegenden Blättern»

Eigensinn ist Irrtum in Waffen.
Unbekannt

Die Willenskraft der Schwachen heißt Eigensinn. *Ebner-Eschenbach*

Eigensinnig: unzugänglich für die Wahrheit, die sich in dem Glanz und dem Gewicht der eigenen Argumente offenbart. *Bierce*

Eigentum

Eigentum ist Diebstahl. *Proudhon*

Eigentum ist Diebstahl, sagt Proudhon: Das ist der einzige Gemeinplatz der Wahrheit, die über das Eigentum gesagt worden ist. *Shaw*

Ist der Begriff «Diebstahl» überhaupt anders möglich, als wenn man den Begriff «Eigentum» gelten läßt? Wie kann man stehlen, wenn nicht schon Eigentum vorhanden ist? . . . Das Privateigentum lebt von der Gnade des Rechts. Nur im Rechte hat es seine Gewähr – Besitz ist ja noch nicht Eigentum, es wird erst «das Meinige» durch Zustimmung des Rechts – ; es ist keine Tatsache, nicht un fait, wie Proudhon meint, sondern eine Fiktion, ein Gedanke. *Max Stirner*

Eigentum ist kein empfangenes Recht, Eigentum ist durchgesetzte Macht.
Lohberger

Eigentum ist ja kein Fetisch, sondern legitimierte und vererbbare Räuberei. *Rudolf Augstein*

Eigentum ist nur dasjenige, was keinen Ansprüchen und Gefahren unterworfen ist.
Jüdische Lebensweisheit

Eigentum: jeder materielle Gegenstand ohne besonderen Wert, den A der Begehrlichkeit des B vorenthält. Alles, was die Habgier eines einzelnen befriedigt und die aller anderen enttäuscht. Der Gegenstand kurzer menschlicher Raffgier und langer Gleichgültigkeit. *Bierce*

Eigentum: eine der Grundlagen der Gesellschaft. Geheiligter als die Religion. *Flaubert*

Eigentum ist Erweiterung der Persönlichkeit. *Spengler*

Eigentum ist zuerst Nahrung und Aufspeicherung von Nahrung.
Nietzsche

Einbildungskraft
→ Phantasie

Die Einbildungskraft ist der Kobold der Logik. *Malebranche*

Einbildungskraft ist die einzige Waffe im Krieg gegen die Wirklichkeit.
Gaultier

Einbildungskraft ist eine Eigenschaft, die den Menschen dafür entschädigt, was er nicht ist. Und der Sinn für Humor sorgt dafür, daß er für das getröstet wird, was er ist. *Wilde*

Die Einbildungskraft, die Illusionen hervorbringt, ist wie ein Rosenstrauch, der in jeder Jahreszeit Rosen blühen läßt. *Chamfort*

Einbildungskraft ist das Auge der Seele. *Joubert*

Einbildungen sind die Träume des Wachenden.
Aus den «Fliegenden Blättern»

Einbildungskraft ist das, was uns davor abhält, uns in den Armen eines Stubenmädchens so glücklich zu fühlen wie in den Armen einer Gräfin. *Samul Johnson*

Einbildungskraft ist das, was manchen Politiker glauben macht, er sei ein Staatsmann. *Tennes*

Einbildungskraft: ein Warenhaus der Tatsachen, in dessen Besitz sich Dichter und Lügner teilen. *Bierce*

Einfachheit

Einfachheit ist das Resultat der Reife. *Schiller*

Einfachheit ist der Mut zum Wesentlichen. *Nahr*

Einfall

Einfall: eine Idee mit einem Lächeln. *Zitiert nach Robert Lembke «Zynisches Wörterbuch»*

Manche witzigen Einfälle sind wie das überraschende Wiedersehen zweier befreundeter Gedanken nach langer Trennung. *Friedrich Schlegel*

Ein guter Einfall ist wie ein Hahn am Morgen. Gleich krähen andere Hähne mit. *Waggerl*

Ein-Fälle sind Meteore des Geistes, sie ersetzen ständig unsere verbrauchte Substanz. Man muß ihnen aber die größtmögliche Fläche zum Auftreffen bieten, sonst werden sie zu selten. Dem sensationell vergifteten und dieses Gift unaufhörlich suchenden Menschen bleiben sie ganz aus: er hat das Erwarten gelernt.
Heimito von Doderer

Einfalt

Einfalt: das Herz im Schlafrock.
Véron

Einsamkeit
→ Eremit

Einsamkeit ist das Audienzzimmer Gottes. *Landor*

Einsamkeit ist der Weg, auf dem das Schicksal den Menschen zu sich selber führen will. *Hermann Hesse*

Einsamkeit ist die Verfassung, in der wir nicht wissen, wer der Partner unseres Dialoges ist. *Kudszus*

Einwilligen

«Einwilligen» das sublimste Wort! die größte Bewilligung für Menschen. Durch Einsicht mit-wollen zu können, begreift die Persönlichkeit in sich, die größte Gnadenverleihung.
Rahel Varnhagen von Ense

Eitelkeit

Eitelkeit ist Mangel an Vision.
Kassner

Eitelkeit ist die Haut der Seele.
Nietzsche

Eitelkeit ist der Treibsand der Vernunft. *George Sand*

Die Eitelkeit ist die größte aller Schmeichlerinnen.
La Rochefoucauld

Wenn der Ehrgeiz als Zwerg zur Welt kommt, nennt man ihn Eitelkeit.
Unbekannt

Die höchste Form der Eitelkeit ist Ruhmesliebe. *Santayana*

Eitelkeit ist eine persönliche Ruhmsucht: Man will nicht wegen seiner Eigenschaften, seiner Verdienste, Taten geschätzt, geehrt, gesucht werden, sondern um seines individuellen Daseins willen. Am besten kleidet die Eitelkeit deshalb eine frivole Schöne. *Goethe*

Eitelkeit ist die Neigung, sich als Individuum zu geben, während man keines ist. *Nietzsche*

Eitelkeit ist nichts anderes als eine Empfänglichkeit für das mutmaßliche Urteil über uns. *Valéry*

Eitelkeit ist eher ein Zeichen der Demut als des Stolzes. *Swift*

Wird Stolz sich seiner bewußt, so ist er Eitelkeit. *Rathenau*

Eitelkeit ist die Höflichkeitsmaske des Stolzen. *Nietzsche*

Die Eitelkeit ist ein Affe des Stolzes. *Hamann*

Die Eitelkeit ist im höheren Menschen das erhaltende, im niederen das zerstörende Prinzip. *Hebbel*

Die Eitelkeit ist die den Mann beherrschende Leidenschaft . . . Mit den meisten Männern kann man alles machen, wenn man sie bei der Eitelkeit packt. *Montherlant*

Eitelkeit ist oft nur ein Ausdruck für das physiologische Bedürfnis des Organismus nach Aufmunterung.
Schnitzler

Die Kunst zu gefallen, ist die Kunst zu täuschen. *Vauvenargues*

Eitelkeit ist eine Ware, die man auf keinem Markt verkaufen kann, weil jedermann selber genügend damit versehen ist. *Waggerl*

Ekstase

Die Ekstase ist ein Mittel, durch Außersichsein zu sich selber zu kommen. *Niederreuther*

Eleganz

Eleganz ist gemeisterte Verschwendung. *Rathenau*

Die Eleganz ist der Geschmack der andern. *Schnitzler*

Elster

Elster: ein Vogel, dessen diebische Veranlagung jemand auf den Gedanken brachte, man könnte ihm das Sprechen beibringen. *Bierce*

Emanzipation

Emanzipation: der Übergang eines Sklaven aus der Unterdrückung durch einen anderen zur Unterdrückung durch sich selbst. *Bierce*

Empfindlichkeit

Empfindlichkeit ist ein Surrogat der Ehre. *Aus den «Fliegenden Blättern»*

Wir nennen es zu weit gegangen, wenn uns jemand zu nahegetreten ist. *Aus den «Fliegenden Blättern»*

Der Empfindsame ist der Waffenlose unter lauter Bewaffneten.
Auerbach

Enthaltsamkeit

Enthaltsamkeit ist ein Vergnügen an Sachen, welche wir nicht kriegen.
Wilhelm Busch

Entrüstung

Entrüstung ist ein erregter Zustand der Seele, der meist dann eintritt, wenn man erwischt wird.
Wilhelm Busch

Entrüstung – ein Gallenwespenprodukt, das im wesentlichen aus Schaum besteht. *Seidel*

Die gerechte Entrüstung ist der Ausdruck deines eigenen Zorns im Gegensatz zum schockierend schlechten Temperament der anderen.
Hubbard

Entrüstung ist Bekenntnis der Hilflosigkeit. *Rathenau*

Entscheiden, Entscheidung

Entscheiden: dem Übergewicht einer Richtung von Einflüssen über eine andere erliegen. *Bierce*

Entscheidungen sind Ausführungen nicht erhaltener Befehle. *Kudszus*

Entschlossenheit

Entschlossenheit: Starrsinn, den wir billigen. *Bierce*

Die Entschlossenheit ist im Einzelfall ein Akt des Mutes und, wenn sie zum Charakterzug wird, eine Gewohnheit der Seele. *Clausewitz*

Entschuldigung

Entschuldigung: Egoismus, mit der verkehrten Seite nach außen getragen. *Holmes*

Entwicklung

Alle Entwicklung ist bis jetzt nichts weiter als ein Taumeln von einem Irrtum in den andern. *Ibsen*

Epigonentum

Epigonentum? Auf anderen Gebieten des öffentlichen Lebens nennt man das anders: man verwertet Erfahrungen. *Laub*

Epigramm

→ Aphorismus, Maximen, Sentenz, Zitat

Das Epigramm ist eine Halbwahrheit, die so ausgedrückt ist, daß sie den Menschen irritiert, der an die andere Hälfte glaubt. *Mathews*

Ein brillantes Epigramm ist ein feierlicher Gemeinplatz, der zum Maskenball ging. *Strachey*

Das Epigramm ist eine Wahrheit auf Bierreise. *John A. Lincoln*

Epigramm: einfachste, doch in ihrer abstrakten Zusammengezogenheit noch einseitige und unvollständige epische Darstellungsart. *Hegel*

Das Epigramm ist die Zentralmonade der altfranzösischen Literatur und Bildung. *Novalis*

Epigramm: eine Bemerkung, zu gut, um wahr zu sein. *Unbekannt*

Erde

Die Erde ist ein gebildeter Stern mit sehr viel Wasserspülung. *Kästner*

Die Erde ist ein Himmelskörper, auf dem die Unglücklichen ein höllisch Leben haben. *Nestroy*

Die Erde ist der Wartesaal für die Reise ins Jenseits. *Aus den «Fliegenden Blättern»*

Ereignis

Ereignisse sind nur die Schalen der Ideen. *Chapin*

Die Ereignisse, Geschwülste der Zeit . . . *Cioran*

Das Kardinalsereignis im Leben: die Blase der eingebildeten Macht platzt. *Nietzsche*

Das größte Ereignis für die Welt ist – seit je und immer – die Ankunft eines neuen Weisen in ihr. *Carlyle*

Eremit

Eremit: ein Mensch, dessen Laster und Torheiten nicht geselliger Art sind. *Bierce*

Erfahrung

Erfahrung ist eine verstandene Wahrnehmung. *Kant*

Erfahrung ist der Name, den die Menschen ihren Torheiten und Sorgen geben. *de Musset*

Erfahrung vermehrt unsere Weisheit, verringert aber nicht unsere Torheiten. *Josh Billings*

Erfahrung: Weisheit, dank derer wir in der Torheit, der wir uns hingegeben, eine lästige alte Bekannte wiedererkennen. *Bierce*

Für die meisten Menschen ist Erfahrung nichts anderes als das Hecklicht eines Schiffes, das nur die Spur beleuchtet, die es bereits hinter sich gelassen hat. *Coleridge*

Erfahrung ist der Name, mit dem jeder seine Dummheiten bezeichnet. *Wilde*

Die Erfahrung ist eine Schule, in welcher der Mensch lernt, was für ein großer Narr er gewesen ist. *Josh Billings*

Die Erfahrung ist ein nach der Ziehung gekauftes Lotterielos. *Unbekannt*

Erfahrung ist fast immer eine Parodie auf die Idee. *Goethe*

Die Erfahrung besteht darin, daß man erfährt, was man nicht zu erfahren wünscht. *Fischer*

Erfahrung ist eine strenge Lehrmeisterin. Sie stellt zunächst die Prüfungsaufgaben und beginnt hernach mit dem Unterricht. *Sprichwort*

Erfahrung ist ein Rüstzeug, bestehend aus Waffen, die uns verletzt haben. *Aus den «Fliegenden Blättern»*

Erfahrung ist der Extrakt des Duldens. *Helps*

Erfahrung? – Das, was mir begegnet. Das andere: Geschichte, Geschichten. (Die Geschichte ist ein Gerücht.) *Hilsbecher*

Erfahrung ist nichts als Gedächtnis. *Hobbes*

Erfahrung ist nicht das, was mit einem Menschen geschieht, sondern das, was er daraus macht. *Aldous Leonard Huxley*

Die Erfahrung ist der Lehrmeister der Narren und die Vernunft der Klugen. *Sprichwort*

Erfahrung ist künstlicher Instinkt. *Lohberger*

Erfahrung heißt reich werden durch Verlieren. *Ernst von Wildenbruch*

Erfahrung ist ein überreiches Bergwerk, aus dem viele Menschen Lebensschätze ausgraben. *Petőfi*

Die Erfahrung ist die Poesie des Realen. *Eschmann*

Erfahrung ist das, was uns enthüllt, daß wir die Irrtümer der Jugend gegen die des Alters aufgegeben haben. *Bierce*

Erfindung

Alle großen Erfindungen, alle großen Werke sind das Resultat einer Befreiung: die Befreiung von den Routinen des Denkens und Tuns. *Koestler*

Erfindungsgabe ist der einzige Beweis von Genie. *Vauvenargues*

Erfolg

Erfolg: die eine unverzeihliche Sünde gegen den Nächsten. *Bierce*

Einsteins Definition für Erfolg: wenn A für Erfolg steht, gilt die Formel A = X + Y + Z. X ist Arbeit, Y ist Muße und Z heißt Mundhalten. *Albert Einstein*

Erfolg ist das Kind der Keckheit. *Disraeli*

Erfolg: bekommen, was du wünschst. Glück: wünschen, was du bekommst. *Unbekannt*

Der Erfolg ist oft nichts anderes als eine Vergeltung des Glücks. *Grasset*

Der Erfolg ist eine Folgeerscheinung, niemals darf er zum Ziel werden. *Flaubert*

Das Geheimnis des Erfolges ist es, möglichst viele Menschen vor den Kopf zu stoßen. *Shaw*

Erfolg ist die Kunst, dem Sinnvollen das Rentable vorzuziehen. *Nahr*

Der Ruhm der kleinen Leute heißt Erfolg. *Ebner-Eschenbach*

Erfolg und Mißerfolg: Zweige am Baum. *Hans Kasper*

Erinnerung

Erinnerung ist eine Form der Begegnung. *Kahlil Gibran*

Erinnerung: etwas vorher nicht Gewußtes mit Ergänzungen ins Gedächtnis zurückrufen. *Bierce*

Die Erinnerung ist der irdische Kampf mit der Zeit. *Spranger*

Erinnern heißt auswählen. *Grass*

Erinnerung: die abstrakteste Stufe der in Vorstellungen sich betätigenden Intelligenz. *Hegel*

Erinnerung heißt die Kunst, einmal Genossenes nicht nur festzuhalten, sondern es immer reiner auszuformen. *Hesse*

Die Erinnerung ist oft nur die letzte Höflichkeit der Liebe. *Unbekannt*

Erinnern: ein Sehen in die Vergangenheit. *Wittgenstein*

Erinnerung – Nachholerin alles Versäumten! *Scholz*

Erinnerungsfälschung, das ist die ohnmächtige Rache, die unser Gedächtnis an der Unwiderruflichkeit alles Geschehens nimmt. *Schnitzler*

Die Erinnerungen sind fette Nahrung für jene, die Häuser besitzen, Tiere, Knechte und Felder. *Sartre*

Die Erinnerung ist das einzige Paradies, aus dem wir nicht vertrieben werden können. *Jean Paul*

Die Erinnerung, sagt Jean Paul, ist das einzige Paradies, aus dem wir nicht vertrieben werden können. Manchmal mag das zutreffen. Öfter aber ist die Erinnerung die einzige Hölle, in die wir schuldlos verdammt werden. *Schnitzler*

Erkenntnis

«Erkenntnis», sagt D., «ist der Rückstoß der Schöpfung.» *Hilsbecher*

Die Summe unserer Erkenntnis besteht aus dem, was wir gelernt, und aus dem, was wir vergessen haben. *Ebner-Eschenbach*

Jede Erkenntnis ist ein Identifizieren des Nichtgleichen. *Nietzsche*

«Erkennen» ist die Bekämpfung eines Gefühls von etwas Neuem. *Nietzsche*

Erkennen heißt nicht, sich mit den Dingen zufriedenzugeben, so wie sie uns entgegentreten, sondern heißt hinter ihnen nach ihrem Sein suchen. *Ortega y Gasset*

Erkennen, das heißt: alle Dinge zu unserem Besten verstehen. *Nietzsche*

Erklären

Erklären heißt . . . eine Erscheinung auf die angenommenen vertrauten Verstandesbestimmungen zurückführen. *Hegel*

Erklären heißt einschränken. *Wilde*

Erlebnis

Unsere Erlebnisse sind viel mehr das, was wir hineinlegen, als das, was darinliegt. *Nietzsche*

Ernsthaftigkeit

Ernsthaftigkeit ist die Zuflucht derer, die nichts zu sagen haben. *Wilde*

Erotik

→ Sex, Sinnlichkeit, Wollust, Zärtlichkeit

Erotik ist Überwindung von Hindernissen. Das verlockendste und populärste Hindernis ist die Moral. *Karl Kraus*

Erotik ist immer ein Wiedersehen. Sie zieht es sogar der ersten Begegnung vor. *Karl Kraus*

Erwägung

Die Erwägung ist das Vorzimmer der Vernunft. *Aus den «Fliegenden Blättern»*

Erwartung

Die Erwartung ist eine Kette, die alle unsere Freuden verbindet. *Vauvenargues*

Erziehen

→ Lehren

Erziehen heißt, natürliche Anlagen entwickeln. *Galiani*

Erziehen heißt den Kampf gegen sich selbst in seinen Kindern weiterkämpfen. *Aus den «Fliegenden Blätter»*

Erziehen heißt überfordern. Hart, aber wahr; nein: hart, also wahr. *Kudszus*

Erziehung
→ Lehren, Pädagogik

Erziehung ist Beispiel und Liebe, sonst nichts. *Fröbel*

Erziehung ist Erlernen der Kunst vom Nutzbarmachen des Wissen. *Whitehead*

Erziehung ist erst Lehre vom Notwendigen, dann vom Wechselnden und Veränderlichen. *Nietzsche*

Erziehung ist Zeugung einer anderen Art. *Lichtenberg*

Das Werk aller Erziehung ist, bewußte Tätigkeiten in mehr oder weniger unbewußte umzubilden. *Nietzsche*

Fähigkeiten werden vorausgesetzt; sie sollen zu Fertigkeiten werden. Dies ist der Zweck aller Erziehung. *Goethe*

Die Erziehung ist nichts als die Kunst zu lehren, wie man über eingebildete oder doch leicht besiegbare Schwierigkeiten hinauskommt. *Goethe*

Erziehung soll Tugenden, so gut es geht, erzwingen. *Nietzsche*

Alle Erziehung ist nur Handreichung zur Selbsterziehung. *Spranger*

Die Erziehung hat den Zweck, den Menschen zu einem selbständigen Wesen zu machen, d. h. zu einem Wesen von freiem Willen. *Hegel*

Erziehung ist die Hilfe zum Selbstwerden in Freiheit. *Jaspers*

Erziehung ist die billigste Verteidigung der Nationen. *Edmund Burke*

Erziehung: das Mittel, die Ausnahme zu ruinieren zugunsten der Regel. *Nietzsche*

Erziehung ist ein Verfahren, das einer riesigen Menschenschar das Lesen beibrachte, aber nicht imstande war, unterscheiden zu lernen, was lesenswert ist. *George M. Trevelyan*

Erziehung ist alles. Der Pfirsich war einst eine Bittermandel, und der Blumenkohl ist nichts als ein Kohlkopf mit akademischer Bildung. *Mark Twain*

Erziehung ist ein Verfahren, sich eine ganze Sammlung von Vorurteilen durch die Kehle zu jagen. *Fischer*

Gute Erziehung besteht darin, daß man verbirgt, wieviel man von sich selbst hält und wie wenig von den anderen. *Cocteau*

Erziehung ist eine wunderbare Sache, doch es ist gut, von Zeit zu Zeit daran zu denken, daß nichts Wissenswertes gelehrt werden kann. *Wilde*

Das Ziel der Erziehung besteht darin, dem Kinde zu ermöglichen, ohne Lehrer weiterzukommen. *Hubbard*

Gute Erziehung besteht in der einmaligen Warnung vor der Lüge schlechthin und in der jeweiligen Warnung vor einer jeden Wahrheit. *Nowaczyński*

Erziehung ist, daß man sofort alles Erlebte unter bestimmten Wahnvorstellungen begreift. *Nietzsche*

Erziehung ist, ideell gesehen, Zivilschutz gegen radioaktiven Niederschlag von Medien.
McLuhan

Eßbar

Eßbar: geeignet zum Essen und gut verdaulich wie der Wurm für die Kröte, die Kröte für die Schlange, die Schlange für das Schwein, das Schwein für den Menschen und der Mensch für den Wurm. *Bierce*

Establishment

Establishment ist die Gemeinschaft der Hände, die einander dauernd waschen, ohne dadurch sauberer zu werden. *Colin Wilson*

Ethik

Ethik ist ins Grenzenlose erweiterte Verantwortung gegen alles, was lebt. *Albert Schweitzer*

Ethik: eine Naturbeschreibung der Tugenden. *Hegel*

Ethik ist die Lehre vom Schönen in uns – Ästhetik die Lehre vom Schönen um uns.
Coudenhove-Kalergi

Die Phantastik der Phantasielosen ist Ethik. *Rathenau*

Das Resultat totaler Anarchie ist stets eine Ethik. *Hilsbecher*

Ethik ist die Wissenschaft von der menschlichen Pflicht. *Swing*

Ethiker

Definition des Ethikers: Gewissens-Ästhet. *Hilsbecher*

Etikette

Etikette ist die Bremsvorrichtung der Leidenschaft.
Aus den «Fliegenden Blättern»

Etikette ist Gähnen mit geschlossenem Mund. *Unbekannt*

Etikette ist das Geräusch, das du nicht machst – während du Suppe ißt.
Unbekannt

Ewigkeit

Die Ewigkeit ist ein verherrlichter Augenblick. *Lohberger*

Ewigkeit ist ein anderes Wort für Wechsel. *Gould*

Exilregierung
→ Regierung

Exilregierung: status quo in einem Vakuum. *Unbekannt*

Exklusivität

Exklusivität ist ein Charakteristikum, das den Neureichen, der High-Society und dem Skunk eigen ist.
O'Malley

Experte

Der Experte ist ein Mensch, der die kleinen Irrtümer vermeidet, während er dem großen Trugschluß entgegentreibt. *Stolberg*

Experte: ein Spezialist, der über etwas alles weiß und über alles andere nichts. *Bierce*

Der Experte ist ein gewöhnlicher Mann, der – wenn er nicht daheim ist – Ratschläge erteilt. *Wilde*

F

Fächer

Der Fächer ist die spanische Wand der Liebe.
Aus den «Fliegenden Blättern»

Familie

Familie ist Zwangsbekanntschaft.
Rudolf Rolfs

Die Familie ist das Vaterland des Herzens. *Mazzini*

Die Familie ist ein Überbleibsel der unspezialisierten Vergangenheit, als ein Mann noch seine eigenen Schuhe machte und sein eigenes Brot backte. *Bertrand Russell*

Fanatiker, Fanatismus

Der Fanatiker ist ein Mensch, der seine Meinung nicht ändern kann und der sein Thema nicht ändern will.
Churchill

Ein Fanatiker ist – in psychologischen Begriffen definiert – ein Mensch, der bewußt einen geheimen Zweifel überkompensiert.
Aldous Leonard Huxley

Mit Fanatikern zu diskutieren, heißt mit einer gegnerischen Mannschaft Tauziehen spielen, die ihr Seilende um einen dicken Baum geschlungen hat. *Hans Kasper*

Fanatismus besteht im Verdoppeln der Anstrengung, wenn das Ziel vergessen ist. *Santayana*

Der Fanatismus ist die einzige «Willensstärke», zu der auch die Schwachen gebracht werden können.
Nietzsche

Fanatismus ist das Paradies für eine Sekte. *Keats*

Farben

Farben sind das Lächeln der Natur. *Hunt*

Fatalismus

Fatalismus ist Bequemlichkeit. *Calé*

Faul, Faulheit
→ Trägheit

Ein Mensch ist faul, wenn er sich lieber ärgert als aufzustehen.
Niederreuther

Faulheit: der Hang zur Ruhe ohne vorhergehende Arbeit. *Kant*

Faulheit: die Angewohnheit, sich auszuruhen, bevor man müde wird.
Renard

Faulheit ist die Furcht vor bevorstehender Arbeit. *Cicero*

Faulheit ist Dummheit des Körpers und Dummheit Faulheit des Geistes. *Seume*

Die Faulheit ist der Hunger nach Dauer, Konstanz und Ewigkeit. *Kesten*

Die Faulheit ist der heimliche Vater des Fortschritts. *Laub*

Faulpelz

Faulpelz: ein Mensch, der sich keine Arbeit damit macht, sein Nichtstun zu begründen. *Laub*

Feder

Die Feder ist die Zunge des Geistes. *Cervantes*

Die Feder ist das mächtige Instrument des kleinen Mannes. *Byron*

Die Feder ist eine starke Waffe. Aber der Mensch kann sich damit sehr viel leichter töten als andere. *Prentice*

Feierlichkeit

Feierlichkeit nennt man jenen Nebel, welchen die Dummheit zu ihrem Schutze erzeugt, wenn sie in die Enge getrieben wird.
Heimito von Doderer

Feigheit

Feigheit ist der wirksamste Schutz gegen die Versuchung. *Mark Twain*

Feigling

Feigling: jemand, der in gefährlichen Situationen mit seinen Beinen denkt. *Bierce*

Der Feigling ist ein Mensch mit normal entwickeltem Selbsterhaltungstrieb. *Unbekannt*

Feind

Der Feind ist ein Freund, der dich zum Handeln anstachelt. *Hubbard*

Es gibt dreierlei Feind: den Feind selbst, den Freund des Feindes und den Feind des Freundes.
Persisches Sprichwort

Feindseligkeit

Feindseligkeit ist eine persönliche Unabhängigkeitserklärung.
Aldous Leonard Huxley

Feingefühl

Das Feingefühl ist die Poesie der Vorstellungskraft. *Lamartine*

Eine feinfühlige Person ist eine Person, die immer andere auf die Füße tritt, weil sie selbst Hühneraugen hat. *Wilde*

Feinsinnig

Feinsinnig: unter der Dusche weinen. *Unbekannt*

Fernsehen

Das Fernsehen ist das Bauhausprogramm der Formgebung des Lebens oder die Montessori-Erziehungsmethode ins Technische erweitert und kommerziell gestützt.
McLuhan

Fernsehen ist Kaugummi für die Augen. *Definition eines Kindes*

Film

Der Film ist eine verkehrbare Leihbibliothek: alles, was er bietet, ist nur gespiegelt und entliehen.
Kessel

Der Film ist seinem Wesen nach eine Kollektivarbeit, und jede Kollektivarbeit wird zusammengehalten vom Kompromiß. *Faulkner*

Finanzgenie

Ein Finanzgenie ist ein Mann, der sein Geld schneller verdient, als seine Familie es ausgeben kann.
Unbekannt

Finanzpolitik antizyklische

Antizyklische Finanzpolitik besteht darin, den jährlichen Etatzuwachs mit konjunkturgerecht wechselnden Formulierungen zu begründen. *Nahr*

Flagge

Die Flagge ist der Handelsname einer Nation. *Unbekannt*

Fleiß

Der Fleiß ist die Wurzel aller Häßlichkeit. *Wilde*

Flirt

Flirt ist die Fähigkeit, jemandem nahezukommen, ohne ihm zu nahezutreten. *Unbekannt*

Der Flirt ist die Kunst, einer Frau in die Arme zu sinken, ohne ihr in die Hände zu fallen. *Guitry*

Der Flirt ist die Sünde der Tugendhaften und die Tugend der Sünderinnen. *Bourget*

Flirtation: attention without intention. *O'Rell*

Der Flirt gehört zum Denksport: es kommt darauf an, in möglichst kurzer Zeit die richtige Lösung zu finden. *Frenzel*

Flirt: das Spiel mit fremden Zündhölzchen. *Rudi vom Endt*

Der Flirt ist für die Frau die Fechtstunde, die sie mit dem stumpfen Florett bestreitet – ehe sie den Boden mit dem schweren Degen betritt. *Donnay*

Der Flirt ist das Aquarell der Liebe. *Bourget*

Flirt: die zarte Kunst, einen Mann mit sich selbst zufrieden zu machen. *Rowland*

Flitterwochen

Die Flitterwochen sind der verzweifelte Versuch, die Liebe in die Ehe hinüberzuretten. *Nahr*

Die Flitterwochen sind das fröhliche Begräbnis der Liebe. *Nahr*

Flunkerei

→ Lüge

Flunkerei: eine Lüge, die noch keine Zähne hat. *Bierce*

Flunkerei: eines Gewohnheitslügners beste Annäherung an die Wahrheit. *Bierce*

Form

Die Form ist alles. Sie ist das Geheimnis des Lebens. Gib der Trauer Ausdruck, so ist sie dir teuer. Gib der Freude Ausdruck, so ist sie dir verdoppelt. Beginne mit der Verehrung der Form, und kein Geheimnis der Kunst wird dir unentschleiert bleiben. *Wilde*

Die Form ist der Schamschurz des Kunstwerks. Ohne Form wäre es Exhibition. *Hilsbecher*

Form ist Verzicht. *Reinhold Schneider*

«Form ist Ausdruck der Notwendigkeit!» sag ich in einer Kritik. Beste Definition! Stoff ist Aufgabe; Form ist Lösung. *Hebbel*

Form ist Gestalt der Sache, ihr Ausdruck, nicht ihr Prinzip. Aber auf das innigste sind beide miteinander verknüpft, ganz so innig wie Vernunft und Sprache. *Jacobi*

Formel

Formeln sind Regeln, deren Ausdruck zum Muster der Nachahmung dient. *Kant*

Forschen

Das Forschen nach Wahrheit ist das Forschen nach dem uns nicht unmittelbar gegenwärtigen Wirklichen. *Jacobi*

Fortschritt

Fortschritt ist die Verwirklichung von Utopien. *Wilde*

Der Fortschritt ist das Ergebnis eines allgemein angeborenen Wunsches, der bewirkt, daß jeder Teil eines Organismus über seine Verhältnisse leben will. *Samuel Butler*

Fortschritt ist nichts als der Sieg des Lachens über ein Dogma. *Decasseres*

Fortschritt: Bewegung in der Richtung des geringsten Widerstandes. *Unbekannt*

Tausend Dinge bewegen sich vorwärts; neunhundertneunundneunzig zurück; das ist Fortschritt. *Amiel*

Der Fortschritt besteht nicht darin, das Gestern zu zerstören, sondern seine Essenz zu bewahren, welche die Kraft hatte, das bessere Heute zu schaffen. *Ortega y Gasset*

Der Fortschritt ist alles in allem ein Fortschreiten hin zur Verameisung, zur Kollektivierung, zum Konformismus, zum Auslöschen des Individuums, gleichermaßen in den Reichen des Ostens und des Westens. *Hans Henny Jahnn*

Die Kunst des Fortschritts besteht darin, inmitten des Wechsels Ordnung zu wahren, inmitten der Ordnung den Wechsel aufrechtzuerhalten. *Whitehead*

Was wir «Fortschritt» nennen, ist der Tausch eines Mißstandes gegen einen anderen. *Henry Havelock Ellis*

Wirklicher Fortschritt ist, was Fortschreiten ermöglicht oder erzwingt. *Brecht*

Fortschrittlich, konservativ oder liberal nennt sich der Mensch, je nachdem, ob er etwas zu gewinnen hofft, zu verlieren fürchtet oder ob er seine Interessen nicht gefährdet sieht. *Haller*

Fortuna

Fortuna ist eine Fliege, die auf den Leim der Leistung kriecht. *Hans Kasper*

Fragen

Das Fragen ist die Frömmigkeit des Denkens. *Heidegger*

Die Fragen sind es, aus denen das, was bleibt, entsteht. *Kästner*

Fragen heißt: hören auf das, was sich einem zuspricht. *Heidegger*

Frau

→ Ehe, Geliebte, Schmollen, Weib, Witwe

Was ist eigentlich eine Frau? Um dies zu definieren, müßte man sie kennen. Und wenn man heute mit dem Definieren beginnen wollte, würde man frühestens beim Weltuntergang damit zu Ende kommen. *Marivaux*

«Definieren Sie Frau», wurde Busch gebeten. «Hauptlockvogel für diese

Welt, günstigenfalls auch für die andere», meinte er. *Wilhelm Busch*

Eine Frau ist ein Wesen, das sich selbst gefunden hat. *Giraudoux*

Frauen sind Bilder, Männer sind Probleme. Wenn Sie wissen wollen, was eine Frau wirklich meint – was nebenbei immer eine gefährliche Sache ist –, so sehen Sie sie an, aber hören Sie ihr nie zu. *Wilde*

Die Frauen sind ein liebliches Geheimnis: nur verhüllt, nicht verschlossen. *Novalis*

Die Frauen? – Sphinxe ohne Geheimnisse. *Wilde*

Frauen sind nur Kinder von etwas größerem Wuchs. *Chesterfield*

Eine Frau ist der widersinnigste Guß aus Eigensinn und Aufopferung, der nur vorkommen kann. Sie läßt sich für ihren Mann wohl den Kopf abschneiden, nicht aber die Haare. *Jean Paul*

Geschlechtlich genommen ist die Frau eine Einrichtung der Natur, die den Zweck hat, ihr größtes Werk zu verewigen; der Mann: eine Einrichtung der Frau, die den Zweck hat, das Geheiß der Natur auf die wohlfeilste Art zu erfüllen. *Shaw*

Die Frau ist ein menschliches Wesen, das sich anzieht, schwatzt und sich wieder auszieht. *Voltaire*

Die Frau ist kein Raubtier. Im Gegenteil: sie ist die Beute, die dem Raubtier auflauert. *Ortega y Gasset*

Die Frauen sind das einzige Gefäß, was uns Neueren noch geblieben ist, um unsere Idealität hineinzugießen. *Goethe*

Frauen sind die Würze des Lebens. *Afrikanisches Sprichwort*

Die Frau ist der Wirklichkeit gewordene, schönste Traum des Mannes. *Lohberger*

Frauen sind die Chamäleons der Liebe. Wir Männer sind für sie nur die Farbe, der sie sich jeweils anpassen. *Chevalier*

Eine gefühllose Frau ist eine Frau, die den Mann, den sie lieben muß, noch nicht gesehen hat. *La Bruyère*

Eine anständige Frau ist eine, die nicht (oder nicht mehr) imstande ist, mehr als nur einen Mann unglücklich zu machen. *Montherlant*

Frauen sind das Paradies der Augen, das Fegefeuer des Beutels und die Hölle der Seele. *Spanisches Sprichwort*

Die Frauen: Mißgeburt aus Schönheit ohne Geist oder aus Geist ohne Schönheit. *Augier*

Die Frau ist der annehmbarste Naturfehler. *Milton*

Frauen: austauschbare Instrumente für ein stets identisches Vergnügen. *Proust*

Die Frau ist kein Genie, sie ist dekorativer Art. Sie hat nie etwas zu sagen, aber sie sagt es so hübsch. *Wilde*

Eine gelehrte Frau gleicht einer kostbaren Waffe, die zwar kunstvoll ziselierte Arbeit und bewundernswerten Schliff aufweist, aber weder im Kriege noch auf der Jagd zu gebrauchen ist. *La Bruyère*

(Aus den Sprüchen des Pfarrers Otto): «Frauen sind die Holzwolle in der Glaskiste des Lebens.» *Tucholsky*

Frechheit

Frechheit: Der Anstand nimmt das Blatt vom Mund. *Wiesner*

Frei

Frei ist, wer will, was er muß. *Lohberger*

Frei ist, wer vor Verletzungen geschützt ist. *Unbekannt*

Frei ist der Mensch, wenn er Gott hervorbringt oder sichtbar macht, und dadurch wird er unsterblich. *Friedrich Schlegel*

Frei ist, wer reich ist. *Sethe*

Frei, das heißt, verbannt unter die Lebenden. *Genet*

Freiheit

Freiheit ist die uneingeschränkte Chance eines Menschen, das zu sein und zu tun, was ihm das Bestmögliche scheint. *Brooks*

Freiheit ist die Souveränität des Individuums. *Warren*

Das Vermögen, die Motive des Wollens schlechthin selbst hervorzubringen, ist die Freiheit. *Kant*

Wenn wir Freiheit definieren, begrenzen wir sie; wenn wir sie begrenzen, zerstören wir sie überhaupt. *Edith Nourse Rogers*

Freiheit existiert nicht; sie ist nur ein Wunsch der Seele. *Henriot*

Der hat Freiheit, der die richtige Wahl seiner Grenzen zu treffen versteht. *Kessel*

Freiheit: die Eigenschaft der Wesen, bei denen das Bewußtsein einer Regel der Grund der Handlungen ist. *Kant*

Freiheit – im weitesten Sinne – ist die Verneinung des Lebens, denn das Recht bedeutet Zwang, und die Abwesenheit von Zwang ist Anarchie. *Cardozo*

Die öffentliche Freiheit ist gewährleistet, sofern ein jeder instand gesetzt ist, sein Recht zu verfechten und es auch zu erlangen. *Kessel*

Die Freiheit, sagt *Lenin*, ist ein Vorurteil der Bourgeoisie. Die Gleichheit ist ein Vorurteil des Proletariats. *Maurice Sachs*

Die sogenannte Freiheit des Menschen läuft darauf hinaus, daß er seine Abhängigkeit von den allgemeinen Gesetzen nicht kennt. *Hebbel*

Freiheit ist das Recht eines jeden Menschen, irgendwo aufzustehen und all das zu sagen, was jedermann denkt. *Steffens*

Der wirklich freie Mann ist der, der eine Einladung zum Essen ausschlagen kann, ohne dafür einen Vorwand angeben zu müssen. *Renard*

Die Freiheit ist der Charakter der Vernünftigkeit. *Hegel*

Die Freiheit ist eigentlich ein Vermögen, alle willkürlichen Handlungen den Bewegungsgründen der Vernunft zu unterordnen. *Kant*

Ein freier Mensch ist ein Mensch, der nach der Vernunft lebt.
Feuchtersleben

Freiheit ist ein Gut, das durch Gebrauch wächst, durch Nichtgebrauch dahinschwindet. *von Weizsäcker*

Freiheit ist für die Gesellschaft das, was die Gesundheit für den einzelnen ist. Ohne Freiheit kann es kein Glück für die Gesellschaft geben.
Bolingbroke

Ein freies Land ist ein Land, in welchem kein einzelner Mensch für die bestehende Tyrannis verantwortlich ist. *Unbekannt*

Die Freiheit ist ein Tyrann, der von seinen Launen beherrscht wird.
Joubert

Freiheit ist die Fähigkeit, eine Wahl zu treffen, deren Gefangener man hinterher ist. *Wiesner*

Die Freiheit ist ein Gut, das alle anderen Güter zu genießen erlaubt.
Montesquieu

Freiheit bedeutet: imstande sein, darauf zu zählen, wie andere Leute sich benehmen werden. *Shaw*

Die politische Freiheit besteht in der Sicherheit oder wenigstens in dem Glauben, den man an seine Sicherheit hat. *Montesquieu*

Die Freiheit besteht darin, daß man alles das tun kann, was einem andern nicht schadet. *Claudius*

Die Freiheit ist der Atem des Lebens. *Delp*

Freiheit ist der Atem des Fortschritts. *Unbekannt*

La liberté consiste à croire. *Péguy*

Die Freiheit? Sophismus der Gesunden. *Cioran*

Freiheit ist das absolute Recht aller erwachsenen Männer und Frauen, für ihre Handlungen keine andere Bewilligung zu suchen als die ihres eigenen Gewissens und ihrer eigenen Vernunft, nur durch ihren eigenen Willen in ihren Handlungen bestimmt zu werden und folglich nur verantwortlich zu sein zunächst sich selbst gegenüber, dann der Gesellschaft, der sie angehören, aber nur insoweit, als sie ihre freie Zustimmung dazu geben, ihr anzugehören. *Nettlau*

Die Freiheit ist ein vager Begriff.
Bismarck

Die höchste Freiheit des Menschen ist die: sich zu opfern.
Reinhold Schneider

Freiheit ist die Macht, die wir über uns selber haben. *Grotius*

So weit deine Selbstbeherrschung geht, so weit geht deine Freiheit.
Ebner-Eschenbach

Auf die Frage: was ist Freiheit? antwortet ein Meister: ein gutes Gewissen. *von Hippel*

Die Freiheit ist das Recht, alles zu tun, was die Gesetze erlauben.
Montesquieu

Das natürliche Recht aber ist die Freiheit, und die weitere Bestimmung derselben ist die Gleichheit in den Rechten vor dem Gesetz. *Hegel*

Die wahre Freiheit ist nichts anderes als Gerechtigkeit. *Seume*

Freiheit ist politische Macht, geteilt in kleine Stücke. *Hobbes*

Die Freiheit ist kein Privileg, das verliehen wird, sondern eine Gewohnheit, die erworben werden muß.
Lloyd George

Freiheit ist ein Gut, dessen Dasein weniger Vergnügen bringt als seine Abwesenheit Schmerzen. *Jean Paul*

Freiheit ist . . . die Wahl zwischen Arbeiten und Verhungern.
Samuel Johnson

Die Freiheit des Menschen besteht darin, daß er die Entscheidung sucht, auch wenn sie gegen ihn fallen sollte. *Frank Thieß*

Freiheit bedeutet, von nichts anderem abhängig zu sein als von den Gesetzen. *Voltaire*

Freiheit ist die leise Parole heimlich Verschworner, das laute Feldgeschrei der öffentlich Umwälzenden, ja das Losungswort der Despotie selbst, wenn sie ihre unterjochte Masse gegen den Feind anführt und ihr von auswärtigem Druck Erlösung auf alle Zeiten verspricht. *Goethe*

Freiheit ist ein Zwang, den wir als Zwang nicht erkennen. *Waggerl*

Die Freiheit ist dein Recht, Leute zu wählen, die Verbote für dich ausarbeiten. *Unbekannt*

Unsere Freiheit besteht darin, daß wir in allen wichtigen Lebenslagen *viele* Zielvorstellungen gegenwärtig haben, zwischen denen unsere Aufmerksamkeit hin- und herwandert, so daß es nur von dem Gesetz unserer eigenen Persönlichkeit abhängt, für welche Handlung wir uns entscheiden.
Schlick

Freiheit ist Teilnahme des Menschen an der moralischen Welt.
Gertrud Fussenegger

Freiheit: einst das Gold uradelig begnadeter Seelen. Heute das massenhafte Papiergeld der Kauflustigen.
Lohberger

Vollkommene Sicherheit und Unverletzlichkeit des Eigentums und der Person: so sieht die wahre soziale Freiheit aus. *Rivarol*

Nichts kann bedingungslos sein: folglich kann nichts frei sein. *Shaw*

Freiheit: einer der kostbarsten Schätze der Vorstellungskraft. *Bierce*

Freiheit ist nichts als ein Wechsel der Herren. *Varè*

Ein freier Mensch: das ist einer, der sich wenigstens seiner Unfreiheit bewußt geworden ist. *Laub*

Freiheit: der Zwang zur Entscheidung in einem Ablauf mit vorbestimmtem Ende. *Wolfgang Herbst*

Was ich heute unter Freiheit denke, ist im wesentlichen ein Freisein von der Lüge. *Heimito von Doderer*

Der freie Wille ist das Wesen des Menschen, und Verstand und Gedanken sind seine Werkzeuge.
Sprüche der Weisen

Die Freiheit ist ein Segel – prall im Sturm der Sehnsucht, schlaff in der Windstille der Gewohnheit.
Hans Kasper

Freiheit haben ist nur das, was wir notwendig brauchen, um das sein zu können, wie wir eigentlich sein soll-

ten, und zu haben, was wir eigentlich haben sollten.
Rahel Varnhagen von Ense

Die Freiheit ist ein Luxus, den sich nicht jedermann gestatten kann.
Bismarck

Frei sein kann gar nichts anderes heißen, als seiner innersten Natur sklavisch folgen zu dürfen.
Rahel Varnhagen von Ense

Die Freiheit ist eine Treppe mit tausend Stufen. Keinen Fahrstuhl benutzen! *Hans Kasper*

Der Mensch hat freien Willen – das heißt, er kann einwilligen ins Notwendige! *Hebbel*

Die sogenannte Freiheit des Menschen läuft darauf hinaus, daß er seine Abhängigkeit von den allgemeinen Gesetzen nicht kennt. *Hebbel*

Freiheit ist eine Summe mikroskopischer Unfreiheiten. *Hille*

Wenn «Freiheit» kein Blendwerk ist, dann bedeutet sie den innigen Anspruch, niemandem zu gehorchen als nur der Vernunft.
Heinrich Mann

Freiheit bedeutet Verantwortlichkeit; das ist der Grund, weshalb die meisten Menschen sich vor ihr fürchten.
Shaw

Die Welt hat nie eine gute Definition für das Wort Freiheit gefunden.
Abraham Lincoln

Auf seine Freiheit verzichten, heißt auf seine Menschenwürde, Menschenrechte, selbst auf seine Pflichten verzichten. *Rousseau*

Freiheit des Wortes: ihr sagt, was ihr wollt – wir machen, was wir wollen. *Laub*

Freude

Freude ist befriedigtes Wollen.
Schopenhauer

Freude ist gespürtes Leben.
Horatczuk

Jede Freude ist ein Wahrnehmen vom Sinn der Welt. *Margolius*

Das Gefühl der Freude entsteht aus einer plötzlichen Bejahung des Lebens. *Schleich*

Die beste Freude ist das Wohnen in sich selbst. *Goethe*

Das schönste Geschenk an den Menschen ist die Fähigkeit zur Freude. *Vauvenargues*

Freuden sind unsere Flügel, Schmerzen unsere Sporen. *Jean Paul*

Freund

Der Freund ist ein Mensch, zu dem du aufrichtig sein darfst. *Emerson*

Der Freund ist ein Geschenk, das du dir selbst gibst.
Robert Louis Stevenson

Als *Pythagoras* gefragt wurde, was ein Freund sei, antwortete er: «Ein zweites Ich.» *Stobäus*

Der Freund ist einer, der alles von dir weiß, und der dich trotzdem liebt.
Hubbard

Ein Freund ist ein Bewaffneter, gegen den man ohne Waffen kämpft.
Karr

Ein aufrichtiger Freund ist ein Freund, der dir häßliche Dinge ins Gesicht sagt, statt hinter deinem Rücken.
Unbekannt

Freund: ein Mensch, der dir völlig selbstlos schadet. *Brudziński*

Der Freund ist ein Kerl, der dieselben Feinde hat wie du. *Winchell*

Freunde sind Bekannte, bei denen man sich auskennt. *Frenzel*

Ein Freund ist einer, vor dem ich laut denken darf. *Emerson*

Der Freund ist ein Mensch, der dieselben Leute nicht mag wie du.
Unbekannt

Freunde sind Leute, die meine Bücher entleihen und nasse Gläser darauf stellen. *Robinson*

Mitfreude, nicht Mitleiden, macht den Freund. *Nietzsche*

Freundlichkeit

Freundlichkeit ist eine Sprache, welche die Stummen sprechen, die Tauben hören können. *Bovee*

Freundschaft

Die Freundschaft ist ein Vertrag, durch den wir uns verpflichten, kleine Dienste zu erweisen, damit wir in den Genuß größerer kommen.
Montesquieu

Freundschaft ist ein Zustand, der besteht, wenn jeder Freund glaubt, dem anderen gegenüber eine leichte Überlegenheit zu besitzen. *Balzac*

Freundschaft: auf ihn kann ich mich verlassen, auf mich nicht. *Rychner*

Freundschaft ist das Band der Vernunft. *Sheridan*

Freundschaft ist die stillschweigende Übereinkunft zweier Feinde, die für eine gemeinsame Beute arbeiten wollen. *Hubbard*

Freundschaft: ein Regenschirm, der den Fehler hat, daß er bei schlechtem Wetter zurückgegeben werden muß. *Véron*

Zauber der Schuljungenfreundschaft: sie macht das Herz sanft und berührt sogar das Nervensystem derer, die kein Herz haben. *Disraeli*

Freundschaft ist leidenschaftsloser Handel zwischen gleichen.
Goldsmith

Die meisten Freundschaften sind bloße Beziehungen, die dank stillschweigender Übereinkunft weiterbestehen. *Chamfort*

Dasselbe wollen und dasselbe nicht wollen, das erst ist feste Freundschaft. *Sallust*

Der eigentlichste Kern der Freundschaft: ein Glaube, ein Hoffen, ein gemeinsames Werk! – Es liegt eine große Freude darin.
Droste-Hülshoff

Alle Freundschaft, alle Liebe ist zunächst und vor allem: Freude eines Menschen an einem anderen.
Margolius

Freundschaft: ein Weiterwerden des Lebens. *Eucken*

Freundschaft ist partiale Ehe, und Liebe ist Freundschaft von allen Seiten und nach allen Richtungen, universelle Freundschaft. Das Bewußtsein der notwendigen Grenzen ist das Unentbehrlichste und das Seltenste in der Freundschaft. *Friedrich Schlegel*

Freundschaft ist das Foyer der Liebe. *Gide*

Freundschaft ist Liebe mit Verstand. *Sprichwort*

Freundschaft ist Liebe ohne Flügel. *Französisches Sprichwort*

Friede
→ Pazifist

Friede ist die auf Recht gegründete Ordnung. Es gibt keine andere vorstellbare Definition. Jede andere Auffassung über den Frieden ist reine Utopie. *Reves*

Friede ist nicht Abwesenheit von Krieg; Friede ist eine Tugend, eine Geisteshaltung, eine Neigung zu Güte, Vertrauen, Gerechtigkeit. *Spinoza*

Der Friede ist ein aussterbender Zustand, der den Überfluß von Zivilisten durch Krieg zu kurieren sucht. *Connolly*

Der Friede ist die kürzeste Entfernung zwischen zwei Kriegen. *Unbekannt*

Friede ist Freiheit in Ruhe. *Cicero*

Frieden: die Fortsetzung des Krieges mit anderen Mitteln. *Spengler*

In der Tat läßt sich die ganze Weisheit der Weltgeschichte in einen einzigen Satz zusammenfassen: Jeder Staat raubt, soviel er kann. Punktum. Mit Verdauungspausen und Ohnmachtsanfällen, welche man «Frieden» nennt. *Spitteler*

Was wir Frieden nennen, ist meist nur ein Waffenstillstand, in dem der Schwächere so lange auf seine Ansprüche verzichtet, bis er eine Gelegenheit findet, sie mit Waffengewalt von neuem geltend zu machen. *Vauvenargues*

Friede ist erlangte Freiheit. Freiheit und zugleich Wahrheit. *Aldous Leonard Huxley*

Ewiger Frieden ist die Talentprobe der Menschheit. *Rudolf Rolfs*

Ein Friedlicher ist einer, der sich totschießen läßt, um zu beweisen, daß der andere der Aggressor gewesen ist. *Ludwig Marcuse*

Friedensschluß: das heißt, schon dem Worte nach: Kriegsbeginn. *Lohberger*

Fröhlichkeit

Die Fröhlichkeit ist ein Affekt, welcher des Körpers Macht zu handeln vermehrt und unterstützt. Die Traurigkeit ist dagegen ein Affekt, der des Körpers Macht zu handeln mindert oder hemmt. *Spinoza*

Frömmigkeit

Frömmigkeit ist eine Art der Klugheit, sie ist Gottesklugheit. *Thomas Mann*

Frömmigkeit ist jene, die weltliche Welt immer wieder überraschende Haltung, die von einer ihr Objekt vollkommen umgriffen habenden Liebe auch dort noch eingenommen wird, wo sie vergeblich liebt, wo es männlich wäre, zu verachten, und menschlich, zu hassen. *Gütersloh*

Frömmigkeit ist die letzte Koketterie der Frauen. *St. Evremont*

Fromm

Fromm ist der, für den es etwas Heiliges gibt. *Söderblom*

Fühlen

Fühlen: das heißt, wenig denken und doch alles erraten haben.
Lohberger

Führer

Ein Führer, das ist einer, der uns *anzieht*, statt die Bewilligung unserer Hilfe zu erkaufen, als handelte es sich um die Gewährung von Vergünstigungen. *Saint-Exupéry*

Ein Führer entsteht nur, wenn eine Gefolgschaft bereits da ist.
Ludwig Marcuse

Der Führer ist die Welle, die durch das Schiff vorwärtsgetrieben wird.
Tolstoi

Ein Führer, das ist einer, der die anderen unendlich nötig hat.
Saint-Exupéry

Funktionär

Funktionär: Legalisierter Mitläufer.
Rudolf Rolfs

Die Masse der Funktionäre ist die erstarrte Lava der Revolution.
Hans Kasper

Furcht

Furcht ist nichts weiter als eine etwas prägnanter hervortretende Form der Äußerung des Egoismus. *Raabe*

Die Furcht: die Mutter der Moral.
Nietzsche

Furcht ist die Gnade der Ausschweifung. *Joubert*

Fußnote

Fußnote: ein Druckerzeichen, das benutzt wird, um den Leser abzulenken*. *Unbekannt*

Die Fußnote ist, vom Autor selbst gesetzt, die Bankrotterklärung seines prosaischen Vermögens; anders aber nur ein Klampfel, das ihm ein anderer angehängt hat, etwa ein Kommentar, eine pons, die über den Spalt zwischen zwei Sprachen oder Zeitaltern führt. *Heimito von Doderer*

Die Fußnote ist eine langweilige Information, die beiseite gesetzt wird, damit sie leicht übersehen werden kann. *Unbekannt*

G

Gähnen

Gähnen: ein schweigender Ruf.
Chesterton

Gähnen: schlechte Manieren, aber eine ehrliche Meinungsäußerung.
Unbekannt

Galanterie

Galanterie besteht darin, leere Dinge auf angenehme Weise zu sagen.
La Rochefoucauld

Galanterie ist die Fähigkeit, den Frauen nahezubleiben, ohne ihnen zu nahe zu kommen. *Frenzel*

* wie dieses

Galanterie ist ein völlig selbstloses Handeln aus eigensüchtigen Motiven. *Hubbard*

Garten

Ein Garten ist eine Kunstnatur. *Musil*

Gastfreundschaft

Gastfreundschaft: eine Tugend, welche uns veranlaßt, bestimmten Personen Speisen zu geben und Obdach zu gewähren und die beides nicht nötig haben. *Bierce*

Gastfreundschaft besteht aus ein wenig Wärme, ein wenig Nahrung und großer Ruhe. *Emerson*

Der Sinn in den Gebräuchen der Gastfreundschaft ist: das Feindliche im Fremden zu lähmen. *Nietzsche*

Gebet

→ Kirchtürme

Das Gebet ist ein himmelwärts gerichteter Wunsch. *Unbekannt*

Gebet ist umgekehrter Donner. *Herbert*

Das Gebet ist eine Kette von Gold, welche die Welt umschlingt und am Fuße Gottes endet. *Tennyson*

Gebildet

→ Bildung, Hochschulbildung

Gebildet ist, wer weiß, wo er findet, was er nicht weiß. *Georg Simmel*

Ein gebildeter Mensch ist nicht der, den die Natur verschwenderisch behandelt hat; ein gebildeter Mensch ist der, der die Gaben, die er hat, gütig, weise und richtig und auf die höchste Weise gebraucht: der mit festen Augen hinsehen kann, *wo* es ihm fehlt, und einzusehen vermag, *was* ihm fehlt. *Rahel Varnhagen von Ense*

Gebildet sein heißt nun: sich nicht merken lassen, wie elend und schlecht man ist, wie raubtierhaft im Streben, wie eigensüchtig und wie schamlos im Genießen. *Nietzsche*

Gebildet könnte man jemand nennen, der es ablehnt, seine jeweilige Arbeitshypothese und selbstverständlich auch seine Kenntnisse erneut ernst zu nehmen. *Heimito von Doderer*

Gebildet ist ein Werk, wenn es überall scharf begrenzt, innerhalb der Grenzen aber grenzenlos und unerschöpflich ist, wenn es sich selbst ganz treu, überall gleich und doch über sich selbst erhaben ist. *Friedrich Schlegel*

Gebildetsein heißt nicht gleichsam als ein lebendiges Konversationslexikon den Wissensstoff in sich aufgespeichert und beständig bereitzuhalten. Gebildetsein heißt: den Wissensstoff erlebt zu haben, vom Wissensstoff einen lebendigen Eindruck empfangen zu haben. Diese lebendige Kenntnis durch Erlebthaben ermöglicht eine Erneuerung auch des buchstäblichen Tatsachenwissens in jedem beliebigen Augenblick. *Heiseler*

Halbgebildet erscheint mir, wer seine Arbeitshypothese für eine Theorie hält. *Heimito von Doderer*

Bildung ist ein durchaus relativer Begriff. Gebildet ist jeder, der das hat, was er für seinen Lebenskreis braucht. Was darüber, das ist vom Übel. *Hebbel*

Gebildet ist, wer Probleme vernünftig löst. *Steinbuch*

Ungebildet ist die ganze übrige akademische und bürgerliche Bagasch, welche nicht einmal im Zimmer und beim Essen die unappetitlichen Abwässer ihrer Kenntnisse zurückzuhalten vermag. *Heimito von Doderer*

Geburt

Geburt ist die Aushändigung einer Rückfahrkarte. *Kudszus*

Gedächtnis

Das Gedächtnis ist die Versammlung des Denkens. *Heidegger*

Gedächtnis ist das Tagebuch, das wir immer mit uns herumtragen. *Wilde*

Das Gedächtnis ist die Sparbüchse des Geistes. *Aus den «Fliegenden Blättern»*

Das Gedächtnis ist der ausgetretene Pfad des Gehirns. *Unbekannt*

Mein Gedächtnis ist das Ding, mit dem ich vergesse. *Definition eines Kindes*

Das Gedächtnis ist ein sonderbares Sieb: es behält alles Gute von uns und alles Üble von anderen. *Brudziński*

Das Gedächtnis ist ein Sieb, in dem wir unser Wissen aufzubewahren trachten. Es empfiehlt sich, ab und zu größere Gedanken zu fassen. *Unbekannt*

Gedächtnis: Phantasie mit Bewußtsein. *Kant*

Gedächtnis ist Gedenken, ist Anteilnahme. *Margolius*

Das Gedächtnis ist der Schattenriß der Leidenschaften unsrer Seele. *Lohberger*

Ein gutes Gedächtnis ist eines, das geübt ist, das Triviale zu vergessen. *Fadiman*

Gedächtnis ist das, was eine Anstandsdame wach hält. *Unbekannt*

Gedanke

Der Gedanke ist nur ein Blitz zwischen zwei langen Nächten; aber dieser Blitz ist alles. *Poincaré*

Der Gedanke ist das Produkt der Individualität. *Hebbel*

Das logische Bild der Tatsachen ist der Gedanke. *Wittgenstein*

Der Gedanke ist eine Bewegung des Stoffes. *Moleschott*

Gedanken sind die Schatten unsrer Empfindungen – immer dunkler, leerer, einfacher als diese. *Nietzsche*

Der Gedanke ist die unsichtbare Natur, die Natur der unsichtbare Gedanke. *Heinrich Heine*

Der Gedanke: unverkäuflicher Abfall einer auf Bestellung durchgeführten Produktion des Intellekts. *Laub*

Der Gedanke ist der Umweg des Gefühls auf dem Wege zur Tat. *Lohberger*

Gedanken sind Fragen: der Denker ist ein Fragender, die Antwort weiß nur Gott. *Otto Michel*

«Gedanke» – das Wort enthält bereits den Dank für die als Verbot verkleidete Weisung, vom Baum der Erkenntnis zu essen. *Eschmann*

Die Empfindungen sind die Vokale, die Gedanken die Konsonanten der Sprache des Innern. *Grillparzer*

Gedanken sind Zeichen von einem Spiel und Kampf der Affekte. *Nietzsche*

Gedanken gleichen Festungen, in denen man sich ebenso gut geborgen wie belagert und gefangen f ü h l e n kann. *Lohberger*

Die größten Gedanken sind die größten Ereignisse. *Nietzsche*

Die Gedanken sind Wege, die aus verschiedenen Richtungen kommen, die Tat ist e i n Punkt, in dem alle einander treffen. *Lohberger*

Was wir einen glänzenden Gedanken nennen, ist meist nur ein verfänglicher Ausdruck, der uns mit Hilfe von wenig Wahrheit einen verblüffenden Irrtum aufzwängt. *Goethe*

Den Ausdruck eines Gedankens verbessern, heißt einen besseren Gedanken ausdrücken. *Kudszus*

Einen Gedanken aussprechen, heißt ihn zweimal wissen. *Lohberger*

Gedankenlosigkeit ist die Tochter der Herzlosigkeit. *Kudszus*

Gedicht

→ Sinngedicht, Verse

Ein Gedicht ist die Widerspiegelung des Lebens in seiner ewigen Wahrheit. *Shelley*

Gedichte sind gemalte Fensterscheiben!
Sieht man vom Markt in die Kirche hinein,
da ist alles dunkel und düster;
und so siehts auch der Herr Philister.
Der mag denn wohl verdrießlich sein
und lebenslang verdrießlich bleiben.
Kommt aber nur einmal herein!
Begrüßt die heilige Kapelle;
da ist's auf einmal farbig helle.

Goethe

Das lyrische Gedicht ist der musikalische Ausdruck von Gemütsbewegungen durch die Sprache. *August Wilhelm Schlegel*

Geduld

→ Ungeduld

Geduld ist gezähmte Leidenschaft. *Abbott*

Geduld ist die Fähigkeit, die dann, wenn man sie am meisten braucht, erschöpft ist. *MacWilliams*

Geduld ist die Tugend der Kraft- oder Mutlosen. *Christina von Schweden*

Geduld: eine milde Form der Verzweiflung, verkleidet als Tugend. *Bierce*

Geduld: eine weibliche Tugend, weil sie nicht Kraft zum Widerstande aufbietet, sondern das Leiden (Dulden) durch Gewohnheit unmerklich zu machen hofft. *Kant*

Geduld ist die Stütze der Schwäche, Ungeduld der Ruin der Stärke. *Colton*

Geduld ist zweierlei: ruhige Ertragung des Mangels, ruhige Ertragung des Übermaßes. Die echte Geduld zeugt von großer Elastizität. *Novalis*

Geduld ist Wachsen – Ungeduld wird Leiden. *Seidel*

Geduld ist die Kraft in der höchsten Potenz. *Le Fort*

Geduld ist der Mut der Gelassenen. *Beutelrock*

Geduld ist so etwas wie «praktische Liebe». *Hilsbecher*

Geduld ist die Kunst zu hoffen. *Schleiermacher*

Geduld ist eine Grundtugend der Politik – solange man sie nicht mit der Ausdauer verwechselt, Fehlschläge in unbegrenzter Zahl hinzunehmen. *Hans Kasper*

Gefühl

Jedes Gefühl ist der Heimweg eines Gedankens und jede Melodie die gesungene Traurigkeit der Seele. *Lohberger*

Gefühl ist das unmittelbar von innen heraus wirkende Leben. Die Kraft, es zu begrenzen und darzustellen, macht den lyrischen Dichter. *Hebbel*

Gefühle sind Sprungbretter im Hindernislaufen des Denkens. *Lohberger*

Gegenwart

Gegenwart: das sinnlich gewordene Stück der Ewigkeit. *Lohberger*

Gegenwart: jener Teil der Ewigkeit, der die Domäne der Enttäuschung vom Reich der Hoffnung trennt. *Bierce*

Die Gegenwart ist nur ein kleines rennendes Lichtlein, das flackert: wahre Erhellung aber kommt stetig aus dem Vergangenen. *Heimito von Doderer*

Was ist Gegenwart? Eine Erscheinung aus Vergangenheit und Zukunft. *Jacobi*

Die Gegenwart ist die Schwester der Ewigkeit; Vergangenheit und Zukunft entfernte Verwandte. *Eschmann*

Geheimnis

Ein Geheimnis ist wie ein Loch im Gewande: Je mehr man es zu verbergen sucht, desto mehr zeigt man es. *Carmen Sylva*

Geheimnis – ein Wort, das wir benützen, um die andern zu täuschen, um sie glauben zu lassen, wir seien tiefer als sie. *Cioran*

Gehirn

Gehirn: Organ, mit dem wir denken, daß wir denken. *Bierce*

Gehorsam

Gehorsam ist der Anfang aller Weisheit. *Hegel*

Der Gehorsam ist ein erhabener Vorzug, dessen nur die vernünftige Kreatur fähig ist. *Augustinus*

Gehorsam ist das Band der Herrschaft. *Tennyson*

Gehorsam: das ist der Wille, der gewollt wird. *Lohberger*

Gehorsam ist die Höflichkeit, die man Königen schuldet. *Tennyson*

Unbedingter Gehorsam setzt bei den Gehorchenden Unwissenheit voraus. *Montesquieu*

Geige

Geige: ein Instrument, das menschliche Ohr zu kitzeln, indem man einen Pferdeschwanz an Katzendärmen reibt. *Bierce*

Geist

Geist ist: welche Macht die Erkenntnis eines Menschen über sein Leben hat. *Kierkegaard*

Geist ist das Leben, das selber ins Leben schneidet. *Nietzsche*

Der Geist ist die Kraft, jedes Zeitliche ideal aufzufassen. *Burckhardt*

Geist ist das Instrument, mit dessen Hilfe der Mensch fortschreitet. *Henry George*

Der Geist ist ein Fernphänomen, er findet das nächste zuletzt. *Kessel*

Geist ist Leben in der Abstraktion. *Theo Herbst*

Geist ist die Jugend des Alters. *Wertheimer*

Der Geist ist die Atmosphäre der Seele. *Joubert*

Der Geist ist die Waffe der Seele. *Lohberger*

Geist ist Radioaktivität. Man «sprüht vor Geist», man zerfällt in einem Kranz feiner Strahlung. *Hilsbecher*

Geist in seiner menschlichen Kundgebung ist Antwort des Menschen an sein Du. *Buber*

Der Geist sei, sagt man, «ein Spiegel».
Gewiß: er reflektiert.
Aber er reflektiert aus der Tiefe.
Hilsbecher

Geistreich

Geistreich sein heißt, sich leicht verständlich machen, ohne deutlich zu werden. *Anouilh*

Geistreich ist nur, was nicht ganz ernst gemeint ist. *Niederreuther*

Geiz

Geiz ist subjektive Armut. *Hille*

Geiz ist der Stachel des Fleißes. *Hume*

Geizig

Geizig: ungehörig darauf versessen, das zu behalten, was so viele verdiente Menschen selber gerne haben möchten. *Bierce*

Gelassenheit

Die Gelassenheit ist eine anmutige Form des Selbstbewußtseins. *Ebner-Eschenbach*

Geld

Das Geld ist eine dritte Hand. *Toulet*

Geld ist (nach Achenwall), der Nominaldefinition nach, eine Sache, deren Gebrauch nur dadurch möglich ist, daß man sie veräußert. *Kant*

Das Geld ist der allgemeine, für sich selbst konstituierte Wert aller Dinge. Es hat daher die ganze Welt, die Menschenwelt wie die Natur, ihres eigentümlichen Wertes beraubt. Das Geld

ist das dem Menschen entfremdete Wesen seiner Arbeit und seines Daseins, und dieses fremde Wesen beherrscht ihn, und er betet es an.
Karl Marx

Geld ist das Brecheisen der Macht. *Nietzsche*

Geld: Kreditkarte des kleinen Mannes. *McLuhan*

Geld ist eine neue Form der Sklaverei. *Tolstoi*

Geld ist geprägte Freiheit.
Dostojewski

Das Geld ist eines der großartigsten Werkzeuge der Freiheit, die der Mensch erfunden hat. *Hayek*

Das Geld, das man besitzt, ist das Mittel zur Freiheit, dasjenige, dem man nachjagt, das Mittel zur Knechtschaft. *Rousseau*

Geld ist ein guter Soldat, mein Herr, und macht sich Bahn. (Falstaff)
Shakespeare

Geld – ein Segel in der Tasche.
Japanisches Sprichwort

Geld ist der sechste Sinn; der Mensch muß ihn haben – denn ohne ihn kann er die anderen fünf nicht voll ausnützen. *Maugham*

Geld ist eine Metapher. *McLuhan*

Das Geld ist nur das Fett des politischen Körpers, wovon ein Zuviel ebenso sehr seine Beweglichkeit behindert, wie ein Zuwenig ihn krankmacht. *Petty*

Geld – das ist doch geronnener gesellschaftlicher Reichtum, geronnene gesellschaftliche Arbeit, Geld – das ist ein Titel auf den Empfang eines Tributs von allen Werktätigen, Geld ist ein Überbleibsel der gestrigen Ausbeutung. *Lenin*

Die allgemeine Achtung vor dem Gelde ist die einzige hoffnungsvolle Tatsache unserer Zivilisation, die einzige gesunde Stelle an unserem gesellschaftlichen Gewissen. Geld ist das wichtigste Ding auf der Welt. Es bedeutet Gesundheit, Kraft, Ehre, Edelmut und Schönheit ebenso einleuchtend und unleugbar, wie sein Mangel Krankheit, Schwäche, Schande, Gemeinheit und Häßlichkeit bedeutet. Nicht die geringste seiner Wunderkräfte ist es, daß es gemeine Menschen ebenso sicher zugrunde richtet, wie es vornehme Menschen kräftigt und veredelt. Es ist nur dann ein Fluch, wenn wahnwitzige soziale Verhältnisse das Leben selbst zum Fluche machen. *Shaw*

Bargeld ist Aladins Wunderlampe. *Byron*

Geld: eine Wohltat, die wir genießen, indem wir uns von ihr trennen. Ein Beweis für Bildung und ein Paß, durch den man Zutritt zur feinen Gesellschaft erlangt. Tragbares Eigentum. *Bierce*

Gelegenheit

Gelegenheit: ein günstiger Anlaß, sich einer Enttäuschung zu bemächtigen. *Bierce*

Gelehrte

Gelehrte sind Menschen, die sich von normalen Sterblichen durch die anerworbene Fähigkeit unterscheiden, sich an weitschweifigen und komplizierten Irrtümern zu ergötzen. *France*

Der Gelehrte ist wie der Rabe, wenn er seine Jungen füttert und aus seinem Schnabel speit, was er zuvor gegessen hat. Der Denker ist wie der Seidenwurm, welcher keine Maulbeerblätter von sich gibt, sondern Seide. *Lin Yutang*

Geliebte

Was ist eine Geliebte? Eine Frau, bei der man alles vergißt, was man sonst auswendig weiß, das heißt alle Fehler ihres Geschlechts. *Chamfort*

Mannsräuschlein nannte man im siebzehnten Jahrhundert gar ausdrucksvoll die Geliebte. *Goethe*

Gemälde

Das Gemälde ist nichts als eine Brükke, welche den Geist des Malers mit dem des Betrachters verbindet. *Delacroix*

Das Gemälde, wie die Poesie, wie die Musik, wie jedes Kunstwerk, ist eine Tür ins Irreale, die sich durch Zauberei in unserer wirklichen Umwelt öffnet. *Ortega y Gasset*

Gemeinplatz

Gemeinplatz: eine Moral ohne Fabel. *Bierce*

Respekt vor dem Gemeinplatz! Er ist seit Jahrhunderten aufgespeicherte Weisheit. *Ebner-Eschenbach*

Es gibt zwei Arten von Gemeinplätzen: die altbekannten und ihre häßlichere Abart, die verfremdeten. *Ludwig Marcuse*

Gemeinwesen

Gemeinwesen: eine Verwaltungseinheit, die von einer unberechenbar großen Zahl folgerichtig aktiver, jedoch nur zufällig leistungsfähiger politischer Parasiten betrieben wird. *Bierce*

Das Gemeinwesen ist ein lebenserhaltendes Gefängnis. *Nahr*

Genauigkeit

Genauigkeit: das Laster, recht zu haben. *Unbekannt*

Genealogie

Genealogie: Nachweis der Abstammung von einem Vorfahren, der sich um seine eigene Abstammung nicht sonderlich kümmerte. *Bierce*

Genial, Genialität

Genial ist das, was die arme, gequälte Menschenseele ans Licht bringt, sonst nichts. *Raabe*

Der geniale Mensch ist der, der Augen für das hat, was ihm vor den Füßen liegt. *Mohr*

Wir unterscheiden uns weniger durch die Kräfte, die wir haben, als durch den Mut, von ihnen Gebrauch zu machen. Auch im Geistigen. Genialität ist Mut zu sich selbst. *Kudszus*

Genialität ist die Unfähigkeit, jemals etwas anderes ausdrücken zu können als sich selbst und immer wieder sich selbst. *Friedell*

Genialität ist persönliches Erlebnis der Welt, Talent Widerspiegelung der Welt. *Lohberger*

Genialität ist zeitlos gewordene Gegenwart. *Lohberger*

Genie

→ Genius, Talent

Genie ist die Kraft des Menschen, welche durch Handeln und Tun Gesetz und Regel gibt. *Goethe*

Eine Schablone schaffen, das ist Genie. *Baudelaire*

Genie besteht immer darin, daß einem etwas Selbstverständliches zum erstenmal einfällt. *Bahr*

Erfindungsgabe ist der einzige Beweis von Genie. *Vauvenargues*

Genie ist das Talent der Erfindung dessen, was nicht gelehrt oder gelernt werden kann. *Kant*

Genie, das ist der auf neue Ideen angewandte gesunde Menschenverstand. *Madame de Staël*

Genies sind Unglückliche, sind Meteore, die verbrennen müssen, um ihr Jahrhundert zu erleuchten. *Napoleon I.*

Das Genie ist die Macht, Gott der menschlichen Seele zu offenbaren. *Franz Liszt*

Das Genie ist die allgemeine Fähigkeit zur wahren Produktion des Kunstwerks. *Hegel*

Genie ist die angeborene Gemütsanlage (ingenium), durch welche die Natur der Kunst die Regel gibt. *Kant*

Das Genie ist ein Vorgebirge, das in die Unendlichkeit hineinragt. *Victor Hugo*

Genie ist der Verdichtungspunkt latenter Massenkräfte. *Rathenau*

Das Genie ist ein geborner Mittelpunkt. *Hebbel*

Genie: ein Mann, der auf etwas schießt, was niemand sehen kann, und der es trifft. *Unbekannt*

Genie ist nichts als eine bedeutende Anlage zur Geduld. *Buffon*

Das Genie ist ein Wunderkind. Sein Vater ist der Verstand, seine Mutter das Herz. *Aus den «Fliegenden Blättern»*

Ein Genie ist ein Mensch, in dessen Kopfe die Welt als Vorstellung einen Grad mehr Helligkeit erlangt hat und deutlicher ausgeprägt dasteht. *Schopenhauer*

Das charakteristische Zeichen des Genies ist das Vergessen seiner selbst durch das Leben in einer Idee. Das Leben in der Idee muß das eigene natürliche Leben ganz verschlingen. *Jacobi*

Das Genie verhält sich zur bloßen Gelehrsamkeit wie der Text zu den Noten. Ein Gelehrter ist, wer viel gelernt hat; ein Genie der, von dem die Menschheit lernt, was er von keinem gelernt hat. *Schopenhauer*

Das Genie ist ein Autodidakt, dessen Lehrmeister Gott ist. *Steffen*

Genies sind Typen, das heißt individuelle Musterbeispiele. *Lohberger*

Genie ist die freie Verfügung über alle jene Eigenschaften, die jede für sich einen Krüppel beherrschen. *Karl Kraus*

Genie ist Intelligenz der Begeisterung. *Hebbel*

Ein Genie ist ein Mensch, der weiter blickt und tiefer schürft als andere Leute und daher eine andere Rangordnung ethischer Wertbestimmungen kennt als jene. *Shaw*

Genie ist das Talent der Erfindung dessen, was nicht gelehrt oder gelernt werden kann. *Kant*

Genie ist vielleicht nichts als Resultat eines inneren Plurals. *Novalis*

Genie ist Fleiß. *Goethe*

«Genie ist Fleiß», aber nur, wenn es der Fleiß eines Genies ist. *Kudszus*

Genie ist, ein hohes Ziel und die Mittel dazu wollen. *Nietzsche*

Genie ist *Bewußtsein* der Welt. *Hebbel*

Das Genie ist jener Wahnsinnige, der seinen Wahn in schöne Worte, seine Halluzinationen in bunte Bilder zu kleiden vermag. *Lohberger*

Zwischen dem Genie und dem Wahnsinnigen ist die Ähnlichkeit, daß sie in einer andern Welt leben als der für alle vorhandenen. *Schopenhauer*

Genius

Genius ist die Fähigkeit, Richtiges zum ersten Male zu tun. *Hubbard*

Genius: die Einführung eines neuen Elements in das intellektuelle Universum. *Wordsworth*

Genius ist sublimierte Vernunft. *André Marie de Chénier*

Genius . . . die Kraft, welche sammelt, kombiniert, erweitert und belebt. *Samuel Johnson*

Die Funktion des Genius besteht nicht darin, neue Antworten zu geben, sondern neue Fragen zu stellen, welche Zeit und Mittelmäßigkeit zu lösen vermögen. *Trevor-Roper*

Es gibt drei Vorrechte des Genius: wissen, ohne gelernt zu haben; richtige Schlußfolgerungen aus unbekannten Voraussetzungen ableiten; die Seele der Dinge unterscheiden. *Bierce*

Genius ist eine unendliche Fähigkeit, Schmerzen ertragen zu können. *Hopkins*

Genius kann nahezu definiert werden als die Fähigkeit, Armut zu erwerben. *Whipple*

Genius ist ein Prozent Inspiration und 99 Prozent Perspiration. *Edison*

Genius ist ewige Geduld. *Michelangelo*

Genius, die Macht, die sterbliche Augen blendet, ist oft nur verkleidete Ausdauer. *Austin*

Von «Genius» wäre am ehesten bei solchen Menschen zu reden, wo der Geist an den Charakter und das Temperament nur lose angeknüpft erscheint. *Nietzsche*

Gentleman

Ein Gentleman ist ein Mensch, der nie die Gefühle eines anderen unabsichtlich verletzt. *Herford*

Der Gentleman ist einer, der immer so nett ist wie er manchmal ist. *Unbekannt*

Der Gentleman ist ein Mann der Wahrheit, Herr über sein eigenes

Handeln und fähig, dieses Herrentum in seinem Benehmen zum Ausdruck zu bringen. Er macht sich in keiner Weise abhängig und ist weder Personen noch Meinungen, noch dem Reichtum dienstbar. *Emerson*

Der Gentleman ist ein Mensch, der sogar dann höflich ist, wenn er nicht um etwas bittet. *Unbekannt*

Gentleman: einer, der selbst jenen Menschen Respekt entgegenbringt, die für ihn von keinerlei Nutzen sein können. *Phelps*

Der moderne Gentleman ist einer, der genug Geld hat, um das zu tun, was jeder Tropf tun würde, wenn er sich's leisten könnte; das heißt: er verzehrt, ohne zu erzeugen. *Shaw*

Genug

Genug ist Überfluß für den Weisen. *Euripides*

Genug: das, was uns zufriedenstellen würde, wenn nicht die Nachbarn mehr hätten. *Unbekannt*

Genug: alles, was es auf der Welt gibt, wenn man es liebt. *Bierce*

Genuß

Der größte Genuß im Leben ist, das zu tun, von dem die Leute sagen, daß du es nicht tun kannst. *Bagehot*

Genüsse sind eine Musik, bei der die Hauptsache die Pausen sind. *Schleich*

Gerechtigkeit

→ Recht, Steuergerechtigkeit, Ungerechtigkeit, Vergeltung

Die Gerechtigkeit ist nichts anderes als die Nächstenliebe der Weisen. *Leibniz*

Gerechtigkeit ist Wahrheit in Aktion. *Joubert*

Gerechtigkeit ist die Summe aller sittlichen Pflichten. *Godwin*

Gerechtigkeit ist die Arithmetik der Liebe. *Masaryk*

Gerechtigkeit ist das Ziel des Regierens, das Ziel der menschlichen Gesellschaft. Sie wurde und wird so lang verfolgt, bis sie verwirklicht oder die Freiheit verloren ist. *Hamilton*

Gerechtigkeit ist das größte Interesse der Menschen auf Erden. *Daniel Webster*

Gerechtigkeit ist eine Form der Lösung sozialer Konflikte. *Wiggins*

Gerechtigkeit: eine Ware, die der Staat dem Bürger in mehr oder minder verfälschtem Zustand als Belohnung für seine Treue, Steuern und Dienste verkauft. *Bierce*

Gerechtigkeit besteht darin, von keinem Menschen etwas zu nehmen, was ihm gehört. *Hobbes*

Gerechtigkeit ist das, was besteht. *Pascal*

Gerechtigkeit ist die feste Gesinnung, jedem zu lassen, was ihm nach dem staatlichen Recht zukommt; Ungerechtigkeit dagegen, unter dem Schein des Rechts jemandem zu entziehen, was ihm nach der wahren Auslegung des Gesetzes zukommt. *Spinoza*

Gerechtigkeit ist nichts als lebhafte Besorgnis, daß man uns nichts nehme, was uns gehört. *La Rochefoucauld*

Die Gerechtigkeit ist die Freiheit derer, welche gleich sind; die Ungerechtigkeit ist die Freiheit derer, welche ungleich sind. *Jacobi*

Die Gerechtigkeit ist sozusagen eine schöne Jungfrau, die der Prozeßsüchtige maskiert und vorführt, der Staatsanwalt verfolgt, der Advokat tröstet und der Richter verteidigt. *du Fresny*

Gerechtigkeit ist der Name, welchen wir einer Entscheidung beimessen, die der Mehrzahl der Nichtbetroffenen angenehm ist. *Nahr*

Die Gerechtigkeit ist ein Vergeltungssystem, in dem der Staat den Verbrecher nachahmt. *Hubbard*

Die Gerechtigkeit ist das Recht des Schwächeren. *Joubert*

Das Schwert der Gerechtigkeit ist nichts als eine Scheide. *de Maistre*

Gerechtigkeit ist die Versicherung, die auf unserem Leben und auf dem Vermögen ruht; Gehorsam ist die Prämie, die wir dafür bezahlen. *Penn*

Gerechtigkeit ist das Resultat der öffentlichen Meinung. *Chinesisches Sprichwort*

Gerechtigkeit ist das Brot der Nation; sie hungert immer danach. *Chateaubriand*

Gerechtigkeit ist die Liebe mit sehenden Augen. *Nietzsche*

Gerechtigkeit ist der einzige Grund der Macht und der Dauer des Staates sowie das einzige Band der menschlichen Gesellschaft. *Wieland*

Die Gerechtigkeit ist jene Tugend, die jedem gibt, was ihm gebührt. *Augustinus*

Eine Fortbildung der Gerechtigkeit ist die Billigung. *Nietzsche*

Gerecht sein heißt: den anderen als anderen gelten lassen, es heißt: da anerkennen, wo man nicht lieben kann. *Pieper*

Gerechtigkeit ist nur in der Hölle; im Himmel ist Gnade, und auf Erden ist das Kreuz. *Le Fort*

Wenn der Haß feige wird, geht er maskiert in Gesellschaft und nennt sich Gerechtigkeit. *Schnitzler*

Gerechtigkeit entspringt dem Neide; denn ihr oberster Satz ist: Allen das Gleiche. *Rathenau*

Gerecht ist, wer nicht gleichsetzt. *Lohberger*

Die Gerechtigkeit ist ein Inbegriff von Regeln, die einen Menschentyp innerhalb einer Kultur fortbestehen lassen. *Saint-Exupéry*

Gerücht

Das Gerücht ist eine halbe Lüge. *Thomas Fuller*

Gerüchte sind die Rauchfahnen der Wahrheit. *Montherlant*

Gerücht: Lieblingswaffe des Charaktermörders. *Bierce*

Gerücht ist eine Pfeife, die Argwohn, Eifersucht, Vermutung bläst. *Shakespeare*

Geschehen

Alles Geschehen aus Absichten ist reduzierbar auf die Absicht der Mehrung von Macht. *Nietzsche*

Geschichte
→ Historie, Weltgeschichte

Geschichte ist die geistige Form, in der sich eine Kultur über ihre Vergangenheit Rechenschaft gibt. *Huizinga*

Geschichtliches Bewußtsein ist die Erinnerung an einen fernen Alltag ... *Ludwig Marcuse*

Die Geschichte besteht hauptsächlich aus Anschuldigungen. *Shaw*

Geschichte ist das, was ein Volk in die Lage versetzt, die Vergangenheit des anderen Volkes als Alibi benutzen zu können. *Unbekannt*

Geschichte handelt fast nur von schlechten Menschen, die später gutgesprochen worden sind. *Nietzsche*

Geschichte ist der Bericht über regelmäßig wiederkehrende Kreuzzüge für oder gegen irgendein Schreckgespenst, das die Menschen aus Leichtgläubigkeit oder Furcht entwickelt haben. *Boyd*

Geschichte ist wenig mehr als ein Bericht über die Verbrechen, Torheiten und über das Unglück der Menschheit. *Gibbon*

Geschichte ist ein Bericht über fehlgeschlagene Pläne und enttäuschte Hoffnungen. *Samuel Johnson*

Geschichte ist der Bericht von der Unvernunft der Mehrheiten. *Lindsay Rogers*

Geschichte ist immer der überlieferte Bericht von der Macht der Minderheiten. *Emerson*

Geschichte: eine meist falsche Darstellung von meist unwichtigen Ereignissen, herbeigeführt von Herrschern, die meist Knechte, und durch Soldaten, die meist Narren waren. *Bierce*

Geschichte, im höheren Sinne des Wortes, ist einzig jene Vergangenheit, welche noch gegenwärtig im Bewußtsein des Menschen gestaltend weiterlebt. *Chamberlain*

Geschichte ist der Extrakt unzähliger Biographien. *Carlyle*

Geschichte treiben heißt: sich dem Chaos überlassen und dennoch den Glauben an die Ordnung und den Sinn bewahren. *Hesse*

Geschichte ist ein Destillat von Gerüchten. *Carlyle*

Geschichte ist eine Verbindung von Dichtung und Philosophie. *Macaulay*

Geschichte ist nur das, was in der Entwicklung des Geistes eine wesentliche Epoche ausmacht. *Hegel*

Geschichte ist eine Fabel, auf die man sich geeinigt hat. *Napoleon I.*

Die Geschichte, das Gedächtnis der Menschheit. *Hebbel*

Die Geschichte ist eine Sammlung von Grabschriften. *Hubbard*

Geschichte: Gott schreibt seine Autobiographie. *Hilsbecher*

Die Geschichte ist ein Gewebe von Gemeinheiten und Grausamkeiten, in dem von Zeit zu Zeit einige seltene Tropfen Reinheit aufglänzen. Daß dem so ist, rührt zum ersten daher, daß es nur wenig Reinheit unter den Menschen gibt, ferner daher, daß der größte Teil dieses Wenigen verborgen geblieben ist. *Simone Weil*

Die Geschichte ist meistens die Schande des Menschengeschlechts.
Seume

Geschichte ist vorwiegend Geschwätz.
Henry Ford

Die Geschichte ist ohne Gnade die Herrschaft des Mittelmäßigen.
Ortega y Gasset

Im Klassenkampf siegt eine Klasse, eine andere wird vernichtet. Das ist Geschichte; das ist die Geschichte der Zivilisation seit Tausenden von Jahren. Die Interpretation der Geschichte aus diesem Blickwinkel ist historischer Materialismus; dieser Blickrichtung entgegengesetzt ist der historische Idealismus. *Mao Tse-tung*

Die Geschichte ist im wesentlichen eine Geschichte der Ideen.
Herbert George Wells

Die Geschichte ist die Kritik des Weltgeistes. *Hebbel*

Geschichte ist, was ein Zeitalter an einem anderen interessiert.
Burckhardt

Die Geschichte ist das Bett, das der Strom des Lebens sich selbst gräbt.
Hebbel

Geschichte ist die Kristallisation populärer Meinungen. *Piatt*

Die Geschichte der Menschheit ist die Geschichte der menschlichen Visionen. *Hans Kasper*

Die menschliche Geschichte ist ein einziges unmenschliches Ringen von Charakteren. *Lohberger*

Die Geschichte ist nichts als der Nagel, an dem das Bild hängt.
Dumas père

Geschichte ist eine Philosophie, die uns durch Beispiele lehrt.
Bolingbroke

Geschichte ist vergangene Politik und Politik ist gegenwärtige Geschichte.
Seeley

Der schönste, reichste, beste und wahrste Roman, den ich je gelesen habe, ist die Geschichte.
Jean Paul

Die Geschichte – eine unauflösbare Rechnung mit drei Unbekannten: Gott, Mensch, Freiheit.
Frank Thieß

«Geschichte»: Versteckspiel unbelehrter Kinder zwischen Gräbern.
Eschmann

Die Geschichte ist die Wissenschaft von den Dingen, die sich nicht wiederholen. *Valéry*

Die Geschichte ist das Verzeichnis der Zufrühgekommenen. *Rilke*

Die Geschichte ist eine Zauberposse, worin die Gesetze der Gesellschaft uns in den wunderbaren Abenteuern einer bald grotesken, bald erhabenen Persönlichkeit gelehrt werden, welche zugleich auf Liebe wie auf Mitleid Anspruch hat. *Proudhon*

Geschichte: Die Zeit durch ein Sieb zu gießen, dessen Maschen unregelmäßig sind. *Rudolf Rolfs*

Geschichte ist eine Art destillierter Zeitungen. *Carlyle*

Geschichtsschreibung

Geschichte schreiben ist eine Art, sich das Vergangene vom Halse zu schaffen. *Goethe*

Geschmack

Geschmack ist das Taktgefühl des Geistes. *de Boufflers*

Geschmack ist nichts als verfeinerter gesunder Menschenverstand. *André Marie de Chénier*

Der Geschmack ist das Gewissen des Schönen, wie das Gewissen der Geschmack des Guten ist. *de Maistre*

Geschmack ist das Beurteilungsvermögen eines Gegenstandes oder einer Vorstellungsart durch ein Wohlgefallen oder Mißfallen ohne alles Interesse. Der Gegenstand eines solchen Wohlgefallens heißt schön. *Kant*

Geschmack ist sozusagen das Mikroskop der Urteilskraft. *Rousseau*

Geschmack ist ein Sichanlehnen an den Stil, den du bewunderst. *Unbekannt*

Der Geschmack ist ein entthronter Fürst, der von Zeit zu Zeit feierlich Protest erhebt. *Fréron*

Geschmack ist die weibliche Form des Genius. *Fitzgerald*

Der Geschmack ist die Kunst, sich auf Kleinigkeiten zu verstehen. *Rousseau*

Geschmack ist das gebildete Gewissen der Seele. *Joubert*

Geschmack ist instinktgewordene Sicherheit im Fühlen. *Lohberger*

Liebe zur Schönheit ist Geschmack. Das Schaffen von Schönheit ist Kunst. *Emerson*

Was ist guter Geschmack? Nur eine Entschuldigung für die Feigheit, in das Gebrüll des größten Pöbelhaufens einzustimmen. *Shaw*

Der gute Geschmack ist die Fähigkeit, fortwährend der Übertreibung entgegenzuwirken. *Hofmannsthal*

Geschwätzigkeit

Geschwätzigkeit: eine krankhafte Störung, die den von ihr Befallenen außerstande setzt, den Mund zu halten, wenn man selber reden will. *Bierce*

Gesellschaft

Gesellschaft ist die Vereinigung der Menschen und nicht die Menschen selbst. *Montesquieu*

Der Geist der Wahrheit und der Geist der Freiheit sind die Pfeiler der Gesellschaft. *Ibsen*

Die Gesellschaft, das ist nicht der Staat. Der Staat ist nicht der Geschäftsführer einer Gesellschaft, die ihn in ihre Dienste gestellt hat, um ihr zu dienen, sondern er ist in Wirklichkeit beauftragt, die Gesellschaft auszubeuten. *Reverdy*

Die Gesellschaft ist immer eine dynamische Einheit zweier Faktoren, der Eliten und der Massen. *Ortega y Gasset*

Die Gesellschaft setzt sich aus nur zwei großen Klassen zusammen: die einen haben mehr Mahlzeiten als Appetit, und die andern weit mehr Appetit als Mahlzeiten. *Chamfort*

Wir sehen: ein Brauch baut sich auf dem anderen auf, und zusammen bilden sie ein ungeheures Gebäude. Dieses Riesengebäude von Bräuchen aber ist nichts anderes als die Gesellschaft. *Ortega y Gasset*

Ich halte die Gesellschaft für eine strikte Hierarchie aus Verdienst und Macht. *Sartre*

Gesellschaft ist wie die Luft: notwendig zum Atmen, aber nicht ausreichend, um davon zu leben. *Santayana*

Man kann auch die Gesellschaft einem Feuer vergleichen, an welchem der Kluge sich in gehöriger Entfernung wärmt; nicht aber hineingreift wie der Tor, der dann, nachdem er sich verbrannt hat, in die Kälte der Einsamkeit flieht und jammert, daß das Feuer brennt. *Schopenhauer*

Die Gesellschaft ist ein Maskenball, bei dem jeder seinen wirklichen Charakter verbirgt und ihn durchs Verbergen bloßlegt. *Emerson*

Die Gesellschaft ist die Menschheit zwischen Dienstschluß und Schlafen. *Unbekannt*

Die Gesellschaft ist eine verfeinerte Horde, die sich aus zwei mächtigen Stämmen zusammensetzt: den Langweiligen und den Gelangweilten. *Byron*

Was gute Gesellschaft genannt wird, ist meistens nur ein Mosaik von gutgeschliffenen Karikaturen. *Friedrich Schlegel*

Gute Gesellschaft ist selbstverständlich die, in der man sich wohl fühlt. *Kjellerup*

Gesetz

→ Gerechtigkeit, Recht, Unrecht

Gesetz ist die Regel, nach der das Dasein der Dinge bestimmbar ist. *Kant*

Das Gesetz ist die Objektivität des Geistes und der Wille in seiner Wahrheit; und nur der Wille, der dem Gesetze gehorcht, ist frei, denn er gehorcht sich selbst und ist bei sich selbst und frei. *Hegel*

Das Gesetz ist nur eine Denkschrift. *Emerson*

Ein Gesetz ist eine politische Maßnahme, ist Politik. *Lenin*

Das Gesetz ist ein Vertrag, worin man sich gegenseitig das Recht verbürgt. Aber es ist nicht imstande, die Bürger zu Sittlichkeit und Gerechtigkeit zu erziehen. *Lykophron*

Das Gesetz erzeugt nicht die Gerechtigkeit. Das Gesetz ist nichts als die Erklärung und Anwendung dessen, was bereits gerecht ist. *Proudhon*

Das Gesetz ist die Vereinigung von Einsicht und Macht. Das Volk gibt die Macht, die Regierung die Einsicht. *Rivarol*

Die Gesetze werden nach den Sitten und Erfordernissen bestimmter Zeiten geschaffen, und es ist purer Zufall, wenn sie länger währen als ihre Ursachen. *Samuel Johnson*

Das Gesetz ist die Heiligsprechung eines vergangenen Zufalls in die Zukunft hinaus. *Lohberger*

Die Gesetze sind die Bestimmungen des der Welt selber innewohnenden Verstandes. *Hegel*

Das Gesetz ist nichts anderes als ein richtiges, von dem Wesen der Götter hergeleitetes Gebot der Vernunft, welches das, was ehrbar ist, gebietet, und das, was entgegensteht, verwehrt. *Cicero*

Das Gesetz ist der abstrakte Ausdruck des allgemeinen an und für sich seienden Willens. *Hegel*

Alle Gesetze sind Versuche, sich den Absichten der moralischen Weltordnung im Welt- und Lebenslaufe zu nähern. *Goethe*

Das Gesetz ist der Freund des Schwachen. *Schiller*

Die Gesetze sind den Spinneweben gleich, da die kleinen Fliegen und Mücken innen bleiben und henken, die Wespen aber und Hornissen hindurch bringen. *Lehmann*

Das Gesetz, die gründlich realistische Formulierung gewisser Erhaltungsbedingungen einer Gemeinde. *Nietzsche*

Gesetze sind die abgekürzten Vorgänge des Lebens. *Lohberger*

Das Gesetz ist die Beredsamkeit der Staatsgewalt. *Haller*

Gesetze sind wie Arzneien. Sie sind gewöhnlich nur Heilung einer Krankheit durch eine geringere oder vorübergehende Krankheit. *Bismarck*

Jedes Gesetz ist die Resultante aus dem Zusammenprall mindestens zweier absoluter Machtansprüche. *Hilsbecher*

Das Gesetz ist ein Aggregatzustand der Politik. Das Gesetz kennzeichnet, worin die Politik «fest» geworden ist. *Schmidt*

Gesunder Menschenverstand

→ Klugheit, Weisheit

Gesunder Menschenverstand ist Instinkt; genug davon ist Genius. *Josh Billings*

Gesunder Menschenverstand ist der Maßstab des Möglichen. *Amiel*

Bon sens, Menschen-Verstand, common sense wird zu oft für einen vollkommenen Sinn gehalten, in der Tat ist er aber weiter nichts als eine immer wachsam anschauende Erkenntnis von der Wahrheit nützlicher allgemeiner Sätze. *Lichtenberg*

Der gesunde Menschenverstand ist für den Geist, was die Anmut für den Körper ist. *La Rochefoucauld*

Gesunder Menschenverstand: die Denkweise einer Zeit, in der alle Vorurteile dieser Zeit enthalten sind: die Denkbestimmungen regieren ihn, ohne daß er ein Bewußtsein darüber hat. *Hegel*

Gesunder Menschenverstand in ungewöhnlichem Maße ist das, was die Welt Weisheit nennt. *Coleridge*

Die Logik, wenn sie unter die Leute kommt, weltlich und rundlich wird, nennt sich dann «common sense». *Heimito von Doderer*

Als ob der gesunde Menschenverstand – die Zuflucht jener, die von Natur aus auf das Denken neidisch sind – als ob dieser gesunde, das heißt für keine Fragwürdigkeit anfällige Verstand je schon einmal etwas angefangen, etwas aus seinem Anfang bedacht hätte. *Heidegger*

Gesunder Menschenverstand ist die Fähigkeit, Werte zu entdecken.
Unbekannt

Der gesunde Menschenverstand ist der Türhüter des Geistes: seine Pflicht ist es, verdächtigen Ideen den Zutritt zu verwehren – und das Verlassen. *Daniel Stern*

Der gesunde Menschenverstand ist oft eine der ungesundesten Verständnislosigkeiten. *Ludwig Marcuse*

Gesundheit

Gesundheit ist doch eine häßliche Krankheit, sagen die Baktieren.
Piet Hein

Gewalt

Was ist Gewalt anderes als Vernunft, die verzweifelt? *Ortega y Gasset*

Gewalt ist Willensnegierung.
von Ihering

Was Gewalt heißt, ist nichts – Verführung ist die wahre Gewalt. *Lessing*

Gewalt: das Prinzip der Kraft. Recht: das Prinzip der Form. *Lohberger*

Gewerkschaft

Gewerkschaft: Organisation, die dafür kämpft, daß immer mehr Menschen für immer mehr Geld immer weniger leisten. *Schiff*

Gewissen

Gewissen: das Bewußtsein eines inneren Gerichtshofes im Menschen.
Kant

Das Gewissen ist das Gesetz der Gesetze. *Lamartine*

Das Gewissen ist der Puls der Vernunft. *Coleridge*

Das Gewissen: das Herz unseres Herzens. *Newman*

Gewissen ist Gottes Gegenwart im Menschen. *Swedenborg*

Das Gewissen des Menschen ist das Denken Gottes. *Victor Hugo*

Das Gewissen ist die Stimme Gottes in der Seele. *Unbekannt*

Das menschliche Gewissen ist das Orakel Gottes. *Byron*

Das wahrhafte Gewissen ist die Gesinnung, das, was an und für sich gut ist, zu wollen. *Hegel*

Das Gewissen ist nichts anderes als der gewisse Geist in unserem Innern; – dieser gewisse Geist entscheidet aber in der Wissenschaft, in der Kunst, in der Staatsverwaltung, mit einem Wort, überall, und nicht bloß in der Moral. *Jacobi*

Das Gewissen ist eine uns innewohnende Nachbildung von fremder Herrschaft. *Bain*

Das Gewissen ist der unpersönlich gewordene Vater. *Lohberger*

Gewissen ist bei den meisten Menschen die Erwartung der Meinung anderer. *Jeremy Taylor*

Das Gewissen ist die Stimme der Seele; die Leidenschaften sind Stimmen des Körpers. *Rousseau*

Das Gewissen ist die Wunde, die nie heilt und an der keiner stirbt.
Hebbel

Gewissen: das Ding, das schmerzt, wenn sich sonst alles andere wohl fühlt. *Unbekannt*

Gewissen: jede Pause in der Kontinuität einer unangenehmen Erwartung. *Bierce*

Das, was wir ein böses Gewissen nennen, ist immer ein gutes Gewissen. Es ist das Gute, was sich in uns erhebt und uns bei uns selber verklagt. *Fontane*

Gewissen: die innere Stimme, die uns warnt, weil jemand zuschauen könnte. *Mencken*

Gewissen: Angst vor der Angst. *Lohberger*

Gewissen und Feigheit sind dieselben Dinge. Gewissen ist der Handelsname der Firma. Das ist alles. *Wilde*

Das Gewissen ist der elastischste Stoff von der Welt. Heute kannst du es nicht über einen Maulwurfshügel spannen, morgen bedeckt es einen Berg. *Bulwer-Lytton*

Ein schuldhaftes Gewissen ist die Mutter des Erfindungsgeistes. *Carolyn Wells*

Gewissenlosigkeit

Gewissenlosigkeit ist nicht Mangel des Gewissens, sondern der Hang, sich an dessen Urteil nicht zu kehren. *Kant*

Gewissensbisse

Gewissensbisse sind die Schwächen und Krankheiten der Seele. *Christina von Schweden*

Gewissensbisse sind die sadistischen Regungen des Christentums. *Karl Kraus*

Gewissensbiß: der Trieb wird Hemmung. *Lohberger*

Gewohnheit

Die Gewohnheit ist ein Seil. Wir weben jeden Tag einen Faden, und schließlich können wir es nicht mehr zerreißen. *Horace Mann*

Gewohnheiten sind zuerst Spinnweben, dann Drähte. *Spanisches Sprichwort*

Gewohnheit: eine Fessel der Freien. *Bierce*

Gewohnheiten sind Umklammerungen des Ichs. Für den einen Bürde, für den anderen Stütze. *Wolfgang Herbst*

Die Gewohnheit ist ein sechster Sinn, der alle anderen beherrscht. *Sprichwort*

Gewohnheit ist das Geländer, aber nicht der Weg. *Lohberger*

Gewohnheiten sind der Bodensatz unseres Lebens: rührt man ihn kräftig auf, dann schäumt die Lösung und wird seltsamerweise klar. *Heimito von Doderer*

Gewohnheiten sind Dinge, durch die sich ein Mensch von einem anderen unterscheidet. *Unbekannt*

Die Gewohnheit ist eine zweite Natur. *Cicero*

Die Gewohnheit ist eine zweite Natur; sie hindert uns, die erste kennenzulernen, deren Grausamkeiten und deren Zauber sie nicht hat. *Proust*

Gewohnheit ist der dickste Leim, den ich kenne. *Rys*

Gewohnheit ist ein Hemd aus Eisen. *Tschechisches Sprichwort*

Glaube

Glaube ist Gewißheit ohne Beweise. *Amiel*

Jeder Glaube ist ein Für-wahr-Halten. *Nietzsche*

Glauben ist nichts anderes als für wahr halten, was man nicht sieht. *Augustinus*

Glaube ist Glaube an Unsichtbares. Wissen ist Glaube an Sichtbares. *Spengler*

Glauben heißt wörtlich etwas für möglich, nicht etwas für gewiß halten. Wer also bestimmte Dogmen glaubt, nicht weiß, gerade der ist vom Glauben im dogmatischen Sinn weit entfernt, und wer behauptet, daß er auf seinen Glauben schwöre, widerspricht sich selbst. *Schnitzler*

Glaube ist die moralische Denkungsart der Vernunft im Fürwahrhalten desjenigen, was für die theoretische Erkenntnis unzugänglich ist. Er ist ein Vertrauen auf die Verheißung des moralischen Gesetzes. *Kant*

Aller Glaube ist unwillkürliche Hingebung des Geistes an eine Vorstellung von Wahrheit. *Jacobi*

Der Glaube ist die Bewährung, die Vollendung und der Beweis der Vernunft. *Maurice Blondel*

Glauben ist Vertrauen, nicht Wissenwollen. *Hesse*

Glauben heißt, das Geheimnis in Gestalt lassen, nicht enträtseln wollen. Der Glaube hat Ehrfurcht, nicht Neugier. Er ist gleichgültig gegen Widersprüche. *Spengler*

Alles Wissen geht aus einem Zweifel hervor und endigt in einem Glauben. *Ebner-Eschenbach*

Der Glaube ist nicht der Anfang, sondern das Ende alles Wissens. *Goethe*

Glaube befiehlt sich die Existenz des Erhofften. *Wiesner*

Glaube nennt man die Angewöhnung geistiger Grundsätze ohne Gründe. *Nietzsche*

Glaube ist nicht dunkle, sondern vielmehr hellste Wirksamkeit des Geistes, er umklammert mit Sicherheit das außer dem Kreis der Sinne liegende Verwandte. *Hebbel*

Glaube ist die Bürde Denkender. *Rudolf Rolfs*

Der Glaube ist eine Art Aufrichtigkeit, die ihr Ziel erreicht hat. Er ist rettend, weil er den scheinbaren Widerspruch der verwunderten und entwunderten Seele hört. *Estang*

Der Glaube ist die Schmach des Menschen vor Gott. *Eschmann*

Glaube ist Liebe zum Unsichtbaren, Vertrauen aufs Unmögliche, Unwahrscheinliche. *Goethe*

Der Glaube ist kein Ziel, sondern ein Weg, das Un-glaubliche zu erreichen. Wo der Glaube Ziel ist, ist er *Aberglaube*. *Lohberger*

Der positive Glaube ist die Blume, woraus die Biene ihren Honig, die Wespe ihr Gift holt. *Aus den «Fliegenden Blättern»*

Glaube ist Liebe, welche die Form des Sehnens angenommen hat.
Channing

Der Glaube ist Liebe. Und wo Liebe ist, da hat Gott sein Heiligtum. *Pestalozzi*

Wenn wir wahrhaft an etwas glauben, haben wir nicht die «Idee» dieser Sache, sondern «rechnen einfach mit ihr». *Ortega y Gasset*

Jeder Glaube ist Imitation oder Rechtfertigung einer vorherrschenden Stimmung. *Ludwig Marcuse*

Le credit = der Glaube. Die Wirtschaft ist die Religion im Diesseits. *Lohberger*

Gleichgültigkeit

Gleichgültigkeit ist der Schlaf des Gemüts. *Vauvenargues*

Gleichgültigkeit ist der besiegbare Riese der Welt. *Ouida*

Gleichgültigkeit ist die mildeste Form der Intoleranz. *Jaspers*

Gleichgültigkeit ist die Vergeltung der Welt auf Mittelmäßigkeit. *Wilde*

Gleichgültigkeit ist die Gemeinheit der Mittelmäßigen. *Hans Kasper*

Gleichgültigkeit ist die Hornhaut der Seele.
Aus den «Fliegenden Blättern»

Gleichgültigkeit: Folge eines heißen Klimas. *Flaubert*

Gleichheit
→ Gerechtigkeit, Recht

Die Gleichheit ist die Utopie der Empörten. *de Girardin*

Was ist denn Gleichheit anderes als die Verneinung aller Freiheit, alles Höheren und der Natur selbst? Die Gleichheit ist Sklaverei. *Flaubert*

Gleichheit ist das durch die Verfassung garantierte Recht der Reichen und Armen, in Champagner zu baden und den Winter an der Riviera verbringen zu dürfen. *Rosten*

Gleichheit ist immer der Probestein der Gerechtigkeit, und beiden machen das Wesen der Freiheit. *Seume*

Gleichheit ist die abstrakte Identität des Verstandes, auf welche das reflektierende Denken und damit die Mittelmäßigkeit des Geistes überhaupt zunächst verfällt, wenn ihm die Beziehung der Einheit auf einen Unterschied vorkommt. *Hegel*

Gleichheit ist nicht gegeben, gegeben sind nur Dinge, so ungleich «wie ein Ei dem anderen», Gleichheit ist immer nur Abstraktion von gegebener Ungleichheit unter einem bestimmten Gesichtspunkt. *Radbruch*

Die Gleichheit, die wir verlangen, ist der erträglichste Grad der Ungleichheit. *Lichtenberg*

Gleichmütigkeit

Gleichmütigkeit ist das Selbstgefühl einer gesunden Seele. *Kant*

Glocken

Die Glocken sind die Artillerie der Geistlichkeit.
Aus den «Fliegenden Blättern»

Glück
→ Glücklich, Glückseligkeit
Unglück

Glück ist Talent für das Schicksal.
Novalis

Glück liegt in der Geschwindigkeit des Fühlens und Denkens. *Nietzsche*

Das Glück ist ein Zustand der Ruhe, der weder Vergnügen noch Schmerzen hervorbringt. *de Lévis*

Wenn ein Mensch sagt: «Ich bin glücklich», so meint er einfach: «Ich habe keine Sorgen, die mich berühren.» *Renard*

Glück ist die Abwesenheit von Schmerzen. *Chinesisches Sprichwort*

Glück besteht in der Vielfalt der Bewußtseinsinhalte. *Samuel Johnson*

Die erste Wirkung des Glückes ist das Gefühl der Macht. *Nietzsche*

Glück ist etwas, das man zum erstenmal wahrnimmt, wenn es sich mit großem Getöse verabschiedet. *Achard*

Man soll dort bleiben, wo man sich glücklich fühlt. Glück ist ein transportempfindliches Möbelstück. *Maugham*

«Glück? Was ist Glück?» sagte er. «Ist das nur ein Gefühl der Zufriedenheit darüber, daß die Erde unter uns keine Risse bekommt? Ist es das, daß man sich zufriedengibt mit der Hoffnung, es werde schon alles gutgehen, solange man Brennmaterial für den Kachelofen hat? Ist das Glück dasselbe wie Zustimmung? Freunde, das Glück ist etwas anderes und mehr als das! Glück ist, wenn das Herz in uns wie ein Wasserfall braust! Glück, das ist, einander zu lieben, einander ohne Haß anzuschauen, einander an der Hand nehmen und zu sagen: Du bist mein Freund!» *Juul*

Sich glücklich fühlen können, auch ohne Glück – das ist Glück. *Ebner-Eschenbach*

Das Glück ist eine Gnade, unerbittlich und mit unabsehbaren Folgen. *Sagan*

Freiheit von allen Illusionen ist das Glück der Hoffnungslosen. *Ludwig Marcuse*

Alles, was die Seele durcheinanderrüttelt, ist Glück. *Schnitzler*

Es gibt zwei Arten des Glücks: einen guten Hund haben oder ein guter Hund sein. *Alain*

Glück ist Verdienst oder Ungerechtigkeit. *Rudolf Rolfs*

Das größte Glück im Leben ist: ein bißchen Glück. *Anita*

Glück haben bedeutet auch: kein Unglück haben. Man vergißt das so oft. *Anita*

Das höchste Glück ist das, welches unsere Mängel verbessert und unsere Fehler ausgleicht. *Goethe*

Glück ist ein Buckel, der schwer zu tragen ist. *Russisches Sprichwort*

Glück ist Selbstgenügsamkeit. *Aristoteles*

Glück ist, was jeder sich als Glück gedacht! *Halm*

«Glück» ist ein entweihtes, durch gemeinen Gebrauch abgeschliffenes Wort. *Burckhardt*

Das Glück des Menschen beruht darauf, daß es für ihn eine undiskutierbare Wahrheit gibt. *Nietzsche*

Das Glück ist ein Mosaikbild, das aus lauter unscheinbaren kleinen Freuden zusammengesetzt ist. *Spitzer*

Glück ist das mächtigste Stärkungsmittel. *Herbert Spencer*

Was ist Glück? Das Gefühl davon, daß die Macht wächst. *Nietzsche*

Das ganze Glück des Menschen besteht darin, bei anderen Achtung zu genießen. *Pascal*

Die Stunde füllen – das ist Glück. *Emerson*

Glück ist eine Art Mut. *Jackson*

Glück ist ein Abfallprodukt des Strebens nach Vollendung. *Coudenhove-Kalergi*

Das größte Glück, nächst der Liebe, besteht darin, die Liebe eingestehen zu dürfen. *Gide*

Das höchste Glück besteht in einem festen Willen, tugendhaft zu handeln. *Descartes*

Mein Glück liegt im Vergrößern des Glücks anderer. Ich brauche das Glück aller, um selbst glücklich zu sein. *Gide*

Dies ist das Geheimnis des Glücks und der Tugend: zu lieben, was man verpflichtet ist, zu tun. *Aldous Leonard Huxley*

Das Glück des Menschen liegt nicht in der Freiheit, sondern in der Übernahme einer Pflicht. *Gide*

Seine Trefflichkeit, welcher Art sie auch sei, ungehindert üben zu können, ist das eigentliche Glück. *Aristoteles*

Das Glück ist die Gesundheit der Seele. *Lohberger*

Glück besteht darin, während einer Dauer unhistorisch empfinden zu können. *Nietzsche*

Das höchste Glück des Menschen ist die Befreiung von der Furcht. *Rathenau*

Das Glück, das heißt getröstet zu sein. *Amiel*

Glück: Kratzen können, wo es dich juckt. *Nash*

Es gibt zwei Grundvoraussetzungen des Glücks: erstens die Dummheit böser Menschen ertragen, zweitens die Bosheit der Dummköpfe dulden. *Nowaczyński*

Glück heißt, stets gut getäuscht zu sein. *Swift*

Glück ist meistens nur ein Sammelname für Tüchtigkeit, Klugheit, Fleiß und Beharrlichkeit. *Kettering*

Glück ist eine gute Gesundheit und schlechtes Gedächtnis. *Albert Schweitzer*

Glück ist ein eigentümliches Gefühl, das dich überkommt, wenn du zu beschäftigt bist, um dich elend zu fühlen. *Unbekannt*

Glück heißt; das Ich vergessen bei einer nützlichen Tätigkeit. *Hubbard*

Glück ist der Wille, der träumt. *Lohberger*

Niemand ist vollkommen. Glück heißt: seine Grenzen kennen und sie lieben. *Romain Rolland*

Glück ist die Ernte eines stillen Auges. *O'Malley*

Das höchste Glück des Lebens besteht in der Überzeugung, geliebt zu sein. *Victor Hugo*

Glück ist Liebe, nichts anderes. Wer lieben kann, ist glücklich. *Hesse*

Glück, Freiheit: Negationen der Wirklichkeit. *Wilhelm Busch*

Das Glück: eine wunschlose Erwartung. *Lohberger*

Glück ist der Augenblick, wo das Schicksal uns vergißt.
Aus den «Fliegenden Blättern»

Das Glück der Jugend ist Leichtsinn, das Glück des Alters Gleichgültigkeit.
Aus den «Fliegenden Blättern»

Glück ist der Stuhl, der plötzlich da steht, wenn man sich zwischen zwei andere setzen wollte. *Shaw*

Gott, was ist Glück: eine Grießsuppe, eine Schlafstelle, keine körperlichen Schmerzen – das ist schon viel!
Fontane

Glück ist nichts als ein Span, der mit abfällt, wo immer gehobelt wird. Ansonsten ist es eine bemerkenswerte Kapsel, vorerst hohl und der Füllung bedürftig. *Diettrich*

Gefühltes Glück: Religion. Geformtes Glück: Kunst. Gedachtes Glück: Philosophie. *Lohberger*

Das Glück ist eine leichtfertige Person, die sich stark schminkt und von ferne schön ist. *Nestroy*

Das Glück gleicht oft den reichen, verschwenderischen Frauen, welche die Häuser ruinieren, denen sie eine große Mitgift zugebracht haben.
Chamfort

Das Glück des Mannes heißt: Ich will. Das Glück des Weibes heißt: Er will. *Nietzsche*

Des Menschen Wille, das ist sein Glück. *Schiller*

Tiefes Glück ist Gegenwart ohne Denken. *Spengler*

Glück ist der Zustand, den man nicht spürt, sagt der Weise. *Tucholsky*

Menschen zu finden, die mit uns fühlen und empfinden, ist wohl das schönste Glück auf Erden. *Spitteler*

Glück ist nie genau das, was man sich darunter vorgestellt hat.
Maugham

Glücklich

Glücklich ist nicht, wer andern so vorkommt, sondern wer sich selbst dafür hält. *Seneca*

Wer ist glücklich? Wer Gesundheit, Zufriedenheit und Bildung in sich vereinigt. *Thales*

Gewiß ist der allein glücklich und groß, der weder zu beherrschen noch zu gehorchen braucht, um etwas zu sein. *Goethe*

Glücklich sein heißt, ohne Schrecken seiner selbst innewerden können.
Walter Benjamin

Glücklich machen ist das höchste Glück. *Fontane*

Glücklich der, der von sich sagen kann: ich habe eine Träne getrocknet. *Giusti*

Wer ist der glücklichste Mensch? Der fremdes Verdienst zu empfinden weiß und am fremden Genuß sich wie am eignen zu freun. *Goethe*

Glücklich ist nur derjenige, in dem die Natur gewissermaßen unmittelbar und ohne sich durch individuelle Schranken gehemmt zu sehen, wirkt, wie in Goethe und Shakespeare. *Hebbel*

Glücklich, wer seinen Beruf erkannt hat. Er verlange nach keinem anderen Glück! *Carlyle*

Glücklich und zufrieden ist, wer weiß, was er nicht braucht. *Wolfgang Herbst*

Glücklich ist, wer sein Unglück, unglücklich, wer sein Glück nicht fühlt. *Aus den «Fliegenden Blättern»*

... daß diejenigen die Glücklichsten sind, die gleich den Kindern in den Tag hinein leben, ihre Puppen herumschleppen, aus- und anziehen und mit großem Respekt um die Schublade umherschleichen, wo Mama das Zuckerbrot hineingeschlossen hat, und wenn sie das Gewünschte endlich erhaschen, es mit vollen Backen verzehren und rufen: Mehr! *Goethe*

Glückseligkeit

Die Glückseligkeit ist die verworrene Vorstellung der Befriedigung aller Triebe. *Hegel*

Nicht ein bestimmter Gegenstand, sondern ein gewisser Prozeß, eine gewisse Verfassung unseres Gemüts ist es, was wir Glückseligkeit nennen – nicht ein Ding, sondern ein Verhalten gegen Dinge. *Lindner*

Ruhige Kontinuität ist das Prinzip der menschlichen Glückseligkeit. *Lindner*

Die Glückseligkeit gleicht dem Koks: Sie ist ein Nebenprodukt. *Aldous Leonard Huxley*

Glückselig der, dessen Welt innerhalb des Hauses ist. *Goethe*

Gnade

Die Gnade besteht darin, daß man sich vergißt. *Bernanos*

Die Gnade ist nicht Gewalt, sondern Freiheit. *Le Fort*

Gnade ist die Stütze der Gerechtigkeit. *Russisches Sprichwort*

Gnade ist die Negation der Logik. *Kudszus*

Gott

Gott ist gebundene, Natur ungebundene Kraft. *Hebbel*

Wohin du auch gehen magst, immer begegnest du Gott. Gott ist, was vor uns ist. *Gide*

Gott ist jedes schlechthin Ursprüngliche und Höchste, also das Individuum selbst in der höchsten Potenz. Aber sind nicht auch die Natur und die Welt Individuen? *Friedrich Schlegel*

Das wahre Du des Ich ist Gott. *Ebner-Eschenbach*

Gott: das Selbstbewußtsein der Welt, nach Analogie menschlichen Selbstbewußtseins gesetzt. Ob er ist, ob nicht?

Wer will antworten! Aber so viel ist gewiß, daß mit ihm, wenn nicht der Grund, so doch der Zweck der Welt wegfällt. *Hebbel*

Gott ist die Perspektive des Menschen dem All gegenüber. Nur weil Menschen leben, gibt es Götter. *Lohberger*

Gott ist das einzige Wesen, dessen Idee die Existenz beweist. *Jouffroy*

Gott ist das einzige Wesen, das – um zu herrschen – nicht selbst zu existieren braucht. *Baudelaire*

Gott ist eine vom Menschen erdachte Hypothese bei dem Versuch, mit dem Problem der Existenz fertig zu werden. *Julian Sorell Huxley*

Außerhalb der Materie ist alles Musik: Gott selbst ist nur eine tönende Halluzination. *Cioran*

Der Mensch dachte sich sein eignes Gegenteil; da hatte er seinen Gott. *Hebbel*

Gott ist die gewinnendste Maske des Teufels. *Eschmann*

Gott ist ein Steuereinnehmer, der voll Erbarmen die Steuer aus eigener Tasche bezahlt. *von Radecki*

Es gibt unzählige Definitionen von Gott. Doch ich bete Gott nur als Wahrheit an. *Gandhi*

Grabschrift

Grabschrift: Inschrift auf einem Grabmal, die beweist, daß durch den Tod erworbene Tugenden rückwirkend gelten. *Bierce*

Grabschrift: spät vorgebrachte Komplimente. *Hubbard*

Grammatik

→ Orthographie, Sprache

Grammatik ist die Kunst des vollkommensten Ausdrucks bei geringster Auffälligkeit. *Heimito von Doderer*

Die Grammatik ist der Hebel, der an die Sprache gesetzt wird, und der nicht schwerer wiegen darf als die Last. *Rivarol*

Alles was ich die Grammatik nenne, läßt sich in einem einzigen Wort zusammenfassen: Unregelmäßigkeit. *Renoir*

Die Grammatik ist die Elementarphysik der Sprachen. *Rivarol*

Gratulation

Gratulation: die Höflichkeit des Neides. *Bierce*

Gratulationen sind Kampfansagen. *Nahr*

Grazie

Grazie ist der äußere Ausdruck einer inneren Harmonie der Seele. *Hazlitt*

Grazie ist für den Körper, was gesunder Menschenverstand für den Geist ist. *La Rochefoucauld*

Die Grazie imitiert die Zartheit wie die Höflichkeit die Güte. *Joubert*

Grobheit

Grobheit – geistige Unbeholfenheit. *Ebner-Eschenbach*

Grobheit ist die humanste Form des Widerspruchs. *Nietzsche*

Größe

Größe besitzt, wer uns nie an andere erinnert. *Emerson*

Größe hat der Mann, der etwas zum ersten Male bewirkt hat.
Alexander Smith

Groß ist das, wovor ich mit dem ganzen Gefühl meiner physischen und moralischen Kraft staunend stehe und sage: «Das vermag ich nicht!» Meistens macht die Kleinheit die Größe aus. *Seume*

Größe ist nur eine der Sinnesempfindungen der Kleinheit. *Shaw*

Größe heißt: Richtung-geben.
Nietzsche

Größe heißt, Talent haben und bescheiden darüber sein.
James Agate

Ein großer Mann setzt sich aus Eigenschaften zusammen, die große Gelegenheiten antreffen oder schaffen. *Lowell*

Größe ist meist nur ein höfliches Synonym für großen Erfolg. *Guedalla*

Ein großer Mensch ist einer, der über die Menschheit hinausragt oder der sie unterdrückt. *Byron*

Groß ist, wer das Furchtbare überwindet,
Erhaben ist, wer es, auch selbst erliegend, nicht fürchtet.
Groß kann man sich im Glück, erhaben nur im Unglück zeigen.
Schiller

Macht besitzen und nicht ausüben ist wahre Größe. *Beutelrock*

Was groß ist am Menschen, das ist, daß er eine Brücke und kein Zweck ist: Was geliebt werden kann am Menschen, das ist, daß er ein Übergang und ein Untergang ist. *Nietzsche*

Womit beginnt Größe? Mit Hingebung an eine Sache, welche es auch sei, mit gänzlichem Absterben oder persönlicher Eitelkeit. Größe hängt nicht ab von geistiger Überlegenheit, denn diese kann mit einem elenden Charakter verbunden sein.
Größe ist Verbindung eines bestimmten Geistes mit einem bestimmten Willen. *Burckhardt*

Die wahre Größe besteht darin, daß man nur von sich selbst etwas fordert, ohne etwas von anderen zu erwarten, nicht einmal zu erwarten, daß sie dies anerkennen. *Jouhandeau*

Groß ist ein Mensch, der nach seinem Tod die anderen in Verlegenheit läßt! *Valéry*

Große Menschen sind Inhaltsverzeichnisse der Menschheit. *Hebbel*

Größe ist der weltliche Name für Göttlichkeit. Beide bedeuten einfach, was jenseits von uns liegt. *Shaw*

Größe ist, was wir nicht sind.
Burckhardt

Der größte Mensch ist nur ein vom Leben getäuschtes Kind. *Renard*

Größenwahnsinn

Größenwahnsinn: Kinderkrankheit der Zwerge. *Lec*

Güte

Güte ist, wenn man das leise tut, was die anderen laut sagen. *Beutelrock*

Gütig sein heißt nicht trachten, niemanden zu verletzen. Gütig sein heißt: alles Gute tun, dessen man fähig ist, und so oft Gutes tun, als man kann. *Mantegazza*

Gütig ist der, der in der Beurteilung von andern strenge in der Vernunft und milde im Herzen bleibt.
Manzoni

Die Güte des Intellektuellen ist die Klarheit seiner Gedanken.
Kudszus

Guillotine

Die Guillotine ist eine Maschine, die den Kopf im Handumdrehen entfernt und die das Opfer nichts anderes spüren läßt als ein Gefühl erfrischender Kühle. *Guillotin*

Guillotine: eine Maschine, die einen Franzosen aus gutem Grund die Achseln zucken läßt. *Bierce*

Guillotine: das erste wirkliche Mittel gegen Kopfschuppen. *Unbekannt*

Gutsein

Gutsein ist Glück.
Ebner-Eschenbach

Gutsein heißt, mit sich selber im Einklang sein. (Lord Wotton) *Wilde*

Gut und Böse

→ Böse

«Gut und Böse sind die Vorurteile Gottes» – sagte die Schlange.
Nietzsche

Das Gute – dieser Satz steht fest – ist stets das Böse, was man läßt.
Wilhelm Busch

Das Böse ist das, was mehr Nachteile als Vorteile, und das Gute, was mehr Vorteile als Nachteile hat. *Diderot*

H

Halbwahrheiten

Halbwahrheiten: die klügsten Lügen. *Rudolf Rolfs*

Handeln

Handeln ist höchster Egoismus.
Hebbel

Handeln ist nichts als das gemeinsame Anbequemen an die Tatsachen.
Wilde

Handeln heißt: so viel Umwelt gesetzt haben (um mit Gütersloh zu reden), daß man am Ende in der Richtung auf jene Umwelt zu das Gleichgewicht verlieren mußte.
Heimito von Doderer

Handlung

Die Handlung bildet den Schatten des Worts. *Eschmann*

Unsere Handlungen sind unsere guten und unsere bösen Engel, die Schicksalsschatten, die an unserer Seite schreiten. *Proust*

Unsere Handlungen sind wie Endreime, die jeder anpaßt, woran er will.
La Rochefoucauld

Haß

Der Haß ist die Liebe, die gescheitert ist. *Kierkegaard*

Haß ist Liebe, die sich erschöpft hat.
Lohberger

Haß: ein angemessenes Gefühl angesichts der Überlegenheit eines anderen. *Bierce*

Der Haß ist die Wut des Herzens.
Byron

Haß ist Achtung vor der Macht des Gehaßten. *Kudszus*

Haß ist stets Selbsthaß. Man haßt seine Ohnmacht. *Hilsbecher*

Der Haß der Größe gegen die Kleinheit ist der Ekel; der Haß der Kleinheit gegen die Größe der Neid.
Schnitzler

Eine wichtige Form des Selbsthasses ist der Klassenhaß gegen sich.
Man optiert für eine andere Klasse als für die, der man in seinen Bedürfnissen und Befriedigungen angehört.
Ludwig Marcuse

Der Haß ist ein aktives Mißvergnügen, der Neid ein passives; deshalb darf man sich nicht wundern, wenn der Neid so schnell in Haß übergeht. *Goethe*

Haß ist die Rache des Feiglings dafür, daß er eingeschüchtert wurde. *Shaw*

Wenn der Haß feige wird, geht er maskiert in Gesellschaft und nennt sich Gerechtigkeit. *Schnitzler*

Hassen heißt unablässig morden.
Ortega y Gasset

Haus

Das Haus ist eine Maschine zum Wohnen. Ein Sessel ist eine Maschine zum Sitzen. *Le Corbusier*

Das Haus ist das wesenhaft Tägliche. *Ortega y Gasset*

Haushalt

Der Haushalt ist der Nerv des Staates. Daher muß er den profanen Augen der Untertanen entzogen werden.
Richelieu

Heim

Das Heim ist der Wohnort des Herzens. *Hubbard*

Das Heim ist das Gefängnis des Mädchens und das Zuchthaus der Frau.
Shaw

Nicht da ist man daheim, wo man seinen Wohnsitz hat, sondern wo man verstanden wird. *Morgenstern*

Heimat

Heimat ist der Mensch, dessen Wesen wir vernehmen und erreichen.
Max Frisch

Heimat ist ein geistiger Raum, in den wir mit einem jeden Jahre tiefer eindringen. *Reinhold Schneider*

Heimat entsteht im Umkreis der Orte, an denen man beten und verehren kann. *Kastein*

Heiraten

In unserem monogamischen Weltteile heißt heiraten seine Rechte halbieren und seine Pflichten verdoppeln.
Schopenhauer

Heiraten, das heißt, Nachtigallen zu Hausvögeln machen. *Grabbe*

Heiraten ist der immer neue männliche Versuch, das Unordenbare zu ordnen; bei diesem Anlasse wird der jeweils in Frage kommenden Frau noch bessere Gelegenheit gemacht, das ewig gleiche Chaos ins Leben ihres Mannes einzuschleppen; womit der Ordnungsversuch auf Null ausgeht. *Heimito von Doderer*

Heiraten ist, als stecke man eine Schlange in seine Tasche.
Afrikanisches Sprichwort

Geldheirat: Er hat vom Schwiegervater ein gutes Stück Brot gekriegt, aber ein schlechtes Stück Fleisch dazunehmen müssen. *Wilhelm Busch*

Heirat. Zwei Oppositionsparteien bilden eine Fraktion. *Wiesner*

Heiterkeit

Die Heiterkeit ist ein wiederkehrendes lichtes Gestirn, ein Zustand, der sich, ungleich dem Genusse, durch die Dauer nicht abnützt, sondern wiedergebiert. *Jean Paul*

Die Heiterkeit allein ist gleichsam die bare Münze des Glückes und nicht, wie alles andere, bloß der Bankzettel; weil nur sie unmittelbar in der Gegenwart beglückt. *Schopenhauer*

Heiterkeit ist der Himmel, unter dem alles gedeiht. *Jean Paul*

Heiterkeit ist die Mutter der glücklichen Einfälle. *Vauvenargues*

Der Heitere ist Meister seiner Seele.
Shakespeare

Held

Der Held ist jemand, der tut, was er kann. Die anderen tun dies nicht.
Romain Rolland

Der Held ist einer, der fünf Minuten länger tapfer ist als der gewöhnliche Mann. *Emerson*

Helden erkennt man daran, daß sie eine Gelegenheit zum Heldentum hatten, diese Heldentat überlebten und, daß jemand sie dabei sah und sie auch überlebte. *Rudolf Rolfs*

Nicht der, der kämpft, ist ein Held, sondern der, der dort kämpft, wo ihn niemand sieht. Kampf darf keine neue Mode der alten Eitelkeit werden.
Lohberger

Held ist einer, der gegen viele steht. Diese Position erringt im neuen Krieg am ehesten der Luftbombenwerfer, einer, der sogar über vielen steht.
Karl Kraus

Der Held: ein Mensch, der sein Leben dafür opfert, daß der Lehrer an seinem Beispiel die Kinder zur Folgsamkeit erzieht. *Laub*

Heldentum

Wenn der Wille der Furcht sich widersetzt, wenn die Pflicht die Spießruten des Schicksals niederwirft, wenn die Ehre den Tod verachtet – das ist Heldentum. *Ingersoll*

Heldentum ist bewußte Überwindung der Furcht. *Lohberger*

Heldentum ist der Triumph der Seele über das Fleisch. *Amiel*

Heroismus

Heroismus – das ist die Gesinnung eines Menschen, welcher ein Ziel erstrebt, gegen das gerechnet er gar nicht mehr in Betracht kommt. Heroismus ist der gute Wille zum Selbstuntergang. *Nietzsche*

Herrschen

Herrschen ist: das Gegengewicht der schwächeren Kraft ertragen – also eine Art Fortsetzung des Kampfes.
Nietzsche

Herrschen ist nicht die Gebärde, welche die Macht an sich reißt, sondern ihre ruhige Ausübung, kurz, herrschen heißt sitzen – auf dem Thron, der sella curulis, dem Ministersitz, dem Heiligen Stuhl. Entgegen einem harmlosen Zeitungsschreiber-Standpunkt ist Herrschen weniger eine Angelegenheit der Faust als des Sitzfleisches. Der Staat ist der status, die Statik, die Gleichgewichtslage der Meinung. *Ortega y Gasset*

Herrschen und genießen geht nicht zusammen. Genießen heißt, sich und andern in Fröhlichkeit angehören; herrschen heißt, sich und anderen im ernstlichen Sinne wohltätig sein.
Goethe

Das wahre Herrschen besteht darin, den Beherrschten dabei zu seinem höchsten Recht kommen zu lassen, wie er's selber für sich gar nicht vermöchte. *von Radecki*

Alle Kunst einer gerechten Herrschaft besteht darin, ihren Anspruch so natürlich aufrechtzuerhalten, daß die Machtausübung nicht zur Gewaltanwendung degradiert wird.
Hans Kasper

Die wirkliche Herrschaft ist nicht Gewalt, sondern Wahrheit. *Guardini*

Herrschsucht

Herrschsucht ist die Freiheitsliebe einzelner; Freiheitsliebe ist die Herrschsucht aller. *Börne*

Herrschsucht: die boshafte Bremse, die den eitelsten Völkern aufgesetzt wird. *Nietzsche*

Was die Individualität vernichtet, ist Herrschsucht, gleich welchen Namen man wählt. *Mill*

Herz

Die schwache Seite des Kopfes wird das Herz genannt.
Aus den «Fliegenden Blättern»

Das Menschenherz ist ein Kirchhof begrabener Hoffnungen. *Sirius*

Herzensklugheit

Herzensklugheit ist produktive Güte.
Anita

Heuchelei

Heuchelei ist eine Huldigung, welche das Laster der Tugend darbringt.
La Rochefoucauld

Die Heuchelei ist eine Huldigung, welche die Wahrheit dem Irrtum darbringt. *Shaw*

Die Heuchelei kann als Gruß gelten, welchen das Unrecht der Tugend entbietet. Man sollte diese Höflichkeit nicht allzu früh, nicht allzu vollständig abschaffen wollen. *Eschmann*

Die Heuchelei ist ein privilegiertes Laster, das mit seiner eigenen Hand aller Welt den Mund verschließt und in Ruhe seine Straflosigkeit genießt. *Molière*

Gar nicht von sich reden, ist eine sehr vornehme Heuchelei. *Nietzsche*

Ein Heuchler ist für sich selbst Bogenschütze und Ziel zugleich: mit all seinem Tun zielt er nach Eigenlob oder Gewinn. *Thomas Fuller*

Heuchelei ist mitunter nur ein Schamgefühl, das sich nicht einmal zu definieren weiß. *Saint-Exupéry*

Heucheln: dem Charakter ein sauberes Hemd überziehen. *Bierce*

Gekünstelte Einfalt ist eine feine Heuchelei. *La Rochefoucauld*

Die Vorspiegelung, böse zu sein, während man in Wirklichkeit gut ist – das wäre Heuchelei. *Wilde*

Heuchler: jemand, der Tugenden zur Schau trägt, die er nicht respektiert, und der sich so den Vorteil verschafft, das zu sein, was er verabscheut. *Bierce*

Himmel

Der Himmel ist das tägliche Brot der Augen. *Emerson*

Himmel: ein Ort, wo die Bösen aufhören, dich mit ihren persönlichen Angelegenheiten zu behelligen, und wo die Guten aufmerksam zuhören, wenn du deine Angelegenheiten darlegst. *Bierce*

Himmel. Höhe ist Tiefe des Alls. *Wiesner*

Historie
→ Geschichte

Der Gegenstand der Historie ist das Wirklichwerden alles dessen, was praktisch notwendig ist. *Friedrich Schlegel*

Historisch ist, was wirksam ist oder gewesen ist. *Meyer*

Historiker

Der Historiker ist ein rückwärts gekehrter Prophet. *Friedrich Schlegel*

Der Historiker ist nicht immer ein rückwärts gekehrter Prophet, aber der Journalist ist immer einer, der nachher alles vorher gewußt hat. *Karl Kraus*

Der Historiker ist oft nur ein rückwärts gekehrter Journalist. *Karl Kraus*

Die Historiker sind so etwas wie die Schminkmeister des großen Welttheaters. *Osborne*

Historiker: ein Breitspur-Klatschmaul. *Bierce*

Hochmut

Hochmut ist, wenn ein Mensch sich eine Vollkommenheit beimißt, die bei ihm nicht zu finden ist. *Spinoza*

Der Hochmut der Kleinen besteht darin, immer, der Großen, nie von sich selbst zu sprechen. *Voltaire*

Es gibt eine besonders unsympathische Art von Hochmut; sie heißt Demut. *Krailsheimer*

Hochmut ist oft nur die Weigerung, sich unter sein eigenes Niveau hinabdrücken zu lassen. Dann gilt: Hochmut schützt vor dem Fall. *Kudszus*

Hochschulbildung
→ Bildung, Gebildet

Hochschulbildung: etwas, das einem Menschen zeigt, wie wenig die anderen wissen. *Haliburton*

Hochverrat

Hochverrat ist eine Frage des Datums. *Talleyrand*

Höflichkeit
→ Unhöflichkeit

Höflichkeit ist fiktives Wohlwollen. *Samuel Johnson*

Höflichkeit ist geregelte Gleichgültigkeit. Lächeln ist ein System. Rücksicht ist Voraussicht. *Valéry*

Höflichkeit ist Wohlwollen in Kleinigkeiten. *Macaulay*

Die Höflichkeit ist eine natürliche Tugend, die eine große Kaufkraft besitzt. *Alcott*

Höflichkeit ist der Widerschein der Sittlichkeit. *Jean Paul*

Höflichkeit ist als künstliche Liebenswürdigkeit definiert worden; mit viel mehr Recht kann gesagt werden, daß Liebenswürdigkeit die natürliche Höflichkeit ist. *Leszcynski*

Die Höflichkeit ist nichts als eine geschickt vorgeschwindelte Freundlichkeit. *Vinet*

Es gibt ein Minimum von Unaufrichtigkeit, das von jedem verlangt werden kann: Höflichkeit: *Krailsheimer*

Was ist die Höflichkeit? Ein stillschweigendes Übereinkommen zweier Menschen, demzufolge jeder seine Eitelkeit zugunsten derer des anderen verschleiert. *Karr*

Die Höflichkeit ist eigentlich weiter nichts als ein vorsichtiges Bestreben, gegen niemand Verachtung und Geringschätzung im Umgang zu zeigen. *Locke*

Höflichkeit ist die Kunst, natürliche Impulse zu verbergen. *Unbekannt*

Die Höflichkeit ist das Bestreben, anderen gefallen zu wollen. *Montesquieu*

Die Höflichkeit ist eine Art des Benehmens, das man oft irrtümlich für gute Umgangsformen hält. *Ruby*

Jemand hat Höflichkeit als Umgangsform definiert, deren sich kultivierte Menschen befleißigen, wenn sie Zeit haben.
Zitiert nach «Das Beste» 12/1969

Die Höflichkeit ist nichts als eine Gymnastik gegen die Leidenschaften. *Alain*

Unter Höflichkeit verstehe ich die Übung, mich selbst jederzeit einem anderen aus dem Wege zu räumen. *Heimito von Doderer*

Höflichkeit ist der Wunsch, höflich behandelt und für fein und gesittet gehalten zu werden. *La Rochefoucauld*

Höflichkeit ist wie ein Luftkissen, es mag wohl nichts drin sein, aber es mildert die Stöße des Lebens. *Schopenhauer*

Höflichkeit ist der Brauch, von den Überzeugungen eines Menschen diejenigen zu respektieren, die sich insbesondere auf seine eigenen Vorzüge oder die Verdienste seiner Gruppe beziehen. *Bertrand Russell*

Höflichkeit ist Zauberei und Beschwörung gegen die überall und immer vorhandene Feindseligkeit in der Welt. *Rychner*

Höflichkeit: Der Affe der Herzensgüte. *Wilhelm Busch*

Höflichkeit ist, wie die Rechenpfennige, eine offenkundig falsche Münze: mit einer solchen sparsam zu sein, beweist Unwissen; hingegen Freigiebigkeit mit ihr Verstand.
Schopenhauer

Höflichkeit ist ein Staatspapier des Herzens, das um so größere Zinsen trägt, je unsicherer das Kapital ist. *Börne*

Höflichkeit ist Klugheit; folglich ist Unhöflichkeit Dummheit: sich mittels ihrer unnötiger- und mutwilligerweise Feinde machen ist Raserei, wie wenn man sein Haus in Brand steckt. *Schopenhauer*

Die wahre Höflichkeit besteht darin, daß man einander mit Wohlwollen entgegenkommt. Sobald es uns an diesem nicht gebricht, tritt sie ohne Mühe hervor. *Rousseau*

Höflichkeit ist die Blüte der Menschlichkeit. Wer nicht höflich genug ist, ist auch nicht menschlich genug.
Joubert

Es gibt eine Höflichkeit des Herzens; sie ist der Liebe verwandt. Aus ihr entspringt die bequemste Höflichkeit des äußeren Betragens. *Goethe*

Höflichkeit: die annehmbarste Heuchelei. *Bierce*

Hölle

Die Hölle, das sind wir selbst.
Thomas Stearns Eliot

Kein Rost ist erforderlich, die Hölle, das sind die anderen. *Sartre*

Nichts lieben, das ist die Hölle.
Bernanos

Die Hölle ist das Unvermögen, ein anderes Geschöpf als dasjenige zu sein, als das man sich für gewöhnlich benimmt. *Aldous Leonard Huxley*

Hoffnung

Die Hoffnung ist eine Anleihe auf das Glück. *Joubert*

Hoffnung ist eine Art von Glück; vielleicht das größte Glück, das diese Welt bereit hat. *Samuel Johnson*

Die Hoffnung ist die Willenskraft der Schwachen. *Montherlant*

Hoffnung ist nichts als der Traum der Wachen. *Prior*

Hoffnung: so heißt der Wanderschritt des Lebens. *Lohberger*

Hoffnung ist ein Seil, auf dem viele Narren tanzen.
Russisches Sprichwort

Die Hoffnung ist das Brot des armen Mannes. *Sprichwort*

Hoffnung ist eine sehr magere Diät. *Shadwell*

Die Hoffnung ist eine Arznei, die zwar nie heilt, dafür aber lange zu leiden erlaubt. *Achard*

Hoffnung ist die zweite Seele der Unglücklichen. *Goethe*

Die Hoffnung ist der Zehrpfennig des Lebens. *Französisches Sprichwort*

Die Hoffnung ist ein viel größeres Stimulans des Lebens als irgendein Glück. *Nietzsche*

Die Hoffnung ist das Streben zu glauben.
Das Streben zu glauben, daß die Welt nicht so ist, wie sie ist, daß der Mensch selbst nicht so ist, wie er ist, daß die Leute nicht so sind, wie sie sind.
Die Hoffnung ist der Streit zwischen der Lebenslust und den Erfahrungen. Es ist der Glaube, daß jedes Gesetz Ausnahmen hat, daß Ausnahmen Gesetze sind und daß das Gesetz eine Ausnahme ist.
Die Hoffnung ist ein umgekehrter Don Quichotte, der feindliche Schwerbewaffnete zu Windmühlen erklärt. *Laub*

Die Hoffnung ist der Regenbogen über den herabstürzenden Bach des Lebens. *Nietzsche*

Hoffnung: Das Leben ist eine Frage, auf die der Tod die Antwort gibt. *Kudszus*

Hoffnung ist der Pfeiler der Welt. *Afrikanisches Sprichwort*

Hoffnung ist nichts anderes als Glaube. *Cocteau*

Hoffnung ist der krankhafte Glaube an den Eintritt des Unmöglichen. *Mencken*

Hoffnung ist das Land hinter dem Horizont. Gewißheit der Blick darauf. *Wiesner*

Hoffen heißt bereits verzweifeln. *Spanisches Sprichwort*

Hoffnung ist eine Tugend, virtus, eine heroische Bestimmung der Seele. Die höchste Form der Hoffnung ist überwundene Verzweiflung. *Bernanos*

Hoffnung ist der Kampf der Seele, die von dem, was vergänglich ist, losbricht, und ihre Zeitlosigkeit bezeugt. *Melville*

Hoffen heißt: die Möglichkeit des Guten erwarten; die Möglichkeit des Guten ist das Ewige. *Kierkegaard*

Hoffnung ist die Verwechslung des Wunsches einer Begebenheit mit ihrer Wahrscheinlichkeit. *Schopenhauer*

Hoffen heißt: die Zukunft dementieren. *Cioran*

Die Hoffnungen guter Menschen sind Prophezeiungen, die Besorgnisse schlechter sind es auch. *Börne*

Hoffnung ist oft ein Jagdhund ohne Spur. *Shakespeare*

Die Hoffnung ist ein Scharlatan, der uns ohne Unterlaß betrügt, und, was mich betrifft, so hat mein Glück erst begonnen, nachdem ich sie verloren habe. *Chamfort*

Die Hoffnung ist uns eine gute Freundin, wenn wir aufstehen, aber eine schlechte Trösterin, wenn wir zu Bett gehen. *Aus den «Fliegenden Blättern»*

Die Hoffnung ist im allgemeinen ein schlechter Führer, aber eine gute Gesellschaft unterwegs. *Halifax*

Hoffnung: die Verquickung von Wunsch und Erwartung. *Bierce*

Hosentasche

Hosentasche: eingebauter Fausthandschuh. *Unbekannt*

Humanität

Definition der Humanität: den Angler verachten und sich von den Fischen nähren, die er fängt. *Kudszus*

Humanität ist das Waschweib der Gesellschaft, das ihre schmutzige Wäsche in Tränen auswindet.
Karl Kraus

Humor

Humor ist: mit einer Träne im Auge lächelnd dem Leben beipflichten.
Beutelrock

Humor ist ein erregendes Chaos, dessen man sich in Ruhe erinnert.
Thurber

Humor ist Erkenntnis der Anomalien. *Hebbel*

Humor ist Sonnenschein des Geistes. *Bulwer-Lytton*

Der Humor ist die Harmonie des Herzens. *Jerrold*

Der Humor ist die einzige absolute Geburt des Lebens. *Hebbel*

Humor ist eines der besten Kleidungsstücke, die man in Gesellschaft tragen kann. *Thackeray*

Humor ist, wenn man trotzdem lacht. *Bierbaum*

Deutscher Humor ist, wenn man trotzdem nicht lacht. *von Radecki*

Humor ist überwundenes Leiden an der Welt. *Jean Paul*

Der Humor ist die Weisheitsform des heiter resignierten Überwinders.
Burckhardt

Humor ist Erkenntnis der Grenze, verbunden mit grenzenloser Erkenntnis. *Gerhart Hauptmann*

Humor ist keine Gabe des Geistes, er ist eine Gabe des Herzens. *Börne*

Humor ist die äußerste Freiheit des Geistes, Humor ist immer souverän. *Börne*

Humor ist auch eine Erhebung gegen den Himmel. Nur geht man wie der Vogel Merops mit dem Hintern zuerst.
Jean Paul

Humor ist das umgekehrt Erhabene, er erniedrigt das Große, um ihm das Kleine, und erhöht das Kleine, um ihm das Große an die Seite zu setzen und so beide zu vernichten, weil vor der Unendlichkeit alles gleich und nichts ist. *Jean Paul*

Humor ist Distanzgefühl. *Brecht*

Humor ist gleichsam der Witz der Erfindung. Er darf sich daher mit Bewußtsein äußern: aber er ist nicht echt, sobald man Vorsatz dabei wahrnimmt. *Friedrich Schlegel*

Wo Phantasie und Urteilskraft sich berühren, entsteht Witz; wo sich Vernunft und Willkür paaren, Humor. Persiflage gehört zum Humor, ist aber um einen Grad geringer. *Novalis*

Humor ist die elektrische Atmosphäre; Witz ist der Blitz. *Haweis*

Der Humor ist das einzige Gebiet des Schöpferischen, das einen physiologischen Reflex auslöst – das Lachen. *Koestler*

Der Humor entsteht, wenn die Vernunft nicht im Gleichgewicht mit den Dingen ist, sondern entweder sie zu beherrschen strebt und nicht damit zustande kommen kann: welches der ärgerliche oder üble Humor ist; oder sich ihnen gewissermaßen unterwirft und mit sich spielen läßt, salvo honore: welches der heitre Humor oder der gute ist. *Goethe*

Humor ist der Milchbruder des Glaubens. *Buber*

Humor ist die Höflichkeit der Verzweiflung. *Chaval*

Der Humor ist eine Blüte des Herzens, der Witz ist eine Frucht des Verstandes. *Limpach*

Humor: Der Humor ist eine goldene Schadenfreude an den der Welt integralen Schäden. Kann man sie nicht beheben, so doch belachen, und die Rigoristen gleich dazu, die nicht darüber sich freuen können, daß dort, wo es nichts zu lachen gibt, trotzdem gelacht wird. Ging's nur mit natürlichen Dingen zu, ging's nicht. Aber: das Lachen ist ja nur eine Erfindung, die irgendwann einmal Prometheus gemacht hat! Das Trauern hingegen, das Weinen, das Klagen entsprechen genau der Natur und haben also keinen Autor. *Gütersloh*

Humor ist die Fähigkeit, an den Auswüchsen der menschlichen Natur Gefallen zu finden. *Maugham*

Humor ist der Knopf, der verhindert, das uns der Kragen platzt. *Ringelnatz*

Wer ist ein Humorist? Der den winzigsten aller Nägel in die Wand oder die Hirnschale des hochlöblichen Publikums schlägt und die ganze Garderobe der Zeit und aller vergangenen Zeiten dran aufhängt. *Raabe*

Humor: der Schwimmgürtel auf dem Strom des Lebens. *Raabe*

Der Humor ist der Wintermantel der Existenz. *Edel*

Hund

Der Hund ist die Tugend, die sich nicht zum Menschen machen konnte. *Victor Hugo*

Der Hund ist der sechste Sinn des Menschen. *Hebbel*

Hunger

Hunger ist die positive Form des Appetits. *Unbekannt*

Hunger: ein Instinkt, mit dem eine umsichtige Vorsehung den Menschen ausgestattet hat, um die Arbeiterfrage zu lösen. *Bierce*

Hunger: eine Lupe für den Charakter. *Rudolf Rolfs*

Hypothesen

Hypothesen sind Gerüste, die man vor dem Gebäude aufführt und die man abträgt, wenn das Gebäude fertig ist. Sie sind dem Arbeiter unentbehrlich; nur muß er das Gerüst nicht für das Gebäude ansehen. *Goethe*

Hypothesen sind Netze; nur der wird fangen, der auswirft. *Novalis*

Hypothesen sind Wiegenlieder, womit der Lehrer seine Schüler einlullt. *Goethe*

Hysterie

Hysterie ist die geronnene Milch der Mutterschaft. *Karl Kraus*

I

Ich

Das Ich ist die Spitze eines Kegels, dessen Boden das All ist.
Morgenstern

Das Ich ist der Mittelpunkt des Universums. *Unbekannt*

Das Ich ist nichts anderes als Wollen und Vorstellen. *Novalis*

«Ich» – das ist ein Staat, den ich mit ziemlicher Blindheit regiere.
Hilsbecher

Man könnte das Ich im natürlich-weltlichen Sinn geradezu definieren: das in einem, was sich im absoluten Schein gegen das Absolute verschließt. *Struve*

Ich! . . . Das heißt das dauerndste, das gehorsamste Du, das erste, das erwacht, und das letzte, das sich zur Ruhe legt. *Valéry*

Das Ego ist das einzige Ding, das ohne Nahrung wachsen kann. *Unbekannt*

Ideal

Das Ideal ist nichts als die Wahrheit von weitem. *Lamartine*

Das Ideal ist . . . das Wirkliche in seiner höchsten Wahrheit. *Hegel*

Das Idealisieren ist ein ungeheures Heraustreiben der Hauptzüge.
Nietzsche

Das Ideale ist die Strahlenbrechung der Erscheinung im Licht einer höheren Erfahrung. *Otto Michel*

Ein Ideal ist oft nichts als eine flammende Vision der Wahrheit.
Joseph Conrad

Ideale sind ein Teil des Kosmos, und wir gewahren sie darin durch einen echten Erfahrungsakt, genauso wie wir das Wirkliche wahrnehmen. Ideale erziehen und regen unser Leben an. Ideale sind biologische Sprungfedern. Ohne Ideale kein Leben.
Ortega y Gasset

Ideale sind unsere besseren Ichs.
Alcott

Ideale: die Materialien der Phantasie. *Lohberger*

Ideale sind Tatsachen, von denen man träumt. *Wiggins*

Idealismus

Idealismus ist eine prächtige Toga, welche die Politiker um ihren Willen zur Macht drapieren.
Aldous Leonard Huxley

Der Idealismus ist nur ein schmeichlerischer Name für die Romantik in Politik und Moral. *Shaw*

Idealismus ist ein Maß der Vollkommenheit, das in direktem Verhältnis zur eigenen Entfernung vom Problem zunimmt. *Galsworthy*

Idealismus ist ein ins Geistige übersetzter Materialismus. *Lohberger*

Die materielle Verbesserung des Loses der Menschen ist ein Ideal. Deshalb ist der Materialismus: Idealismus.
Ludwig Marcuse

Das Materielle an diesem Idealismus ist: daß er nicht die Absicht hat, die Menschen mit Idealen satt zu machen. *Ludwig Marcuse*

Idealismus ist die Fähigkeit, die Menschen so zu sehen, wie sie sein könnten, wenn sie nicht so wären, wie sie sind. *Curt Goetz*

Idealisten

Idealisten sind Menschen, die so tun, als könnte man Ideale verwirklichen. *Faulkner*

Der Idealist: ein Wesen, welches Gründe hat, über sich dunkel zu bleiben. *Nietzsche*

Idealist sein heißt: Kraft haben für andere. *Novalis*

Der Idealist ist ein Mensch, der anderen Leuten zu Wohlstand verhilft. *Henry Ford*

Die Idealisten sind ein Teil jener Kraft, «die stets das Gute will, und stets das Böse schafft». *Lohberger*

«Idealisten» nennt man die, welche von einer Macht vernichtet werden, die sie nicht durchschauten.
Ludwig Marcuse

«Idealisten» nennt man die, welche erst der Macht weichen – aber noch nicht der Logik. *Ludwig Marcuse*

Extreme Idealisten sind immer Feiglinge; sie nehmen vor der Wirklichkeit Reißaus. *Boßhart*

Der Idealist: ein Mensch, der seine Ideale unentgeltlich aufgibt. *Laub*

Idee

Die Idee ist ein Schach, das man der Wahrheit bietet. *Ortega y Gasset*

Die Idee ist ein dingfest gemachter Gedanke. *Unbekannt*

Eine Idee ist nichts anderes als der Begriff von einer Vollkommenheit, die sich in der Erfahrung noch nicht vorfindet. *Kant*

Die Idee ist der adäquate Begriff.
Hegel

Ideen sind unendliche, selbständige, immer in sich bewegliche, göttliche Gedanken. *Friedrich Schlegel*

Die Idee ist die Einheit des Begriffs und der Realität. *Hegel*

Was man Idee nennt: das, was immer zur Erscheinung kommt und daher als Gesetz aller Erscheinungen uns entgegentritt. *Goethe*

Die Idee ist das Absolute, und alles Wirkliche ist nur Realisierung der Idee. *Hegel*

Eine Idee ist ein bis zur Ironie vollendeter Begriff, eine absolute Synthesis absoluter Antithesen, der stets sich selbst erregende Wechsel zwei streitender Gedanken. Ein Ideal ist zugleich Idee und Faktum.
Friedrich Schlegel

Die Idee ist ein stehengebliebener Gedanke. *Bergson*

Ideen sind keine Schmetterlinge, sie sind Fazit einer Schwerarbeit.
Rudolf Rolfs

In der Idee leben heißt das Unmögliche behandeln, als wenn es möglich wäre. *Goethe*

Die erstarrte Form der Berückung ist die fixe Idee. *Kessel*

Die poetische Idee ist eine, die, in Prosa gesetzt, wieder nach dem Vers verlangt. *Valéry*

Was beweist die Geschichte der Ideen anders, als daß die geistige Produktion sich mit der materiellen umgestaltet? Die herrschenden Ideen einer Zeit waren stets nur die Ideen der herrschenden Klasse. *Karl Marx*

Die Idee ist und wird immer ein Wandschirm sein, hinter dem andere und wichtigere Dinge vorgehen. Die Idee ist ein Vorwand. Die Idee ist ein Hilfsgerät. *Gombrowicz*

Die Idee ist das Staatsbegräbnis der Realität. *Kudszus*

Ideen sind Sternbilder. Man kann sie nicht in die Wirklichkeit umsetzen zum Zweck des Nutzeffekts, man kann sie nur als Zeichen betrachten, als Richtungspunkte für den Kompaß. *Kessel*

Ideen sind Maßkleidung, die man für die Konfektion zurechtgeschnitten hat. *Fargue*

Ideologie
→ Weltanschauung

Ideologien sind Ideen in Waffen. *Unbekannt*

Ideologie: Philosophie aus Fertigbauteilen. *Schlosser*

Ideologien sind Monokulturen – marktbeherrschend auf Zeit, verkümmern sie mit dem ermüdenden Boden. *Hans Kasper*

Als ideologisch erscheint in unserem Leben derjenige Teil unserer Überzeugungen, den wir nicht mehr nach innen zurückwenden und also in Eigenschaften verwandeln konnten. *Heimito von Doderer*

Idiot
→ Narr

Idiot heißt einer, insofern Eigenheit in ihm ist. *Hegel*

Idiot: das Ergebnis echter Herzensgüte. *Rudi vom Endt*

Idiot: beliebtes Argument. *Nahr*

Idiotes nannte man in Griechenland solche Leute, die weder wählen durften noch zur Ausübung eines staatlichen Amtes zugelassen waren. Heute bedarf es der Schaffung einer solchen Menschenkategorie nicht, weil es von Idioten wimmelt, die ihre staatsbürgerlichen Rechte freiwillig nicht ausüben. Ihr mangelndes Interesse an öffentlichen Dingen kann dem Staat nur willkommen sein, um sich ungehinderter diktatorischer Formen zu nähern. Über die Oligarchie führte immer der bequemste Weg zur Diktatur. *Diettrich*

Idiot: Mitglied eines großen und mächtigen Stammes, dessen Einfluß auf menschliche Angelegenheiten immer stark und beherrschend war. Die Tätigkeit des Idioten beschränkt sich nicht auf ein bestimmtes Gebiet des Denkens und Handelns, sondern «durchdringt und regelt das Ganze». Er hat in allem das letzte Wort; seine Entscheidung ist unanfechtbar. Er bestimmt die Denkweise und den Geschmack, verordnet die Sprachregelung und umgrenzt das menschliche Verhalten mit einer Sperrlinie. *Bierce*

Idyll

Das echte Idyll entsteht, wenn ein Mensch innerhalb des ihm bestimmten Kreises als glücklich und abgeschlossen dargestellt wird. Solange er sich in diesem Kreise hält, hat das Schicksal keine Macht über ihn. *Hebbel*

Ignorieren

Ignorieren ist der Königsweg des Tabuierens. *Ludwig Marcuse*

Illusion

Illusionen sind die Schmetterlinge des Lebensfrühlings. *Sirius*

Was wir Illusionen nennen, ist entweder Wahn, Irrtum oder Selbstbetrug – wenn sie nicht eine höhere Wirklichkeit bedeutet, die als solche anzuerkennen wir zu bescheiden, zu skeptisch oder zu zaghaft sind.
Schnitzler

Die Illusion ist der billige Traum aus Zwirn und Baumwolle, der zu oft auf eine frühreife Erfahrung gepfropfte Traum, der Traum der zukünftigen Notare. *Bernanos*

Die Illusion ist der Dilettantismus der Gefühle. *Hans Kasper*

Image

Image: eine maßgeschneiderte Zwangsjacke.
Zitiert nach Robert Lembke, «Zynisches Wörterbuch»

Individualismus

Individualismus: Auf das, was andere sagen, nicht hören und doch darauf antworten. *Rudolf Rolfs*

Individualismus ist die Sünde der politischen Freiheit. *Cooper*

Individualismus ist ein System, in welchem die menschliche Dummheit den geringsten Schaden anrichten kann. *John Maurice Clark*

Individualität

Individualität ist das, was dich von der Welt absondert; Liebe ist das, was dich ihr verbindet. Je stärker die Individualität, desto stärker erfordert sie Liebe. *Rathenau*

Individualität ist die Kunst, auf besondere Weise menschliche Unzulänglichkeit darzustellen. *Kudszus*

Inflation

Inflation ist Nichtanerkennung.
Calvin Coolidge

Wenn die Regierung das Geld verschlechtert, um alle Gläubiger zu betrügen, so gibt man diesem Verfahren den höflichen Namen Inflation.
Shaw

Inflation: wenn alle zuwenig Geld haben, weil jeder zuviel hat.
Unbekannt

Inflation – arm sein mit viel Geld in der Tasche. *Unbekannt*

Inflation ist nicht Schicksal, sondern Betrug am Volk. Eine harte Währung kann nicht mit weichen Maßnahmen gehalten oder verteidigt werden.
Vocke

Information

Information . . . ein Name für den Inhalt dessen, was mit der äußeren Welt ausgetauscht wird, wenn wir uns ihr anpassen und sie dies spüren lassen . . . Tätig leben heißt mit angemessener Information leben.
Wiener

Information ist Energie. Bei jeder Weitergabe verliert sie etwas davon. *Wolfgang Herbst*

Die Information ist eine Crux der Aufklärung – heute vielleicht mehr als je, weil jeder mehr hört als je. Das hat *Kant* so noch nicht erlebt.
Ludwig Marcuse

Initiative

Initiative heißt, das Richtige tun, ohne daß es angeschafft und erklärt werden muß. *Hubbard*

Innenpolitik
→ Politik

Innenpolitik ist die Kunst, verschiedene Meinungen unter einen Hut zu bringen, der kein Helm ist.
Hans Henny Jahnn

Instinkt

Instinkt ist die Nase des Geistes.
de Girardin

Instinkt bezeichnet ein zweckgerichtetes Handeln, bei dem wir keine genaue Vorstellung davon haben, was der Zweck ist. *Hartmann*

Instinkt ist unbewußte Vernunft. Er ist der blinde Führer, der den inneren Weg dort geht, wo die Vernunft auf sichtbare Markierungen angewiesen ist. *Lohberger*

Instinkt ist Intelligenz, die unfähig ist, sich ihrer selbst bewußt zu werden. *Sterling*

Instinkt ist vergangene Erfahrung, unbewußt gewordene Vernunft.
Lohberger

Der Instinkt ist nichts anderes als das von Generation zu Generation vererbte Gedächtnis des Menschengeschlechts. *Forel*

Instinkt ist ungelehrte Fähigkeit.
Bain

Der Instinkt ist das dauernde Wesen der Art. *Quinet*

Institution

Die Institution ist der verlängerte Schatten des Menschen. *Emerson*

Institutionen sind Aufbewahrungsorte für Werte. *Marney*

Wie eine Schneewehe entsteht, wenn sich der Wind legt, so entsteht eine Institution, wenn sich die Wahrheit hat einlullen lassen; doch die Wahrheit bläst über die Institution hinweg und bläst sie schließlich fort.
Thoreau

Intellekt, Intellektueller

Der Intellekt ist eine Art Übertreibung. In dem Augenblick, da sich einer hinsetzt, um zu denken, wird er ganz Nase oder ganz Stirn oder sonst was Schreckliches. *Wilde*

Intellektuell ist die Bezeichnung einer Berufung. Talent ist die Bezeichnung einer Gabe. *Ortega y Gasset*

Definition des Intellektuellen: der Mensch, der sich an nichts gewöhnen kann; auch nicht an sich selbst.
Kudszus

Intellektuelle? Das sind Menschen, die Werte an jene geben, die keine besitzen. *Valéry*

Der Intellektuelle ist ein Mensch, der so klug ist, daß er das Offenkundige nicht begreifen kann. *Unbekannt*

Unsere ängstliche soziale Klasse ist die, welche man höflich als Intellektuelle bezeichnet. *Colby*

Der Intellektuelle: jemand, der einen Granitstein in einem Paddelboot befördern will – und muß. *Eschmann*

Intellektualismus heißt, keinen anderen Ausweg aus der Welt finden, als sie in Begriffe zu bringen. *Gottfried Benn*

Intelligenz

Intelligenz ist jene Eigenschaft des Geistes, dank derer wir schließlich begreifen, daß alles unbegreiflich ist. *Picard*

Intelligenz ist ein Luxus, der manchmal nutzlos, manchmal tödlich ist. Sie ist eine Fackel oder ein Feuerbrand – je nach dem Gebrauch, den man von ihr macht. *Caballero*

Das Charakteristikum der Intelligenz ist Ungewißheit. Tasten ist ein Werkzeug. *Montherlant*

Die Intelligenz ist ein Heerführer, der immer zu spät in die Schlacht kommt, und der nach der Schlacht diskutiert. *Fargue*

Die Intelligenz ist die Magd des Willens. *Schopenhauer*

Die Intelligenz ist die Fähigkeit, die bewirkt, daß man Abstand nimmt. *Montherlant*

Intelligenz entsteht dadurch, daß Verstand mit Verstand zu tun bekommt. *Bacmeister*

Interventionismus

Der staatliche Interventionismus ist die höchste Form, welche Gewalttat und die Taktik der starken Hand, wenn sie als Norm erklärt sind, annehmen können. Durch Vermittlung und mit Hilfe des Staates, der anonymen Maschine, handeln die Massen selbständig. *Ortega y Gasset*

Intuition

Intuition ist Vernunft in Eile. *Jackson*

Intuitionen sind Träume, deren man sich erinnert. *Rathenau*

Intuition ist das, was dir rät, den richtigen Kurs einzuschlagen – nachdem du den falschen erwogen und festgestellt hast, daß er zu risikoreich ist. *Unbekannt*

Intuitionen sind die Oasen in der Wüste des reinen Verstandes. Kein Weg zu ihnen, der nicht durch die Wüste führt. *Kudszus*

Intuition ist der eigenartige Instinkt, der einer Frau sagt, daß sie recht hat, gleichgültig, ob das stimmt oder nicht. *Wilde*

Intuition ist das, was eine Frau befähigt, zwei und zwei zusammenzuzählen und zu jedem Ergebnis zu kommen, das ihr paßt. *Unbekannt*

Ironie

Die Ironie ist eine Beleidigung in Form eines Kompliments. *Whipple*

Ironie ist das Körnchen Salz, das das Aufgetischte überhaupt erst genießbar macht. *Goethe*

Ironie ist klares Bewußtsein der ewigen Agilität, des unendlich vollen Chaos. *Friedrich Schlegel*

Ironie ist die letzte Phase der Enttäuschung. *France*

Ironie: Wettstreit der Gefühle. *Lohberger*

Die Ironie ist oft nichts als verschämte Zärtlichkeit. *Rey*

Die Ironie ist die Kaktuspflanze, die über dem Grab unserer toten Illusionen wuchert. *Hubbard*

Ironie ist keine Waffe, eher ein Trost der Ohnmächtigen. *Ludwig Marcuse*

Ironiker

Der Ironiker ist meist nur ein beleidigter Pathetiker. *Morgenstern*

Irrtum

Irrtümer sind ironische Wegweiser zur Wahrheit. *Reitz*

Das Gegenteil von der Wahrheit ist die Falschheit, welche, sofern sie für Wahrheit gehalten wird, Irrtum heißt. *Kant*

Irrtum ist das notwendige Instrument der Wahrheit. Mit dem Irrtum mach' ich Wahrheit; vollständiger Gebrauch des Irrtums – vollständiger Besitz der Wahrheit. *Novalis*

Der Irrtum: die Vergangenheitsform der Weisheit. *Lohberger*

Der Irrtum ist die tiefste Form der Erfahrung. *Kessel*

Aller Irrtum besteht darin, daß wir unsere Art, Begriffe zu bestimmen oder abzuleiten oder einzuteilen, für Bedingungen der Sachen an sich selbst halten. *Kant*

Irrtum bedeutet Finsternis für den Geist und eine Falle für die Tugend. *Vauvenargues*

J

Ja

Jedes «Ja» ist ein kurzer Hauptsatz, dem ein langer Nebensatz mit «obwohl» vorausgeht. *Kudszus*

Jargon

Jargon: Die Sprache hockt sich an den Biertisch. *Wiesner*

Der Jargon der Eigentlichkeit ist Ideologie als Sprache, unter Absehung von allem besonderen Inhalt. *Adorno*

Jetzt

Jetzt: das ist Sichtbarwerden aller Gesetze zugleich. *Heimito von Doderer*

Journalismus

→ Presse, Publizität

Journalismus ist Literatur in Eile. *Matthew Arnold*

Ich nenne «Journalismus» alles, was morgen weniger interessant ist als heute. *Gide*

Journalismus ist in Wirklichkeit Geschichte, die dahinstürmt. *Griffith*

Der Journalismus ist ein Terminhandel, bei dem das Getreide auch in der Idee nicht vorhanden ist, aber effektives Stroh gedroschen wird. *Karl Kraus*

Journalist

→ Redakteur, Reporter, Zeitung

Jounalist heißt einer, der das, was der Leser sich ohnehin schon gedacht hat, in einer Form ausspricht, in der es eben doch nicht jeder Kommis imstande wäre. *Karl Kraus*

Die Journalisten sind die Geburtshelfer und die Totengräber der Zeit.
Gutzkow

Der Journalist ist ein kurzsichtiger Historiker. *Unbekannt*

Ein Journalist ist ein Mensch, der immer etwas Wichtigeres zu tun hat und daher nie zum Wichtigen kommt.
Heimito von Doderer

Jugend

Was ist Jugend? Ein Traum. Was ist Liebe? Der Inhalt des Traums.
Kierkegaard

Jugend ist Trunkenheit ohne Wein.
Goethe

Jugend ist beständige Trunkenheit: sie ist das Fieber der Vernunft.
La Rochefoucauld

Die Jugend ist eine Reflexion dessen, was sie sein möchte. *Kessel*

Jugend ist die Jahreszeit der Hoffnung. *Sprichwort*

Jugendkraft besteht darin, daß einem jeder Widerstand Freude macht.
von Radecki

Jugendgefährdung

«Jugendgefährdend» heißt: die Alten sind so gefährdet, daß sie sich hinter der Jugend verstecken müssen.
Ludwig Marcuse

Jung

Was ist eigentlich alt? Was jung? Jung, wo die Zukunft vorwaltet. Alt, wo die Vergangenheit die Übermacht hat. *Novalis*

Junggeselle

Junggeselle: ein Mann, der nie denselben Fehler einmal gemacht hat.
Wynn

Junggeselle: ein Mann, der den genauen psychologischen Augenblick kennt, in dem er nichts sagt.
Unbekannt

Junggesellen sind Männer, die nur halb aufs Ganze gehen.
Tatjana Sais

K

Käse

Käse ist Milch auf dem Sprung zur Unsterblichkeit.
Fadiman

Kaffee

Der Kaffee ist das Sinnbild der Liebe. Man liebt ihn brünett, blond und schwarz, aber durchgängig – heiß.
Aus den «Fliegenden Blättern»

Kamel

Kamel: ein Rennpferd, das von einem Komitee entworfen wurde.
Unbekannt

Kampf

Der Kampf ist der Vater aller Dinge, die zur Harmonie nicht taugen.
Rychner

Das, was die Menschen den Kampf ums Dasein nennen, ist nichts anderes als der Kampf um den Aufstieg.
Bertrand Russell

Kannibale

Kannibale: ein Gastronom alter Schule, der sich den einfachen Geschmack bewahrt hat und an der natürlichen Diät der Vor-Schweinefleischzeit festhält. *Bierce*

Kannibalismus – die Utopie der Kälber und Ochsen. *Crnčević*

Kanone

Kanone: Instrument zur Berichtigung von Staatsgrenzen. *Bierce*

Kanonen- und Flintenkugeln sind oft Fleckkugeln zum Reinigen der beschmutzten Welt. *Börne*

Kapital

Das Kapital ist akkumulierte Arbeit. Arbeit ist Kapital, das sich nicht akkumuliert. *Laffitte*

Was ist Kapital? Das, was übrigbleibt, wenn die Hauptbedürfnisse der Gesellschaft befriedigt sind.
Aldous Leonard Huxley

Kapitalismus

Kapitalismus ist Warenproduktion auf der höchsten Stufe ihrer Entwicklung, auf der auch die Arbeitskraft zur Ware wird. *Lenin*

Was ist Kapitalismus? Die Ausbeutung des Menschen durch den Menschen. Und was ist Kommunismus? Das Gegenteil. *Unbekannt*

Das Wort Kapitalismus ist irreführend. Der richtige Name für unser System ist Proletarismus. *Shaw*

Karikatur

Karikatur ist eine Huldigung, welche die Mittelmäßigkeit dem Genius darbringt. *Wilde*

Karikatur: eine für den Augenblick geschaffene Darstellung, welche die Hauptzüge des Charakteristischen übertreibt. *Wiggins*

Karikatur ist eine passive Verbindung des Naiven und Grotesken. Der Dichter kann sie ebensowohl tragisch als komisch gebrauchen.
Friedrich Schlegel

Die Karikatur ist eine grobe Wahrheit. *Meredith*

Kind

Ein Kind ist eine sichtbar gewordene Liebe. *Novalis*

Ein Kind ist eine Insel der Neugier, umflutet von Fragezeichen.
Zitiert nach «Time» vom 20. 1. 1961

Ein Kind ist ein Buch, aus dem wir lesen und in das wir schreiben sollen. *Rosegger*

Kinder sind Rätsel von Gott und schwerer als alle zu lösen,
aber der Liebe gelingts, wenn sie sich selber bezwingt. *Hebbel*

Kinder sind Flügel des Menschen.
Arabisches Sprichwort

Kinder sind Hoffnungen. *Novalis*

Kindheit, kindlich

Kindheit ist der Schlaf der Vernunft. *Rousseau*

Die Kindheit ist unser Leuchtturm. *Kästner*

Kindlich sein heißt zur Kindheit hinaufsteigen, kindisch sein zur Kindheit hinabsteigen. *Aus den «Fliegenden Blättern»*

Kirche

Die Kirche ist der Ort der Freiheit, aber gebunden an die Spottsäule der Macht. *Reinhold Schneider*

Die Kirchen in den USA sind eine Art Kosmetiksalon für Seelen. *Niederreuther*

Kirchtürme

Kirchtürme: Umgekehrte Trichter, das Gebet in den Himmel zu leiten. *Lichtenberg*

Kitsch

Kitsch ist das Echo der Kunst. *Tucholsky*

Kitsch ist Kunst, gescheitert am fehlenden Widerstand. *von Radecki*

Kitsch entsteht, wo der sinnempfindliche Hauptnerv des Wirklichen verfehlt wird. *Holthusen*

Kläglich

Kläglich: der Zustand eines Feindes oder Gegners nach einem Zusammentreffen mit dir in deiner Phantasie. *Bierce*

Klarheit

Klarheit ist der Ruhm des Ausdrucks. *Walt Whitman*

Klarheit ist die Höflichkeit des Schriftstellers. *Renard*

Klarheit ist die Ehrlichkeit der Philosophen. *Vauvenargues*

Klarheit ist so sicher eines der Attribute der Wahrheit, daß sie oft selbst für die Wahrheit gehalten wird. *Joubert*

Klarheit ist Wahrhaftigkeit in der Kunst. *Ebner-Eschenbach*

Kleinaktionär

Der Kleinaktionär ist das Kanonenfutter des Wertpapierhandels. *Nahr*

Klassifikation

Eine Klassifikation ist eine Definition, die ein System von Definitionen enthält. *Friedrich Schlegel*

Klassiker

Ein großer Klassiker ist heutzutage ein Mann, den man loben kann, ohne ihn gelesen zu haben. *Chesterton*

Ein wahrer Klassiker ist ein Autor, der den menschlichen Geist bereichert, seinen Schatz vermehrt und ihn einen Schritt vorwärtsgeführt hat. *Sainte-Beuve*

Klassiker: einer, der uns nicht mehr davon in Kenntnis setzen kann, daß er die Ansichten, auf die wir uns berufen, längst geändert hat. *Laub*

Klassisch

Ein klassisches Werk ist klassisch, nicht weil es sich gewissen Regeln des Aufbaus fügt oder zu gewissen Definitionen stimmt (von denen der Autor wahrscheinlich nie gehört hat). Es ist klassisch kraft einer gewissen ewigen und nicht kleinzukriegenden Frische. *Ezra Pound*

Das Klassische, was sie jetzt verspotten, das ist das, was die Seele frei macht, das Kleinliche nicht kennt und das Christliche vorahnt. *Fontane*

Klassisch ist das Gesunde, romantisch das Kranke. *Goethe*

Klatsch

Wir sind geborene Polizisten. Was ist Klatsch andres als Unterhaltung von Polizisten ohne Exekutivgewalt. *Morgenstern*

Klatschen heißt anderer Leute Sünde beichten. *Wilhelm Busch*

Klatsch ist die schnellste Regenerierung auf Kosten anderer. *Arndt*

Klatsch ist Mangel eines lohnenden Themas. *Hubbard*

Klatsch ist ein Laster, das keiner für sich beansprucht, das aber jeden erfreut. *Joseph Conrad*

Klatschen ist die Kunst, in so einer Weise nichts zu sagen, daß praktisch nichts ungesagt bleibt. *Winchell*

Die Basis für einen Klatsch ist eine unmoralische Gewißheit. *Wilde*

Klavier

Klavier: ein Salongerät, dazu bestimmt, verstockte Besucher mürbe zu machen. Es funktioniert, indem man die Tasten der Maschine und die Stimmung der Zuhörer niederdrückt. *Bierce*

Neues Klavier: ungeborener Lärm im Leib. *Wilhelm Busch*

Kleider

Kleider sind Täuschungen des Körpers. *Lohberger*

Kleider sind die Waffen, womit die Schönen streiten und die sie, gleich den Soldaten, dann nur von sich werfen, wenn sie überwunden sind. *Jean Paul*

Kleptomanie

Kleptomane: ein reicher Dieb. *Bierce*

Klug, Klugheit

Wer Urteilskraft in Geschäften zeigt, ist gescheit. Hat er dabei zugleich Witz, so heißt er klug. *Kant*

Klug sein heißt angewandte Seelenkunde treiben. Wer einen anderen gar nicht zu behandeln versteht, der beweist, daß er in sein Wesen und seine Bedürfnisse keinen Einblick hat. *Isolde Kurz*

Klug ist, wer stets zur rechten Stunde kommt, doch klüger, wer zu gehn weiß, wann es frommt. *Geibel*

Die höchste Klugheit besteht darin, den Wert der Dinge genau zu kennen. *La Rochefoucauld*

Knittelverse

Knittelverse sind Poesie ohne Stammbaum. *Unbekannt*

Koalition

Koalition: eine Partei wäscht die andere. *Renner*

Die Koalition ist die intimste Form der Gegnerschaft. *Wiggins*

Die große Koalition ist die formierte Gesellschaft des Parlaments zur Abwehr mißlicher Wählereinflüsse. *Nahr*

Kochkunst

Kochkunst: eine ebenso angenehme wie heimtückische Methode, Muskelfleisch in Bauchspeck zu verwandeln. *Nahr*

König

→ Majestät

Der König ist ein Staatsdiener, der heutzutage eine Art Wurmfortsatz geworden ist: ohne Zweck, wenn er ruhig ist; wird er aufdringlich, läuft er Gefahr, entfernt zu werden. *O'Malley*

Der König ist ein hochbezahltes Modell für Briefmarken. *Unbekannt*

Die Könige sind die Richter der Erde, und die Weisen sind die Richter der Könige. *Jüdische Lebensweisheit*

Körper

Der Körper ist der Übersetzer der Seele ins Sichtbare. *Morgenstern*

Der Körper ist das Gerät der Seele, mit dem sie alle Taten ausführt. *Jüdische Lebensweisheit*

Der menschliche Körper ist eine Maschine, die ihre Federn selbst aufzieht, ein lebendiges Abbild der ewigen Bewegung. *La Mettrie*

Unter Körper verstehe ich eine Daseinsform, welche das Wesen Gottes, sofern es als ausgedehntes Ding betrachtet wird, auf gewisse und begrenzte Weise ausdrückt. *Spinoza*

Komet

Komet: Flüchtling des Sonnensystems. *Unbekannt*

Komisch

Eine Situation ist immer dann komisch, wenn sie gleichzeitig an zwei Ereignisreihen teilhat, die voneinander völlig unabhängig sind, und wenn sie auf zwei völlig verschiedene Weisen gedeutet werden kann. *Bergson*

Das Komische ist die beständige Negation der Natur. *Hebbel*

Komitee

Das Komitee ist eine Sackgasse, in die Ideen hineingelockt und dann in Ruhe erdrosselt werden. *John A. Lincoln*

Das Komitee ist eine Gruppe von Menschen, die – einzeln – nichts tun können, aber zusammenkommen und entscheiden, daß nichts getan werden kann. *Unbekannt*

Kommunismus

Kommunismus: die Ausbeutung der Starken durch die Schwachen. *Proudhon*

Der Kommunismus ist ein System, das sich auf die Überzeugung gründet, daß der Mensch so schwach und unvollkommen sei, daß er nicht imstande ist, sich selbst zu regieren, und daß er deshalb die Herrschaft starker Herren braucht. *Truman*

Die kommunistische Philosophie ist der Glaube, daß, wenn man die Menschen in Armut erhält, die Armut die Menschen im Kommunismus erhalten wird. *Unbekannt*

Kommunismus ist nicht Liebe. Kommunismus ist der Hammer, mit dem wir den Feind zerschlagen. *Mao Tse-tung*

Kommunismus und Kapitalismus sind nur Wege, auf denen die Menschen dazu gebracht werden, einander umzubringen. *Bertrand Russell*

Kommunist

Der Kommunist ist ein Sozialist in großer Eile. *Gough*

Ein Kommunist ist ein Sozialist ohne Sinn für Humor. *Cutten*

Was ist ein Kommunist? Einer, der Sehnsucht hat nach gleicher Verteilung ungleicher Einkommen. *Ebenezer Elliott*

Kommunisten sind behagliche Fanatiker. *Spewack*

Der Kommunist ist ein Mensch, der von dem Eindruck erfüllt ist, daß jedermann arm zu sterben wünscht. *Unbekannt*

Kommunist: einer, der die Hoffnung aufgegeben hat, Kapitalist zu werden. *Unbekannt*

Komödie

Komödie: eine aus der Vogelperspektive betrachtete Tragödie. *Hubbard*

Kompliment

Kompliment: ein Applaus, der erfrischt. *Wierlein*

Kompliment – ein Kuß durch einen Schleier. *Victor Hugo*

Komplimente sind Investitionen zwecks raschen Gewinns. *Wiesner*

Komplimente sind Lügen in Hofkleidung. *Unbekannt*

Komplimente gleichen künstlichen Klimaanlagen zwecks schneller Ernte. *Hans Arndt*

Kompromiß

Ein Kompromiß, das ist die Kunst, einen Kuchen so zu teilen, daß jeder meint, er habe das größte Stück bekommen. *Unbekannt*

Der Kompromiß ist ein guter Schirm, aber ein schlechtes Dach. *Lowell*

Kompromiß: der Ausgleich widerstreitender Interessen, wobei jeder die Genugtuung hat, zu meinen, er erhalte, was er eigentlich nicht haben dürfte, und ihm sei nur das vorenthalten, was ihm rechtens zukäme. *Bierce*

Konferenz

Eine Konferenz ist eine Sitzung, bei der viele hineingehen und wenig herauskommt. *Finck*

Konferenz: ein Treffen, wo entschieden wird, wann das nächste Treffen stattfinden wird. *Ginsberg*

Konformismus
→ Nonkonformismus

Konformismus: die kollektive Weisheit individuellen Unwissens.
Carlyle

Konformismus entsteht aus stillschweigendem Übereinkommen, schlafende Hunde nicht zu wecken, deren Bellen beiden Teilen unangenehm werden könnte.
Wannenmacher

Konsequenz

Konsequenz: heute so und morgen so. Inkonsequenz: heute so und morgen *so.* *Unbekannt*

Konservatismus
→ Tradition

Was ist Konservatismus? Ist es nicht das Festhalten am Alten und Erprobten gegenüber dem Neuen und Unerprobten? *Abraham Lincoln*

Konservatismus ist die Verehrung toter Revolutionäre. *Rossiter*

Konservatismus ist eine Geistesverfassung, die von einer guten Stelle herrührt. *Unbekannt*

Konservatismus: die Illusion, sich die Vergangenheit in die Zukunft gaukeln zu können. *Rudolf Rolfs*

Der Konservativismus ist ein verwikkeltes Phänomen. Es gibt Konservative, die sich aus purem Konservativismus für Kommunisten halten.
Laub

Konservatismus: Kinder an den Fehlern ihrer Eltern teilhaftig werden lassen. *Rudolf Rolfs*

Konservativer

Ein Konservativer ist ein Mensch, der glaubt, daß nichts zum erstenmal getan werden sollte. *Wiggam*

Ein Konservativer ist ein Mensch mit zwei völlig gesunden Beinen, der nie gehen gelernt hat.
Franklin D. Roosevelt

Konservativer: einer, der etwas zu konservieren hat. *Unbekannt*

Ein Konservativer ist ein Mensch, der sitzt und denkt; zumeist sitzt.
Woodrow Wilson

Ein Konservativer ist ein Mensch, der zu feige ist, um zu kämpfen, und zu fett, um zu rennen. *Hubbard*

Ein Konservativer ist jemand, der nicht den Unterschied zwischen Radikalismus und einer Idee sehen kann. *Unbekannt*

Ein Konservativer ist ein Mensch, der Radikalisten ein Jahrhundert nach ihrem Tode bewundert. *Rosten*

Der Demokrat ist ein junger Konservativer, der Konservative ein alter Demokrat. *Emerson*

Konservativer: ein Politiker, der von den bestehenden Mißständen gefesselt ist; er unterscheidet sich so vom Liberalen, der diese Mißstände durch andere zu ersetzen wünscht.
Bierce

Konstitution

Konstitution: die Gesundheit der Nation. *Unbekannt*

Konvention

Konvention heißt Übereinkommen in Worten und Handlungen ohne Übereinkommen des Gefühls.
Nietzsche

Konversation

Konversation ist eine Kunst, bei der jeder Mensch alle anderen als Konkurrenten hat. *Emerson*

Konversation: eine Stimmenkonkurrenz, wo derjenige, der eben Luft holt, Zuhörer genannt wird. *Unbekannt*

Unter Konversation versteht die Frau die Kunst, andere nicht zu Worte kommen zu lassen. *Polgar*

Konversation ist Sprache als Gesellschaftsspiel. *Nahr*

Konzentration

Konzentration ist die ungetrübt nach innen gerichtete Abseitigkeit.
Hans Arndt

Kopf

Der Kopf ist jener Teil unseres Körpers, der uns am häufigsten im Wege steht. *Laub*

Ein Kopf ohne Gedächtnis ist eine Festung ohne Besatzung.
Napoleon I.

Korruption

Korruption ist Alchimie, versuchte Umwandlung minderen Stoffes in edleren: Man gibt einem Esel Heu, in der Hoffnung, daß er Dukaten sch . . . *Hans Kasper*

Korruption ist die Autobahn neben dem Dienstweg. *Nahr*

Kosmetik

Kosmetik ist die Lehre vom Kosmos des Weibes. *Karl Kraus*

Kosmetik ist eine Maßnahme mit aufschiebender Wirkung. *Nahr*

Kraft

Kraft ist die Materie der Stoffe.
Novalis

Krankheit

Krankheit ist der Anruf der Wahrheit an uns. *Reinhold Schneider*

Die Krankheit ist die Vergeltung der empörten Natur. *Ballou*

Krankheiten sind die Anklagen des Todes wider unser Leben – die Ärzte sind unsere Advokaten.
Aus den «Fliegenden Blättern»

Krankheiten sind Höflichkeitsbesuche des Todes. *Kudszus*

Die Krankheiten, die das Wachstum der Menschheit bezeichnen, nennt man Revolutionen. *Hebbel*

Kranksein: das heißt im Advent leben. *Reinhold Schneider*

Kredit

Der Kredit ist eine durch reale Leistungen erzeugte Idee der Zuverlässigkeit. *Goethe*

Kredit ist angewandter Glaube.
Unbekannt

Der Kredit ist das Blut der Wirtschaft; die Kontrolle über den Kredit ist die Kontrolle über die gesamte Gesellschaft. *Sinclair*

Kredit:
a) Ruf, den man hat.
b) Geld, das man nicht hat.
Michael Schiff

Kreis

Der Kreis ist ein Nichteck.
Definition eines Kindes

Ein Kreis ist eine runde Linie, ohne Ecken und überall zu, damit man nicht sehen kann, wo sie anfängt.
Definition eines Kindes

Krieg

Der Krieg ist ein Winterschlaf der Kultur. *Nietzsche*

Der Krieg ist der Vater aller Dinge.
Heraklit

Es ist unleugbar, daß der Krieg der natürliche Zustand der Menschen war, bevor die Gesellschaft gebildet wurde, und zwar nicht einfach der Krieg, sondern der Krieg aller gegen alle. *Hobbes*

Der Krieg ist ein höchst sinnvolles Handeln mit schlußendlich immer untauglichen Mitteln. *Gütersloh*

Kriege sind Zustände völkischer Blutrache. *Lohberger*

Der Krieg zwischen zwei gebildeten Völkern ist ein Hochverrat an der Zivilisation. *Carmen Sylva*

Der Krieg ist nix als die Geschäfte, und statt mit Käse ist's mit Blei. *Brecht*

Krieg: eine Anstrengung, fremde Märkte zu erschließen durch Töten fremder Verbraucher. *Unbekannt*

Krieg: die Furcht, welche Sicherheit will und sie nur in der Übermacht über alle anderen findet. *Jaspers*

Der Krieg ist das Gericht der Könige; die Siege sind seine Urteile.
Rivarol

Der Krieg ist nichts anderes als eine Fortsetzung der Politik mit anderen Mitteln.
Clausewitz/Übliche Zitierweise

Der Originalwortlaut aus *Clausewitz*, «Vom Kriege», 11. Aufl. 1832, S. 640: Der Krieg ist nichts als eine Fortsetzung des politischen Verkehrs mit Einmischung anderer Mittel, um damit zugleich zu behaupten, daß dieser politische Verkehr durch den Krieg selbst nicht aufhört, nicht in etwas anderes verwandelt wird, sondern daß er in seinem Wesen fortbesteht, wie auch die Mittel gestaltet sein mögen, deren er sich bedient.

Politik ist unblutiger Krieg, und Krieg ist blutige Politik. *Mao Tse-tung*

Seit es keine Kabinettskriege mehr gibt, ist jeder Krieg das Erzeugnis öffentlicher Reden. *Nahr*

Krieg: Der Mut zu sterben siegte über den Mut, ein unangenehmes Nein zu sagen. *Rychner*

Der Krieg ist die Ferienzeit des Diplomaten. *Robert R. Young*

Der Krieg ist nie etwas anderes als eine mit technischen Mitteln beschleunigte Veränderung. *McLuhan*

Einen Krieg beginnen heißt nichts weiter als einen Knoten zerhauen, statt ihn auflösen. *Morgenstern*

Krieg ist zuerst die Hoffnung, daß es einem besser gehen wird, hierauf die Erwartung, daß es dem andern schlechter gehen wird, dann die Genugtuung, daß es dem andern auch nicht besser geht, und hernach die Überraschung, daß es beiden schlechter geht.
Karl Kraus

Krieg: ein Nebenprodukt der Friedenskünste. Der Krieg kommt wie der Dieb in der Nacht; Beteuerungen ewiger Freundschaft schaffen die Nacht.
Bierce

Kritik

Kritik heißt: das Maß einer Sache besitzen; das Unmaß sehen; und davon so sehr ergriffen werden, daß die aussagende Sprache zur Einheit von Inhalt und Form gelangt ...
Heimito von Doderer

Ich möchte die Kritik ein Schaffen aus Geschaffenem nennen.
Wilde

Denn die höchste Kritik ist nichts anderes als ein Erzählen von seiner eigenen Seele.
Wilde

Die Kritik gleicht einer Bürste. Bei allzu leichten Stoffen darf man sie nicht verwenden, denn sonst bliebe nichts mehr übrig.
Balzac

Kritik ist vor allem eine Gabe, eine Intuition, eine Sache des Takts und des Spürsinns; sie kann nicht gelehrt oder gezeigt werden – sie ist eine Kunst.
Amiel

Kritik ist die Kunst, mit der sich der Kritiker einen Anteil am Ruhm des Künstlers zu sichern trachtet.
George Jean Nathan

Die höchste Form wie die niedrigste Form der Kritik ist eine Art Selbstbiographie.
Wilde

Kritik ist die Steuer, die ein Mensch der Öffentlichkeit entrichtet, damit sie ihm erlaubt, außergewöhnlich zu sein.
Swift

Die Kritik ist eine Steuer, die der Neid dem Talent auferlegt.
de Lévis

Kritik ist eine Gedächtnisschwäche des Selbstbewußtseins.
Schlosser

Was ist Kritik? Kritik ist, wenn man das schlecht zu machen sucht, was ein anderer gut zu machen gesucht hat.
Aus den «Fliegenden Blättern»

Die Kritik erscheint wie Ate: Sie verfolgt die Autoren, aber hinkend.
Goethe

Lieblose Kritik ist ein Schwert, das scheinbar den andern, in Wirklichkeit aber den eignen Herrn verstümmelt.
Morgenstern

Das ist klarste Kritik von der Welt, wenn neben das, was ihm mißfällt, einer was Eigenes, Besseres stellt.
Geibel

Kritiker
→ Rezensent

Ein Kritiker ist ein Mann, der Wunder erwartet.
Huneker

Ein Kritiker ist ein Mann ohne Beine, der das Laufen lehrt.
Channing Pollock

Ein Kritiker ist eine Henne, die gakkert, wenn andere legen.
Guareschi

Der Kritiker ist ein Wegelagerer auf dem Wege zum Ruhm.
Burns

Kritiker sind Schatzungsbeamte geistigen Grundeigentums.
Wiesner

Die Kritiker dieser Epoche gleichen Essern mit verdorbenen Mägen. Sie beschränken sich auf das Schlürfen von Details. *Brecht*

Der Kritiker ist ein Mensch, der es versteht, seinen Eindruck von schönen Dingen in einen anderen Stil oder in ein neues Mittel zu übertragen. Er ist ein Mensch, der uns ein Kunstwerk in einer neuen Form zeigt. Wer aber ein neues Verfahren anwendet, ist ein Kritiker und ein Schaffender zugleich. *Wilde*

Ein guter Kritiker ist jemand, der von den Abenteuern seiner Seele unter den Meisterwerken erzählt. *France*

Ein guter Kritiker ist der Stratege im Literaturkampf. *Walter Benjamin*

Kritiker: jemand, der sich damit brüstet, daß er schwer zufriedenzustellen sei, weil niemand versucht, ihn zufriedenzustellen. *Bierce*

Krone

Die Krone: eine Kopfbedeckung, die den Kopf überflüssig macht. *Laub*

Künstler
→ Kunst, Kunstwerk

Künstler sind die Fühlhörner der Menschheit. *Ezra Pound*

Der Künstler ist jenes einzigartige Wesen, das am wenigsten zu sagen hat, aber alles zu Sagende am besten zu sagen versteht. *Gütersloh*

Künstler ist, wer die Welt immer neu sieht, wie zum erstenmal, und der es vermag, daß auch andere so sehen. *Schickele*

Der Künstler ist der Schöpfer schöner Dinge. Die Kunst zu offenbaren, den Künstler zu verbergen – das ist das Ziel der Kunst. *Wilde*

Künstler sein heißt: dem Schöpfer mit eigenen Schöpfungsversuchen kraftvoll begegnen. *Ponten*

Der Künstler ist der große Revolutionär. Er ist sozusagen das «böse Gewissen» der Menschheit. Die Menschheit will Ruhe, er aber will ewige Bewegung. Die Menschheit will Festes, Kompaktes, Resultate, er aber will immer wieder auseinanderbrechen, verflüssigen, in Probleme auflösen. In allem Geistigen ist er der größte Anarchist. *Friedell*

Künstler sein, das heißt: verstehen, die rauhen Flächen der Wirklichkeit so glatt zu schleifen, daß sie die ganze Unendlichkeit von den Höhen des Himmels bis zu den Tiefen der Hölle widerzuspiegeln vermag. *Schnitzler*

Künstler ist nur einer, der aus der Lösung ein Rätsel machen kann. *Karl Kraus*

Von allen Definitionen des Künstlers gefällt mir am besten: ein Nadelkissen im Boudoir der menschlichen Gesellschaft. *Nowaczyński*

Künstlernatur

Als Künstlernatur bezeichnen wir im allgemeinen die Summe von Eigenschaften, die den Künstler im Produzieren behindert. *Schnitzler*

Kultur
→ Zivilisation

Was ist Kultur? Zu wissen, was einen angeht, und zu wissen, was einen zu wissen angeht. *Hofmannsthal*

Eine Kultur besteht aus einer Reihe sinnlicher Vorlieben. *McLuhan*

Kultur ist die Angewohnheit, mit dem Besten zufrieden zu sein und zu wissen – warum. *van Dyke*

Kultur heißt berechnen lernen, an Notwendigkeit glauben lernen. *Nietzsche*

Unsere Sinnespräferenzen ändern sich rapide. Eine Kultur besteht aus einer Aneinanderreihung von Sinnespräferenzen – wieviel Beleuchtung, wieviel Klang, wieviel Raum, wieviel Entfernung, wieviel Farbe. *McLuhan*

Kultur ist die Vernachlässigung einer Naturanlage. *Karl Kraus*

Kultur ist Zusammenarbeit. *Henry George*

Kultur ist Einheit des künstlerischen Stils in allen Lebensäußerungen eines Volkes. *Nietzsche*

Kultur ist Ausgestaltung von Gottes Einfällen. *Eschmann*

Kultur ist richtig umschrieben worden als Liebe zur Vollkommenheit; sie ist eine Studie der Vollkommenheit. *Arnold*

Eine Kultur beruht nicht auf dem Gebrauch der erschaffenen Dinge, sondern auf der Glut, die sie hervorbringt. *Saint-Exupéry*

Kultur ist nur ein dünnes Apfelhäutchen über einem glühenden Chaos. *Nietzsche*

Kultur nennen wir die ganze Summe derjenigen Entwicklungen des Geistes, welche spontan geschehen und keine universale oder Zwangsgeltung in Anspruch nehmen. *Burckhardt*

Kultur ist Bedeutung. Natur *ist.* *Lohberger*

Kultur: Luxus für Kulturlose. *Rudolf Rolfs*

Kultur ist die Gesamtheit aller Formen der Kunst, der Liebe und des Denkens, die, im Verlaufe von Jahrtausenden, dem Menschen erlaubt haben, weniger Sklave zu sein. *Malraux*

Kundgebung

Eine Kundgebung ist kein Rendezvous der Köpfe, sondern der Kehlen. *Hans Kapser*

Kunst

→ Künstler, Kunstwerk

Die Kunst ist ein verzögertes Echo. *Santayana*

Kunst ist das, was die Hauptlinien unterstreicht. *Nietzsche*

Die Kunst, wie die Moral, besteht darin, irgendwo die Linie zu ziehen. *Chesterton*

Kunst ist Mensch plus Natur. *van Gogh*

Die Kunst ist eine Zusammenarbeit zwischen Gott und dem Menschen. Je weniger der Mensch dabei tut, desto besser. *Gide*

Die Kunst ist ein Gefühl, das ein Mensch durchlebt hat, und das er durch ein Mittel – Stein, Bronze, Farbe, Worte oder Musik – so auszudrükken vermag, daß es auf andere Menschen übertragen wird. *Halliday*

Auf die Frage: «Was ist Kunst?» antworten wir: «Das, wodurch Formen in Stil verwandelt werden». *Malraux*

Kunst ist die Wiedergabe dessen, was die Sinne in der Natur durch den Schleier der Seele erkennen. *Poe*

Die Kunst ist eine Vermittlerin des Unaussprechlichen. *Goethe*

Die Kunst ist das Ins-Werk-Setzen der Wahrheit. *Heidegger*

Kunst ist eine Lüge, die uns die Wahrheit erkennen läßt. *Picasso*

Kunst ist das Bemühen, neben der wirklichen Welt eine menschlichere Welt zu schaffen. *Maurois*

Die Kunst ist das Gewissen der Menschheit. *Hebbel*

Kunst ist das, was Welt wird, nicht was Welt ist. *Karl Kraus*

Kunst: ein Beweis, der keiner Erklärung mehr bedarf, und nur noch zu sich selber spricht. *Lohberger*

Kunst ist das, was übrigbleibt, nachdem alles an ihr bis ins letzte analysiert worden ist. *Kessel*

Kunst ist ein Werturteil, das sich durchgesetzt hat. *Niederreuther*

Kunst ist Sprache: also im höchsten Sinn soziale Funktion. *Gerhart Hauptmann*

Die Kunst ist nicht ein Ziel, sondern ein Mittel, die Menschheit anzusprechen. *Mussorgsky*

Die Kunst ist der Riese Antäus, der immer durch die Berührung mit seiner Mutter Erde sich neue Kraft holen muß. *Mohr*

Die Kunst ist der Übergang aus der Natur zur Bildung und aus der Bildung zur Natur. *Hölderlin*

Kunst: ein Rätsel für alle, die bloß wissen wollen, eine Offenbarung allen, die mehr wollen, die – weniger wollen! *Lohberger*

Die ganze Kunst ist ein Problem des Gleichgewichts zwischen zwei Gegensätzen. *Pavese*

Kunst ist Natur als Formel. *Lohberger*

Alle Kunst beruht auf Ordnung, Maß und Zahl. *Muschg*

Die Kunst ist eine zusammengesetzte Natur und die Natur eine auseinandergelaufene Kunst. *Hebbel*

Die Kunst ist der Tagtraum der Menschheit. *Lohberger*

Die Kunst ist das Kompliment der Natur. *Novalis*

Kunst: Verzierung dieser Welt. *Wilhelm Busch*

Die Kunst ist zwar nicht das Brot, aber der Wein des Lebens. *Jean Paul*

Der Ernst im Gewande des Spiels, das Spiel im Gewande des Ernsts: das ganze Wesen der Kunst. *Otto Michel*

Die Kunst ist die irdische Schwester der Religion, die uns auch heiligt, und wenn wir ein Herz haben, sie zu vernehmen, dann werden wir erhoben und beseligt. *Stifter*

Kunst die Erschaffung und Ausdruck des Schönen. *Galbraith*

Alle Kunst ist Selbstgespräch.
Otto Michel

Kunst, so heißt der Weg der Seele nach oben. *Lohberger*

Kunstwerk

→ Künstler, Kunst

Das Kunstwerk ist der schöne Schein der Idee. *Hegel*

Das Kunstwerk ist eine Idee, die übertrieben wird. *Gide*

Ein Kunstwerk ist ein Stück Natur, gesehen durch ein Temperament.
Zola

Kunst ist nicht ein Stück Welt im Spiegel des Temperaments, sondern – ein Temperament im Spiegel des Bewußtseins. *Morgenstern*

Das Kunstwerk ist das Ergebnis eines Zusammenwirkens von Einbildungskraft und Verlangen. *Claudel*

Das Werk ist die Totenmaske der Konzeption. *Walter Benjamin*

Ein Kunstwerk ist eine umständliche und ausgebreitete Handlung, durch die ein Charakter erkennbar wird.
Hofmannsthal

Das Kunstwerk ist die Inkarnation eines Dramas des Verstandes. *Camus*

Ein klassisches Kunstwerk – man sieht die Fäden nicht heraushängen, an denen die Puppen gezogen werden.
Raabe

Ein Kunstwerk schön finden heißt, den Menschen lieben, der es hervorbrachte. *Morgenstern*

Kurve

Kurve: die lieblichste Entfernung zwischen zwei Punkten. *Mae West*

Kuß

Der Kuß ist die aufrichtigste Form der Schmeichelei. *Unbekannt*

Küsse sind das, was von der Sprache des Paradieses übriggeblieben ist.
Joseph Conrad

Der Kuß ist eine stumme Fortsetzung. *Frenzel*

Der Kuß ist das Siegel der Liebe.
Lohberger

Der Kuß ist ein Lippenbekenntnis zur Liebe. *Unbekannt*

Der Kuß ist ein schlau erfundenes Verfahren, welches das Reden gegenseitig stoppt, wenn Worte überflüssig sind. *Herford*

Ein Kuß kann ein Komma sein, ein Fragezeichen oder ein Ausrufezeichen. Diese grundlegenden Satzzeichen sollte jede Frau beherrschen.
Unbekannt

Ein Kuß, was ist er, wenn alles darüber gesagt wird? . . . ein rosig Pünktchen auf das «i» in Liebe gesetzt. Ein Geheimnis ist's, das dem Mund und nicht dem Ohr verraten wird.
Cyrano de Bergerac

Definition eines Kusses: die anatomische Nebeneinanderstellung von zwei Ringmuskeln im Zustand der Kontraktion. *Gibbons*

Der Kuß ist eine eigentümliche Beziehung: von keinerlei Nutzen für einen, doch vollendete Wonne für zwei. Der kleine Junge bekommt ihn für nichts, der junge Mann muß dafür lügen, der alte Mann muß ihn kaufen. Der Kuß ist das Recht des Babys, das Vorrecht des Liebenden, die Maske des Heuchlers. Einem jungen Mädchen bedeutet er Vertrauen, einer verheirateten Frau Hoffnung, einer alten Jungfer Mitleid. *Skipper*

L

Lachen

Lachen ist ein Gefühl des Wohlbehagens, das überall wahrgenommen und hauptsächlich an einer Stelle gezeigt wird. *Josh Billings*

Lachen ist ein Ausdruck relativer Behaglichkeit. *Wilhelm Busch*

Lachen, das ist der Geist, der niest. *Lewis*

Lachen kann als eine Art zuckender und unfreiwilliger Bewegung definiert werden, die durch bloße Überraschung oder einen Gegensatz hervorgerufen wird, bevor sie Zeit hat, die widersprechenden Erscheinungen miteinander zu verbinden. *Hazlitt*

Lachen: ein Affekt aus der plötzlichen Verwandlung einer gespannten Erwartung in nichts. *Kant*

Das Lachen ist eine Übung, bei der die Männer ihren Geist, die Frauen ihre Zähne zeigen. *Unbekannt*

Die Leidenschaft des Lachens ist nichts anderes als ein plötzliches Hochgefühl, das entsteht, wenn wir unverhofft in uns selbst eine Überlegenheit gegenüber der Schwäche eines anderen oder einer eigenen früheren Schwäche entdecken. *Hobbes*

Lachen. – Lachen heißt: schadenfroh sein, aber mit gutem Gewissen. *Nietzsche*

Lachen ist der Schluckauf des Narren. *Ray*

Lachen: Ausdruck der gekitzelten Eitelkeit. *Wilhelm Busch*

Nachsichtiges Lachen ist die grausamste Form der Verachtung. *Buck*

Die bloße Möglichkeit, Lachen als Waffe einsetzen zu können, zeigt, daß im Lachen die Idee der Macht eingeschlossen ist. *Höffding*

Lachen ist der Tonfall des Geistes. Es gibt Lachen, das sich wie der Klang gefälschter Münzen anhört. *Edmond de Goncourt*

Lachen ist das freudige Bellen eines Herdentieres in der Nähe seiner Artgenossen. *Lewis*

Lächeln

Lächeln ist eine erschöpfende Aussage ohne Worte. *Hans Arndt*

Das Lächeln ist eine sympathische Falte, die andere ausbügelt. *Kjellerup*

Das Lächeln ist ein Licht, das sich im Fenster eines Gesichts zeigt, und anzeigt, daß das Herz daheim ist. *Unbekannt*

Lächeln ist eine vergessene Grimasse. *Björling*

Das Lächeln ist nur ein gut ausgetrocknetes Weinen. *Gütersloh*

Das Lächeln ist eine soziale Pflicht. *Gsell*

Lachen und Lächeln sind Tor und Pforte, durch die viel Gutes in den Menschen hineinhuschen kann. *Morgenstern*

Lärm

Lärm: ein Gestank im Ohr. Ungezähmte Musik. Haupterzeugnis und Echtheitszeichen der Zivilisation. *Bierce*

Lärm ist der Mißbrauch des Tones. *Lohberger*

Bei Lärm die Ohren zuhalten heißt, sein Kommando «Hände hoch» kapitulierend befolgen. *Hans Kasper*

Lakonisch

Lakonisch: eine Sprache, die nicht mehr gesprochen wird. *Flaubert*

Landkarten

Landkarten sind die Kurzschrift der Geographie. *Grosvenor*

Landwirtschaft

Landwirtschaft: eine der Brüste des Staates. *Flaubert*

Langeweile

Die Langeweile ist eine Angst im Larvenzustand; der cafard – der gegenstandslose Mißmut – ein träumender Haß. *Cioran*

Die Langeweile ist die Gouvernante der Bosheit. *Aus den «Fliegenden Blättern»*

Wenn der Ernst zu Jahren kommt, wird er Langeweile. *Wilde*

Sich langweilen heißt Zeit priemen. *Cioran*

Langeweile! Du bist Mutter der Musen. *Goethe*

Langeweile ist das Unglück der Glücklichen. *Walpole*

Langeweile ist die Not derer, die keine Not kennen. *Sprichwort*

Das Geheimnis zu langweilen besteht darin, alles zu sagen. *Voltaire*

Langeweile ist eine Krankheit. Die Arbeit ist ihr Heilmittel. Das Vergnügen ist nur ein Linderungsmittel. *de Lévis*

Langeweile ist ein böses Kraut, aber auch eine Würze, die viel verdaut. *Goethe*

Langeweile ist eine Halbschwester der Verzweiflung. *Ebner-Eschenbach*

Langweiler

Langweiler: ein Mensch, der redet, wenn du wünschst, daß er zuhört. *Bierce*

Der Langweiler ist ein Mensch, der dich deiner Einsamkeit beraubt, ohne dir Gesellschaft zu bieten. *Gravina*

Der Langweiler ist ein Mensch, der, wenn du dich nach seinem Befinden erkundigst, es dir erklärt. *Channing Pollock*

Ein Langweiler ist einer, der seinen Mund aufmacht und seine Heldentaten hineinsteckt. *Henry Ford*

Steril ist der, dem nichts einfällt. Langweilig ist, wer ein paar alte Gedanken hat, die ihm alle Tage neu einfallen. *Ebner-Eschenbach*

Laster

Was ist das Laster? Eine Neigung, die man nicht teilt. *Lorrain*

Laster ist jede Art Widernatur. *Nietzsche*

Laster . . . eine in Gärung übergegangene Tugend. *Ortega y Gasset*

Das Laster ist eine zur Gewohnheit gewordene Sünde. *Unbekannt*

Die Laster der Großen nennt man «Allüren». *Beutelrock*

Leben

Leben ist das Einatmen der Zukunft. *Leroux*

Das Leben ist nur ein Augen-Öffnen und Wieder-Schließen. Darauf kommt's an, was man in der kleinen Mittelpause sieht. *Hebbel*

Leben ist die dauernde Anpassung innerer Beziehungen an äußere. *Herbert Spencer*

Das Leben ist ein Pensum zum Abarbeiten. *Schopenhauer*

Das Leben ist eine Anstrengung, die einer besseren Sache würdig wäre. *Karl Kraus*

Leben ist aussuchen. *Tucholsky*

Leben ist Wandlung: man ist in jedem neuen Augenblicke etwas anderes, als man bis jetzt war, ist also niemals endgültig man selbst. *Ortega y Gasset*

Das Leben ist das durch die Materie geschleuderte Bewußtsein. *Bergson*

Das Leben ist eine in siebenfaches Goldpapier eingewickelte Bittermandel. *Hebbel*

Unser Leben ist ein Buch, das sich von allein schreibt. *Green*

Leben heißt, es mit etwas zu tun haben – mit der Welt und mit sich selbst. *Ortega y Gasset*

Das Leben besteht in dem, was ein Mensch den ganzen Tag über denkt. *Emerson*

Das Leben ist ein Denkenmüssen. *Spengler*

Leben ist Bekümmertsein . . . *Ortega y Gasset*

Das Leben ist einfach ein verdammtes Ding nach dem anderen. *Hubbard*

Das Leben ist seiner innersten Beschaffenheit nach ein Drama, denn es besteht aus einem leidenschaftlichen Kampf mit den Dingen und überdies mit unserer Anlage, dem Kampf, durch den wir in Wirklichkeit zu werden suchen, was wir im Entwurf sind. *Ortega y Gasset*

Wenn einer sagt, daß das Leben ein Dreck sei, mag er schon recht haben; das ist dann aber auch alles, was er hat. *Niederreuther*

Was ist das Leben anderes als eine Kette von künstlich hervorgerufenen Dummheiten. *Shaw*

Leben ist Einsamsein. *Hesse*

Leben ist nicht einfach das, wie Vererbung und Umgebung auf uns einwirken, sondern Leben ist, was wir aus diesen Einwirkungen machen.
Fosdick

Das Leben ist eine Erfahrung, die einem Violinsolo in der Öffentlichkeit gleicht; man lernt das Instrument während des Spielens.
Samuel Butler

Leben ist eine Erfahrung, die uns ungerne sterben läßt. *Unbekannt*

Alles Leben ist ein überschwenglicher Erneuerungsprozeß. *Novalis*

Das Leben ist ein Examen. Im ersten Drittel bereiten wir uns vor, im zweiten Drittel werden wir geprüft, im dritten warten wir auf die Note. Sie wird meist erst bekannt, wenn wir tot sind.
Aus den «Fliegenden Blättern»

Leben ist der Versuch des trotzig-widerspenstigen Teils, sich vom Ganzen loszureißen und für sich zu existieren, ein Versuch, der so lange glückt, als die dem Ganzen durch die individuelle Absonderung geraubte Kraft ausreicht. *Hebbel*

Das Leben ist der Vordereingang zur Ewigkeit. *Unbekannt*

Das Leben ist ein beschneites Feuerwerk. *Hebbel*

Das Leben ist eine Flamme, die sich selbst verzehrt; aber sie fängt jedesmal wieder Feuer, sobald ein Kind geboren wird. *Shaw*

Das Gewebe unsres Lebens besteht aus gemischtem Garn, gut und schlecht durcheinander. Unsre Tugenden würden stolz sein, wenn unsre Fehler sie nicht geißelten, und unsre Laster würden verzweifeln, wenn sie nicht von unsern Tugenden ermuntert würden. *Shakespeare*

Das Leben ist ein Geheimnis, das im Tode offenbar wird und mit ihm zu Ende geht. *Lohberger*

Leben überhaupt heißt in Gefahr sein. *Nietzsche*

Das Leben ist nie etwas, es ist nur die Gelegenheit zu einem Etwas.
Hebbel

Leben ist Streit um Geschmack und Schmecken. *Nietzsche*

Das Leben ist nichts als die Summe der Gewohnheiten, die durch einige Gedanken gestört werden. *Valéry*

Unser ganzes Leben ist Gottesdienst. *Novalis*

Leben heißt nicht atmen, sondern handeln; es heißt, sich unserer Organe, unserer Sinne, Fähigkeiten, kurz, sich aller der Teile von uns bedienen, welche uns die Empfindung unseres Daseins verleihen. Nicht der Mensch hat am meisten gelebt, der die höchsten Jahre zählt, sondern der, der sein Leben am meisten empfunden hat.
Rousseau

Das Leben ist ein Massengrab der Hoffnungen und Enttäuschungen.
Reitz

Das Leben ist die Idee in ihrem unmittelbaren Dasein. *Hegel*

Das Leben ist eine lange Reihe von Illusionen, der Tod die einzige Wirklichkeit. *Lohberger*

Leben, das heißt hoffen und warten. *de Sénancour*

Leben ... heißt kämpfen. *Seneca*

Leben ist ein Kampf mit den Dingen, gegen die wir uns behaupten müssen. Die Begriffe sind der Kriegsplan, den wir schmieden, um ihren Angriff zu parieren. Prüft man daher den innersten Kern irgendeines Begriffes genau, so findet man, daß er nichts über den Gegenstand selber sagt, sondern die Zusammenfassung dessen ist, was ein Mensch mit ihm tun oder durch ihn leiden kann. *Ortega y Gasset*

Alles Leben ist Kampf des Individuellen mit dem Universum. *Hebbel*

Das Leben ist eine Komödie für den Denkenden und eine Tragödie für die, welche fühlen. *Hippokrates*

Das Leben ist eine Krankheit – der Schlaf ein Palliativ, der Tod eine Radikalkur. *Karl Julius Weber*

Das Leben ist eine Krankheit, von der wir uns alle 16 Stunden durch den Schlaf erholen. Der Schlaf ist das Linderungsmittel, der Tod das Heilmittel. *Chamfort*

Das Leben ist eine tödliche Krankheit, und eine sehr ansteckende dazu. *Holmes*

Leben ist eine unheilbare Krankheit. *Cowley*

Das Leben ist eine Krankheit, die ganze Welt ein Lazarett, und der Tod ist unser Arzt. *Heinrich Heine*

Leben: das ist Leiden. *Strindberg*

Leben ist Streben nach Macht. *Emerson*

Das Wesen des Lebens ist der Wille zur Macht. *Nietzsche*

Das Leben eines jeden Menschen ist ein von Gotteshand geschriebenes Märchen. *Hans Christian Andersen*

Das Leben ist eine Mission. *Mazzini*

Das Leben ist vielleicht auch nur ein höchster Begriff wie Raum und Zeit; es ist die Kategorie der *Möglichkeit.* *Hebbel*

Das Leben ist die Suche des Nichts nach dem Etwas. *Morgenstern*

Das Leben ist wie eine Panik im Theater, das brennt. Jeder sucht den Ausgang, keiner findet ihn, jeder schlägt jeden, und wer fällt, hat Pech, er wird sofort zertrampelt. *Sartre*

Das Leben ist nur ein physikalisches Phänomen. *Häckel*

Das Leben ist eine Plünderung des inneren Menschen. *Hebbel*

Das Leben ist eine Quarantäne für das Paradies. *Karl Julius Weber*

Ich kann irren, aber es scheint mir fast, daß die Geschichte aller Menschen und aller Welt überhaupt nur die von Provisorien ist, genannt: das Leben. *Urzidil*

Das Leben ist ein Rätsel. – Und die Auflösung? Die Auflösung. *Aus den «Fliegenden Blättern»*

Das Leben ist weder Zweck noch Mittel; das Leben ist ein Recht. *Heinrich Heine*

Das Leben ist eine Reise, die heimwärts führt. *Melville*

Leben ist Sein, nicht Haben. *O'Malley*

Leben, das ist das Allerseltenste in der Welt – die meisten Menschen existieren nur. *Wilde*

Das Leben ist eine ununterbrochene Folge falscher Situationen. *Thornton Wilder*

Das Leben ist eine Brücke von Seufzern über einen Strom von Tränen. *Bailey*

Das Leben ist ein Spiel, wie alle Spiele sind: Wer's nicht versteht, verliert, und wer's versteht, gewinnt. *Gleim*

Das Leben ist ein Spiel. Man macht keine größeren Gewinne, ohne Verluste zu riskieren. *Christina von Schweden*

Das Leben ist ein Spiel, in dem Gott die Karten mischt, der Teufel abhebt und wir die Stiche machen müssen. *Jugoslawisches Sprichwort*

Das Leben ist ein Spieltisch, an dem man sich nur in dem Maße vergnügt, als man ein gewagtes Spiel spielt. *Merimée*

Immer auf dem Sprunge stehen – das nenne ich Leben. Von Sicherheit eingewiegt werden, bedeutet sicheren Tod. *Wilde*

Das Leben ist eine Partie Schach. *Cervantes*

Unser Leben gleicht einem Schachspiel: Ist das Leben der Menschen zu Ende, so kommen alle Figuren, Könige, Königinnen, Läufer, Türme, Springer und Bauern – alle in *einen* Sack. *Aus den «Fliegenden Blättern»*

Leben ist nur ein wandelnd Schattenbild:
Ein armer Komödiant, der spreizt und knirscht
Sein Stündchen auf der Bühn und dann nicht mehr
Vernommen wird. Ein Märchen ist's, erzählt
Von einem Dummkopf, voller Klang und Wut,
Das nichts bedeutet. – *Shakespeare*

Das Leben ist Schlaf, dessen Traum die Liebe ist. Du wirst gelebt haben, wenn du geliebt haben wirst. *de Musset*

Leben ist die Kunst, taugliche Schlußfolgerungen aus unzureichenden Prämissen zu ziehen. *Samuel Butler*

Das Geheimnis des Lebens liegt im Suchen nach Schönheit. *Wilde*

Das Leben ist ein Schultyrann. *Aus den «Fliegenden Blättern»*

Das Leben ist eine Strafe, welche die Menschen verbüßen müssen – für das Verbrechen, geboren zu sein. *Calderón*

Das Leben ist ein Streit, aus dem wir einen Charakter bilden ... *Goethe*

Leben ist ständig entscheiden, was wir sein werden. *Ortega y Gasset*

Das Leben ist eine Taktfrage. *Wilde*

Das Leben ist eine Tragödie für die, die fühlen, und eine Komödie für die, die denken. *La Bruyère*

Das Leben ist eine Tragödie, in der wir eine Weile als Zuschauer sitzen und dann unsere Rolle spielen. *Swift*

Leben heißt träumen; weise sein heißt angenehm träumen. (Fiesko)
Schiller

Das Leben und die Träume sind Blätter ein und des nämlichen Baumes. Das Lesen im Zusammenhang heißt wirkliches Leben. *Schopenhauer*

Das Leben ist ein Traum, der sich selbst bezweifelt. *Hebbel*

Das Leben ist nicht mehr als ein Traum – aber weck mich nicht auf! *Jüdisches Sprichwort*

Leben heißt träumen, sterben heißt erwachen. *Lohberger*

Leben heißt, es mit etwas zu tun haben – mit der Welt und mit sich selbst. *Ortega y Gasset*

Das Leben, das ist die Unvorstellbarkeit des Todes. *Urzidil*

Leben – das ist ein Geflecht von Umständen. *Crnčević*

Leben ist ewiger Unterricht in Ursache und Wirkung. *Emerson*

Das Leben: ein langes Verfahren, müde zu werden. *Samuel Butler*

Das Leben ist die Daseinsform der Eiweißkörper. *Engels*

Das ganze Leben ist der Versuch, es zu behalten. *Ingeborg Bachmann*

Leben heißt, aus sich herausgreifen, sich verwirklichen.
Ortega y Gasset

Leben ist Wachsen-wollen.
Nietzsche

Das Leben ist eine Schule der Wahrscheinlichkeit. *Bagehot*

Das Leben gleicht jener beschwerlichen Art zu wallfahrten, wo man drei Schritte vor und zwei zurück tun muß. *Goethe*

Das Leben ist ein ewiges Werden. Sich für geworden halten heißt sich töten. *Hebbel*

Leben heißt, sich wandeln; und vollkommen sein heißt, sich oft gewandelt haben. *Newman*

Leben heißt: das Wesentliche von dem Unwesentlichen herausfühlen und tun. *Kayssler*

Leben heißt wirken und vernünftig wirken. Nach unserer Weise heißt es aber leiden und vernünftig leiden. *Seume*

Das Leben ist wie ein geschicktes Zahnausziehen. Man denkt immer, das Eigentliche solle erst kommen, bis man plötzlich sieht, daß alles vorbei ist. *Bismarck*

Leben heißt auf ein Ziel abgeschnellt sein, auf etwas zuwandern.
Ortega y Gasset

Das Leben ist Gottes Ziel mit uns.
Bonhoeffer

Das Leben ist das, was die unwahrscheinlichsten Zustände anstrebt.
Saint-Exupéry

Wenn es überhaupt einen Zweck des Lebens gibt, so ist es dieser: sich immer in Versuchung zu begeben.
Wilde

Das Leben ist ein seltsames Zwischenspiel. *O'Neill*

Lebensklugheit

Lebensklugheit: leutselig zu sein. *Nietzsche*

Lebensklugheit bedeutet: alle Dinge möglichst wichtig, aber keines völlig ernst nehmen. *Schnitzler*

Lebenskünstler

Lebenskünstler sind Menschen, welche nicht nur Zeit für das Notwendige, sondern auch für das scheinbar Überflüssige haben. *Beutelrock*

Lebenskünstler ist nicht, wer nur Schwierigkeiten beiseite räumen kann, sondern wer an ihnen auch noch zu wachsen versteht. *Baruch*

Die wahren Lebenskünstler sind bereits glücklich, wenn sie nicht unglücklich sind. *Anouilh*

Lebenskunst

Lebenskunst ist die Kunst, Schmerzen zu vermeiden. *Thomas Jefferson*

Lebenskunst: Die Fähigkeit, sich zur rechten Zeit und im rechten Maße zu verheimlichen und zu offenbaren. *Goldscheider*

Lebenskunst ist, ein Erdloch in Reichweite zu haben, wenn die Wölfe kommen. Oder, wenn es zu schnell geht, mit den Wölfen heulen zu können. *Krämer-Badoni*

Lebensstandard

Der sogenannte Lebensstandard ist ein Gefängnis ohne Gitter, verschärft durch Massenhaft und weiches Lager. *Moravia*

Lebensweisheit

Lebensweisheit ist die Einschränkung der Wünsche und Erwartungen auf das Erreichbare – auch im Erkennen und Streben. Ihr Mangel führt im Leben unvermeidlich zum Pessimismus, in der Philosophie zum Skeptizismus (dem Pessimismus der Philosophie). *Reininger*

Die wahre Lebensweisheit besteht darin, im Alltäglichen das Wunderbare zu sehen. *Buck*

Legende

Die Legende ist eine Lüge, welche die Würde des Alters erreicht hat. *Unbekannt*

Lehren

→ Erziehen

Der Wille zu lehren ist ein Wille zu schenken. *Margolius*

Zu wissen, wie man anregt, ist die Kunst des Lehrens. *Amiel*

Lehren heißt: die Dinge zweimal lernen. *Joubert*

Leichtsinn

Der Leichtsinn ist ein Schwimmgürtel für den Strom des Lebens. *Börne*

Leichtsinn: gute Laune auf eigene Rechnung und Gefahr. *Anita*

Leid

Leiden wie genießen bedeutet: der Leidenschaft nachgeben. *Pavese*

Leid ist auch nur Liebe – warte eine kleine Weile, und du wirst es erfahren. *Le Fort*

Vielleicht heißt «leiden» nichts anderes als ein tieferes Leben führen.
Vinet

Das Leiden ist die Feuerprobe des Geistes. *Ebner-Eschenbach*

Leidenschaft

Leidenschaft ist die Lawine des menschlichen Herzens – ein einziger Atemzug kann sie auslösen.
Bulwer-Lytton

Eine große Leidenschaft ist eine Art Seele, unsterblich und auf ihre Art fast unabhängig von den Organen.
Fontenelle

Die Leidenschaft ist eine Art Fieber des Geistes ... Sie mag nicht zu Unrecht als Mob des Menschen bezeichnet werden, denn sie bewirkt einen Aufstand in seiner Vernunft. *Penn*

Leidenschaft ... ist die zur bleibenden Neigung gewordene sinnliche Begierde (z. B. der Haß im Gegensatz des Zorns). *Kant*

Die Leidenschaft ist der Pöbel im Menschen, der einen Aufruhr seiner Vernunft herbeiführt. *Penn*

Die Leidenschaften sind die Redner der großen Versammlungen. *Rivarol*

Die Leidenschaften sind die einzigen Redner, die stets zu überzeugen verstehen. *La Rochefoucauld*

Große Leidenschaften sind wie Naturkräfte; ob sie nutzen oder schaden, hängt bloß von der Richtung ab, die sie nehmen. *Börne*

Die Leidenschaft ist der einzige Rechenfehler in der Lehre von der Vernunft. *Aus den «Fliegenden Blättern»*

Eine Leidenschaft ist ein Gefühl, das sich selbst, frei von allen Vermengungen, nicht genug tun kann. Sie ist zugleich das Gefühl einer Ohnmacht in der Person und das einer von ihr ausgehenden Bewegung, welche die ganze Welt ergreift. *Musil*

Die Leidenschaften sind Mängel oder Tugenden, nur gesteigerte. *Goethe*

Alle Leidenschaften sind nur verschiedene Grade der Wärme und der Kälte des Blutes. *La Rochefoucauld*

Leidenschaften gleichen Blendlaternen. Sie werfen alles Licht nach einer Richtung, während alles andre rings im Dunkel bleibt. *Sirius*

Unsere Leidenschaften sind wahre Phönixe. Wie der alte verbrennt, steigt der neue sogleich wieder aus der Asche hervor. *Goethe*

Lektüre

Die Lektüre ist das Zusammenwirken des Lesers mit dem Gelesenen.
Péguy

Lernen

Lernen ist wie das Rudern gegen den Strom: sobald man aufhört, treibt man zurück. *Britten*

Lernen heißt nicht nur, mit dem Gedächtnis die Worte auswendig lernen – die Gedanken anderer können nur durch das Denken aufgefaßt werden, und dieses Nach-denken ist auch lernen. *Hegel*

Lesen

Lesen heißt, mit einem fremden Kopf statt dem eigenen denken.
Schopenhauer

Lesen heißt borgen, daraus erfinden, abtragen. *Lichtenberg*

Lesen ist für den Geist das, was Gymnastik für den Körper ist. *Addison*

Lesen ist ein geniales Mittel, das Denken zu vermeiden. *Helps*

Lesen heißt in die Schulklasse oder den Armensäckel einsammeln; Schreiben heißt eine Münzstätte anlegen; aber der Prägestock macht reicher als der Klingelbeutel.
Jean Paul

Liberaler

Ein Liberaler ist ein Radikalist mit Weib und Kind. *Unbekannt*

Ein Liberaler ist ein Mensch, der bereit ist, das Geld eines anderen auszugeben. *Glass*

Der Liberale: ein künftiger Konservativer. *Bartoszewicz*

Liberalismus

Der Liberalismus ist die äußerste Großmut. Er ist das Recht, das die Majorität einräumt, und darum die edelste Losung, die auf dem Planeten erklungen ist. Er verkündet den Entschluß, mit dem Feind, mehr noch, mit dem schwachen Feind zusammenzuleben. *Ortega y Gasset*

Ton und Toleranz des Liberalismus bestehen darin, die Institutionen des Landes im Namen der Reform anzugreifen und die Gebräuche und Sitten des Volkes unter dem Vorwand des Fortschritts zu bekämpfen.
Disraeli

Der Liberalismus ist weit eher eine tiefeingewurzelte Vorstellung vom Leben als eine Frage der Politik. Er ist der Glaube, daß jedes menschliche Wesen frei sein muß, um sein individuelles, unübertragbares Schicksal zu erfüllen. *Ortega y Gasset*

Liberalismus: die Tyrannei der Ziellosigkeit. *Lohberger*

Liberalismus ist durch Vorsicht gemäßigtes Vertrauen, Konservatismus ist durch Furcht gemildertes Mißtrauen der Menschen. *Gladstone*

Liebe

→ Kuß, Lieben, Nächstenliebe, Platonische Liebe, Schmollen, Sex, Verehrung, Verliebt, Verzeihung, Zuneigung

Es ist schwer, die Liebe zu definieren; in der Seele ist sie Leidenschaft zu herrschen, im Verstande Sympathie, im Körper ein versteckter geheimnisvoller Drang zu besitzen, was man liebt – dies nur weiß man von ihr.
La Rochefoucauld

Liebe ist ein Abstraktum und existiert nicht. Es ist immer ein einzelnes Gefühl, eine Leidenschaft, eine Gefahr, eine Vorstellung oder alles zusammen. Niemand weiß, was der Satz bedeutet: ich liebe dich.
Hertha Kräftner

Die Liebe ist keine List des Schöpfers, sondern eine Absicht, die nicht verstimmt. *Niederreuther*

Die Liebe, das ist die Anstrengung, die ein Mann unternimmt, um sich mit einer Frau zufriedenzugeben.
Géraldy

Liebe ist ein Auszug aus allen Leidenschaften auf einmal. *Jean Paul*

Liebe heißt das Bewußtsein meiner Einheit mit einem anderen, so daß ich für mich nicht isoliert bin, sondern mein Selbstbewußtsein nur als Aufgebung meines Fürsichseins gewinne. *Hegel*

Die Liebe ist eine köstliche Blume, aber man muß den Mut haben, sie am grausigen Rand eines Abgrunds zu pflücken. *Stendhal*

Liebe und Dichtung sind eigentlich dasselbe: der Wunsch, sich zu äußern. *Pavese*

Wer du zu mir sagt, will Partner meiner Fremdheit sein. Was zu diesem Salto mortale ermutigt, ist eben das, was wir Liebe nennen. *Kudszus*

Liebe ist kein Solo. Liebe ist ein Duett. Schwindet sie bei einem, verstummt das Lied. *Chamisso*

Es gibt eine schöne Form der Vorstellung: die Selbstüberwindung – und eine schöne Form des Egoismus: die Liebe. *Ebner-Eschenbach*

Liebe: Eigenliebe zu zweit. *Madame de Staël*

Liebe ist eine feinere Form des Eigennutzes. *Jackson*

Die Liebe ist der Triumph der Einbildungskraft über die Intelligenz. *Mencken*

Liebe ist Eitelkeit und Selbstsucht von Anfang bis zum Ende. *Byron*

Die Liebe ist der Endzweck der Weltgeschichte und das Amen des Universums. *Novalis*

Liebe ist der Entschluß, das Ganze eines Menschen zu bejahen, die Einzelheiten mögen sein, wie sie wollen. *Flake*

Liebe ist: Erfüllung, Last und Medizin. *Tucholsky*

Ewige Liebe: die Ewigkeit in ihrer vergänglichsten Form. *Krailsheimer*

Liebe ist die Fähigkeit, Ähnliches an Unähnlichem wahrzunehmen. *Adorno*

Die erste Liebe ist ein verunglücktes Feuerwerk, an das sich jeder mit Vergnügen erinnert. *Aus den «Fliegenden Blättern»*

Die Liebe ist der Freibeuterbrief, den die Natur dem Begehrenden ausstellt. *Nahr*

Liebe ist gemeinsame Freude an der wechselseitigen Unvollkommenheit. *Kudszus*

Die Liebe ist jene Flamme, welche die Götter den Sterblichen mißgönnen, und die Eifersucht ist der fressende Geier, der den Diebstahl furchtbar rächt. *Börne*

Liebe gleicht Freiheit. Sie ist das, was man dafür hält . . . und auch soviel wert. *Shaw*

Die Liebe ist das Genie des Armen. *Sartre*

Liebe: ein nicht näher definierbares Gefühl, das im Leben unendliche Komplikationen hervorruft, besonders im Geschlechtsleben. *Laub*

Lieb' ist ein Geist von Feuer ganz gewoben,
Leicht, nimmer sinkend, strebend nur nach oben. *Shakespeare*

Liebe: eine vorübergehende Geisteskrankheit, die durch Heirat heilbar ist oder dadurch, daß man den Patienten den Einflüssen entzieht, unter denen er von der Krankheit befallen wurde. *Bierce*

Die Liebe ist eine leichte Gemütskrankheit, die durch die Ehe oft schnell geheilt werden kann. *Guitry*

Die Liebe der Geschlechter ist in der Theologie eine Sünde, in der Jurisprudenz ein unerlaubtes Verständnis, in der Medizin ein mechanischer Insult, und die Philosophie gibt sich mit so etwas überhaupt nicht ab. *Karl Kraus*

Die Liebe ist unsere Strafe dafür, daß wir es nicht einfach bei der Fortpflanzung bewenden lassen. *Nahr*

Liebe ist die Geschichte des Lebens einer Frau; die Episode im Leben eines Mannes. *Madame de Staël*

Liebe ist ein Glas, das zerbricht, wenn man es zu unsicher oder zu fest faßt. *Russisches Sprichwort*

Die Liebe ist eine Glocke, welche das Entlegenste und Gleichgültigste wieder tönen läßt und in eine besondere Musik verwandelt. *Gottfried Keller*

Ob die Liebe ein Glück ist? Jedenfalls ist sie das charmanteste Unglück, das uns zustoßen kann. *Curt Goetz*

Das Glück ist Liebe, die Lieb' ist das Glück,
Ich hab' es gesagt und nehm's nicht zurück. *Chamisso*

Glück ohne Ruh,
Liebe, bist du! *Goethe*

Die Liebe ist ein Gut, was allen anderen den Schein abstreift. *Hebbel*

Die Liebe ist das Wohlgefallen am Guten; das Gute ist der einzige Grund der Liebe. Lieben heißt: jemandem Gutes tun wollen. *Thomas von Aquin*

Die Liebe ist die angenehmste Herzkrankheit. *Aus den «Fliegenden Blättern»*

Liebe ist etwas Ideelles, Heiraten etwas Reelles; und nie verwechselt man ungestraft das Ideelle mit dem Reellen. *Goethe*

Liebe ist das Kind der Illusion und die Mutter der Desillusion. *Unamuno*

Die Liebe ist eine Jagd, bei der sich der Jäger vom Wild verfolgen lassen muß. *Karr*

Die Liebe ist ein Kind der Ewigkeit. Sie verwischt die Erinnerung an den Anfang und nimmt die Angst vor dem Ende. *Madame de Staël*

Liebe ist ein Kobold; Liebe ist ein Teufel; es gibt keinen böseren Engel als die Liebe! *Shakespeare*

Die Liebe ist die Köchin des Lebens; sie macht es erst schmackhaft, aber sie versalzt es auch oft. *Lebensweisheit*

Die Liebe, das ist die Köchin, die am meisten anrichtet in der Welt. *Nestroy*

Die Liebe besteht nicht in Einbildungen und Worten, sondern in der Kraft der Menschen, die Last der Erde zu tragen, ihr Elend zu mindern und ihren Jammer zu heben. *Pestalozzi*

Liebe ist die Kraft, die verzeihen kann. *Leist*

Liebe ist die Art Krankheit, die weder die Gescheiten noch die Dummen verschont. *Camus*

Liebe ist eine Art von Kriegszustand. *Ovid*

Die Liebe ist eine Krise, die Abneigung hinterläßt. *Pavese*

Liebe ist eine durch sexuelle Krisen unterbrochene, aber zugleich geförderte Feindschaft . . .
Eine peinliche Abwechslung von Beunruhigung und Langeweile.
Schnitzler

Liebe ist, wenn sie dir die Krümel aus dem Bett macht. *Tucholsky*

Der einzige Unterschied zwischen einer Laune und der «ewigen Liebe» besteht darin, daß die Laune etwas länger dauert. *Wilde*

Die Liebe ist vor allem ein Lauschen im Schweigen. *Saint-Exupéry*

Eben darin besteht ja die Liebe, daß sie uns in der Schwebe des Lebendigen hält, in der Bereitschaft, einem Menschen zu folgen in allen seinen möglichen Entfaltungen. *Frisch*

Die Liebe ist wie eine Lebensversicherung. Je später man eintritt, desto höher sind die Prämien. *Guitry*

Liebe: Leidenschaft für ein überhöhtes Wesen. *Gardavský*

Was ist die Liebe? Eine Leidenschaft, welche den Erdkreis auf die eine Seite legt und auf die andere nichts als den geliebten Gegenstand. *Napoleon I.*

Die Liebe ist eine redende Leidenschaft. *Unbekannt*

Die Liebe ist die einzige Leidenschaft, die sich mit selbstgeprägter Münze bezahlt. *Stendhal*

Die Liebe ist die singende, sich in der Luft tummelnde Lerche. In der Ehe muß der Vogel gebraten auf der Schüssel liegen.
Karl Julius Weber

Die Liebe ist das einzige Märchen, das mit keinem «es war einmal» beginnt – aber schließt. *Lohberger*

Liebe: man nimmt einer Frau die Maske vom Gesicht und stürzt mit dieser davon, ohne zu schauen, was sie verdeckt hat. *Heimito von Doderer*

Die Liebe ist der Versuch der Natur, den Verstand aus dem Weg zu räumen. *Niederreuther*

Die Liebe ist nichts als die höchste Naturpoesie. *Novalis*

Die erste Liebe ist ein wenig Narretei und eine Menge Neugier. *Shaw*

Die Liebe ist eine Neigung, die so ausschließlich ist, daß sie selbst den Egoismus opfert. Der Beweis liegt darin, daß, sobald diese Neigung verschwunden ist, der Egoismus sein Reich zurücknimmt. *Vanderem*

Das, was der größte Philosoph nicht zu erklären, wohl aber der größte Dummkopf zu empfinden vermag, nennt man Liebe.
Lebensweisheit

Gott gab seiner Schöpfung nur einen einzigen Pfeiler: Liebe.
Carmen Sylva

Liebe ist die Poesie der Sinne.
Balzac

Liebe ist die beste Politik. Die beste nicht nur für die, die geliebt werden, sondern auch für den, der liebt.
Aldous Leonard Huxley

Die Liebe ist der Liebe Preis.
Schiller

Liebe: auch so ein Problem, das Marx nicht gelöst hat. *Anouilh*

Die Liebe ist ein Raub der Natur an der Gesellschaft. *Rivarol*

Lieb ist ein Rauch, den Seufzerdämpf' erzeugten,
Geschürt: ein Feuer, von dem die Augen leuchten;
Gequält: ein Meer, von Tränen angeschwellt;
Was ist sie sonst? Beständ'ge Raserei
Und ekle Gall und süße Spezerei.
Shakespeare

Liebe, das ist Raum und Zeit dem Herzen fühlbar gemacht. *Proust*

Die Liebe ist die billigste der Religionen. *Pavese*

Liebe ist Selbstentfaltung, Selbstverwirklichung. *Lohberger*

Lieben – das heißt Seele werden wollen in einem anderen.
Schleiermacher

Das Sehnen nach Liebe ist selber Liebe. *Jean Paul*

Liebe ist Sehnsucht nach Erkenntnis. *Pavese*

Phöbe: Sag, guter Schäfer, diesem jungen Mann,
Was lieben heißt.
Silvius: Es heißt, aus Seufzern ganz bestehn und Tränen . . .
Es heißt aus nichts bestehn als Phantasie,
Aus nichts als Leidenschaft, aus nichts als Wünschen,
Ganz Anbetung, Ergebung und Gehorsam,
Ganz Demut, ganz Geduld und Ungeduld,
Ganz Reinheit, ganz Bewährung, ganz Gehorsam, . . .
Shakespeare

Liebe ist das probateste Mittel, das Schamgefühl zu überwinden.
Freud

Liebe ist Schönheit, folglich ist Haß – Häßlichkeit. *Lohberger*

Liebe ist Schönheitssinn, der sich mit Beziehung auf ein bestimmtes Objekt zum Trieb erniedrigte – oder erhöhte; Schönheitssinn ist Liebe, die auf ein bestimmtes Objekt verzichtet hat und beruhigt ins Allgemeine gleitet.
Schnitzler

Und Liebe ist die edelste Schwäche des Geistes. *Dryden*

Die Liebe ist der Stoff, den die Natur gewebt und die Phantasie bestickt hat. *Voltaire*

Der Streit der Liebenden ist die Wiedergeburt der Liebe. *Terenz*

Liebe ist die *Tat* der Seele.
Lohberger

Die Kunst zu lieben? Sie besteht darin, mit dem Temperament eines Vampirs die Diskretion einer Anemone zu verbinden. *Cioran*

Liebe ist eine bloße Tollheit, und ich sage Euch, verdient ebensogut eine dunkle Zelle und Peitsche als andre Tolle; und die Ursache, warum sie nicht so gezüchtigt und geheilt wird,

ist, weil sich diese Mondsucht so gemein gemacht hat, daß die Zuchtmeister selbst verliebt sind.
Shakespeare

Die Liebe beruht auf einer starken Übertreibung des Unterschiedes zwischen einer Person und allen anderen. *Shaw*

Die Liebe ist die göttlichste Form des Unendlichen. *Maeterlinck*

Liebe – das einzige Lebensgebiet, auf dem uns die Unfähigkeit dritter Personen in keiner Weise stört. *Laub*

Die Liebe ist vielleicht der höchste Versuch, den die Natur macht, um das Individuum aus sich heraus zu dem anderen hinzuführen. Im Wunsch suche ich, den Gegenstand zu mir zu ziehen. in der Liebe werde ich zu ihm hingezogen. *Ortega y Gasset*

Was ist denn Liebe anderes als verstehen und sich darüber freuen, daß ein anderer in anderer und entgegengesetzter Weise, als wir, lebt, wirkt und empfindet? Damit die Liebe die Gegensätze durch Freude überbrücke, darf sie dieselben nicht aufheben, nicht leugnen. *Nietzsche*

Lieben heißt auch: den anderen gegen ihn verteidigen. *Hans Kudszus*

Liebe ist Verzicht auf Widerstand, und Widerstand ist das Grundprinzip des Geistes. Deshalb vertragen sich Liebe und Geist so schlecht. *Flake*

Liebe ist das einzige, was wächst, indem wir es verschwenden.
Ricarda Huch

Die Liebe ist ein Wechselfieber, bei dem der Frost zuletzt kommt.
Aus den «Fliegenden Blättern»

Die Liebe ist der einzige Weg, auf dem selbst die Dummen zu einer gewissen Größe gelangen. *Balzac*

Liebe: ein privates Weltereignis.
Polgar

Liebe entsteht zwischen zwei Wesen, deren jedes vom andern die gleiche Freude ersehnt. *Rivarol*

Liebe: eine Wirklichkeit im Bereich der Einbildungskraft. *Talleyrand*

Liebe ist stets der Anfang des Wissens, so wie Feuer der Anfang des Lichts ist. *Carlyle*

Liebe: ein Wort, geeignet, unser Entzücken über besondere Speisen damit auszudrücken; mitunter verwendet man es metaphorisch für alle bevorzugten Gegenstände unseres Verlangens. *Fielding*

Die Liebe ist ein Fall des Ehrgeizes; deswegen löscht der Erfolg sie aus. *Jouffrey*

Die Liebe ist das Wunder der Zivilisation. Bei Wilden und Barbaren findet man nichts weiter als rohe Formen einer nur körperlichen Liebe. *Stendhal*

Der Wunder größtes ist die Liebe.
Hoffmann von Fallersleben

Die Liebe ist der Wunsch, geliebt zu werden. *Giraudoux*

Die ganze Kunst beruht darauf, daß man ausspricht, was der Zauber des Augenblicks erfordert. *Stendhal*

Das eben ist der Liebe Zaubermacht, daß sie veredelt, was ihr Hauch berührt, der Sonne ähnlich, deren goldner Strahl Gewitterwolken selbst in Gold verwandelt. *Grillparzer*

Liebe ist der angenehmste Zustand weiser Unzurechnungsfähigkeit.
Aymé

Lieben
→ Verliebt

Jemand lieben heißt, glücklich sein, ihn zu sehen. *Duvernois*

Jemand lieben heißt, als einziger ein für die anderen unsichtbares Wunder sehen. *Mauriac*

Lieben, das heißt nicht mehr vergleichen. *Grasset*

Einen Menschen lieben, heißt ihn so zu sehen, wie Gott ihn gemeint hat. *Dostojewski*

Lieben heißt am Ewigen Anteil nehmen. *Lohberger*

Einen Menschen lieben heißt einwilligen, mit ihm alt zu werden. *Camus*

Lieben, das heißt erlauben, getäuscht zu werden. *Reverdy*

Lieben heißt, dem geliebten Wesen recht geben, wenn es unrecht hat.
Péguy

Eine Frau lieben, das heißt, die Vergnügen vorziehen, die sie uns gewährt, gegenüber den Leiden, die sie uns zufügt. *Unbekannt*

Lieben heißt, in dem anderen sich selbst erobern. *Hebbel*

Das heißt wirklich lieben: jemanden beleidigen und verwunden, um ihn zu bessern. *Montaigne*

Geliebt wirst du einzig, wo du schwach dich zeigen darfst, ohne Stärke zu provozieren. *Adorno*

Einen Menschen lieben heißt, sich um den einen Menschen sorgen. Vielleicht, daß aus diesem Grunde in jeder Liebe ein Zug von Schwermut ist.
Margolius

Liebeslied

Das Liebeslied ist eine vertonte Liebkosung. *Romberg*

Liebessehnsucht

Liebessehnsucht ist Heimweh des Herzens.
Aus den «Fliegenden Blättern»

Liebenswürdig

Wenig Leidenschaft, große Herzenswärme, Verstand, Anmut, leichte Umgangsformen, Respekt vor dem Ernst, Verständnis für den Schmerz – summa summarum: Liebenswürdigkeit. *Ebner-Eschenbach*

Liebeswahnsinn

Liebeswahnsinn! Pleonasmus! Liebe ist ja schon ein Wahnsinn! *Heine*

Lieblos

Lieblos: wer nur Gutes zu lieben vermag. *Kudszus*

Lippe

Die Lippe ist der Wetzstein des Geistes; über die Lippe muß der Gedanke oft hin und her laufen, damit er Glanz, Farbe und Gestalt gewinne.
Ernst Moritz Arndt

Literatur
→ Dichtung, Lektüre, Poesie, Veröffentlichen

Literatur ist Unsterblichkeit der Sprache. *August Wilhelm Schlegel*

Literatur ist Sprache, die mit Sinn geladen ist. Große Literatur ist einfach Sprache, die bis zur Grenze des Möglichen mit Sinn geladen ist.
Ezra Pound

Die Literatur ist der Ausdruck der Gesellschaft wie das Wort der Ausdruck des Menschen ist. *de Bonald*

Literatur ist das Fragment der Fragmente. Das wenigste dessen, was geschah und gesprochen worden, ward geschrieben. Vom Geschriebenen ist das wichtigste übriggeblieben.
Goethe

Literatur: zu Buch geschlagene Sprache. *Schlosser*

Literatur ist soziale Erscheinung.
Heinrich Mann

Literatur ist niemals Kunst, eine bei ihrem Entstehen schon überzeitliche Dichtung gibt es nicht. Sie kann so kindlich nicht geliebt werden wie Musik. Denn sie ist Gewissen – das aus der Welt hervorgehobene und vor sie hingestellte Gewissen. *Heinrich Mann*

Literatur ist ein Weg zum Ruhm, der für die genialen Menschen offensteht, die weder Ehren noch Reichtum haben. *Disraeli*

Literatur ist gedruckter Unsinn.
Strindberg

Literatur ist die Orchestrierung der Plattheiten. *Thornton Wilder*

Literatur ist Neues, das neu bleibt.
Ezra Pound

Lob

Lob: eine Huldigung, die wir solchen Leistungen darbringen, die den eigenen zwar nicht gleichkommen, ihnen aber doch ähnlich sind. *Bierce*

Lob ist eine listige, versteckte, feine Schmeichelei, die Spender und Empfänger anders befriedigt. Dieser nimmt sie als Preis für seine Verdienste an, und jener gibt sie, um seine Billigkeit und Urteilskraft ins rechte Licht zu setzen. *La Rochefoucauld*

Lob ist nichts als der Schatten der Tugend. *Sprichwort*

Unverdientes Lob ist verkleideter Spott. *Sprichwort*

Gerechtes Lob ist nur eine Schuld; aber die Schmeichelei ist ein Geschenk. *Samuel Johnson*

Lobrede

Lobrede: das Preisen eines Menschen, der den Vorzug des Reichtums oder der Macht besitzt oder die Freundlichkeit, tot zu sein. *Bierce*

Loch

Ein Loch ist da, wo etwas nicht ist. Das Loch ist ein ewiger Kompagnon des Nicht-Lochs. Loch allein kommt nicht vor, so leid es mir tut. *Tucholsky*

Logik

Logik ist ein Verfahren, das uns glauben macht, daß eine Sache, die nicht schwarz ist, weiß sein müsse.
Wiggins

Die Logik ist die Zwangsjacke der Phantasie. *Nahr*

Logik: die Kunst, in strenger Übereinstimmung mit den Grenzen und Schwächen des menschlichen Unverstandes zu denken und zu schlußfolgern. *Bierce*

Die Logik ist eine Kommode, die einige nützliche Werkzeuge enthält und viele überflüssige. *Colton*

Logik ist ein Instrument zum Aufpolstern der Vorurteile. *Hubbard*

Logik ist wie ein Treppengeländer; es hilft einem, trotz Dunkelheit nach oben zu kommen. *Kjellerup*

Die Logik scheint mir die Kunst zu sein, jemand von einer Wahrheit zu überzeugen, und die Beredsamkeit eine Fähigkeit des Geistes, womit man Herz und Verstand der Zuhörer erobert. *La Bruyère*

Logik ist die Anatomie des Denkens. *Locke*

Logik ist Glaubenssache. *Eschmann*

Logik: Bazillus im Glauben! *Rudolf Rolfs*

Moral ein Maulkorb für den Willen, Logik ein Steigriemen für den Geist. *Grillparzer*

Logik ist die Gewohnheit, das Zwangsläufige angenehm zu empfinden. *Nahr*

Die Logik ist eine menschliche Vorstellung. Wenn wir eine Ursache gefunden haben, genügt sie uns so sehr, daß uns nichts die Annahme nahelegt, diese Form entspreche nicht auf anderen Ebenen zur gleichen Zeit anderen Ursachen. *Saint-Exupéry*

Logik ist der Versuch, nach einem von uns gesetzten Seins-Schema die wirkliche Welt berechenbar zu machen. *Nietzsche*

Die Logik ist die Wissenschaft des Denkens, seiner Bestimmungen und Gesetze. *Hegel*

Logik ist die Leidenschaft, zwei und zwei zu addieren. *Nahr*

Logik ist für die Grammatik das, was der Sinn für die Worte ist. *Joubert*

Logik ist eine Zeichenschrift auf Grund der Voraussetzung, daß es identische Fälle gibt. *Nietzsche*

Logik ist die Waffenkammer der Vernunft. *Fuller*

Logik ist das Vergnügen des vermiedenen Irrtums. *Nahr*

Logik ist weder eine Wissenschaft noch eine Kunst, sondern ein Kniff. *Jowett*

Logische Konsequenzen sind die Vogelscheuchen der Toren und die Leuchttürme der Weisen. *Thomas Henry Huxley*

Lorbeer

Lorbeer ist ein schnell welkendes Gemüse. *Guareschi*

Lorbeer ist ein bitt'res Blatt,
dem, der's sucht, und dem, der's hat. *Geibel*

Lüge

→ Flunkerei, Halbwahrheit, Legende, Phrase, Verlogenheit, Wortverdreher

Lüge ist eine Wahrheit mit schiefer Wurzel. *Gerhart Hauptmann*

Lüge: terminologische Ungenauigkeit. *Churchill*

Die Lüge ist die Poesie, die nicht aus der Mode kommt. *Møller*

Die Lüge ist ein Mittelding zwischen Sein und Nichtsein. *Hebbel*

Die Lüge ist der eigentliche faule Fleck in der menschlichen Natur. *Kant*

Die Lüge ist ein sehr trauriger Ersatz für die Wahrheit, aber sie ist der einzige, den man bis heute entdeckt hat. *Hubbard*

Lügen sind die Waffen der Bösen.
Afrikanisches Sprichwort

Lügen mit glücklichen Umständen ergeben Legenden. *Lec*

Die Lüge ist manchmal die Beleuchtung der Wahrheit.
Japanisches Sprichwort

Worin besteht das Wesen der schönen Lüge? Darin, daß sie sich selbst zu erkennen gibt. *Wilde*

Lüge: ein Double, das die Wahrheit in gefährlichen Situationen vertritt.
Brudziński

Lüsternheit

Lüsternheit ist ein Spiel mit dem zu Genießenden und mit dem Genossenen. *Goethe*

Lyrik

→ Literatur, Poesie

Lyrik ist gemalte Poesie. *Lohberger*

Wenn schon die Poesie überhaupt ein Rätsel ist, so ist die Lyrik das Rätsel der Rätsel. *Spitteler*

M

Macht

Macht ist organisierte Kraft, Verbindung der Kraft mit einem Werkzeuge. Das Weltall wimmelt von Kräften, die, um Macht zu werden, auf der Suche nach Organen sind. Der Wind, das Wasser sind Kräfte; durch ihre Wirkung auf eine Mühle oder auf eine Pumpe, die ihnen als Werkzeug dienen, werden sie Macht. Durch diese Unterscheidung von Kraft und Macht erklärt sich die Herrschaft im Staat. Das Volk ist Kraft, seine Regierung ist Werkzeug; ihre Verbindung bewirkt politische Macht. Trennt sich die Kraft von ihrem Werkzeug, so entschwindet die Macht. Wenn das Werkzeug zerstört ist und die Kräfte bleiben, gibt es nur noch Zuckung, Krampf oder Wut; und wenn das Volk sich von seinem Werkzeug, das heißt von seiner Regierung trennt, gibt es Revolution.
Rivarol

Macht: ein Vermögen, welches großen Hindernissen überlegen ist. Eben dieselbe heißt Gewalt, wenn sie auch dem Widerstande dessen, was selbst Macht besitzt, überlegen ist. *Kant*

Macht ist eine Art von Genie, entweder man hat's oder man hat's nicht. *Shaw*

Die Macht wird als Recht möglich, das Recht als Macht unmöglich. Die Macht besteht als Wirklichkeit, deren unwirklichste Möglichkeit das Recht bleibt. *Lohberger*

Der hat die Macht, an den die Menge glaubt. *Raupach*

Nur das zu tun, was alle wollen, ist das Geheimnis jeder Macht.
Kinkel

Das Geheimnis jeder Macht besteht darin, zu wissen, daß andere noch feiger sind als wir. *Börne*

Machttrieb: gibt es den? Handelt es sich nicht recht eigentlich um den Perfektionstrieb? *Lohberger*

Mädchen

Mädchen: das sind die, die rückwärts tanzen. *Bob Hope*

Mädchen: eine junge Person des unfairen Geschlechts von unerforschlichem Benehmen und Ansichten, die einen bis zum Verbrechen rasend machen können. Die Art ist geographisch weit verbreitet, man trifft sie, wo immer man sie sucht, und bedauert es, wo immer man sie findet. Das Mädchen ist dem Auge nicht eigentlich unangenehm und (ohne sein Klavier und seine Ansichten) dem Ohr nicht unerträglich, wenn es auch an Anmut dem Regenbogen entschieden unterlegen ist und hinsichtlich dessen, was von ihm zu hören ist, vom Kanarienvogel weit übertroffen wird. Dieser ist auch leichter zu tragen. *Bierce*

Jedes Mädchen ist eine frisierte Herausforderung. *Weisenborn*

Mit einem Mädchen hat es die Natur auf das, was man, im dramaturgischen Sinne, einen Knalleffekt nennt, abgesehen. *Schopenhauer*

Mädchen – das bedeutet auch eine Insektenlarve. *Karl Kraus*

Junge Mädchen sind erotische Hartwährung. In der Ehe gibt es allenfalls Sonderziehungsrechte.
Definition eines Währungsexperten

Maitag

Ein Maitag ist ein kategorischer Imperativ der Freude. *Hebbel*

Majestät

→ König

Majestät ist das Vermögen, ohne Rücksicht auf Belohnung oder Bestrafung recht oder unrecht zu haben. *Goethe*

Malerei

Malerei ist die Kunst, die Seele zu bewegen durch Vermittlung der Augen. Wenn der Maler nur bis zu den Augen kommt, hat er nur den halben Weg zurückgelegt. *Diderot*

Die Malerei ist eine stumme Poesie und die Poesie eine redende Malerei. *Simonides*

Malerei: die Kunst, Flächen vor dem Wetter zu schützen und sie den Kritikern auszusetzen. *Bierce*

Man

Man ist vielfache Person als vielfacher Schüler. *Hofmannsthal*

Manieren

Gute Manieren bestehen aus lauter kleinen Opfern. *Emerson*

Manuskript

Das Manuskript ist ein Schriftstück, das in Eile vorgelegt und mit Muße zurückgegeben wird. *Herford*

Marktwirtschaft

→ Intervention, Kleinaktionär, Subvention, Wirtschaft

Marktwirtschaft: Freie Wirtschaft, die durch Zölle, Steuern, Subventionen, D-Mark-Aufwertung und andere Methoden staatlich beeinflußt wird. *Schiff*

Marx

Marx, Karl: Moses des Sozialismus – teilte posthum das Rote Meer zwischen Moskau und Peking. *Schiff*

Marxismus

Der Pedantismus mißverstand die Menschenliebe; das Resultat ist als Marxismus bekannt. Das Ressentiment mißverstand den Marxismus – da wurde der Bolschewismus daraus. Das Literatentum mißverstand den Bolschewismus – da galt er wieder als Menschenliebe – aber nun sah sie auch danach aus. *Schnitzler*

Masse

Masse ist die kompakte Form, in der alles Menschliche auf Kommando erweckt oder ertötet werden kann. *Anita*

Die Masse ist eine Gesellschaft mit recht beschränkter Haftung. *Hans Kasper*

Masse im religiösen Sinn ist überall, wo der Mensch des eigenen Wertes beraubt ist zugunsten irgendeines gleichwie welchen Zweckes. *Le Fort*

Maßlosigkeit

Maßlosigkeit ist das Maß der Gefühle. *Wiesner*

Materie

Materie – Hartnäckigkeit der kleinsten Lebewesen. *Wilhelm Busch*

Materialismus

Materialismus: Weltanschauung, die sich sowohl im Kapitalismus wie im Kommunismus durchgesetzt hat. *Schiff*

Materialist

Materialist sein heißt, die objektive Wahrheit, die uns durch die Sinnesorgane zugänglich wird – anerkennen. *Lenin*

Materialist – was bedeutet das zunächst anders als jemanden, der die Materie ernst nimmt, zu deutsch: den Mutterstoff der Welt. Sinngemäß übersetzt, wäre er also ein Mutterstoffgesinnter. Wenn nun seit Jahrtausenden Gott nur als Mann, als Vater verehrt wurde – wie kann man sich wundern, daß der Materialismus die Züge eines Aufstandes annahm. Zum mindesten müßte verehrt werden die Mutter in Gott. *Eschmann*

Ein Materialist ist ein Calvinist ohne Gott. *Eduard Bernstein*

Mathematik

Mathematik ist die mit Beispielen versehene Antwort auf die Frage: Was ist eine Voraussetzung? *Nahr*

Die Mathematik ist eine Methode der Logik. *Wittgenstein*

Mathematik ist die Wissenschaft, welche die notwendigen Schlußfolgerungen zieht. *Peirce*

Die Mathematik ist die Grammatik der Zahlen. *Lohberger*

Die Mathematik ist eine Mausefalle. Wer einmal in dieser Falle gefangensitzt, findet selten den Ausgang, der zurück in seinen vormathematischen Seelenzustand leitet. *Colerus*

Die ganze Mathematik ist eigentlich die Gleichung im Großen für die andern Wissenschaften. *Novalis*

Mathematik ist die Wissenschaft, bei der man nicht weiß, wovon man spricht, noch ob das, was man sagt, wahr ist. *Bertrand Russell*

Mathematik: die optimistische Philosophie. *Lohberger*

Mathematik ist das Alphabet, mit dessen Hilfe Gott das Universum beschrieben hat. *Galilei*

Mathematiker

Der Mathematiker ist ein Hersteller von Schemata. *Hardy*

Die Mathematiker sind eine Art Franzosen: Redet man zu ihnen, so übersetzen sie es in ihre Sprache, und dann ist es alsobald ganz etwas anderes. *Goethe*

Ein Mathematiker ist ein Mensch, der einen ihm vorgetragenen Gedanken nicht nur sofort begreift, sondern auch erkennt, auf welchem Denkfehler er beruht. *Nahr*

Mausoleum

Mausoleum: die letzte und komischste Torheit der Reichen. *Bierce*

Maximen

→ Aphorismus, Aphoristische Definition, Definition, Epigramm, Sentenz, Zitat

Maximen sind der konzentrierte gesunde Menschenverstand der Völker. *Mackintosh*

Praktische Gesetze, sofern sie zugleich subjektive Gründe der Handlungen, d. i. subjektive Grundsätze werden, heißen Maximen. *Kant*

Maximen sind kleine Predigten. *Burgess*

Maximen sind für den Intellekt das, was Gesetze für die Handlungen sind: Sie erleuchten nicht, aber sie leiten und führen und, obgleich selbst blind, sind sie Schutz. *Joubert*

Maxime: eine Regel, die die Willkür sich selbst für den Gebrauch der Freiheit macht. *Kant*

McLuhan-Definitionen

→ Definition

McLuhan-«Definitionen»:
Das Telefon: Sprache ohne Wände
Das Grammophon: Varieté ohne Wände
Die Fotografie: Museum ohne Wände
Das elektrische Licht: Raum ohne Wände
Film, Rundfunk und Fernsehen: Klassenzimmer ohne Wände. *McLuhan*

Medien

Alle Medien massieren uns gründlich durch. Sie sind dermaßen durchgreifend in ihren persönlichen, politischen, ökonomischen, ästhetischen, psychologischen, moralischen, ethischen und sozialen Auswirkungen, daß sie keinen Teil von uns unberührt, unbeeinflußt, unverändert lassen. Das Medium ist Massage. Jegliches Verständnis sozialer und kultureller Wandlungen ist unmöglich, ohne eine gewisse Kenntnis von Medien als Umwelten.
Alle Medien sind Erweiterungen bestimmter menschlicher Anlagen – seien sie psychisch oder physisch. *McLuhan*

Meditation, meditieren

Die Meditation ist – mit einer einzigen Ausnahme, nämlich beim Heiligen – das genaue Abbild totalistischer Revolution, nur eben sozusagen nach innen umgeklappt. *Heimito von Doderer*

Meditieren heißt, immer wieder andere Verschlingungen desselben Knotens hervorstülpen. *Nahr*

Mehrheit

Mehrheit: eine Masse, die als Grundlage politischer Weisheit und Tugend angesehen wird. In der Politik: das, was der Politiker anbetet. «In der Vielheit der Ratschläge liegt Weisheit», sagt das Sprichwort. Wenn viele Menschen gleicher Einzelweisheit weiser werden wollen als irgendeiner von ihnen ist, so müssen sie diesen Überschuß an Weisheit durch den bloßen Akt des Zusammengehens erwerben – offenbar von nirgendwo; genausogut kann man sagen, daß eine Bergkette nicht höher sein kann als die einzelnen Berge. Eine Mehrheit ist so weise wie ihr weisestes Mitglied, wenn sie ihm gehorcht; wenn nicht, ist sie nicht weiser als ihr törichtestes Mitglied. *Bierce*

Echte Mehrheiten sind die, in deren Reihen sich auch die Mehrheit der Verständigen befindet. *Hans Kasper*

Was ist die Mehrheit? Mehrheit ist der Unsinn; Verstand ist stets bei Wen'gen nur gewesen. *Schiller*

Meinung
→ Öffentliche Meinung

Meinung besteht darin, Gründe zu nennen, weshalb alle Welt so denken soll wie ich denke. *Seldon*

Meinungen sind Interessen. *Wolfgang Herbst*

Die Meinung ist eine Küche, worin alle Wahrheiten abgeschlachtet, gerupft, zerhackt, geschmort und gewürzt werden. *Börne*

Unsere Meinungen: die Haut, in der wir gesehen werden wollen. *Nietzsche*

Meinung ist ein Minimum an Tatsachen in Verbindung mit Vorurteilen und Gefühlen. *Unbekannt*

Meinen ist ein mit Bewußtsein sowohl subjektiv als objektiv unzureichendes Fürwahrhalten. *Kant*

Meinungen sind so etwas Ähnliches wie Hämorrhoiden des Geistes. *Heimito von Doderer*

Meinungen sind Wegweiser. Ohne diese Weigweiser würden wir uns im Leben verirren. *Hans Albrecht Moser*

Die Meinung im guten Menschen ist nichts anderes als Wissen im Werden. *Milton*

Die Meinungen einer Frau sind nichts als die Folge ihrer Gefühle. *de Sevigné*

Meinungen sind wie Nägel: Je mehr du auf sie einschlägst, um so tiefer dringen sie ein. *Chinesischer Spruch*

Meinungsforscher

Meinungsforscher sind Herolde der Meinungslenker. *Rudolf Rolfs*

Melancholie

Melancholie ist nur verwelkte Lust. *Kesten*

Die Melancholie ist der Luxus armer Seelen. *Montherlant*

Melancholie ist das Vergnügen, traurig zu sein. *Victor Hugo*

Mensch

Mensch sein heißt, unbestimmt fühlen, daß in jedem etwas von allen steckt und etwas von jedem in allen. *Valéry*

Mensch sein heißt, das gegenüber seiende Wesen sein. *Buber*

Der Mensch ist eine Analogienquelle für das Weltall. *Novalis*

Der Mensch ist ein Blinder, der vom Sehen träumt. *Hebbel*

Nichts zeichnet den Umriß eines Menschen kräftiger als das, was er nicht sieht. *Ludwig Marcuse*

Eine «Definition» des Menschen: das Lebewesen, das ganz allein sein kann. *Struve*

Ich glaube, die beste Definition des Menschen lautet: undankbarer Zweibeiner. *Dostojewski*

Der Mensch ist . . . war immer der Beginn des Fehlurteils. Es muß heißen: der Mensch ist auch . . . zum Beispiel eine von Glück berstende Lerche; zum Beispiel ein bedrängtes Wesen, das sich in den Frieden flüchten will. *Ludwig Marcuse*

Ein absurder Mensch ist der, der sich niemals ändert. *Bacon*

Der Mensch ist nichts als eine Fortsetzung, unter die der Tod schließlich den Punkt setzt und alle Fragen offenläßt. *Reitz*

Wie fremd ist das Geschaffene dem, der es geschaffen hat? Vielleicht könnte man sagen: Homo sapiens ist das Wesen, das sich selbst und den Mitmenschen die Welt fremd macht, indem er im Bewußtsein alles abrückt, in Distanz bringt.
Vorstellen, Denken, Gestalten ist: fremd machen. *Ludwig Marcuse*

Der Mensch ist ein atmendes Gesetz. *Hille*

Der Mensch – ein Exempel der beispiellosen Geduld der Natur. *Morgenstern*

Der Mensch: das erste Gespräch, das die Natur mit Gott hat. *Goethe*

Der Mensch ist dasjenige Wesen, das zwischen Gott und der Welt steht. *Gogarten*

Der Mensch ist im Grunde Begierde, Gott zu sein. *Sartre*

Was ist der Mensch? Die Tragödie Gottes. *Morgenstern*

Was der Mensch sei, sagt ihm nur die Geschichte. *Dilthey*

Mensch sein heißt, dem Leben ein Gleichnis entgegensetzen. *Werfel*

Der Mensch ist das einzige Geschöpf, das erzogen werden muß. *Kant*

Der Mensch ist ein politisches Geschöpf, das am liebsten zu Klumpen geballt sein Leben verbringt. Jeder Klumpen haßt die andern Klumpen, weil sie die andern sind, und haßt die eignen, weil sie die eignen sind. Den letzteren Haß nennt man Patriotismus. *Tucholsky*

Der Mensch ist ein Geschöpf, das nicht vom Brot allein lebt, sondern hauptsächlich von Schlagworten.
Robert Louis Stevenson

Große Menschen sind die Inhaltsverzeichnisse der Menschheit. *Hebbel*

Der wahre Wert eines Menschen ist in erster Linie dadurch bestimmt, in welchem Grade und in welchem Sinne er zur Befreiung vom Ich gelangt ist. *Albert Einstein*

Der Mensch ist das Produkt seiner Interessen. *Weisenborn*

Der Mensch ist nicht das Produkt seiner Umwelt – die Umwelt ist das Produkt des Menschen. *Disraeli*

Der Mensch ist, was er ist, aber ist nicht, was gewesen ist.
Jüdisches Sprichwort

Der Mensch ist ein Intellekt, der von Organen befreit wird. *de Bonald*

Der Mensch ist eine in der Knechtschaft seiner Organe lebende Intelligenz. *Aldous Leonard Huxley*

Der Mensch hat neben dem Trieb der Fortpflanzung und dem, zu essen und zu trinken, zwei Leidenschaften: Krach zu machen und nicht zuzuhören. Man könnte den Menschen geradezu als ein Wesen definieren, das nie zuhört. *Tucholsky*

Der Mensch ist das Geschöpf, das sich langweilt. *Sombart*

Der Mensch ist das Lebewesen, das die Zeit totschlägt, bis sie sich revanchiert. *Unbekannt*

Der Mensch ist eine nutzlose Leidenschaft. *Sartre*

Der Mensch ist eine Funktion seines Temperamentes. *Lohberger*

Der Mensch? Ein Abfallprodukt der Liebe. *Lec*

Die Menschen sind meist nichts anderes als vernagelte Luft. *Arp*

Ein guter Mensch ist einer, dessen Meinungen und Handeln jenen gefallen, die die Macht haben.
Bertrand Russell

Der Mensch ist das einzige Lebewesen, das von sich eine schlechte Meinung hat. *Shaw*

Der Mensch ist die Medizin des Menschen. *Afrikanisches Sprichwort*

Der Mensch in der Menge, das ist ein Span in ein Bündel gepreßt, das, der Strömung überliefert oder durch einen Stecken uferher Richtung um Richtung empfangend, im Wasser treibt. *Buber*

Der Mensch ist ein Wirbeltier und hat eine unsterbliche Seele sowie auch ein Vaterland, damit er nicht zu übermütig wird. *Tucholsky*

Man kann den einzelnen Menschen betrachten a) als kleinen Mann, b) als Helden und c) als Rädchen einer Maschine. Der erste Weg führt zur altmodischen Demokratie, der zweite zum Faschismus, der dritte zum Kommunismus. *Bertrand Russell*

Der Mensch ist das Modell der Welt. *Leonardo da Vinci*

Ein Mensch ist der, der immer ein wenig mehr Mut hat, als er verzweifelt ist.
Weisenborn

Mensch: der Neinsagen-Könner, der Gottsucher. *Scheler*

Wir Menschen sind diejenigen Punkte der Natur, worin sie sich zusammenfaßt. Vielleicht auch die Adern der Natur. *Hebbel*

Der Mensch ist ein schaffender Rückblick der Natur auf sich selbst.
Friedrich Schlegel

Der Mensch ist ein halber Prophet. *Jüdisches Sprichwort*

Mensch: persona non grata. *Lec*

Der Mensch ist ein Reichtum.
Afrikanisches Sprichwort

Das die wichtigsten Dinge durch Röhren getan werden. Beweise: erstlich die Zeugungsglieder, die Schreibfeder und das Schießgewehr; ja, was ist der Mensch anders als ein verworrenes Bündel von Röhren?
Lichtenberg

Der Mensch ist eine oben und unten mit einer Öffnung versehene Röhre. *Scherr*

Der Mensch ist eine Verdauungsröhre. *Cabanis*

Was ist der Mensch?
Ein hohler Darm
mit Furcht und Hoffnung angefüllt –
Daß Gott erbarm. *Goethe*

Der Mensch ist wie eine Spieldose – ein unmerklicher Ruck, und es beginnt eine andere Melodie.
Börne

Der Mensch ist ein Seil, geknüpft zwischen Tier und Übermensch – ein Seil über einem Abgrunde. *Nietzsche*

Der Mensch ist das einzige Lebewesen auf Erden, welches weiß, daß es sterben muß. *Rychner*

Der Mensch ist eine Sonne. Seine Sinne sind seine Planeten. *Novalis*

Eines Schatten Traum ist der Mensch. *Pindar*

Nur ein Schilfrohr, das schwächste der Natur, ist der Mensch, aber ein Schilfrohr, das denkt. Wenn das All ihn vernichten würde, so wäre der Mensch doch edler als das, was ihn zerstört, denn er weiß, daß er stirbt, und er kennt die Übermacht des Weltalls über ihm; das Weltall aber weiß nichts davon. *Pascal*

Was ist der Mensch? Jedenfalls nicht das, was er sich einbildet zu sein, nämlich die Krone der Schöpfung.
Raabe

Der Mensch ist ein lebender Staub.
Josh Billings

Daß der Mensch das edelste Geschöpf sei, läßt sich auch schon daraus abnehmen, daß es ihm noch kein anderes Geschöpf widersprochen hat.
Lichtenberg

Der Mensch ist die Dornenkrone der Schöpfung. *Lec*

Menschen sind schwimmende Töpfe, die sich aneinander stoßen. *Goethe*

Der Mensch ist ein zweibeiniges Lebewesen ohne Federn. *Platon*

Der Mensch ist das einzige Tier, das arbeiten muß. *Kant*

Der Mensch ist ein Tier, das Werkzeuge benutzt. *Carlyle*

Der Mensch ist ein charakterloses Tier. Die Bewunderung der Macht bei anderen ist so häufig wie die Liebe zu sich selbst; das eine macht ihn zum Tyrannen, das andere zum Sklaven. *Hazlitt*

Der Mensch heißt dem Erkennenden: das Tier, das rote Backen hat. *Nietzsche*

Der Mensch ist das einzige Tier, das erröten kann – oder muß. *Mark Twain*

Der Mensch ist das einzige Tier, das Feuer machen kann. Das hat ihm die Herrschaft über die Erde gebracht. *Rivarol*

Der Mensch ist das arrivierte Tier. Das ist alles. *de Gourmont*

Mensch: das Tier, das einen aufgerichteten Gang hat. *Herder*

Mensch: das denkende Tier. *Klages*

Der Mensch? Das Tier mit der raschen Gehirn-Peristaltik. *Hilsbecher*

Der Mensch ist ein glaubenmachendes Tier – er ist niemals so wahrhaftig, als wenn er eine Rolle spielt. *Hazlitt*

Der Mensch ist ein Tier, das Geschäfte macht; kein anderes Tier tut dies – kein Hund tauscht Knochen mit einem anderen. *Adam Smith*

Mensch: eine höhere Tiergattung, welche Gedichte und philosophische Systeme auf dieselbe Weise hervorbringt wie die Seidenraupe den Kokon oder die Biene die Waben. *Taine*

Der Mensch ist ein sonderbares Tier – heiter und untröstlich. *Anouilh*

Der Mensch ist ein intellektuelles Tier und deswegen ein ständiger Widerspruch zu sich selbst. Seine Sinne kreisen in ihm, seine Gedanken reichen bis zum Ende des Universums. Und so wird er in Stücke gerissen zwischen den beiden, ohne die Möglichkeit, jemals anders zu sein. *Hazlitt*

Was ist der Mensch? Ein Tier,
das seine Lehrer straft,
Bald mit dem Tod am Kreuz
und bald mit Schierlingssaft.
Gleim

Der Mensch ist das einzige Tier, das lacht und weint, denn er ist das einzige Tier, das betroffen wird von dem, wie die Dinge sind, und von dem, wie sie sein sollten. *Hazlitt*

Der Mensch ist das einzige Tier, das lacht und das ein Parlament besitzt. *Unbekannt*

Mensch: das Tier, das sich selber belügt. *Paul Ernst*

Der Mensch ist das einzige Tier, das sich für einen Menschen hält. *Niederreuther*

Der Mensch ist das einzige Tier, das freundschaftlichen Verkehr mit seinen Opfern pflegen kann, bis es sie verspeist. *Samuel Butler*

Der Mensch ist im wörtlichsten Sinne ein zoon politikon, nicht nur ein geselliges Tier, sondern auch ein Tier, das nur in der Gesellschaft sich vereinzeln kann. *Karl Marx*

Der Mensch ist ein Raubtier. All die Tugendbolde und Sozialethiker, die darüber hinaus sein oder gelangen wollen, sind nur Raubtiere mit ausgebrochenen Zähnen. *Spengler*

Der Mensch ist das Raubtier mit den Händen. *Spengler*

Der Mensch ist ein wildes Tier, das sich selbst gezähmt hat. *Reverdy*

Der Mensch ist das größte Tier der Schöpfung, denn er ist das Tier, das kocht. *Jerrold*

Der Mensch ist ein ursachensuchendes Wesen; «der Ursachensucher» würde er im System der Geister genannt werden können. Andere Geister denken sich vielleicht die Dinge unter anderen uns unbegreiflichen Verhältnissen. *Lichtenberg*

Der Mensch ist ein strebendes Geschöpf; er empfindet in der Zeit, die nie stillsteht, keinen eigentlichen Moment. *Jacobi*

Von allen Definitionen über den Menschen ist die am schlechtesten, die ihn als vernunftbegabtes Tier bezeichnet. *Anatole France*

Der Mensch ist ein vernunftbegabtes Wesen, das immer dann die Ruhe verliert, wenn von ihm verlangt wird, daß er nach Vernunftgesetzen handeln soll. *Wilde*

Mensch: das Tier, da sich vervollkommnen kann. *Kant*

Der Mensch ist ein Tier; er ist ein Tier höherer Gattung, welches sich von den anderen Tieren dadurch unterscheidet, daß es sich von ihnen unterscheidet. *Grotius*

Der Mensch ist auch ein Federvieh, denn gar mancher zeigt, sobald er eine Feder in die Hand nimmt, was er für ein Viech ist. *Nestroy*

Der Mensch: ein durch die Zensur gerutschter Affe. *Laub*

Mensch: ein Triebverdränger. *Freud*

Der Mensch ist das gesellige und zugleich das ungeselligste Wesen. *Otto Michel*

Mensch: das Wesen, welches will. *Schiller*

Mensch: das aus sich selbst heraus gefährdete Wesen. *Hartmann*

Der Mensch ist das einzige Wesen, das sich selber nicht gewachsen ist. *Kudszus*

Was ist der Mensch? – Das einzige Wesen, das imstande ist, sich selber den Daumen zu halten. *Kessel*

Der Mensch: ein Wesen, das den ersten Kuß raubt, den zweiten erbettelt, den dritten verlangt, den vierten bekommt, den fünften hinnimmt und den Rest erträgt. *Rowland*

Der Mensch ist sich selbst ein Wunder; er kann weder über sich herrschen, noch kennt er sich. *Whichcote*

Ein Mensch ist, wer in seinem Leben kein allgemeines Ziel kennt und immer das, was ihm als solches gepriesen oder aufgedrängt wird, unbehaglich zuckend als nur vorläufig ablehnt. *Eschmann*

Die menschliche Existenz ist nichts anderes als eine mühevolle Arbeit der Kompensation, die es dem Menschen ermöglicht, sich täglich, fast stündlich, für andere Wesen und neue Lebenssituationen zu verwandeln. *Giraudoux*

Der Mensch ist ein Pferd, das sich selbst ansporngt. *Irzykowski*

Menschenführung

Menschenführung heißt gegenseitigen Haß in gemeinsame Schlagkraft wandeln. *Nahr*

Menschenherz

Jedes Menschenherz ist ein Wirtshaus. Die Tugenden sind Passanten, die Laster ständige Gäste, die zu ihrem Nichtbezahlen noch Geld verlangen. *Aus den «Fliegenden Blättern»*

Menschenkenntnis
→ Philanthropie

Einen Menschen kennen heißt, ihn lieben oder bedauern. *Ebner-Eschenbach*

Menschenverachtung
→ Misanthrop, Gesunder Menschenverstand

Die Menschenverachtung ist für den nachdenkenden Geist nur die erste Stufe zur Menschenliebe. *Morgenstern*

Die einzige wirkliche Menschenverachtung ist Selbstverachtung. Sie ist allezeit echt. *Hjortø*

Menschenverachtung: ein Panzer, der mit Stacheln gefüttert ist. *Ebner-Eschenbach*

Menschheit

Die Menschheit? Ein Magma von Wesen, die nicht wissen, was sie tun. *Montherlant*

Die Menschheit ist ein Buch, das immer wieder von neuem aufgelegt wird, ohne die Aussicht, jemals ein Bestseller zu werden. *Faulkner*

Menschheit ist eine humoristische Rolle. *Novalis*

Menschlichkeit
→ Humanität

Menschlichkeit: den Abstand wahren können. *Ingeborg Bachmann*

Grundzug alles Menschlichen: Suchen nach Realität. Wo die Realität gesucht und gefunden wird, das begründet alle Unterschiede zwischen den Menschen. *Weininger*

Metapher, metaphorisch

Metaphern sind Masken des Gedankens. Auch diese. *Kudszus*

Eine Metapher ist ein Verfahren des Geistes, vermittels dessen es uns gelingt, etwas zu erfassen, was unserem begrifflichen Vermögen ferner liegt. Mit Hilfe des nächsten, das wir am besten meistern, können wir zu einem Verständnis des Entlegenen und schwer Beherrschbaren gelangen. *Ortega y Gasset*

Die Metapher ist ein Ding, durch das du laut rufst. *Unbekannt*

Die Metapher ist ein unterdrücktes Lächeln. *Unbekannt*

Die Metapher ist der Lippenstift des Stils. *Kudszus*

Metaphorisch heißt sinngemäß übersetzt figürlich, welches richtig verstanden auch an die Bedeutung des Wortes Figur in der Musik anklingt: ein retardierendes Zierglied, welches zwar in der Komposition seine gliedische Aufgabe erfüllt, diese aber gänzlich in die eigene Gestalt auflöst. *Heimito von Doderer*

Methode

Methoden sind die ausgetretenen Bahnen des Geistes, Richtwege des Gedächtnisses. *Rivarol*

Methode ist die Mutter des Gedächtnisses. *Thomas Fuller*

Alle Methode ist Rhythmus: hat man den Rhythmus der Welt weg, so hat man auch die Welt weg. Jeder Mensch hat seinen individuellen Rhythmus. Rhythmischer Sinn ist Genie. *Novalis*

Jede (Denk-)Methode ist die Reaktion auf einen Zweifel. *Ortega y Gasset*

Mildtätigkeit

Mildtätigkeit: die sterilisierte Milch der frommen Denkungsart. *Herford*

Milieu

Ein elegantes Milieu ist jenes, in dem die Meinung des einen sich nach der des anderen richtet. Ist die Meinung auf dem Widerspruch aufgebaut, haben wir untrüglich ein literarisches Milieu vor uns. *Proust*

Minister

→ Politiker

Minister: Gipfelpunkt menschlichen Ruhms. *Flaubert*

Minderheit

Minderheit: das sind die, die immer unrecht haben – am Anfang. *Unbekannt*

Misanthrop

Der Misanthrop ist ein Mensch, der haßt, was andere sagen. *Thornton Wilder*

Mißtrauen

Das Mißtrauen ist die Mutter der Sicherheit. *Französisches Sprichwort*

Mißtrauen ist eine schlechte Rüstung, die mehr hindern als schirmen kann. *Byron*

Mißtrauisch bist du? Ich verstehe dich: du willst dir die Mühe ersparen, die Menschen kennenzulernen. *Schnitzler*

Mitleid

Mitleid ist eine sanfte Form der Furcht: sie ist die Furcht der Intelligenten, der Phantasievollen, der Vorausschauenden. *Pagnol*

Mitleid ist die Vorstellung oder Einbildung künftigen Mißgeschicks, das uns in der gleichen Weise treffen mag, wie es jetzt einem anderen widerfahren ist. *Hobbes*

Mitleid: dein Schmerz in meiner Brust. *Luccock*

Das Mitleid ist oft ein Gefühl unserer eigenen Leiden in den Leiden anderer. Es ist eine kluge Voraussicht der Unglücksfälle, die uns selbst treffen können. *La Rochefoucauld*

Mitleid ist die Tugend des Rechts, und niemand außer den Tyrannen verwendet es grausamer. *Shakespeare*

Mitleid ist die Nächstenliebe des Kranken. *Shaw*

Mitleid ist legale Schadenfreude. *Lohberger*

Die Empörung über das Unglück des anderen ist der männlichere Bruder des Mitleidens. *Nietzsche*

Mitleid? Der Straßenkehrer des Elends. *Shaw*

Mitleid ist Liebe im Negligé. *Ebner-Eschenbach*

Das Mitleid ist die letzte Weihe der Liebe, vielleicht die Liebe selbst. *Heinrich Heine*

Mob

Mob ist Masse, der nicht mehr zu helfen ist. *Anita*

Der Mob ist eine Gruppe von Menschen mit Köpfen, aber ohne Gehirn. *Thomas Fuller*

Mode

Mode: Vornehmheit, die dem Vulgären entflieht und befürchtet, eingeholt zu werden. *Hazlitt*

Mode: ein Despot, den die Weisen belächeln und dem sie gehorchen. *Bierce*

Die Mode ist das, wodurch das Phantastische für einen Augenblick allgemein wird. *Wilde*

Mode, das Kaleidoskop der Gefallsucht. *Rudi vom Endt*

Mode ist die Kunst, sich vorschriftsmäßig zu verstellen. *Unbekannt*

Die Moden sind eigentlich nur eingeführte Epidemien. *Shaw*

Die Mode ist die älteste Vergnügungssteuer der Welt. *Hans Kasper*

Mode ist die neueste Verpackung für die alte Ware. *Nahr*

Der Wechsel der Mode ist eine Steuer, die der Fleiß der Armen der Eitelkeit der Reichen auferlegt. *Chamfort*

Die Mode ist eine charmante Tyrannei von kurzer Dauer. *Achard*

Was ist Mode? Vom künstlerischen Standpunkt aus ist's eine Form der Häßlichkeit, die wir alle sechs Monate ändern müssen. *Wilde*

Mode ist, was man selbst trägt. Altmodisch ist, was die andern tragen. *Wilde*

Modell

Das Modell ist eine geistige Maschine. *Nahr*

Modern

Modern ist ein Mensch, der sich dessen bewußt ist, daß es nicht auf sein Denken allein ankommt, sondern auf die Summe des Denkens aller. *Lombardi*

Modern heißt das unsichere Gleichgewicht zwischen Wunsch, einmalig zu sein, und dem Vergnügen, nachgeahmt zu werden. *Unbekannt*

Modern sein, heißt Kurpfuscher im Unheilbaren sein. *Cioran*

Mörder

Mörder: jemand, der keine Staatsfeinde tötet. *Nahr*

Mörder ist einer, der das Leben zu leicht nimmt. *Unbekannt*

Monolog

Monologe sind Dialoge mit sich. *Wiesner*

Der Monolog ist die Vorstellung mancher Menschen von einer ausgezeichneten Unterhaltung. *Unbekannt*

Monologe: lauter Atemzüge der Seele. *Hebbel*

Monument
→ Denkmal

Einem bei Lebzeiten ein Monument setzen, heißt die Erklärung ablegen, daß hinsichtlich seiner der Nachwelt nicht zu trauen sei. *Schopenhauer*

Moral
→ Unmoral

Die Moral ist ein Talent der Gesellschaft. *de Gourmont*

Moral ist die Übereinkunft einer ruhebedürftigen Gesellschaft zur Erhaltung dieser Ruhe. *Frank Thieß*

Moral ist sozialkonforme Müdigkeit. *Nahr*

Die moderne Menschheit hat zwei Arten von Moral: eine, die sie predigt, aber nicht anwendet, und eine, die sie anwendet, aber nicht predigt. *Shaw*

Unter Moral verstehe ich das reelle Produkt zweier imaginärer Größen. Die imaginären Größen sind Sollen und Wollen. *Wedekind*

Die offizielle Moral besteht vor allem im folgenden: primo im Essen des Fisches mit der Gabel, secundo im Platznehmen zur linken der Autorität, tertio in der Nichtbeleidigung des Opportunismus (weder der Massen noch der Außenseiter!). *Nowaczyński*

Die Moral der Gesellschaft ist eine Pflanze, die man ohne Wurzel in die Erde gesteckt hat. Ihr Garten trügt. *Frank Thieß*

Die Moral ist ein steter Angriff auf das Recht des Stärkeren. *Niederreuther*

Die Moral ist immer die letzte Zuflucht der Leute, welche die Schönheit nicht begreifen. *Wilde*

Moral ist ein Maulkorb für den Willen, Logik ein Steigriemen für den Geist. *Grillparzer*

Die Moral ist vielleicht nichts anderes als eine Form äußerster Bosheit. *Becque*

Moral: das Laster der Tugend. *Lohberger*

Moral: ein Kodex, der von den einen nicht eingehalten wird, weil sie ihn nicht anerkennen, und von den anderen anerkannt wird, weil sie ihn nicht einhalten. *Laub*

Moralität ist eine Pose: wir wenden sie gegen Leute an, die uns unangenehm sind. *Wilde*

Die Moral ist ein Einbruchswerkzeug, welches den Vorzug hat, daß es nie am Tatort zurückgelassen wird. *Karl Kraus*

Was heißt, beim Licht besehen,
den Menschen die Moral?
Zwei scheuen das Vergehen
und hundert den Skandal! *Herold*

Die Moral im Geschlechtsleben ist das Auskunftsmittel eines Perserkönigs, der das aufgeregte Meer in Ketten legte. *Karl Kraus*

Absolute Moral: alles ist verboten. *Laub*

Das Moralische in der Liebe ist ein künstliches, von der Gesellschaft erfundenes Gefühl, welches die Frauen mit vielem Geschick und mit großer Hingebung feiern, um ihr Reich zu begründen und das Geschlecht, das gehorchen sollte, zum herrschenden zu machen. *Rousseau*

Alle Moral beruht letzten Endes auf der menschlichen Fähigkeit, mehrere Rollen zu spielen.
Valéry

Die Moral ist nichts als die Regulierung des Egoismus. *Bentham*

Moralische Entrüstung ist unterdrückter Neid.
Unbekannt

Moralische Entrüstung ist Eifersucht mit einem Heiligenschein.
Herbert George Wells

Moral heißt die Theorie, daß jede menschliche Handlung recht oder unrecht sein muß und daß 99 Prozent aller Handlungen unrecht sind.
Mencken

Der Zustand der gesamten menschlichen Moral läßt sich in zwei Sätzen zusammenfassen: We ought to. But we don't.
Tucholsky

Eine moralische Ohrfeige ist die heftige Berührung des seelischen Gesichts, ohne Benützung der Hand, mit Hinterlassung geistiger Spuren, zu Beleidigungszwecken.
Aus den «Fliegenden Blättern»

Das, was man «laxe Moral» nennt, ist dann und wann nur eine behagliche, gutmütige Teilnahme an der Komödie auf der Bühne der Menschheit.
Raabe

Motiv

Das Motiv einer guten Handlung ist manchmal nichts anderes als zur rechten Zeit eingetretene Ruhe.
Ebner-Eschenbach

Müßiggang

Müßiggang ist aller Laster Anfang.
Sprichwort

Müßiggang ist aller Laster Anfang und aller entscheidenden Fähigkeiten Ursprung, Prüfung und Lohn.
Heimito von Doderer

Müßiggang ist der Amboß, auf dem alle Sünden geschmiedet werden.
Sprichwort

Der Müßiggang ist das Kopfkissen des Teufels. *Jean Paul*

Musik

→ Geige, Klavier

Was ist die Musik? Sie steht zwischen Gedanken und Erscheinung; als dämmernde Vermittlerin steht sie zwischen Geist und Materie; sie ist beiden verwandt und doch von beiden verschieden: sie ist Geist, aber Geist, welcher eines Zeitmaßes bedarf; sie ist Materie, aber Materie, die des Raumes entbehren kann. *Heinrich Heine*

Musik ist die Vermittlung des geistigen Lebens zum sinnlichen.
Bettina von Arnim

Musik ist die Lehre zum Gehorsam. *Ekelund*

Die Musik ist das Geräusch, das denkt. *Victor Hugo*

Musik: Atem der Statuen, vielleicht: Stille der Bilder. *Rilke*

Musik ist disziplinierter Lärm.
Unbekannt

Musik ist die universelle Sprache der Menschheit. *Longfellow*

Musik allein ist die Weltsprache und braucht nicht übersetzt zu werden.
Auerbach

Musik ist Liebe auf Suche nach einem Wort. *Lanier*

Musik ist die Kurzschrift des Gefühls. *Tolstoi*

Musik ist die Sprache einer Zukunft, die noch keine Worte hat und welcher nur die Herzen entgegenschlagen.
Lohberger

Musik ist die einzige Sprache, in der man nichts Gemeines oder Höhnisches sagen kann.
Erskine

Die Musik ist die Sprache der Engel. *Carlyle*

Musik: die Welt des Traumes als Sprache. *Lohberger*

Die Musik drückt das aus, was nicht gesagt werden kann und worüber es unmöglich ist, zu schweigen.
Victor Hugo

Musik ist höhere Offenbarung als alle Weisheit und Philosophie.
Beethoven

Musik: die Philosophie ohne Begriffe. *Lohberger*

Die Musik ist der vollkommenste Typus der Kunst: sie verrät ihr letztes Geheimnis. *Wilde*

Der Gesang ist die in höchster Leidenschaft erregte Rede: die Musik ist die Sprache der Leidenschaft.
Richard Wagner

Musik ist der Schlüssel vom weiblichen Herzen. *Seume*

Die Musik ist die Zuflucht der vom Glück angewiderten Seelen.
Cioran

Musik ist der Branntwein der Verdammten. *Shaw*

Man fragte einen Leierkastenmann, was denn das Wesen der guten Musik sei. «Gleichmäßig die Kurbel drehen.» *Brudziński*

Muße

Die Muße ist die Leiter, auf der das Göttliche niedersteigt. Dies ist möglicherweise eine neue Seite des vermehrten Anfalls an Freizeit.
Eschmann

Muße ist das Kunststück, sich selbst ein angenehmer Gesellschafter zu sein. *Waggerl*

Die Muße ist das Schlafmittel der Massen. *Muggeridge*

Mut

Der höchste Grad von Mut: völlige Bereitschaft, für eine Idee, deren Sieg weder dir noch irgendeinem Menschen, der dir teuer ist, den geringsten Vorteil zu bringen vermag, Leid, Qual und Tod auf sich zu nehmen.
Schnitzler

Mut ist wissender Widerstand gegen das überall bedrohende Leben.
Frank Thieß

Mut ist ein dritter Arm.
Unbekannt

Mut ist das Wagnis, mehr zu können, als man kann. *Wiesner*

Mut: Abfallprodukt der Angst.
Rudolf Rolfs

Mutlosigkeit

Mutlosigkeit ist nur die Verzweiflung der beleidigten Eigenliebe. *Fénélon*

Mystik

Echte Mystik ist Moral in der höchsten Dignität. *Friedrich Schlegel*

Mystik ... entsteht immer dann, wenn wir etwas anderes tun als nur uns wiederholen! *Valéry*

Mythologie

Mythologie = Luxe de croyance.
Goethe

Mythos

Mythos ist Wahrsagung auf höherer Ebene. *Diettrich*

N

Nachahmung

Nachahmung ist die aufrichtigste Form der Schmeichelei. *Colton*

Nachahmung ist die aufrichtigste Form der Beleidigung. *Hubbard*

Nachbarn

Die Nachbarn sind die Prüfungsaufgaben, die uns das Leben stellt.
Achard

Nacheifern

Nacheifern ist beneiden. *Lessing*

Nachsicht

Nachsicht ist die höflichste Form der Gleichgültigkeit. *Bonnard*

Nachsicht ist ein Teil der Gerechtigkeit. *Joubert*

Nachsicht ist das Wissen, wann auf einen Vorteil zu verzichten ist.
Disraeli

Nachsichtig sein heißt: einem Feinde vergeben, der seiner Macht beraubt wurde. *Hubbard*

Nächstenliebe

Den Nächsten lieben, heißt Gott in seinem Bilde lieben. *von Cues*

Nächstenliebe ist Drang nach neuem Eigentum. *Nietzsche*

Nächstenliebe ist eine Sache, die daheim beginnt; und gewöhnlich auch dort bleibt. *Hubbard*

Das ist der Witz ihrer Nächstenliebe: nie den zu lieben, der da ist, sondern immer nur den Nächsten, der kommen soll. *Kessel*

Naiv

Naiv ist ein Wort, das jeden zutreffend beschreibt, der glaubt, daß es dich interessiert, wenn du ihn fragst, wie es ihm geht. *Unbekannt*

Name

Name ist Begrenzung. Daß die olympischen Götter Namen hatten, trug zu ihrem Untergang bei. «Gott» lebt von seiner Anonymität. *Kudszus*

Was ist ein Name? Was uns Rose heißt, wie es auch hieße, würde lieblich duften. *Shakespeare*

Ehrlicher Name! Wahrhaftig eine reichhaltige Münze, mit der sich meisterlich schachern läßt, wer's versteht, sie gut auszugeben. *Schiller*

Narr
→ Idiot

Was ist ein Narr? Vielleicht nichts als ein bescheidener Geist, der mit wenigem zufrieden ist. Könnte es sein, daß ein Narr wirklich weise ist? *Valéry*

Der Narr ist ein Mensch, der erwartet, daß Dinge geschehen, die nie geschehen. *George Eliot*

Der größte Narr ist der, der in seinem Leben noch nie eine Torheit begangen hat. *de Unamuno*

Narrheit

Die Narrheit ist eine Schutzhülle gegen die Umwelt. *Bamm*

Vieles, was Dummheit scheint, ist Narrheit, die gemeiner ist, als man denkt. Narrheit ist absolute Verkehrtheit der Tendenz, gänzlicher Mangel an historischem Geist. *Friedrich Schlegel*

Narrheit ist die direkte Jagd nach Glück und Schönheit. *Shaw*

Nase

Nase: der äußerste Vorposten des Gesichts. Man hat beobachtet, daß die Nase niemals glücklicher ist, als wenn sie in anderer Leute Angelegenheiten steckt – daraus haben einige Physiologen geschlossen, daß ihr der Geruchssinn fehle. *Bierce*

Nation
→ Volk

Eine Nation ist die Einheit eines Volkes. König und Parlament machen die Einheit sichtbar. *Coleridge*

Die Nation ist eine militärische Schöpfung. *Renan*

Nation? Ein Schlager, heute hübsch zu tanzen, morgen ein Marsch, weit zu marschieren. *Hans Kasper*

Die Nation ist ein tägliches Plebiszit. *Renan*

National

National sein heißt nicht, seine Nation mehr lieben als eine andere, sondern innerhalb seiner Kreise zu arbeiten und unbewußt seine Nation zu fördern. *Schnitzler*

Nationalismus

Nationalismus . . . so nennen wir die Freiheitsbegierde der Völker, ihr Mühen um sich, ihr Verlangen nach Selbsterkundung und Selbstvollendung. *Thomas Mann*

Der Nationalismus ist ein Sprudel, in dem jeder andere Gedanke versintert. *Karl Kraus*

Nationalismus, zweifellos ein Kind der Romantik, ist aus der Ordnung geratenes, hysterisch gewordenes Nationalgefühl. Eine Nation entsteht durch gemeinsame Ideale . . . *von Radecki*

Was ist Nationalismus? Das ist ein Patriotismus, der seine Vornehmheit verloren hat. *Albert Schweitzer*

Nationalismus – eine von Sammelnamen besoffene Welt.
Heimito von Doderer

Der Nationalismus ist ... ein ganz extremes Beispiel für den inbrünstigen Glauben, den die Menschen fragwürdigen Sachen schenken.
Bertrand Russell

Nationalistisch

Nationalistisch: wenn ich die Forderung, die meine Nation an mich stellt, allen anderen Forderungen überordne und einen anderen Maßstab als den Vorteil meiner Sippe nicht anerkenne. *Max Frisch*

Nationalökonomie
→ Wirtschaft, Wohlstand

Nationalökonomie ist, wenn die Leute sich wundern, warum sie kein Geld haben. Das hat mehrere Gründe, die feinsten sind die wissenschaftlichen.
Tucholsky

Die Gesetze der Nationalökonomie sind Aussagen über Tendenzen – ausgedrückt in der Wirklichkeitsform – und keine ethischen Vorschriften in der Befehlsform. *Marshall*

Die Nationalökonomie ist die Metaphysik des Pokerspielers. *Tucholsky*

Nationalökonomie: die trübe Wissenschaft. *Carlyle*

Natürlich

Natürlich sein heißt allzu verständlich sein. Und allzu verständlich sein heißt unkünstlerisch sein. *Wilde*

Natur

Die Natur ist das einzige Buch, das auf allen Blättern großen Inhalt bietet.
Goethe

Die Natur ist eine Bibel ohne Boden. *Eschmann*

Die Natur ist ein unendlich geteilter Gott. *Schiller*

Natur ist nur der Name für eine Wirkung, deren Ursache Gott ist.
Cowper

Naturalismus

Naturalismus: Wirklichkeit, gesehen durch kein Temperament.
Ludwig Marcuse

Nebel

Nebel ist sichtbare Luft. *Nahr*

Neid

Der Neid ist die aufrichtigste Form der Schmeichelei. *Wiggins*

Neid ist eine Art Lob. *Gay*

Neid ist eigentlich Bewunderung: Lob, das anderen gibt und das sich selbst quält. So ist der Neid die Form der Bewunderung, die diese annimmt, wenn sie anderen gelten muß.
Lohberger

Der Neid ist die Seele des überall florierenden, stillschweigend und ohne Verabredung zusammenkommenden Bundes aller Mittelmäßigen, gegen den einzelnen Ausgezeichneten, in jeder Gattung. *Schopenhauer*

Neid: den bescheidensten Fähigkeiten angepaßter Wetteifer. *Bierce*

Neid ist die frevlerische Sorge um das Wohl deines Nachbarn. *Lassalle*

Neid ist nichts anderes als Haß gegenüber den Vorzügen der andern.
Mantegazza

Neid ist die Grundlage der Demokratie. *Bertrand Russell*

Neid ist die Sorge der Narren. *Sprichwort*

Der Neid des Menschen zeigt an, wie unglücklich sie sich fühlen, und ihre beständige Aufmerksamkeit auf fremdes Tun und Lassen, wie sehr sie sich langweilen. *Schopenhauer*

Neid ist der Ärger über den Mangel an Gelegenheit zur Schadenfreude. *Unbekannt*

Neid und Eifersucht sind die Schamteile der Seele. *Nietzsche*

Neid vergleicht, setzt gleich, ist Bescheidenheit. *Nietzsche*

Neu

Neu – das ist in der Regel nur, was einer Generation neu vorkommt. *Ludwig Marcuse*

Neugier

Neugier ist nichts als Eitelkeit. Meist will man nur wissen, um davon reden zu können. *Pascal*

Neugier ist Entzücken. *Charleton*

Neugier ist der Trieb des Gehirns. *Hans Kasper*

Neugier ist eine Tochter der Eifersucht. *Molière*

Neutralität

Neutralität ist: es mit den Siegenden zu halten. *Piet Hein*

Nörgler

Nörgler: ein Mensch, der – wenn er kein Haar in der Suppe findet – so lange den Kopf schüttelt, bis eins hineinfällt. *Steffen*

Nörgler: jemand, der unsere Arbeit kritisiert. *Bierce*

Nonkonformismus
→ Konformismus

Nonkonformismus um jeden Preis ist die maulende Abhängigkeit von herrschenden Thesen. *Hans Kasper*

Normerfüllung

Normerfüllung: (sozialistische Sprachform) entspricht «kapitalistischer Ausbeutung». *Schiff*

Not

Not ist der Vorwand eines jeden Bruchs der menschlichen Freiheit. Sie ist das Argument der Tyrannen und der Glaube der Sklaven. *Pitt*

Die Not ist die Mutter des Lasters! *Otto Michel*

Wenn die Not die Mutter des Fleißes oder der Erfindung ist, so ist es eine Frage, wer der Vater ist oder die Großmutter, oder die Mutter der Not ist. *Lichtenberg*

Not ist Existenz wider Willen. *Nahr*

Not ist der Ansporn des Genius. *Balzac*

Null

Die Null ist der große Stellvertreter und Platzanweiser der Ziffern. *von Radecki*

O

Oase

Oase: Gasthaus in der Wüste.
Flaubert

Objektivität

Objektivität ist das, wovon wir uns wünschen, daß andere Leute es anderen Leuten gegenüber an den Tag legen. *Laub*

Objektivität ist die Subjektivität der oberen Zehntausend.
Niederreuther

Öffentliches Leben

Alles öffentliche Leben ist wenig mehr als ein Schauspiel, das der Geist von vorgestern gibt, mit dem Anspruch, der Geist von heute zu sein.
Morgenstern

Öffentliche Meinung

Die öffentliche Meinung ist die unsichtbare Rüstung des Volkes.
Börne

Die öffentliche Meinung ist die unorganische Weise, wie sich das, was ein Volk will und meint, zu erkennen gibt. *Hegel*

Die öffentliche Meinung ist eine Gerichtsbarkeit, die ein vernünftiger Mensch nie anerkennen, aber auch nie ganz ablehnen soll. *Chamfort*

Der Druck der öffentlichen Meinung ist wie der atmosphärische Druck; man kann ihn nicht sehen, aber nichtsdestoweniger beträgt er 16 Pfund je Quadratzoll. *Lowell*

Die öffentliche Meinung ist jene politische Macht, die in der Demokratie sicherlich das Schlimmste verhindert. Mit derselben Sicherheit verhindert sie das Beste. *Nahr*

Die öffentliche Meinung ist eine Mischung aus Torheit, Schwäche, falscher und richtiger Meinungen, Eigensinn und Zeitungsartikel.
Peel

Die öffentliche Meinung ist ein Eisberg: der sichtbaren Oberflächengestalt hängt steuernd eine vielfache Masse in unkontrollierbarer Tiefe an.
Hans Kasper

Öffentliche Meinung ist nicht mehr als das, was Leute glauben, daß andere Leute glauben. *Austin*

Denn was ist zumeist die «öffentliche Meinung»? Nichts als ein verworrenes Geräusch, das aus dem Zusammenstoß der so oder anders angestrichenen Bretter entsteht, welche die Menschen vor ihren Stirnen tragen.
Scherr

Die öffentliche Meinung ist die Dirne unter den Meinungen.
Ebner-Eschenbach

Die öffentliche Meinung ist die größte Lüge der Welt. *Carlyle*

Ohr

Das Ohr ist der Weg zum Herzen.
de Scudéry

Ohrfeige

Eine Ohrfeige ist der Schlagschatten des Zornes.
Aus den «Fliegenden Blättern»

Oper

Die Oper ist eine Zauberszene, die erfunden wurde, Auge und Ohr zu schmeicheln – auf Kosten des Verstandes. *Chesterfield*

Die Voraussetzung der Oper ist der Glaube, daß jeder empfindende Mensch ein Künstler sei.
Nietzsche

Was ist eine Oper? Wenn jemand in den Rücken gestochen wird und wenn er dann, statt zu bluten, singt.
Unbekannt

Operation

Die Operation ist der Versuch, eine Maschine zu reparieren, ohne den Motor anzuhalten. *Unbekannt*

Opponieren

Opponieren: durch Behinderung und Mißbilligung Beihilfe leisten.
Bierce

Opportunismus

Opportunismus: Treue zur Macht.
Schiff

Opportunismus: Sieg der Heuchelei auf ganzer Schlangenlinie.
Rudolf Rolfs

Opportunist

Opportunisten: Raubvögel, die kriechen. *Rudolf Rolfs*

Was ist ein Opportunist? Es ist ein Mann, der die günstigste Gelegenheit benutzt, um das durchzuführen, was er für nützlich und zweckmäßig hält; und das ist ja eben die Aufgabe der ganzen Diplomatie. *Bismarck*

Opportunist = Jenachdemer.
Wilhelm Busch

Opposition

Opposition ist jener erkenntnisfördernde Zustand, in dem eine Partei zur Einsicht kommt, daß Mißstände, die während ihrer eigenen Regierungszeit klein und unbedeutend waren, nun wirklich überhandnehmen. *Nahr*

Opposition: in der Politik: jene Partei, die die Regierung vor dem Amoklaufen bewahrt, indem sie ihr die Sehnen durchschneidet. *Bierce*

Optimismus

Optimismus: die Lehre oder der Glaube, daß alles schön sei, das Häßliche eingeschlossen; daß alles gut sei, besonders das Schlechte; daß alles richtig sei, auch das Verkehrte. Am zähesten halten jene daran fest, die am meisten Enttäuschung und Not gewöhnt sind, und am glaubwürdigsten wird er mit einem Grinsen erklärt, das ein Lächeln nachäfft. Als blinder Glaube ist er dem Lichte der Widerlegung unzugänglich – eine intellektuelle Krankheit, die jeder Behandlung trotzt und die nur der Tod heilt. Er ist vererblich, aber glücklicherweise nicht ansteckend. *Bierce*

Der Grund, warum wir alle so gern von andern gut denken, ist der, daß wir uns vor uns selber fürchten. Optimismus beruht einzig auf Angst.
Wilde

Kranke Leute sind stets optimistisch. Vielleicht ist Optimismus selbst eine Krankheit. *de Gourmont*

Optimismus ist die Torheit, zu behaupten, daß alles gut sei, wenn es schlecht ist. *Voltaire*

Optimismus ist der Instinkt zu lügen. *Hubbard*

Optimismus ist Intelligenzverfettung. *Hubbard*

Optimismus: das einzige, was man vom Leben noch haben kann. *Laub*

Die große Mode ist jetzt pessimistischer Optimismus: Es ist zwar alles heilbar, aber nichts heil.
Ludwig Marcuse

Optimist

Optimist: ein Mensch, der die Dinge nicht so tragisch nimmt, wie sie sind. *Karl Valentin*

Ein Optimist ist in der Regel ein Zeitgenosse, der ungenügend informiert ist. *Priestley*

Optimist: ein Anhänger der Lehre, daß schwarz gleich weiß ist. *Bierce*

Der Optimist ist ein Mann, der sich nicht darum schert, was geschieht, solange es nicht ihn betrifft. *Hubbard*

Der Optimist ist ein Mensch, der glaubt, daß eine Stubenfliege einen Weg nach draußen sucht.
George Jean Nathan

Optimist: ein anderes Wort für Dummkopf. *Flaubert*

Optimist: Anti-Skeptiker.
Unbekannt

Der Optimist erklärt, daß wir in der besten aller möglichen Welten leben, und der Pessimist fürchtet, daß dies wahr ist. *Cabell*

Der Optimist ist ein Mensch, der überall grünes Licht sieht, während der Pessimist nur das rote Stopplicht erblickt ... Aber der wirklich Weise ist farbenblind. *Unbekannt*

Orden

Orden sind Wechselbriefe, gezogen auf die öffentliche Meinung. Ihr Wert beruht auf dem Kredit des Ausstellers. *Schopenhauer*

Orden: eine kleine Metallscheibe, die zum Lohn für mehr oder weniger echte Tugenden, Leistungen oder Dienst vergeben wird. *Bierce*

Der Orden ist eine Belohnung für das Retten oder Zerstören menschlichen Lebens. *Unbekannt*

Orden sind Spielzeug für große Kinder. *Unbekannt*

Ordnung

Ordnung ist die Verbindung des Vielen nach einer Regel. *Kant*

Das erste Bedürfnis der Seele, das am meisten mit ihrer ewigen Bestimmung zusammenhängt, ist die Ordnung, das heißt ein derart beschaffenes Gewebe sozialer Verhältnisse, daß niemand gezwungen ist, unabdingbare Verpflichtungen zu verletzen, um anderen Verpflichtungen nachzukommen. *Simone Weil*

Ordnung ist das erste Gesetz des Himmels. *Pope*

Ordnung ist Macht. *Amiel*

Zeiten der Ordnung sind die Atempausen des Chaos. *Hilsbecher*

Ordnung ist die Grundlage der Erziehung. *Joubert*

Die Ordnung ist die Lust der Vernunft, aber die Unordnung ist die Wonne der Phantasie. *Claudel*

Originalität

Was ist Originalität? Etwas sehen, das noch keinen Namen trägt, noch nicht genannt werden kann, ob es gleich vor aller Augen liegt. Wie die Menschen gewöhnlich sind, macht ihnen erst der Name ein Ding überhaupt sichtbar. *Nietzsche*

Originalität ist, etwas ganz Allgemeines zu produzieren. *Hegel*

Was die Welt Originalität nennt, ist nur eine ungewohnte Art, sie zu kitzeln. *Shaw*

Orthographie

→ Grammatik, Sprache

Orthographie ist das Haxl, bei dem die Schullehrer das Schreiben erwischt zu haben meinen, und es also da festhalten; es hinkt dann freilich bei ihnen auf den drei übrigen Beinchen. *Heimito von Doderer*

Osteopath

Ein Osteopath (Knochenkundler) ist ein Mensch, der die Ansicht vertritt, daß alle menschlichen Krankheiten durch den Druck der harten Knochen auf weiche Substanz verursacht werden. Der Beweis für diese Theorie findet sich in den Köpfen derer, die das glauben. *Mencken*

P

Pädagogik

→ Erziehung

Die Pädagogik ist die Probe auf die Ethik. *Schleiermacher*

Die Pädagogik ist die Kunst, die Menschen sittlich zu machen. *Hegel*

Panik

Panik ist ein Gerücht, das brennt. *Unbekannt*

Jede Panik ist im Grunde ein blitzschnelles Wechseln des Maßes, ein Abreißen der historischen Kontinuität des Lebens. *Heimito von Doderer*

Pantomime

Pantomime: ein Stück, dessen Geschichte erzählt wird, ohne der Sprache Gewalt anzutun. Die am wenigsten unerfreuliche Form dramatischer Handlung. *Bierce*

Papierkorb

Der Papierkorb ist der Spucknapf des Geistes. *Aus den «Fliegenden Blättern»*

Paradies

«Paradies»: die existentielle Landschaft, in der wir nicht mehr nach ihm zu suchen brauchen. *Kudszus*

Zur Definition des Paradieses: daß man es wieder verlassen kann. *Eschmann*

Paradox

Paradox ist, wenn man erst etwas auf den Kopf stellen muß, um es aufrechtzuerhalten. *Beutelrock*

Paradoxon

Das Paradoxon ist eine Revolte der Vernunft gegen ihre eigene Ohnmacht. *Kudszus*

Ein Paradoxon entsteht, wenn eine frühreife Erkenntnis mit dem Unsinn ihrer Zeit zusammenprallt.
Karl Kraus

Die Paradoxe von heute sind die Vorurteile von morgen. *Proust*

Der Weg des Paradoxes ist der Weg zur Wahrheit. *Wilde*

Parodie

Die Parodie ist die aggressivste Form der Nachahmung. *Koestler*

Parlament

Parlamente sind die Feigenblätter der Diktaturen. *Rudolf Rolfs*

Parlamentarismus

Der Parlamentarismus ist die Kasernierung der politischen Prostitution. *Karl Kraus*

Partei

Partei ist organisierte Meinung.
Disraeli

Die Partei ist der Wahn vieler zum Nutzen weniger. *Pope*

Die Parteien sind das, was die Individuen sind, die sie verkörpern und billigen. *Croce*

Die beste Partei ist nichts als eine Art von Verschwörung gegen den Rest der Nation ... Unwissenheit läßt Menschen in eine Partei eintreten, und Scham hält sie davon ab, die Partei wieder zu verlassen. *Halifax*

Die Partei ist die Kampfgemeinschaft von Intimfeinden. *Nahr*

Eine Partei kann immer nur ein Mittel sein. Und immer gibt es nur einen einzigen Zweck: die Macht. *Sartre*

Alle Parteien sind, wenn sie nach Macht streben, ausnahmslos Abarten des Absolutismus. *Proudhon*

Die Partei ist nichts als ein Staat im Staate. *Max Stirner*

Es ist die Natur der Parteien, ihre ursprünglichen Feindschaften weit fester zu bewahren als ihre ursprünglichen Grundsätze. *Macaulay*

Parteigeist

Der Parteigeist ist ein Prokrustes, der die Wahrheit schlecht bettet.
Heinrich Heine

Parteiloser

Parteiloser: in der Politik einer, der an Selbstachtung leidet und dem Laster der Unabhängigkeit frönt. *Bierce*

Pathos

Pathos ist Faulheit der Logik.
Hans Kasper

Patriot

Patriot: jemand, für den die Interessen eines Teils höher stehen als die Interessen des Ganzen. Das Opfer der Politiker und das Werkzeug der Eroberer. *Bierce*

Patriotismus
→ Vaterland

Patriotismus kann definiert werden als ein parteiischer Solidaritätssinn im Hinblick auf Prestige. *Veblen*

Patriotismus ist geographische Loyalität. *Unbekannt*

Patriotismus ist oft nichts anderes als Grund und Boden höher schätzen als Prinzipien. *George Jean Nathan*

Patriotismus: leicht entflammbarer Müll, gebrauchsfertig für die Fackel jedes Ehrgeizigen, der seinen Namen leuchten lassen will. *Bierce*

Patriotismus ist die Bereitschaft, wegen unbedeutender Gründe zu töten und getötet zu werden. *Bertrand Russell*

Patriotismus ist eine Art von Religion; er ist ein Ei, von dem Kriege ausgebrütet werden. *Maupassant*

Patriotismus? – Eine Mischung von Eigenliebe und Vorurteil. *Voltaire*

Patriotismus ist nichts als ein Gefühl der Wohlfahrt; und die Furcht, daß sie gestört werden könnte. *Leszczynski*

Was ist Patriotismus anderes als die Liebe zu den guten Dingen, die wir in unserer Kindheit gegessen haben? *Lin Yutang*

Patriotismus heißt, für sich selbst sorgen, indem man für sein Land sorgt. *Coolidge*

Der Patriotismus ist die mächtigste Offenbarung der Seele einer Rasse. Er repräsentiert einen kollektiven Beharrungsinstinkt, der sich im Falle nationaler Gefahr an die Stelle des individuellen Erhaltungsinstinkts setzt. *Le Bon*

Ich wage zu sagen, daß Patriotismus nicht ein kurzer und wütender Ausbruch des Gefühls ist, sondern stille und unerschütterliche Hingabe während des ganzen Lebens. *Adlai Stevenson*

Pazifist

Der Pazifist ist ein Mensch, der gegen alle kämpft, ausgenommen gegen seine Feinde. *Unbekannt*

Persönlichkeit

Eine Persönlichkeit ist der Ausgangs- und Fluchtpunkt alles dessen, was gesagt wird, und dessen, wie es gesagt wird. *Musil*

Persönlichkeit ist vom Geiste gebundene Seele. *Klages*

Pervers

Pervers: was dem andern mißfällt. *Frank Thieß*

Pessimismus

Pessimismus ist nur der Name, den Menschen mit schwachen Nerven ihrer Weisheit geben. *De Voto*

Pessimismus: eine Weltanschauung, die dem Beobachter durch das entmutigende Überhandnehmen der Optimisten mit ihrer Vogelscheuchen-Hoffnung und ihrem unausstehlichen Lächeln aufgezwungen wird. *Bierce*

Jeder große Pessimismus war Ablehnung einer Zuversicht. *Ludwig Marcuse*

Wie entsteht Pessimismus? Wenn zwei Optimisten aufeinanderprallen. *Lec*

Die Ursprünge des Pessimismus waren seit je: die Hinfälligkeit des Körpers in Schmerz, Siechtum und Tod; die unerfüllte Sehnsucht nach Liebe ... und die unerfüllte Sehnsucht nach der Wahrheit über allen Wahrheiten. *Ludwig Marcuse*

Pessimismus: aus dem Bankrott eine Weltanschauung machen; Optimismus: aus der Bilanzverschleierung eine Weltanschauung machen.
Krailsheimer

Pessimist

Der Pessimist ist jemand, der vorzeitig die Wahrheit erzählt.
Cyrano de Bergerac

Der Pessimist ist ein Mensch, der nicht glücklich ist, außer, wenn er sich unglücklich fühlt, und selbst dann ist er noch nicht zufrieden.
Unbekannt

Der Pessimist ist ein Mensch, dem es schlechtgeht, wenn es ihm gutgeht – aus Furcht, daß es ihm schlechter gehen könnte, wenn es ihm besser ginge. *Robinson*

Der Pessimist ist jemand, der glaubt, daß jeder Mensch so widerwärtig sei wie er selbst, und der die Menschen dafür haßt. *Shaw*

Der Pessimist ist ein kurierter Optimist. *Unbekannt*

Der Pessimist ist einer, der zu lachen vergißt, während der Optimist lacht, um zu vergessen. *Unbekannt*

Pessimist oder Optimist ist einer, je nachdem ob er in seinen Erwartungen regelmäßig Besorgnisse oder Verheißungen erblickt. *Wiggins*

Der Pessimist glaubt, was er fürchtet, der Optimist glaubt, was er hofft.
Aus den «Fliegenden Blättern»

Der Pessimist bezeichnet den Glauben des Optimisten als grobe Fahrlässigkeit. *Wiesner*

Pessimist: ein Mann, der glaubt, daß alle Frauen unmoralisch seien. Ein Optimist hofft es nur.
Unbekannt

Pferdeverstand

Pferdeverstand ist das, was Pferde davon abhält, auf künftiges Verhalten der Menschen zu wetten. *Wilde*

Pflanze

Die Pflanze ist ein passiv gewordenes Tier. *Lohberger*

Pflicht

Pflicht ist die Notwendigkeit einer Handlung aus Achtung fürs Gesetz. *Kant*

Unsere Pflichten – das sind die Rechte anderer auf uns. *Nietzsche*

Die Pflicht gegen sich selbst besteht darin, daß der Mensch die Würde der Menschheit in seiner eigenen Person bewahre. *Kant*

Was aber ist deine Pflicht? Die Forderung des Tages. *Goethe*

Was aber ist deine Pflicht? Die Forderung des Tages, antwortet Goethe.
Dein Recht aber? Die Forderung des vorigen.
Und deine Ehre? Die Forderung des nächsten. *Schnitzler*

Pflicht ist eine Handlung, die schlechthin geboten, d. i. durch die Vernunft unbedingt notwendig gemacht wird.
Kant

Pflicht ist, was man von andern verlangt, nicht was man selbst tut.
Wilde

Pflicht: das, was uns unerbittlich auf dem Weg unserer Wünsche dem Vorteil entgegentreibt. *Bierce*

Phänomen
→ Einbildungskraft

Ein Phänomen ist etwas, das man erklären kann, oder das man, wenn man mehr wüßte, erklären könnte, oder das wenigstens den Wunsch weckt, man könnte es erklären. *Dahl*

Phantasie

Phantasie ist schauende Kraft. *Muschg*

Die Phantasie ist ein ewiger Frühling. *Schiller*

Phantasie ist das eigentlich Schöpferische im Menschen, der Überfluß, der die Schönheit des Lebens ausmacht. *Muschg*

Phantasie ist erweiterte Vernunft. *Lohberger*

Phantasie ist der Goldglanz, der über dem Dasein liegt und es über das Grau des Alltags erhebt. *Lindenberg*

Phantasie bedeutet eine bescheidene Teilhabe an der Art, wie der liebe Gott die Welt sieht: von oben her und frei! *Spranger*

Die Phantasie ist das Vermögen der Freiheit im Menschen. *Ortega y Gasset*

Phantasie ist jene Kunst, die den Gedanken Körper schafft. *Lohberger*

Phantasie haben heißt nicht, sich etwas ausdenken; es heißt, sich aus den Dingen etwas machen. *Thomas Mann*

Phantasie ist Erinnerung. *Kerr*

Was die Phantasie ergreift, sind Erlebnisse. *Musil*

Phantasie ist sublimierte Ausschweifung. *Lohberger*

Die Phantasie ist der mächtigste Despot. *Auerbach*

Die Phantasie ist die schönste Tochter der Wahrheit, nur etwas lebhafter als die Mama. *Spitteler*

Phantasie ist das natürliche Make-up des schönen Geschlechts. *Kierkegaard*

Phantasie ist etwas, was sich manche Leute gar nicht vorstellen können. *Laub*

Phantasielosigkeit

Phantasielosigkeit: Bleisohle des Fortschritts. *Rudolf Rolfs*

Philanthropie
→ Menschenkenntnis

Philanthropie, so scheint mir, ist einfach die Zuflucht derer, die ihre Mitmenschen ärgern wollen. *Wilde*

Philatelist

Ein Philatelist ist jemand, der Briefmarken um ihrer selbst willen liebt. *Unbekannt*

Philister

Jeder Mensch, der von der Ansicht ausgeht, daß die Gesetze, die für ihn gut sind, auch für andere gelten müssen, ist ein Philister. *Friedell*

Philologe

Der Philologe ist ein Mann, der, auf dem Grimmschen Gesetze reitend, eine flüchtende Silbe über Umlaute und Ablaute hinweg bis in die von einem schwachen Echo widerhallenden Schluchten des Himalaja hinein verfolgt. *Richard Grant White*

Der Philologe unserer Zeit ist das Echo des klassischen Biographen. *Ortega y Gasset*

Unsere Philologen gleichen meist den Winzern, die den Wein bauen und keltern, aber nicht selbst trinken. *Karl Julius Weber*

Philologie ist die Kunst des richtigen Lesens. *Nietzsche*

Philologie ist die Ersetzung der Texte durch Texte. *Unbekannter Philologe*

Philosoph

Ein Philosoph ist ein Mensch, der beständig außerordentliche Dinge erlebt, argwöhnt, hofft. *Nietzsche*

Der Philosoph ist ein Mensch, der nicht glauben will, was er sieht, weil er zu sehr damit beschäftigt ist, darüber nachzudenken, was er nicht sieht. *de Fontenelle*

Philosophen sind die Diener der Nachwelt. *Bacon*

Philosoph sein heißt: sich in seinem Denken nach Möglichkeit vom Zwange der Sprache freimachen. Es erscheint dann vieles ganz anders – aber *wie*, läßt sich nicht sagen, ohne in den Zwang der Sprache zurückzufallen. *Reininger*

Die Philosophen sind mächtige Naturen, die für die Erkenntnis noch nicht urbar sind. *Nietzsche*

Der Philosoph ist der Steuermann der Natur. *Shaw*

Zum Philosophen wird ein Mensch, der ein ernstes und nachhaltiges Bedürfnis fühlt, sich über sich, die Welt und seine Stellung zu ihr Rechenschaft zu geben, für den also das Leben seine fraglose Selbstverständlichkeit verloren hat. *Reininger*

Der Philosoph ist der adligste Typus des Reaktionärs: Er schreitet zurück zu den Ursprüngen. *Kudszus*

Der Philosoph ist einer, der denkt, um zu glauben; einer, der seine Vorurteile klarlegt und seine Unwissenheit in ein System bringt. *Hubbard*

Philosophen sind Wiederkäuer des Geistes. *Aus den «Fliegenden Blättern»*

Philosophen sind, entgegen einem weitverbreiteten Urteil, nicht Feuerwehrleute zur Löschung «brennender» Probleme, sondern Brandstifter. *Kudszus*

Philosophen sind die Abc-Schützen des Weltgeistes. *Aus den «Fliegenden Blättern»*

Alle sind Irre; aber wer seinen Wahn zu analysieren versteht, wird Philosoph genannt. *Bierce*

Die Philosophen sind eher Anatomen als Ärzte; sie zerlegen und heilen nicht. *Rivarol*

Ein Philosoph ist, unter anderem, auch ein Mann, der nie um Argumente verlegen ist. *Ludwig Marcuse*

Philosophie

Die Philosophie kann nicht definiert werden, da sie die Suche nach dem Undefinierbaren ist. *Runes*

An erster Stelle müßte gesagt werden, daß sich die Philosophie als Erkenntnis des Universums definieren läßt. *Ortega y Gasset*

Philosophie ist für den Menschen Bestrebung zur Weisheit, die jederzeit unvollendet ist. *Kant*

Philosophie ist das denkende Vergewissern eigentlichen Seins. *Jaspers*

Die Philosophie ist das kleine, nur äußerst Wenigen zugängliche Fleckchen auf der Welt, wo die stets und überall gehaßte Wahrheit einmal alles Druckes und Zwanges ledig sein, gleichsam ihre Saturnalien, die ja auch dem Sklaven freie Rede gestatten, feiern, ja sogar die Prärogative und das große Wort haben, absolut allein herrschen und kein anderes neben sich gelten lassen soll. *Schopenhauer*

Philosophie ist nicht mehr als der Mut, in einen Irrgarten einzutreten. Wer aber dann auch die Eingangspforte vergißt, kann leicht in den Ruf eines selbständigen Denkers kommen. *Karl Kraus*

Philosophie ist das Mikroskop des Denkens. *Victor Hugo*

Was ist Philosophie? Es ist das allgemeine, geschmeidige, nicht durch einen Zweck gefesselte Denken, das immer neue Erfahrungen sammelt, sich nach allen Dimensionen wendet und sich unaufhörlich selber berichtigt. *Eschmann*

Auch die Philosophie ist das Resultat zweier streitender Kräfte, der Poesie und Praxis. Wo diese sich ganz durchdringen und in eins schmelzen, da entsteht Philosophie; wenn sie sich wieder zersetzt, wird sie Mythologie oder wirft sich ins Leben zurück. *Friedrich Schlegel*

Philosophie: ein Kreuzungspunkt vieler Straßen, die von nirgendwoher nach nirgendwohin führen. *Bierce*

Philosophie ist ein Versuch, die Natur und den Grund der Dinge zu offenbaren. *Whitehead*

Philosophie ist weniger ein Wissen als eine Stimmung: eine Stimmung der Stille, der Demut, des Staunens, der Ehrfurcht. *Margolius*

Philosophie: der Geist gibt sich Rechenschaft über die Verfassung der Welt. *Emerson*

Philosophie: ein langes Gespräch mit uns selbst. *Lohberger*

Philosophie ist abstrakte Geschichte. *Lohberger*

Philosophie ist liebevoller Umgang mit der Weisheit. *Dante*

Die Philosophie: der Kuß der Weisheit. *Lohberger*

Philosophie: das All, geschaut im Spiegel des Geistes. *Lohberger*

Philosophien sind Schwimmgürtel, gefügt aus dem Kork der Sprache. *Morgenstern*

Genau besehen, ist alle Philosophie nur der Menschenverstand in amphigurischer Sprache. *Goethe*

Philosophie ist ein gesunder Menschenverstand im Frack. *Braston*

Philosophie ist der gesunde Menschenverstand des nächsten Jahrhunderts. *Henry Ward Beecher*

Philosophie ist gesunder Menschenverstand. Wenn es nicht gesunder Menschenverstand ist, so ist es nicht Philosophie. *Howe*

Philosophie: unverständliche Antworten auf unlösbare Probleme. *Henry Adams*

Was ist Philosophie? Die systematische Verdrehung einer eigens zu diesem Zweck erfundenen Terminologie. *Aus den «Fliegenden Blättern»*

Die Philosophie ist eine höhere Pathologie. *Hebbel*

«Philosophie», die Liebe zur Weisheit, ist im tiefsten Grunde die Abwehr des Unbegreiflichen. *Spengler*

Wissen um unser Wissen ist Philosophie; Ergebenheit und Voraussetzung, wo wir zu wissen aufhören, Religion. *Rahel Varnhagen von Ense*

Was bin ich? Was soll ich tun? Was kann ich glauben und hoffen? Hierauf reduziert sich alles in der Philosophie. *Lichtenberg*

Die Philosophie behandelt weder allein die Wahrheit noch bloß die Sittlichkeit, noch bloß die Schönheit, sondern das Gemeinsame aller und leitet sie aus ihrem Urquell her. *Schelling*

Philosophie ist Geschichte der Philosophie, d. h. Geschichte der fehlgeschlagenen Versuche, die Probleme der Philosophie zu lösen. *Reé*

Die Philosophie ist eigentlich Heimweh, ein Trieb, überall zu Hause zu sein. *Novalis*

Philosophie sind Gedanken, die zu Ende gedacht sind. Das ist oft langweilig. Aber der Mensch hat nur die Wahl, sich von zu Ende gedachten Gedanken beeinflussen zu lassen oder von nicht zu Ende gedachten. Das letztere nennt man Kultur und Aufklärung. *Chesterton*

Karl Emanuel behauptete, alle Philosophie bestehe eigentlich darin, zugemachte Türen nicht aufzumachen, wogegen Karl Nathanael versicherte, die höchste Maxime der Staatsweisheit sei, alte Tonnen und Kasten von innen vorzuschieben, wenn Schloß und Riegel nicht mehr halten wollen. *Immermann*

Auch die Philosophie hat ihre Blüten. Das sind die Gedanken, von denen man nicht immer weiß, ob man sie schön oder witzig nennen soll. *Friedrich Schlegel*

Die Grenzen der menschlichen Vernunft begreifen – das erst ist wahrhaft Philosophie. *Nietzsche*

Ein bescheidenes Eingeständnis der Unwissenheit ist die reifste und letzte Errungenschaft der Philosophie. *Roswell Dwight Hitchcock*

Der erste Schritt zur Philosophie ist der Unglaube. *Diderot*

Der Trübsal süße Milch – Philosophie. *Shakespeare*

Die Philosophie von heute ergibt die Weltanschauung von morgen. *Wenzl*

Philosophie ist eine Geschichte der Unwahrheit. *Strindberg*

Die Philosophie ist eine Art Rache an der Wirklichkeit. *Nietzsche*

Das ganze Wesen der Welt abstrakt, allgemein und deutlich in Begriffen zu wiederholen und so als reflektiertes Abbild in bleibenden und stets bereitliegenden Begriffen der Vernunft niederzulegen: dieses und nichts anderes ist die Philosophie. *Schopenhauer*

Das Geschäft der Philosophie ist das Aussondern und systematische Zusammenstellen dessen, was sich von selbst versteht und wodurch alles andere muß verstanden werden.
Jacobi

Die Ergebnisse der Philosophie sind die Entdeckung irgendeines schlichten Unsinns und Beulen, die sich der Verstand beim Anrennen an die Grenze der Sprache geholt hat. Sie, die Beulen, lassen uns den Wert jener Entdekkung erkennen. *Wittgenstein*

Studiere und raste nie!
Du kommst nicht weit mit Deinen Schlüssen.
Das ist das Ende der Philosophie,
zu wissen, daß wir glauben müssen.
Geibel

Philosophieren

Philosophieren heißt die Allwissenheit gemeinschaftlich suchen.
Friedrich Schlegel

Philosophieren heißt, die Gesamtheit dessen, was begegnet, auf ihre letztgründige Bedeutung hin bedenken.
Pieper

Philosophieren: Das Erste ist der Mensch, der doch mit sich selbst als dem Sein sich niemals abfinden kann, sondern über sich hinausdrängt.
Jaspers

Philosophieren ist die Annäherung an eine Offenbarung, die nie stattfindet. Der Weg dahin ist voll von den scharfsinnigsten menschlichen Weisheiten. *Ludwig Marcuse*

Alles Philosophieren ist nur ein weiteres Ergründen der Spracherfindung.
Jacobi

Philosophieren ist zweifeln.
Montaigne

Die Geburt des Philosophierens: Sich-Wundern. *Ludwig Marcuse*

Philosophieren heißt sterben lernen.
Montaigne

Philosophisch

Philosophisch ist alles, was zur Realisierung des logischen Ideals beiträgt und wissenschaftliche Bildung hat.
Friedrich Schlegel

Philosophische Praxis

Philosophische Praxis: Erkenntnisse in Taten umsetzen. *Otto Michel*

Philosophisches System

Ein philosophisches System ist immer der Versuch einer begrifflichen Neuschöpfung des Kosmos.
Ortega y Gasset

Phrase

Die Phrase ist die Toilette des Geistes.
Aus den «Fliegenden Blättern»

Phrase: die Lüge in einer Salonausgabe. *Zitiert nach Robert Lembke «Zynisches Wörterbuch»*

Die Phrase ist das gestärkte Vorhemd vor einer Normalgesinnung, die nie gewechselt wird. *Karl Kraus*

Physiker

Physiker: jemand, der jeden technischen Defekt erklären, aber nicht reparieren kann. *Schiff*

Pier

Pier: eine im Stich gelassene Brükke. *Unbekannt*

Pirat

Pirat: ein Politiker der Meere. *Bierce*

Pirat: Räuber zu Schiff. *Unbekannt*

Pirat: Salzwasserdieb. *Shakespeare*

Pläne

Pläne sind die Träume der Verständigen. *Feuchtersleben*

Pläne sind Versprechungen, welche die Phantasie dem Verstande macht. *Unbekannt*

Platonische Liebe
→ Liebe

Platonische Liebe: die Zeit zwischen der Vorstellung und dem ersten Kuß. *Unbekannt*

Platonische Liebe kommt mir vor wie ein ewiges Zielen und Niemals-Losdrücken. *Wilhelm Busch*

Die «platonische Liebe»: Skizze der geschlechtlichen Liebe, der nicht ausgespielte Geschlechtsakt, die Autarkie des Vorspiels. *Hilsbecher*

Platonische Liebe: Sex oberhalb der Ohren. *Winslow*

Pleonasmus

Pleonasmus: eine Armee von Worten, die einem Gedankenunteroffizier das Geleit geben. *Bierce*

Pleonasmus: beim Betrachten so mancher Sexbombe gerät auch ein Zirkel in Neid. *Hans Arndt*

Plunder

Plunder ist alles, was seine Brauchbarkeit eingebüßt hat. *Herford*

Pluralismus
→ Konformismus

«Pluralismus» ist heute ein Plural von Konformismus. *Ludwig Marcuse*

Pöbel

Pöbel: in der Republik Inhaber der höchsten Gewalt, gemäßigt durch Wahlbetrug. Der Pöbel ist allmächtig unter der Bedingung, daß er nichts tut. (Das Wort kommt aus dem Aristokratischen und hat in unserer Sprache keine genaue Entsprechung, bedeutet jedoch soviel wie «ehrgeiziges Schwein».) *Bierce*

Pöbel nennen wir: eine Ansammlung von Menschen – wenn sie anderer Meinung sind als wir. Teilt dieser Pöbel jedoch unsere Anschauungen, dann sagen wir: Hinter uns steht der aufgeklärte Teil der öffentlichen Meinung. *Bartoszewicz*

Poesie
→ Dichtung, Knittelverse, Literatur, Lyrik, Prosa

Poesie möchte ich als den erlesenen Ausdruck erlesener Eindrücke definieren. *Roux*

Die Poesie der Alten war die des Besitzes, die unsrige ist die der Sehnsucht.

August Wilhelm Schlegel

Poesie ist Dynamit für alle Ordnungen dieser Welt. *Böll*

Als die einfachste und richtigste Definition der Poesie möchte ich diese aufstellen, daß sie die Kunst ist, durch Worte die Einbildungskraft ins Spiel zu versetzen. *Schopenhauer*

Der Kern der Poesie ist Erfindung; eine Erfindung, die etwas Unerwartetes, Überraschendes, Entzückendes schafft. *Samuel Johnson*

Die Poesie ist dem Gedanken, was für den Körper die Seele bedeutet.

Vinet

Die Poesie hat ihren Ursprung in einem Gefühl, dessen man sich in Ruhe erinnert. *Wordsworth*

Poesie ist Darstellung des Gemüts – der innern Welt in ihrer Gesamtheit. *Novalis*

Poesie ist die Geschichte der besten und glücklichsten Augenblicke in den glücklichsten und besten Geistern.

Shelley

Die Poesie ist Gold; ein weniges vom holden Metall, mit Kunst gedehnt, reicht, Welten zu vergolden.

Rückert

Poesie ist die Kunst, die Denksymbole in solch einer Weise auswählt und ordnet, daß die Phantasie am stärksten entzückt wird. *Bryant*

Poesie ist im Grunde eine Lebenskritik. *Matthew Arnold*

Die Poesie ist der Nachhall jenes Wortes, das Gott am ersten Schöpfungstage sprach: «Es werde Licht!»

Aus den «Fliegenden Blättern»

Die Poesie ist Musik für das innere Ohr und Malerei für das innere Auge; aber gedämpfte Musik, aber verschwebende Malerei.

Friedrich Schlegel

Poesie ist die Muttersprache des menschlichen Geschlechts.

Hamann

Poesie besteht nicht darin, alles zu sagen, sondern über alles nachdenken machen. *Sainte-Beuve*

Die Poesie ist die einzige Welt, in der nur das Notwendige leben kann.

Paul La Cour

Poesie ist das Öffnen und Schließen einer Tür, und sie läßt jene, die hindurchblickten, darüber grübeln, was sie einen Augenblick lang gesehen haben. *Sandburg*

Das Wesen der Poesie wie aller Kunst besteht im Auffassen der Platonischen Idee, das heißt des Wesentlichen und daher der ganzen Art Gemeinsamen, in jedem einzelnen, wodurch jedes Ding als Repräsentant seiner Gattung auftritt und ein Fall für tausend gilt. *Schopenhauer*

«Poesie», sagt Emilia, «scheint wie Reden auf Zehenspitzen.»

Meredith

Die Poesie ist das echt absolut Reelle. Dies ist der Kern meiner Philosophie. Je poetischer, je wahrer. *Novalis*

Eine Definition der Poesie kann nur bestimmen, was sie sein soll, nicht was sie in der Wirklichkeit war und ist;

sonst würde sie am kürzesten so lauten: Poesie ist, was man zu irgendeiner Zeit, an irgendeinem Ort so genannt hat. *Friedrich Schlegel*

Poesie ist einfach die schönste, eindrucksvollste und wirksamste Art, etwas zu sagen; von daher allein kommt ihre Bedeutung. *Sandburg*

Poesie ist die Sprache, die uns durch eine mehr oder minder gefühlsbetonte Reaktion etwas sagt, was nicht gesagt werden kann. *Robinson*

Poesie ist die Sprache, in welcher der Mensch sein Erstaunen erforscht. *Fry*

Poesie ist Sprache, die sich selbst besingt. *Unbekannt*

Poetischer Schein ist Spiel der Vorstellungen, und Spiel ist Schein von Handlungen. *Friedrich Schlegel*

Die Poesie ist die Schminke des Lebens, die Kunst, uns über unsere Armut zu täuschen. *Hebbel*

Die Poesie will der ungeschminkte Ausdruck der Wahrheit sein. *Nietzsche*

Ich möchte die Poesie der Worte als die in Reime gefaßte Schönheit definieren. Ihr alleiniger Schiedsrichter ist der Geschmack. *Poe*

Die Poesie ist der Tanzschritt der Worte. *Lohberger*

Poesie ist Wahrheit, die in Schönheit wohnt. *Gilfillan*

Poesie ist Wahrheit in Sonntagskleidern. *Roux*

Poetische Wahrheit ist die unwillkürliche Auslese und Verschmelzung vieler Wirklichkeiten mittels der Phantasie. *Isolde Kurz*

Poesie ist Wahrheit, die einem unsterblichen Vers angetraut ist. *Wordsworth*

Poesie: eine dem Lande jenseits der Illustrierten eigene Ausdrucksform. *Bierce*

Poet

→ Dichter, Schriftsteller

Was ist da viel zu definieren! Lebendiges Gefühl der Zustände und Fähigkeit, es auszudrücken, machen den Poeten. *Goethe*

Der Poet ist ein armer Teufel, dem die Vorsehung die Gunst gewährt hat, seinen Hunger in Versen ausdrücken zu können. *Aus den «Fliegenden Blättern»*

Poeten sind Isolatoren und Leiter des poetischen Stroms zugleich. *Novalis*

Polemik

Wenn Verstand und Unverstand sich berühren, so gibt es einen elektrischen Schlag. Das nennt man Polemik. *Friedrich Schlegel*

Was ist Polemik? Eine öffentliche moralische Balgerei zwischen zwei gebildeten Menschen, wobei statt Blut Tinte fließt. *Aus den «Fliegenden Blättern»*

Politik

→ Diplomatie, Finanzpolitik, Geopolitik, Innenpolitik, Macht, Sozialpolitik, Stoßen, Subventionen, Wahl, Wirtschaft

Die Politik ist ein Balanceakt zwischen

den Leuten, die hinein wollen, und denen, die nicht heraus wollen.

Bossuet

Die Politik ist eine Bühne, auf der die Souffleure manchmal lauter sprechen als die Darsteller. *Silone*

Politik ist Bühnenwirkung. Wenn Shakespeare über die Szene ging, hat noch jedem Publikum der Waffenlärm die Gedanken übertönt. Die Größe Bismarcks, der den politischen Stoff schöpferisch gestaltet – und warum sollte einem Künstler nicht ein Erlebnis im Irdischesten zur Schöpfung erwachsen? –, wird mit dem Maß der theatralischen Handlung, des Effekts der Auftritte und Abgänge gemessen. Und wenn wir Deutschen Gott und sonst nichts in der Welt fürchten, so respektieren wir selbst ihn nicht um seiner Persönlichkeit willen, sondern wegen des Geräusches seiner Donner. Politik und Theater: Rhythmus ist alles, nichts die Bedeutung.

Karl Kraus

Die politische Debatte ist eine begeisterte Präsentation organisierter Gefühle. *Unbekannt*

Die Debatte besteht aus Rede und Gegenrede, die politische Debatte aus Volksrede und Gegenvolksrede.

Nahr

Definition des politischen Dichters: Er arbeitet nicht im Material aus Fleisch und Blut; so ist er frei für jeden Höhenflug. *Ludwig Marcuse*

Politik bedeutet für den Dichter nichts anderes als die ganze soziale, ökonomische und ästhetische Atmosphäre, in der wir leben. *Schnitzler*

Der politische Dramatiker: es befreit ihn, das Unglück der Armen anklagend nachzubilden. Das politisch engagierte Publikum: es wird befreit, anläßlich der ungefährlichen Aktivierung von Mitleid und Zorn.

Ludwig Marcuse

Politik bedeutet ein starkes, langsames Durchbohren von harten Brettern mit Leidenschaft und Augenmaß zugleich. *Max Weber*

Der gesamte politische Tageskampf stellt sich dar als eine einzige endlose Diskussion über die Gerechtigkeit.

Radbruch

Einfluß in der Politik: ein visionäres Quo gegen ein substanzielles Quid einhalten. *Bierce*

Unter politischer Entscheidung versteht man heute im allgemeinen den Anschluß an eine Gruppe. *Buber*

Die politische Freiheit besteht darin, daß jeder seine Wohlfahrt nach seinen Begriffen suchen kann und auch nicht einmal als Mittel zum Zweck seiner eigenen Glückseligkeit von anderen und nach derer ihren Begriffen gebraucht werden kann, sondern bloß nach der seinigen. *Kant*

Die politische Gewalt im eigentlichen Sinne ist die organisierte Gewalt einer Klasse zur Unterdrückung einer andern. *Karl Marx*

Alles Politische ist ein Wechselspiel zwischen Gegenwartsbewußtsein und Erkenntnis geschichtsbildender Kräfte. *Kessel*

Politik ist der Kampf um den Gesetzgeber. *Wiggins*

Politik ist Geschichte in Aktion.

Butterfield

Politik ist, daß man Gottes Schritt durch die Weltgeschichte hört, dann zuspringt und versucht, einen Zipfel seines Mantels zu fassen. *Bismarck*

Politik besteht darin, Gott so zu dienen, daß man den Teufel nicht verärgert. *Thomas Fuller*

Politik ist das Handeln, das orientiert ist an der Macht und an der Möglichkeit der Gewalt. *Jaspers*

Alle große politische Aktion besteht in dem Aussprechen dessen, was ist, und beginnt damit. Alle politische Kleingeisterei besteht in dem Verschweigen und Bemänteln dessen, was ist. *Lassalle*

Politik: es gibt keine Hoffnung, an die wir uns schließlich nicht doch gewöhnen könnten. *Brudziński*

Die Politik ist ein Hund, sie beißt den Ängstlichen. *Hans Kasper*

Alles Politisieren, auch bei den größten Staatsmännern, ist Improvisieren auf gut Glück. *Nietzsche*

Politik ist der Versuch, inmitten des Konflikts der Weltmächte, der idealen sowohl wie der realen, die man nicht beherrschen kann, das eigene Interesse zu wahren und zu fördern. *Ranke*

Politik ist ein Streit der Interessen, der sich als Wettstreit der Prinzipien maskiert hat. *Bierce*

Die Politik ist ein Kampfplatz, auf dem das Ergebnis, das man erzielt, immer weit unter dem liegt, was man erreichen möchte. *Tocqueville*

Politik ist die mehr oder minder erträgliche Anpassung widerstreitender Interessen in der Gesellschaft auf Kosten der Nichtorganisierten. *Renner*

Politik ist unblutiger Krieg, und Krieg ist blutige Politik. *Mao Tse-tung*

Politik ist das Bemühen, Antworten auf die sozialen Fragen der Gegenwart zu finden, ohne dabei während der Auseinandersetzung zwischen alten und neuen Interessen zu illegitimen Gewaltmitteln Zuflucht zu nehmen. *Schmidt*

In der Politik besteht die Klugheit nicht darin, auf Fragen zu antworten. Die Kunst besteht darin, sich keine Fragen stellen zu lassen. *Suarès*

Grundlage der Politik ist das Kompromiß. *Gustav Freytag*

Politik ist ein Kompromiß oder eine Schriftstellerei. *Ludwig Marcuse*

Die Politik ist die Kunst, sich der Leute zu bedienen. *Montherlant*

Politik ist eine Kunst, von den Reichen das Geld und von den Armen die Stimmen zu erhalten, beides unter dem Vorwand, die einen vor den anderen schützen zu wollen. *Unbekannt*

Politik ist die Kunst, die Leute daran zu hindern, sich um das zu kümmern, was sie angeht. *Valéry*

Politik ist die Kunst, die Menge zu leiten: nicht, wohin sie gehen will, sondern, wohin sie gehen soll. *Joubert*

Politik ist Kunst des Umgangs auf höherer Stufe. *Hofmannsthal*

Politik: die Kunst, sich von den jeweiligen Umständen so ändern zu lassen, daß es aussieht, als ob man die Umstände geändert habe.
Wolfgang Herbst

Die Politik ist in der Demokratie die Kunst, das Volk glauben zu machen, daß es regiere. *Louis Latzarus*

Politik ist eine halsbrecherische Kunst, geübt auf dem schmalen Grad zwischen zwei Abgründen: dort der sklavisch opportunischen Anpassung an die jeweilige Konstellation, hier der wirklichkeitsblinden Benommenheit durch illusionäre Wunschbilder.
Litt

Politik ist recht eigentlich die Kunst, sich auf den eigenen Vorteil ebenso gut als auf den des Nachbarn zu verstehen und diesen für jenen auszunützen, indem man sich des Nachbars so bedient, daß er dabei meinen muß, man diene ihm. *Bahr*

Die Politik ist die Kunst des Möglichen. Das ganze Leben ist Politik.
Pavese

Politik ist die Kunst, das Notwendige zu ermöglichen. *Valéry*

Die ganze Kunst der Politik besteht darin, sich der Zeitumstände richtig zu bedienen. *Ludwig IV.*

Politik ist die Kunst, stets neue Gründe für neue Steuern zu entdekken. *Nahr*

Politik machen heißt, für erstrebte Wirkungen den Weg des geringsten Widerstandes suchen.
Wannenmacher

Politik ist die wichtigste Sache im Leben – für eine Zeitung. *Ibsen*

Die politische Logik ist eine Logik, deren Aussagen von der Zahl der Stimmen abhängt, die dahinterstehen. Wenn zum Beispiel ein politisch unbekannter Nobelpreisträger sagt: 2 × 2 = 4 und wenn daraufhin der Chef eines mächtigen Verbandes erklärt: 2 × 2 = 5, so einigt sich das Kabinett vielleicht auf 4,8. Natürlich erst nach eingehenden und von Verantwortung gegenüber der Gesamtheit getragenen Beratungen. *Nahr*

Politik ist eben an sich keine Logik und keine exakte Wissenschaft, sondern es ist die Fähigkeit, in jedem wechselnden Moment der Situation das am wenigsten Schädliche oder das Zweckmäßige zu wählen. *Bismarck*

Politik ist Magie. Welcher die Mächte aufzurufen weiß, dem gehorchen sie. *Hofmannsthal*

Politik ist die Gravitation der Massen gegeneinander.
Ortega y Gasset

Vom Geld abgesehen, stellt die Politik das wirksamste Mittel dar, um ein Land zu regieren. *Nahr*

Politik ist heutzutage nichts weiter als ein Mittel, in der Welt vorwärtszukommen. *Samuel Johnson*

Die Politik ist das nationale Schaugeschäft. *Nahr*

Politik ist eine ewige Notsituation.
Roeder

Politik ist Natur, und Natur favorisiert Natur. *Hans Kasper*

Praktische Politik besteht im Nichtbeachten der Tatsachen.
Henry Adams

Wer sich nicht mit Politik befaßt, hat die politische Parteinahme, die er sich sparen möchte, bereits vollzogen: er dient der herrschenden Partei.
Max Frisch

Politik: das Paradies zungenfertiger Schwätzer. *Shaw*

Politik ist größtenteils Pillenschlukken. *Reed*

Politik ist der allgemeine Pulsschlag, die Revolution der Fieberkrampf.
Phillips

Alle wahre Politik ist auf die Bedingung eingeschränkt, mit der Idee des öffentlichen Rechts zusammenzukommen. *Kant*

Die Politik ist das Schicksal.
Napoleon I.

Nicht Politik ist unser Schicksal, sondern die Wirtschaft. *Rathenau*

Ob wir mitwirken oder nur zusehen oder wegsehen wollen, ob wir Rollen spielen, Statisten sind oder uns für Souffleure halten – die Politik ist unser Schicksal. *Reich-Ranicki*

Der eigentliche Sinn der Politik ist die Errichtung, die dauernde Befestigung, die Selbstbehauptung der Freiheit in einer staatlichen Gestalt. Politik in diesem Sinne will Freiheit für alle. *Jaspers*

Politik ist der Spielraum, den die Wirtschaft ihr läßt. *Hildebrandt*
In einem Silvesterdirektprogramm 1969, anläßlich der Regierungsübernahme der SPD

Die Politik gleicht der Sphinx der Fabel: sie verschlingt alle, die ihre Rätsel nicht lösen. *Rivarol*

Politik kann man in diesem Lande definieren als die Durchsetzung wirtschaftlicher Zwecke mit Hilfe der Gesetzgebung. *Tucholsky*

Politik ist Stellvertretung.
Adolf Arndt

Politische Tugend ist das Wollen des an und für sich seienden gedachten Zweckes. *Hegel*

Politik besteht nicht selten darin, einen simplen Tatbestand so zu komplizieren, daß alle nach einem neuen Vereinfacher rufen. *Guareschi*

Politik ist die Resultante aus Erpressung und Beschwichtigung.
Hans Maier

Politik ist die Transformation sachlicher Forderungen in emotionale Appelle. Der entgegengesetzte Prozeß heißt Diplomatie. *Nahr*

Hohe Politik heißt: täuschen und tauschen.
Aus den «Fliegenden Blättern»

Politisches Theater: auf einen Darsteller zehn Souffleure. *Brudziński*

Die Politik ist nichts anderes als die Kunst, augenblicklichen Bewegungen, die durch außerordentliche Ursachen entstehen, zuvorzukommen oder zu begegnen. *Galiani*

Politik ist Umgang mit der Gewalt. *Jaspers*

Politik ist nichts als gute Umgangsformen in der Öffentlichkeit.
Steffens

Politik ist Verständigung über das Wirkliche. *Hofmannsthal*

Politik: Leitung der öffentlichen Angelegenheiten zu privatem Vorteil.
Bierce

Politik ist die Kunst, die Stärke des Gegners richtig einzuschätzen und mit seinen Schwächen angemessen umzugehen. *Edel*

Politik: Wettrennen trojanischer Pferde. *Lec*

Politik sehe ich als nichts anderes an als die Wissenschaft von einer planmäßigen Entwicklung der Gesellschaft nach den Regeln größter Nützlichkeit und Annehmlichkeit für sie selbst. *Woodrow Wilson*

Politik ist die Wissenschaft von den Erfordernissen. *Theodore Parker*

Das Hauptproblem von Ethik und Politik besteht darin, auf irgendeine Weise die Erfordernisse des Gemeinschaftslebens mit den Wünschen und Begierden des Individuums in Einklang zu bringen. *Bertrand Russell*

Politics: Who Gets What, When, How.
Titel eines Buches von Harold D. Lasswell

Politik ist die Wissenschaft davon, wie, wer, was, wann und warum bekommt. *Hillman*

Die Politik ist keine Wissenschaft, wie viele der Herren Professoren sich einbilden, sondern eine Kunst.
Bismarck

Tatsächlich und normalerweise gelten neun Zehntel der politischen Tätigkeit den wirtschaftlichen Aufgaben des Augenblicks, der Rest den wirtschaftlichen Aufgaben der Zukunft.
Rathenau

Politik ist Wirtschaftslehre in Aktion. *La Follette*

Politik ist der Zeitvertreib unbedeutender Menschen, die, wenn sie dabei Erfolg haben, wichtig werden in den Augen der Menschen, die noch unbedeutender sind als sie.
George Jean Nathan

Politik . . . ist nichts als der Zigarrenrauch eines Mannes.
Thoreau

Politiker

→ Minister, Staatsmann, Wahl

Politiker: ein Aal im Grundschlamm, auf dem sich der Überbau der organisierten Gesellschaft erhebt; wenn er sich windet, hält er die Ausschläge seines Schwanzes für das Erbeben des Gebäudes. *Bierce*

Der Politiker ist ein Akrobat. Er hält das Gleichgewicht dadurch, daß er das Gegenteil von dem, was er tut, sagt. *Barrès*

Ein Politiker ist jemand, der auf kleine Fragen große Antworten gibt. Manche Politiker meinen sogar, die höchste politische Kunst bestehe darin, sich überhaupt keine Fragen stellen zu lassen. *Wiggins*

Der Politiker ist ein Mann, der besonders oft der Alternative begegnet, entweder seine Ansichten oder seine Freunde zu wechseln. *Nahr*

Politiker sind Menschen, die irgendwann einmal einen Kompromiß mit ihrer Ehre abgeschlossen haben, und die nun entweder ihre Überzeugungen hinunterschlucken oder das anpreisen, was sie für falsch halten. Sie befinden sich in der Lage eines Chormädchens, das, um ihre bescheidene Stelle zu bekommen, dem Manager zu Willen sein muß. *Mencken*

Politiker sind Menschen, die – im Namen des Gemeinwohls – gegebene Ungleichheiten bekämpfen oder verteidigen; sie sind Fanatisierungsredner oder Beschwichtigungsredner. *Wiggins*

Der erfolgreichste Politiker ist derjenige, der das sagt, was alle denken, und der es am lautesten sagt. *Theodore Roosevelt*

Ein Politiker ist ein Mensch, mit dessen Politik du nicht übereinstimmst; wenn du es tust, dann ist er ein Staatsmann. *Lloyd George*

Der Politiker ist ein Mann, der genau die menschliche Neigung zur Fügsamkeit kennt und der sie systematisch für die Ziele ausbeutet, die er für richtig hält. *de Jouvenel*

Der Politiker ist der natürliche Feind des kleinen Mannes. *Nahr*

Gelehrten, welche Politiker werden, wird gewöhnlich die komische Rolle zugeteilt, das gute Gewissen einer Politik sein zu müssen. *Nietzsche*

Der Politiker ist ein Händler in Versprechungen. *Chevallier*

Politiker lieben nicht und hassen nicht. Das Interesse, nicht das Gefühl beherrscht sie. *Chesterfield*

Politiker: die Kapitalisten der menschlichen Dummheit. *Lohberger*

Die besondere Fertigkeit des Politikers besteht darin, daß er weiß, welche Leidenschaften am leichtesten zu erregen sind und wie sich, sobald sie erregt sind, verhindern läßt, daß sie ihm und seinen Anhängern schaden. *Bertrand Russell*

Man kann sagen, daß drei Qualitäten vornehmlich entscheidend sind für den Politiker: Leidenschaft – Verantwortungsgefühl – Augenmaß. *Max Weber*

Der Politiker ist der einzige Mensch, der dich um Hilfe bittet und der dir nachher die Rechnung schickt. *Unbekannt*

Nicht wer Staatstheorie doziert, ein Politiker ist nur, wer im gegebenen Fall richtig das Mögliche schafft. *Geibel*

Politiker ist einer, der Meinungen hat, der sich aber nicht zu fest darauf stützt. *Lowell*

Man kann alle Leute eine Zeitlang zum Narren halten, und man kann auch einige Leute die ganze Zeit zum Narren halten; aber man kann nicht alle Leute die ganze Zeit zum Narren halten. So, das sagte *Abraham Lincoln.* Ein Politiker wäre demnach einer, der weiß, daß er nicht alle Leute die ganze Zeit hindurch zum Narren halten kann, der aber zufrieden ist mit der Mehrheit. *Unbekannt*

Der Politiker ist einer, der vor der Wahl alle Leute zum Narren hält. *Unbekannt*

Praktische Politiker sind Menschen, die die Kunst meistern, das Parlament dazu zu benützen, zu verhindern, daß irgend etwas fertiggebracht werde. *Shaw*

Sine ira et studio, «ohne Zorn und Eingenommenheit», soll der Beamte seines Amtes walten. Er soll also gerade das nicht tun, was der Politiker, der

Führer sowohl wie seine Gefolgschaft, immer und notwendig tun muß: kämpfen. Denn Parteinahme, Kampf, Leidenschaft – ira et studium – sind das Element des Politikers. Und vor allem des politischen Führers.
Max Weber

Ein Politiker ist wie Quecksilber: wenn du deinen Finger auf ihn legen willst, so findest du nichts darunter. *O'Malley*

Ein Politiker mit Sachverstand ist eo ipso eine Doppelbegabung. *Nahr*

Der Politiker ist ein Mensch, der nie so schlecht ist wie ihn seine Feinde machen, und nie so gut, wie er durch das Weißwaschen seiner Freunde scheint. *Unbekannt*

Der Staatsmann ist einer, der das Steuer führt, während der Politiker zufrieden ist, wenn er dahintreibt.
James Freeman Clarke

Der Staatsmann schert die Schafe; der Politiker zieht ihnen das Fell über die Ohren. *O'Malley*

Zwei Typen von Politikern besitzen wir in unerwünschtem Überfluß: Geschäftspolitiker und Traumpolitiker; aber unendlich schwer finden Führer und Geführte jene Mitte zwischen der Sucht nach dem schnell zerrinnenden Augenblicksgewinn und dem Hang zum Unerreichbaren. *Litt*

Realpolitiker nennt sich ein Politiker, der sich anschickt, von anderen etwas zu verlangen, dessen er sich insgeheim schämt. *Haller*

Der Politiker ist ein Mensch, der genug Vorurteile besitzt, um damit die Bedürfnisse seiner Mitmenschen zu befriedigen. *Unbekannt*

Der Politiker ist ein Mensch, der seine Anhänger dadurch an sich zu binden sucht, daß er sie im Zustand des Verärgertseins auf andere hält.
Unbekannt

Ein Politiker denkt an die nächste Wahl; ein Staatsmann an die nächste Generation.
James Freeman Clarke

Ein Politiker denkt an die nächste Wahl; ein Staatsmann an die nächste Generation. Das sagt *James Freeman Clarke*. Bei uns ist das anders. Unsere Staatsmänner denken an die nächste Wahl, und unsere Politiker an die letzte Versammlung. *Nahr*

Der Politiker ist ein Mensch, der den Klang seiner eigenen Stimme mit der unfehlbaren Stimme des Volkes gleichsetzt. *Unbekannt*

Eine Zunge von drei Zoll: das ist des Politikers eiserne Schanze.
Japanisches Sprichwort

Politische Ökonomie

Politische Ökonomie: Stimmenfang mit so wenig Geld wie möglich.
Unbekannt

Politische Ökonomie: Wissenschaft ohne Darm. *Flaubert*

Polizei

Polizei: eine bewaffnete Truppe zum Schutz und zum Mitmachen.
Bierce

Polygamie

Polygamie ist eine der vielen Methoden, aus einem verbotenen Vergnügen eine erlaubte Plage zu machen. *Nahr*

Popularität

Popularität ist das Kleingeld des Ruhms. *Victor Hugo*

Popularität: eine Menge uninteressanter Leute kennen. *Unbekannt*

Präzedenzfall

Der Präzedenzfall ist ein Urteil, das ein Prinzip konserviert. *Disraeli*

Präzedenzfall: eine Tradition beginnt zum erstenmal. *Unbekannt*

Präzedenzfall: ein Fußabdruck im Zement der Zeit. *Unbekannt*

Prahlerei

Prahlerei ist die Signalflagge der Heuchelei. *Chapin*

Praxis
→ Theorie

Die Praxis ist das Haarfärbemittel für die graue Theorie.
Aus den «Fliegenden Blättern»

Preis

Preis: Wert plus angemessener Aufschlag für den durch die Forderung eingetretenen Gewissensverschleiß. *Bierce*

Presse
→ Journalismus, Zeitung

Die Presse ist das Mundstück des Volkes. *Unbekannt*

Die Presse ist für mich Druckerschwärze auf Papier. *Bismarck*

Pressefreiheit

Pressefreiheit: das Volk erfährt alles, was die Zeitung bringt. *Rudolf Rolfs*

Die Pressefreiheit besteht in dem Recht, drucken zu lassen, was du zu sagen hast, vorausgesetzt, daß du Druckmaschinen, Papier und Nachrichtendienste kaufen kannst. *Unbekannt*

Die Pressefreiheit ist die Freiheit von 200 reichen Leuten, ihre Meinung zu verbreiten. *Sethe*

Prinzipien

Prinzipien sind weißgewaschene und von einem Neonschein umgebene Vorurteile. *Unbekannt*

Problem

Das Problem ist eine Gelegenheit in Arbeitskleidung. *Henry J. Kaiser*

Professor

Der Professor ist nicht einfach ein Weiser, sondern ein solcher mit Bestallung, Autorität, Auditorium, Examensgewalt und Pensionsberechtigung – kurz ein Weiser, gerüstet mit Macht. *von Radecki*

Er handelte mit anderer Leute Meinungen. Er war Professor der Philosophie. *Lichtenberg*

Proklamation

Proklamation: die Grußkarte der Nation. *Unbekannt*

Prominenz

Von Journalisten geförderte Prominenz: auf Goldkörner getrimmter Treibsand. *Rudolf Rolfs*

Prominent: gut erreichbar für die Lanzen der Bosheit, der Verunglimpfung und des Neides. *Bierce*

Propaganda

Propaganda ist die Kunst, den Teufel mit zwei gesunden Füßen zu fotografieren. *Hans Kasper*

Propaganda heißt, die Sache der anderen Seite so überzeugungskräftig darstellen, daß sie dich ärgert.
Unbekannt

Propaganda ist Werbung für einen bestimmten dogmatischen Glauben. Hervorstechend ist die plumpe Vertraulichkeit dieser Art politisch-weltanschaulicher Werbung. Sie läßt Mittel der Verlockung spielen – aber sie will auch einschüchtern. Versprechung eines schöneren Lebens und Bedrohung des Lebens sind unheimlich gemischt. Gerade diese Mischung wirkt auf viele faszinierend, magisch. So kam *Wystan Hugh Auden* zu einer Definition des Begriffes Propaganda: «Propaganda ist Anwendung von Magie durch Leute, die nichts mehr glauben, gegen Menschen, die noch Glauben haben.» *Rychner*

Propaganda ist eine Lüge, die man einer Million Menschen erzählt.
Unbekannt

Propagandist

Ein Propagandist ist ein Fachmann, der Einstellungen und Meinungen verkauft. *Speier*

Prosa
→ Poesie, Schriftsteller

Prosa ist das geschrieben, wo alle Zeilen bis zum Rand laufen; Poesie ist, wo einige Zeilen noch vor dem Rand aufhören. *Bentham*

Prosa – Worte in ihrer besten Ordnung; Poesie – die besten Worte in ihrer besten Ordnung. *Coleridge*

Prospekt

Prospekt: illustrierte Vortäuschung von Informationen. *Nahr*

Prostitution

Die Prostitution ist nur eine Fata Morgana des Sexuellen für Wanderer in der Wüste der Entbehrung.
Heimito von Doderer

Proteste

Proteste sind wie Aktien. Ihren Kurs notiert die politische Börse danach, ob das Papier feste oder schwache Tendenz zeigt. *Hans Kasper*

Prozeß
→ Richter

Prozeß: eine Maschine, in die man als Schwein eingeht und die man als Wurst verläßt. *Bierce*

Prozeßpartei

Prozeßpartei: jemand, der bereit ist, seine Haut zu opfern in der Hoffnung, daß er seine Knochen behalten darf. *Bierce*

Prüderie

Prüderie ist die Heuchelei der Keuschheit. *Massias*

Prüderie ist eine Nachahmung der Sittsamkeit. Die Prüderie beschränkt den Geist; sie verbirgt weder Alter noch Häßlichkeit – vielmehr sind diese oft ihre Vorbedingung. *La Bruyère*

Prüderie: die Karikatur der Tugend.
Aus den «Fliegenden Blättern»

Prüderie ist eine Art Geiz, der allerschlimmste. *Stendhal*

Die Prüde ist eine, die über ihre unzarten Gedanken sittsam errötet und die der Versuchung ihrer Sehnsüchte tugendhaft entflieht. *Bierce*

Die Prüde ist die Fanfare der Tugend. *Véron*

Prüde: eine Unkeusche, die sich hinter dem Rücken ihres feinen Benehmens versteckt. *Bierce*

Psychoanalyse

Psychoanalyse ist jene Geisteskrankheit, für deren Therapie sie sich hält. *Karl Kraus*

Eine gewisse Psychoanalyse ist die Beschäftigung geiler Rationalisten, die alles in der Welt auf sexuelle Ursachen zurückführen mit Ausnahme ihrer Beschäftigung. *Karl Kraus*

Psychoanalyse: der Mensch will das formulieren, was er erlebt. Wenn er nicht formuliert, erfindet er Handlungen. *Saint-Exupéry*

Psychoanalytiker

Der Psychoanalytiker ist ein Beichtvater, den es gelüstet, auch die Sünden der Väter abzuhören. *Karl Kraus*

Psychologie

Psychologie ist der Omnibus, der ein Luftschiff begleitet. *Karl Kraus*

Die Psychologie befaßt sich mit den einzelnen Wellen des Baches. Aber hat ein Bach je aus Wellen bestanden? *Karl Kraus*

Psychologie: die Naturwissenschaft der Seele. *Lohberger*

Wenn ich auf einem Berge stehe und von dort aus einen entlegenen Punkt fixiere, so sagen die Resultate meiner Beobachtung von diesem Punkt nicht übermäßig viel aus, wohl aber sehr viel von meiner Sehkraft, der Art meines Standorts, der Atmosphäre, die mich umgibt. Mit anderen Worten: Psychologie und Geschichte sind die Wissenschaft von der Seele dessen, der sie betreibt. *Friedell*

Publizität

Publizität ist die journalistische Dimension des Ruhmes. *Nahr*

Puritaner, Puritanismus

Der Puritaner ist einer, der gerechte Entrüstung in die falschen Dinge fließen läßt. *Chesterton*

Puritanismus ist die quälende Furcht, daß irgendwer irgendwo glücklich sein könnte. *Mencken*

R

Radikalismus

Radikalismus: der Konservatismus von morgen als Einspritzung in die Angelegenheiten von heute. *Bierce*

Radikalisten sind jene, die Stellen vorbereiten und befestigen, die Konservative ein wenig später einnehmen. *Unbekannt*

Radikale sind Hetzer – im wahrsten Sinne des Wortes. Sie hetzen den Fortschritt, wollen ihn ohne Rücksicht auf Verluste beschleunigen. Sie sind so etwas wie Verkehrssünder der Geschichte, deren natürliche Geschwindigkeitsbegrenzungen sie überschreiten. Die Radikalen selbst halten dies übrigens für ein revolutionäres Kavaliersdelikt, obwohl die Todesfälle bei solcher Art Unfällen ungewöhnlich hoch sind. *Hans Kasper*

Die Radikalität ist der Schneidbrenner der Geschichte. *Kessel*

Der Radikalist ist einer, der mit beiden Beinen fest in die Luft gepflanzt ist. *Franklin D. Roosevelt*

Rat

Rat: die kleinste Münze im Umlauf. *Bierce*

Der Rat ist eine Droge auf dem Markt; das Angebot übersteigt immer die Nachfrage. *Josh Billings*

Rat: die Vorschläge, die du einem Menschen machst, und von denen du hoffst, daß sie zu deinem Vorteil wirken werden. *Unbekannt*

Der gute Rat ist eine der Beleidigungen, die ein guter Mensch – wenn möglich – vergeben und unter allen Umständen vergessen sollte.
Horace Smith

Rat erbitten: sich den eingeschlagenen Weg von einem anderen bestätigen lassen. *Bierce*

Einen Rat befolgen heißt, die Verantwortung verschieben. *Urzidil*

Rationalisierung

Rationalisierung ist die Selbstentschuldigung, die sich einstellt, wenn wir oder eine Gruppe glauben, daß man uns eines Mißverständnisses oder Irrtums anklagt. *Robinson*

Reaktionär

Der Reaktionär ist ein Nachtwandler, der rückwärts geht.
Franklin D. Roosevelt

Real

Das Reale ist schlechthin eine Identität des Allgemeinen und Besonderen.
Hegel

Realismus

Realismus: die Kunst einer Naturdarstellung aus der Krötenschau; der Zauber einer Landschaft, wie sie ein Maulwurf malt; die Geschichte, wie sie eine Spannerlarve schreibt.
Bierce

Der «sozialistische Realismus» ist die Ästhetik, die verfügt: Wo Sozialismus, wie man ihn will, und Realität in Konflikt geraten, muß der Realismus weichen. *Ludwig Marcuse*

Realist

Die Leute, welche die Realität der ältesten und stärksten Sehnsüchte, etwa der Sehnsucht nach Frieden, übersehen, nennen sich stolz: Realisten.
Ludwig Marcuse

Wir sind Realisten, indem wir die Kunst für eine zweite Wirklichkeit halten, in der nicht die Dinge, wohl aber die Ideen dieser Dinge leben.
Klabund

Rebell

Rebell: Verfechter einer neuen Mißwirtschaft, die sich nicht hat durchsetzen können. *Bierce*

Die Rebellen von gestern sind allzeit die Despoten von heute. *Scherr*

Recht
→ Richter

Ein Kandidat der Rechtswissenschaft, der auch nur einigermaßen auf sein Examen vorbereitet ist, wird ohne Schwierigkeit den Begriff des Eigentums definieren können. Doch je tiefer die Kenntnisse eines Juristen sind und je länger er sich dem Studium der Rechtswissenschaften widmet, um so stärker werden seine Hemmungen gegenüber der scheinbar so einfachen Frage: Was ist das Recht?
Sir Frederick Pollock

Wenn wir versuchen, dem Begriff des Rechts auf den Leib zu rücken, entdekken wir gleich beim ersten Schritt in dieser Richtung eine überraschende und peinliche Tatsache: genau zu sagen, was Recht ist, gilt als unmöglich. Die Frage nach dem Begriff des Rechts ist die schwarze Katze im Sack der Jurisprudenz. *Seagle*

Recht ist Erfahrung, entwickelt aus der Vernunft und angewandt, um die Erfahrung zu fördern.
Roscoe Pound

Das Recht ist die stärkste Schule der Einbildungskraft. Kein Dichter interpretiert die Natur so frei wie der Jurist die Wirklichkeit. *Giraudoux*

Das Recht ist nichts anderes als das ethische Minimum. *Georg Jellinek*

Das Recht hat die merkwürdige Eigenschaft, daß man es behalten kann, ohne es zu haben. *Unger*

Die Idee des Rechts ist die Freiheit. *Hegel*

Recht ist die Einschränkung der Freiheit eines jeden auf die Bedingung ihrer Zusammenstimmung mit der Freiheit von jedermann, insofern diese nach einem allgemeinen Gesetze möglich ist. *Kant*

Im Recht ist der Inhalt die persönliche Freiheit. *Hegel*

Rechtliche Freiheit: die Befugnis, keinen äußeren Gesetzen zu gehorchen, als zu denen ich meine Bestimmung habe geben können. *Kant*

Das Recht ist Dasein der Freiheit, Wirklichkeit des Selbstbewußten, die reale Seite und Weise des Geistes.
Hegel

Das Recht ist Inbegriff der Bedingungen, unter denen die Willkür des einen mit der Willkür des anderen nach einem allgemeinen Gesetz der Freiheit in Einklang gebracht werden kann.
Kant

Recht: Gewohnheiten und Denken der Gesellschaft nehmen eine feste Form an. *Woodrow Wilson*

Das Recht ist der Geist der Gesellschaft. Alles bestehende Recht ist – fremdes Recht, ist Recht, das man mir «gibt», mir «widerfahren läßt».
Max Stirner

Schopenhauer vergleicht die menschliche Gesellschaft mit einer Gesellschaft von Stachelschweinen, die sich drängen, um sich einander zu erwärmen, aber doch voneinander ferne halten müssen, um einander nicht mit ihren Stacheln zu verletzen. Die mittlere Entfernung, die sie endlich herausfinden, ist bei *Schopenhauer* die menschliche Höflichkeit. Er hätte auch sagen können: das nach individualistischer Art gefundene Recht. *Radbruch*

Rechtssätze: systematisierte Ungerechtigkeiten. *Lohberger*

Recht ist das Eigentum, das sich auf die Macht stützt. Mit der Macht wird auch das Recht hinfällig. *Rivarol*

Das Recht ist nichts anderes als die in der staatlichen Gemeinschaft herrschende Ordnung, und eben dieses Recht ist es auch, das darüber entscheidet, was gerecht ist. *Aristoteles*

Recht ist Wille zur Gerechtigkeit. *Radbruch*

Das Recht ist das Aushängeschild, das goldene Zepter der Gewalt. *Lohberger*

Das Recht ist eine Gewalt, die der Gewalt das Recht streitig macht. *Kudszus*

Recht ist das, wogegen die öffentliche Meinung keinen nachhaltigen Widerspruch erhebt. *Wiggins*

Die Rechtswissenschaft ist eine Magd der Gesetzgebung, aber eine Magd, die eine Herrscherkrone trägt. *Windscheid*

Das Recht ist eine bodenlose Grube. *Arbuthnot*

Die Grundsätze des Rechts sind: ehrbar zu leben, andere nicht zu verletzen und jedem das Seine zuzugestehen. Die Jurisprudenz ist die Kenntnis von göttlichen und menschlichen Dingen, die Wissenschaft vom Gerechten und Ungerechten. *Ulpianus*

Des Menschen Recht heißt hungern, Freund, und leiden. *Grillparzer*

Der Bildungsprozeß des Rechts ist keine Sache der bloßen Erkenntnis wie bei der Wahrheit, sondern Sache des Kampfes der Interessen. *Ihering*

Das Recht ist angewandte Macht. *Lohberger*

Das Recht will nicht nur wertende Norm, sondern auch wirkende Macht sein, und eine Hauptpforte, durch die es aus dem Reiche der Idee in das Reich der Wirklichkeit eingeht. *Radbruch*

Das Recht ist lediglich der Ausdruck des Willens der Mächtigen einer Zeit. Deshalb haben Gesetze keine lange Dauer, sondern wechseln von Generation zu Generation. *Madison*

Recht: der Wille, ein jeweiliges Machtverhältnis zu verewigen. *Nietzsche*

Rechte: der Mächtigere stellt die Funktionäre gegeneinander fest. *Nietzsche*

Das eigentliche Recht des Stärkeren besteht nur darin, daß er sich des Willen des minder Starken zu bemächtigen weiß. Es ist damit gerade so wie mit den herrschenden Gedanken und Empfindungen in unserer Seele. *Jacobi*

Meine Rechte: das ist jener Teil meiner Macht, in welchem die anderen mich erhalten wollen. *Nietzsche*

Recht ist der Schutz des Menschen vor dem Menschen durch den Menschen um Gottes willen. *Werfel*

Das Recht ist ein geläuterter politischer Grundsatz. *Niederreuther*

Recht ist, was der proletarischen Klasse nützt. *Lenin*

Das Recht ist der Wahn des Stärkeren. Das Recht des Schwächeren ist Wahn. *Ionesco*

Recht ist, was keck behauptet und überzeugend verfochten wird.
Burr

«Recht» ist in dieser lieben Welt,
Was, wer's nicht hat, zuletzt behält.
Feuchtersleben

Recht ist ein System sozialer Beziehungen, das den Interessen der herrschenden Klassen dient und daher von ihrer organisierten Macht, das ist dem Staate, geschützt wird.
Artikel 590 des Strafgesetzbuches der UdSSR

Das Recht hat seine Selbständigkeit und Eigengesetzlichkeit fortschreitend eingebüßt, es hat die Güte in sich aufgenommen, sich in den Dienst der Wohlfahrt, der Sittlichkeit, der Kultur gestellt – es ist zum sozialen Recht geworden.
Radbruch

Das Recht hat sein Dasein in dem gemeinsamen Volksgeist, also in dem Gesamtwillen, der insofern auch der Wille jedes einzelnen ist.
von Savigny

Recht ist domestizierte Staatsgewalt.
Hofmann

Recht: die Summe der in einem Staate geltenden Zwangsregeln.
von Ihering

Recht: Zwangsregeln, welche die Öffentlichkeit verlangt, respektiert, in Kauf nimmt, duldet oder erträgt.
Wiggins

Rechtsstaat

Rechtsstaat ist für uns nicht nur ein politischer, sondern ein kultureller Begriff. Er bedeutet die Wahrung der Freiheit gegen die Ordnung, des Lebens gegen den Verstand, des Zufalls gegen die Regel, der Fülle gegen das Schema, kurz dessen, was Zweck und Wert ist, gegen das, was nur zweckmäßig und nur insoweit wertvoll ist.
Radbruch

Der Hauptunterschied zwischen einem Rechtsstaat und einer Diktatur besteht darin, daß man den einen ohne besonderen Grund verlassen kann, während man in der anderen ohne besonderen Grund festgehalten wird.
Nahr

Das Unrecht, das einem anderen Bürger angetan wird, wird mir angetan. Ein freier Rechtsstaat . . . ist nur dort, wo dieser Satz sich verwirklicht.
Jaspers

Redakteur

→ Journalist

Guter Redakteur: ein Mann, der fremden Geschmack hat.
Brudziński

Rede

→ Beredsamkeit, Vortrag

Die Rede ist die Kunst, Glauben zu erwecken.
Aristoteles

Eine Rede ist ein monologes Drama.
Novalis

Jede Rede gleicht der Belagerung der Seele des Hörers.
Chrysostomus

Rede heißt die Anstrengung eines Sprechers, der eine Versammlung dazu bringen will, das Kompliment seiner Anwesenheit durch die Annahme seiner Ideen zu erwidern.
Unbekannt

Reden

Reden ist Silber. Schweigen ist Gold.
Sprichwort

Reden ist Silber, aber das Flußgold wird gerade durch Gewäsch gewonnen.
Aus den «Fliegenden Blättern»

Redensart

Jede Redensart ist die Fratze eigener Gedanken, ein «Mitesser» im Zellengewebe des Denkers. *Morgenstern*

Redlichkeit

Redlichkeit ist die Tugend, gut zu sein, ohne beobachtet zu werden.
Unbekannt

Redner

Der Redner ist einer, der bewirkt, daß die Menschen mit den Ohren zu sehen vermögen. *Arabisches Sprichwort*

Festredner sind Männer mit Kopf. Mit Kehlkopf. *Wiesner*

Reflektieren

Reflektieren überhaupt ist das Fortgehen zu mehreren Bestimmungen eines Gegenstandes und das dadurch zustande kommende Zusammenfassen derselben in einer Einheit. *Hegel*

Reform

Jede große Reform hat nicht darin bestanden, etwas Neues zu tun, sondern etwas Altes abzuschaffen. Die wertvollsten Gesetze sind die Abschaffungen früherer Gesetze gewesen, und die besten Gesetze, die gegeben worden sind, waren die, welche alte Gesetze aufhoben. *Buckle*

Die Reform ist die Korrektur von Mißständen, die Revolution ist ein Übergang der Macht.
Bulwer-Lytton

Reform: eine Sache, die hauptsächlich Reformer befriedigt, die gegen eine Besserung sind. *Bierce*

Reformer

Der Reformer ist jemand, der darauf besteht, daß sein Gewissen dein Führer sei. *Millar*

Der Reformer ist einer, der durch einen Abwasserkanal in einem Boot mit gläsernem Boden fährt. *Walker*

Der Reformer ist jemand, der seinen Mitmenschen die Vergnügungen verleidet. *Unbekannt*

Regen

Regen: Ist das hienieden ein Jammertal! Auch der Himmel weint, wenn er auf die Erde kommt. *Hille*

Regenbogen

Regenbogen: Gottes illuminiertes Versprechen. *Longfellow*

Regieren

→ Opponieren, Opposition

Regieren, das heißt vorausschauen.
de Girardin

Regieren heißt, Gerechtigkeit für alle gleich wägen. *Franklin D. Roosevelt*

Regieren ist die Kunst, Probleme zu schaffen, mit deren Lösung man das Volk in Atem hält. *Ezra Pound*

Regieren hieß vor hundert Jahren verwalten; das ist: eine meinungslose und bildungslose Menge mit oder gegen ihren Willen befriedigen, schlichten, lenken, erziehen und schützen. Heute heißt regieren: Gesetze durchführen, Ziele schaffen und Geschäfte machen. *Rathenau*

Regieren ist die Kunst, Menschen zu einem Leben in Frieden und maßvollem Glück zu führen. *Frankfurter*

Regiert sein, das heißt unter polizeilicher Überwachung stehen, inspiziert, spioniert, dirigiert, mit Gesetzen überschüttet, reglementiert, eingepfercht, belehrt, bepredigt, kontrolliert, eingeschätzt, abgeschätzt, zensiert, kommandiert zu werden durch Leute, die weder das Recht noch das Wissen noch die Kraft dazu haben . . . Regiert sein heißt, bei jeder Handlung, bei jedem Geschäft, bei jeder Bewegung notiert, registriert, erfaßt, taxiert, gestempelt, vermessen, bewertet, versteuert, patentiert, lizensiert, autorisiert, befürwortet, ermahnt, behindert, reformiert, ausgerichtet, bestraft zu werden. Das heißt, unter dem Vorwand der öffentlichen Nützlichkeit und im Namen des Allgemeininteresses ausgenutzt, verwaltet, geprellt, ausgebeutet, monopolisiert, hintergangen, ausgepreßt, getäuscht, bestohlen zu werden; schließlich bei dem geringsten Widerstand, beim ersten Wort der Klage unterdrückt, bestraft, heruntergemacht, beleidigt, verfolgt, mißhandelt, zu Boden geschlagen, entwaffnet, geknebelt, eingesperrt, füsiliert, beschossen, verurteilt, verdammt, deportiert, geopfert, verkauft, verraten und obendrein verhöhnt, gehänselt, beschimpft und entehrt zu werden. Das ist die Regierung, das ist ihre Gerechtigkeit, das ist ihre Moral . . . O Persönlichkeit des Menschen! *Proudhon*

Regierung

→ Exilregierung, Verwaltung

Die Regierung ist eine Erfindung der menschlichen Weisheit zur Befriedigung menschlicher Bedürfnisse. *Edmund Burke*

Die Regierung ist zuerst formelle Ausübung der Gesetze und Aufrechterhaltung derselben; nach außen hin verfolgt sie den Staatszweck, welcher die Selbständigkeit der Nation als einer Individualität gegen andre ist, endlich nach innen hat sie das Wohl des Staates und aller seiner Klassen zu besorgen und ist Verwaltung. *Hegel*

Die Regierung ist eine Maschine: für die Unzufriedenen eine «Besteuerungsmaschine», für die Zufriedenen eine «Maschine zur Sicherung des Eigentums». *Carlyle*

Die Regierung ist hauptsächlich eine kostspielige Organisation, die sich mit Übeltätern abgibt, und die Leute besteuert, die sich ordentlich aufführen: die Regierung tut für die anständigen Menschen ziemlich wenig, abgesehen davon, daß sie sie ärgert. *Howe*

Die Regierung besteht aus einer Gruppe von Menschen, die den Einwohnern eines begrenzten Gebietes zu Monopolpreisen Schutz verkaufen. *Anderson*

Die Regierung ist keine Almosenverteilerin für das Volk, sondern ein Mittel, die Sache des Volkes nach Geschäftsgrundsätzen zu führen. *Stephen Grover Cleveland*

Welche Regierung die beste sei? – Diejenige, die uns lehrt, uns selbst zu regieren. *Goethe*

Das beste Regierungssystem besteht darin, daß eine Partei regiert und die andere aufpaßt. *Reed*

Regierungen sind Segel, das Volk ist Wind, der Staat ist Schiff, die Zeit ist See. *Börne*

Das Recht verkörpert die Anstrengung der Menschen, die Gesellschaft zu ordnen; die Regierung verkörpert die Anstrengung der Selbstsucht, die Freiheit zu vernichten.
Henry Ward Beecher

Regierung ist nicht Vernunft, nicht Beredsamkeit – sondern Gewalt.
George Washington

Die Regierung ist der allgemeine Teil der Verfassung. *Hegel*

Grundlage der freien Regierung ist das Mißtrauen ... Mißtrauen läßt uns Sicherungsvorschriften in die Verfassung aufnehmen, die jene bindet, denen wir verpflichtet sind, Macht anzuvertrauen. *Thomas Jefferson*

Das Wesen einer freien Regierung besteht in einer wirksamen Kontrolle der Rivalitäten. *John Adams*

Unsere Regierung ist eine Regierung der politischen Parteien unter dem bestimmenden Einfluß der öffentlichen Meinung. Es scheint keine andere Methode zu geben, nach der eine Republik funktionieren kann.
Calvin Coolidge

Parlamentarische Regierung ist Regierung durch die Rede. *Macaulay*

Eine konservative Regierung ist eine organisierte Heuchelei. *Disraeli*

Regierungskunst

Regierungskunst ist die Kunst des Auswählens. *de Girardin*

Die Kunst der Regierung ist, die Menschen nicht schal werden zu lassen. *Napoleon I.*

Die Regierungskunst besteht darin, so viel Geld wie möglich einer Klasse von Bürgern zu nehmen und es einer anderen zu geben. *Voltaire*

Reich

Ein Mann ist reich im Verhältnis zur Zahl der Dinge, auf die er verzichten kann. *Thoreau*

Reich ist, wer weder schmeicheln noch borgen muß. *Sprichwort*

Reich ist auch der, der nicht weiß, wie arm er ist. *Theo Herbst*

Reichtum

Reichtum sind die Ersparnisse vieler in den Händen eines einzigen.
Debs

Der Reichtum ist das Gepäck des Glücks. *Howell*

Reichtum ist das Produkt der Arbeit. *Locke*

Der Reichtum besteht nicht im Besitz von Schätzen, sondern in der Anwendung, die man von ihnen zu machen versteht. *Napoleon I.*

Der sicherste Reichtum ist die Armut an Bedürfnissen. *Werfel*

Reife

Reif ist, wer auf sich selbst nicht mehr hereinfällt. Genauer: Reif ist, wer die phantasmagorischen Prämissen seines Handelns oder Verhaltens ein ganzes Leben entlang erkannt hat.
Heimito von Doderer

Reife des Mannes: das heißt den Ernst wiedergefunden haben, den man als Kind hatte, beim Spiel. *Nietzsche*

Reif sein heißt, in einer Isolierung leben, die sich selbst genügt. *Pavese*

Reiseführer

Ein Reiseführer ist ein Reiseleiter, den man in die Tasche stecken kann.
von Radecki

Reisen

Nur Reisen ist Leben, wie umgekehrt das Leben Reisen ist. *Jean Paul*

Die Reise gleicht einem Spiel; es ist immer Gewinn und Verlust dabei und meist von der unerwarteten Seite.
Goethe

Reisen zu zweit, das heißt einer Frau die Welt erobern. *Bamm*

Reiz

Reiz ist Schönheit in Bewegung, und eben darum dem Maler weniger bequem als dem Dichter. *Lessing*

Reizbar

Ein reizbarer Mensch ist wie ein verkehrt eingerollter Igel, der sich mit seinen eigenen Stacheln peinigt.
Lebensweisheit

Religion

Religion ist die Erkenntnis aller unserer Pflichten als göttliche Gebote.
Kant

Was ist Religion? Sich in alle Ewigkeit weiter und höher entwickeln wollen. *Morgenstern*

Religion ist das als eine Lebensnotwendigkeit tief empfundene Gefühl der Abhängigkeit. *Gutzkow*

Religion ist Ehrfurcht – die Ehrfurcht zuerst vor dem Geheimnis, das der Mensch ist.
Thomas Mann

Sollte ich bestimmen, was ich persönlich unter Religiosität verstehe, so würde ich sagen: sie ist Aufmerksamkeit und Gehorsam; Aufmerksamkeit auf innere Veränderungen der Welt, auf den Wechsel im Bilde der Wahrheit und des Rechten; Gehorsam, der nicht säumt, Leben und Wirklichkeit diesen Veränderungen, diesem Wechsel anzupassen und so dem Geiste gerecht zu werden.
Thomas Mann

Religionen sind Philosophien um Gott. *Wiesner*

Religion ist Bewußtsein der Rückverbundenheit des Menschen in Gott.
Spann

Religion ist das unaufhörliche Zwiegespräch der Menschheit mit Gott. Kunst ist ihr Selbstgespräch.
Werfel

Religion haben heißt, sich einem Bilde, einem Gedanken unbedingt ergeben; und wer das kann oder muß, wem es gelingt, der hat unstreitig einen großen Halt und Trost.
Karl August Varnhagen von Ense

Religionen sind die ethischen Arbeitshypothesen der Menschheit.
Lohberger

Religion ist Jubel, Leidenschaft, die Löcher in unser Wesen reißt, daß wir bald das Gewand der Höhe ertragen können, das sonst, ein Nessusgewand, dem Unfertigen die Haut vom Leibe reiße, in der schmerzlichen Flamme des Giftes. *Hille*

Die Religion ist nichts als der Schatten, den das Universum auf die menschliche Intelligenz wirft.
Victor Hugo

Religion ist Liebe und Versöhnung. Schon im Worte liegt es: Sie verbindet wieder, was getrennt war.
Börne

Die Religionen sind der Ausdruck des ewigen und unzerstörbaren metaphysischen Bedürfnisses der Menschennatur. *Burckhardt*

Die Religion ist der Seufzer der bedrängten Kreatur, das Gemüt einer herzlosen Welt, die der Geist geistloser Zustände ist. Sie ist das Opium des Volkes . . . *Karl Marx*

Religion ist Opium für das Volk, eine Art geistiges Getränk, in dem die Sklaven des Kapitalismus ihre Menschlichkeit und ihr Sehnen nach einer anständigen Lebensform ertränken sollen. *Lenin*

Nicht die Religion, die Revolution ist Opium für das Volk. *Simone Weil*

Religion ist die Poesie der unpoetischen Menschen. *Grillparzer*

Religion ist ein Prisma, von dessen sieben Farben sich jeder seine Lieblingsfarbe wählen mag; alle aber rühren nur von einem Sonnenstrahl.
Karl Julius Weber

Die Religion ist eine Krücke für schlechte Staatsverfassungen.
Schopenhauer

Was aber ist denn das Religiöse? Der Gedanke an den Tod.
Thomas Mann

Religionen sind oft Kinder der Unwissenheit, die ihre Mutter nicht lange überleben. *Schopenhauer*

Religion ist Sinn und Geschmack fürs Unendliche. *Schleiermacher*

Die Religion ist der Idealismus des Volkes. *Scherr*

Religion ist der Glaube an das Bestehen der Werte. *Höffding*

Wissen um unser Wissen ist Philosophie; Ergebenheit und Voraussetzung, wo wir zu wissen aufhören, Religion. *Rahel Varnhagen von Ense*

Niemand schaden, allen Hilfe leisten,
Jedermann ein heiliger Altar sein,
Ist Religion. Und diese Freundin
Geht mit uns, wenn alles einst zurückbleibt. *Herder*

Die Religionen sind die ausgedientesten Sozialtheorien, die es bisher gegeben hat. *Lohberger*

Religion ist für die meisten etwas, woran man glaubt, weil man glaubt, daß der andere daran glaubt.
Söderberg

Faktisch ist die Religion nur ein Auskunftsmittel, weil keiner soviel Zeit hat, sich seine eigene Moral zu machen und sich mit dem Transzendentalen, was er gewissermaßen ahnt, auseinanderzusetzen. *Panizza*

Die Religion ist eine Art geistiger Fusel, in dem die Sklaven des Kapitals ihre Menschenwürde und ihren Anspruch auf eine halbwegs menschenwürdige Existenz ersäufen. *Lenin*

Der Mensch hat zwei Beine und zwei Überzeugungen: eine, wenn's ihm gutgeht, und eine, wenn's ihm schlechtgeht. Die letztere heißt Religion. *Tucholsky*

Religion: Versicherung im Diesseits gegen Feuer im Jenseits.
Zitiert nach Robert Lembke «Zynisches Wörterbuch»

Reporter
→ Journalist, Redakteur

Reporter: ein Schreiber, der den Weg zur Wahrheit errät und der ihn mit einem Wolkenbruch von Worten verschüttet. *Bierce*

Republik
→ Staat

Republik: ein Volk, in dem Regierende und Regierte identisch sind; es gibt also nur eine geduldete Obrigkeit, um einen freiwilligen Gehorsam zu erzwingen. *Bierce*

Republik: alle Tiere sind Untergebene, der Mensch ist Präsident, aber jeder Untertan darf nach ihm schnappen und es handelt sich darum, ob ihn mehr angreifen oder verteidigen.
Hebbel

Eine Republik ist eine Lotterie der Macht. *de Bonald*

Resignation

Resignation ist der Heroismus in Pantoffeln.
Aus den «Fliegenden Blättern»

Resignation ist die sublimste Rache am Schicksal. *Kudszus*

Reue

Reue ist Verstand, der zu spät kommt. *Feuchtersleben*

Die Leidenschaften sind nur Natur, aber Nicht-Bereuen ist Verdorbenheit. *Joubert*

Reue ist der Schmerz, getan zu haben, was man nicht getan haben möchte. Sie geht nicht auf die Vergangenheit, die abgeschlossen ist; sie entzündet sich nur dort, gräbt sich ins Gedächtnis ein und gehört zu den Mächten, welche Zukunft machen.
Ludwig Marcuse

Reue ist die Erwartung der Schmerzen, denen wir durch unser Vergehen ausgesetzt sind. *Helvétius*

Die Reue ist die Reaktion der Liebe auf die Revolution des Hasses.
Lohberger

Das Geständnis ist der erste Schritt zur Reue. *Gayton*

Reue ist nicht so sehr Kummer über das Böse, das wir getan haben, wie Furcht vor dem, das uns daraus erwachsen kann. *Ebner-Eschenbach*

Die Reue ist das Gefühl der Nichtübereinstimmung meines Tuns mit meiner Pflicht oder nur mit meinem Vorteil – in jedem Fall also – mit etwas An-und-für-sich-Bestimmten.
Hegel

Reue ist eine Bemühung der Natur, die aus der Seele die Prinzipien der Verdorbenheit verscheucht. *Joubert*

Reu' ist aller Sünden Tod; sie hilft dem Sünder aus der Not. *Freidank*

Die Reue ist der Mai der Tugenden. *Chinesisches Sprichwort*

Was ist Reue? Eine große Trauer darüber, daß wir sind, wie wir sind.
Ebner-Eschenbach

Die Reue ist das Bedauern darüber, daß man so lange gewartet hat, es zu tun. *Mencken*

Reue ist der feste Vorsatz, beim nächstenmal keine Fingerabdrücke zu hinterlassen. *Achard*

Die Reue ist der Schmerz der Sünde. *Theodore Parker*

Die Reue ist das Echo auf eine verlorene Tugend. *Bulwer-Lytton*

Reuig

Reuig: Strafe erleidend oder erwartend. *Bierce*

Revolte

Die Revolte ist eine Kettenreaktion auf Ketten. *Unbekannt*

Revolte: eine fehlgeschlagene Revolution. Der gescheiterte Versuch der Unzufriedenen, eine schlechte Regierung durch Mißwirtschaft zu ersetzen. *Bierce*

Revolution
→ Funktionär

Die Krankheiten, die das Wachstum der Menschheit bezeichnen, nennt man Revolutionen. *Hebbel*

Revolution ist nicht Auflehnung gegen die bestehende Ordnung, sondern Aufrichtung einer neuen, welche die überlieferte stürzt.
Ortega y Gasset

Eine Revolution ist eine Meinung, die auf Bajonette trifft. *Napoleon I.*

Es ist schade, daß das Wort Revolution zwei Bedeutungen hat: einmal bedeutet es einen Aufstand, eine blutige Revolte gegen die bestehende Macht – und das andere Mal einen krassen und grundlegenden Wandel in den Ideen und Einrichtungen, welche den Rahmen menschlichen Daseins bilden. *Julian Sorell Huxley*

Eine jede Revolution hat ihre Geburtsstunde in dem Augenblick, wo irgendein öffentliches Unrecht in irgendeiner menschlichen Seele sich in Erkenntnis verwandelt. *Friedell*

Revolution ist nicht Barrikade, Revolution ist ein Geisteszustand.
Ortega y Gasset

Die Revolution ist keine Abendgesellschaft, kein literarisches Kunstwerk, kein Gemälde und keine Stickerei. Sie kann nicht so vornehm sein, so gelassen und maßvoll, sie ist weder wohlausgewogen noch milde, sie ist nicht freundlich, ehrerbietig, mäßig und nachgiebig. Die Revolution ist ein Akt der Gewalt, sie ist die gewalttätige Handlung einer Klasse, die die andere stürzt. *Mao Tse-tung*

Die Revolution ist eine Krankheit des Volkes; aber eine solche, an der die Könige sterben. *Hebbel*

Revolution heißt, eine Regierung einsetzen, die . . . Liebe übt. *Torres*

Die Revolution ist der Übergang von einer alten Ordnung, die stirbt, zu einer neuen Ordnung, die sich bildet. *Littré*

Revolution: in der Politik ist dies ein plötzlicher Wandel in der Form der Mißregierung. *Bierce*

Die Revolution ist die erfolgreiche Anstrengung, eine schlechte Regierung loszuwerden und eine schlechtere zu errichten. *Wilde*

Symbol der Revolution: Katzen drehen Wollkugeln um, ohne zu wissen, was sie da machen. *Lichtenberg*

Die Revolution ist Notwehr des Volkes, das in seinen heiligsten Rechten gekränkt ist. *Bucher*

Die große Ursache der Revolutionen ist die, daß, während die Völker fortschreiten, die Verfassungen stille stehen. *Macaulay*

Jede Revolution ist viel weniger Bauplatz der Zukunft als Auktion der Vergangenheit. *Heimito von Doderer*

Revolutionen sind jene skandalösen Zeitabschnitte, in denen die Wahrheit nackt über die Straße geht, ohne daß die Polizei einzuschreiten wagt. *Laub*

Revolution, das ist eine Unternehmung, in der einige hundert oder tausend Unschuldige oder wenigstens Unrichtige umgebracht werden, damit irgendein Schuldiger oder wenigstens ein Unrichtiger zur Macht gelangt. *Schnitzler*

Revolutionen sind Zeiten, in denen der Arme seiner Rechtschaffenheit, der Reiche seines Reichtums und der Unschuldige seines Lebens nicht sicher ist. *Joubert*

Die Revolution ist das Feuer, an dem die einen verbrennen und die anderen ihre Suppe kochen.
Die Revolution ist die große Idee, für die jedes Opfer gerechtfertigt erscheint.
Die Revolution ist das eiskalt vorauskalkulierte Attentat des bezahlten Berufskillers. *Carrick*

Die Revolution ist die Larve der Zivilisation. *Victor Hugo*

Revolutionär
→ Umstürzler

Die gründlichsten Revolutionäre sind die Menschenfresser. Sie sind nicht nur theoretisch intolerant und nur teilweise, sondern in praxi und radikal. *Ludwig Marcuse*

Dubiose Tugend aller Revolutionäre: So viele Gefühle für die Menschheit, daß keines mehr bleibt für den Menschen. *Hans Kasper*

Schwacher Trost: Schließlich sind auch die Revolutionäre von heute nichts als die Konservativen von morgen. *Hans Kasper*

Rezensent
→ Kritik, Kritiker

Ein Rezensent, siehst du, das ist ein Mann, der alles weiß und gar nichts kann! *Ernst von Wildenbruch*

Viele Rezensenten und Journalisten sind wie Kakadus; sie ziehen die Klauen ein, wenn sie gefüttert werden, und drücken ein Auge zu, wenn sie zu trinken bekommen. *Saphir*

Rezensenten gleichen den Torschreibern, die arme Teufel streng visitieren, große Herren aber passieren lassen unter tiefen Bücklingen. *Karl Julius Weber*

Richter
→ Recht

Der Richter ist das sprechende Gesetz. *Whichcote*

Der Richter ist ein Jurastudent, der seine eigenen Prüfungsarbeiten zensiert. *Mencken*

Risiko

Risiko ist die Bugwelle des Erfolges. *Amery*

Ritterlichkeit

Ritterlichkeit: Herumlaufen und schöne Mädchen aus den Schlössern anderer Männer befreien und sie ins eigene Schloß bringen. *Nevinson*

Romantik

Romantik ist die nach rückwärts gewandte revolutionäre Dummheit, welche in dieser Dimension sehr wertvolle Bundesgenossen antrifft: nämlich die reaktionären Horntiere.
Heimito von Doderer

Das Wesen der Romantik ist die Ungewißheit. *Wilde*

Die kommende Romantik ist . . . ein Stück Eis, in dem eine Flamme brennt. *Kandinsky*

Rüstung

Rüstung: die Kleidung eines Mannes, dessen Schneider ein Schmied ist.
Bierce

Ruhe

Ruhe ist das «Ich bin» des Schöpfers im Gegensatz zu dem «Ich werde» alles Geschaffenen. *Ruskin*

Die Ruhe ist die natürliche Stimmung eines wohlgeregelten, mit sich einigen Herzens. *Wilhelm von Humboldt*

Ruhm

Ruhm ist der Geist eines Menschen, der im Denken anderer Menschen weiterlebt. *Hazlitt*

Ruhm ist nichts als der Atem der Menschen – und der ist oft ungesund. *Thomas Fuller*

Ruhm ist eine Perle, die sich unter einem Meer von Tränen versteckt. *Henley*

Wenn die Dankbarkeit vieler gegen einen alle Scham wegwirft, so entsteht der Ruhm. *Nietzsche*

Der Ruhm der kleinen Leute heißt Erfolg. *Ebner-Eschenbach*

Den Erfolg der Mittelmäßigen nennt man nationalen Ruhm.
Nowaczyński

Der Ruhm ist gewöhnlich das Grab der Ehre und die Ehre selten der Weg zum Ruhm. Aber wer den Ruhm und die Macht in Beschlag nimmt, stempelt die Ehre nach Gutdünken und macht Goldmünze aus Glockenspeise.
Seume

Der Ruhm ist wie ein Fluß, der leichte und aufgedunsene Dinge hochspült, und der schwere und feste Dinge untergehen läßt. *Bacon*

Ruhm ist nichts als eine Grabinschrift. *Unbekannt*

Ruhm ist der Beweis, daß die Menschen leichtgläubig sind. *Emerson*

Der Ruhm ist Schatten nur der Tat,
und steht kein Ding im Sonnenlicht,
sieht man gewiß den Schatten
nicht. *Hebbel*

Ruhm ist der Schatten, der den Erfolg begleitet. *Guerrazzi*

Der Ruhm ist der Schatten, den große Männer hinter sich werfen, die gegen die Sonne hinwandern. *Stehr*

Der Ruhm ist der Schatten der Tugend; er folgt ihr auch ungeheißen. *Seneca*

Der Ruhm ist die Sonne des Todes. *Balzac*

Der Ruhm ist der Schönheitssalon der Toten. *Decasseres*

Ruhm: der Vorzug, denen bekannt zu sein, die uns nicht kennen. *Chamfort*

Ruhm ist Unsterblichkeit. *Muschg*

Ruhm ist ein Vergrößerungsglas. *Thomas Fuller*

Ruhm ist: mitgedacht werden, wenn an ein ganzes Volk gedacht wird. *Raabe*

Ein Zirkel nur im Wasser ist der Ruhm,
der niemals aufhört, selbst sich zu erweitern,
bis die Verbreitung ihn in Nichts zerstreut. (Pucelle) *Shakespeare*

Runzeln

Runzeln – Schützengräben der Haut. *Tucholsky*

S

Sammler

Sammler sind Leute, die Seltenes zusammentragen in der Hoffnung, daß es noch seltener wird. *von Radecki*

Sanftmut

Sanftmut: ungewöhnliche Geduld beim Planen einer wirklich lohnenden Rache. *Bierce*

Satire

Satire: überholte Literaturgattung, worin der Verfasser die Laster und Torheiten seiner Feinde mit unvollkommenem Zartgefühl beschreibt. *Bierce*

Die Satire ist eine Verbindung von Salz und Quecksilber; und es kommt ganz auf die verschiedenartigste Aufbereitung und Mischung der Teile an, ob daraus eine vortreffliche Arznei oder ein starkes Gift entsteht. *Jeffrey*

Die feinste Satire ist unstreitig die, deren Spott mit so weniger Bosheit und so vieler Überzeugung verbunden ist, daß er selbst diejenigen zum Lächeln nötigt, die er trifft. *Lichtenberg*

Die Satire ist eine Art Spiegel: wer hineinblickt, sieht im allgemeinen das Gesicht eines jeden, nur nicht das eigene. *Swift*

Die Satire ist nur die Konkav-Ansicht eines Gemüts; wenn es nach hinten nicht buckelt, klafft vorn keine Höhlung, und das Ganze bleibt platt. *Tucholsky*

Satiriker

Satiriker: ein Moralist, der aus rückwärtiger Stellung angreift. *Brudziński*

Der Satiriker ist ein gekränkter Idealist; er will die Welt gut haben, sie ist schlecht, und nun rennt er gegen das Schlechte an. *Tucholsky*

Der Satiriker ist ein Mann, der seines Lebens nicht sicher ist, weil er die Wahrheit zur Schau trägt. *Vulpius*

Ein Satiriker ist ein Irrer, der dem Elefanten Mausefallen stellt.
Nowaczyński

Satz
→ Sprache, Wort

Der Satz ist ein Auswuchs der Idee. *Gide*

Jeder Satz ist der Schatten eines Gedankens, jeder Gedanke der Schatten eines Hintergedankens. *Hilsbecher*

Prägnante Sätze sind wie scharfe Nägel, welche die Wahrheit in unser Gedächtnis hineinzwingen. *Diderot*

Sch

Schadenfreude

Schadenfreude: Ansatzpunkt für eigenes Wohlbehagen. *Rudolf Rolfs*

Schadenfreude ist die Erfahrung, daß Frauen schneller altern als unsere Träume. *Nahr*

Schadenfreude ist der gemeinste Ausdruck über den Sieg und die Wiederherstellung der Gleichheit; erst seit Begründung der Gesellschaft gibt es Schadenfreude. *Nietzsche*

Schall

Der Schall: das Fleisch der Sprache. *Heimito von Doderer*

Scham

Scham ist die innere Grenze gegen die Sünde. *Hebbel*

Scharfsinn

Scharfsinn ist Genius in Kleinigkeiten. *Unbekannt*

Schlaues Mißtrauen ist der Scharfsinn normaler Menschen.
Nowaczyński

Schauspieler
→ Theater

Schauspieler: der einzige ehrliche Heuchler. *Hazlitt*

Schauspieler: soziale Rolle als Nichtrolle. *Schlosser*

Der Schauspieler ist ein Bildhauer, der in Schnee meißelt. *Barrett*

Die Schauspieler sind der Spiegel und die abgekürzte Chronik des Zeitalters. (Hamlet) *Shakespeare*

Die Schauspielerin ist die potenzierte Frau, der Schauspieler der radizierte Mann. *Karl Kraus*

Schenken

Schenken ist ein Brückenschlag über den Abgrund deiner Einsamkeit.
Saint-Exupéry

Schicksal

Was Schicksal ist, läßt sich nicht definieren, nur sehend erleben.
Spengler

Nicht, was wir erleben, sondern wie wir empfinden, was wir erleben, macht unser Schicksal aus.
Ebner-Eschenbach

Das Schicksal ist die Idee der Welt.
Hebbel

Das Schicksal ist eine Probe auf die Standhaftigkeit unserer Sehnsüchte und Wünsche. *Kessel*

Schicksale sind Unbegreiflichkeiten.
Otto Michel

Das Schicksal ist die Zeit in ihrer beschleunigten Form. *Giraudoux*

Das Schicksal ist die satirische Antwort auf unser Hoffen, Planen und Wünschen. *Kessel*

Was die Leute gemeiniglich das Schicksal nennen, sind meistens nur ihre eigenen dummen Streiche.
Schopenhauer

Schicksal: eines Tyrannen Ermächtigung zu Schandtaten und eines Narren Entschuldigung für sein Versagen. *Bierce*

Schlacht

Schlacht: eine Methode, einen politischen Knoten mit den Zähnen zu lösen, weil er der Zunge nicht nachgeben wollte. *Bierce*

Schlaf

→ Träumen, Traum

Schlaf ist ein Hineinkriechen des Menschen in sich selbst. *Hebbel*

Schlaf ist das einzige Glück, das man erst recht genießt, wenn es vorbei ist. *Polgar*

Der Schlaf ist unser nächtliches Brot.
Aus den «Fliegenden Blättern»

Der Schlaf ist die Nabelschnur, durch die das Individuum mit dem Weltall zusammenhängt. *Hebbel*

Der Schlaf ist das Bild des Todes.
Cicero

Schlaf ist genossener Tod. *Hebbel*

Der Schlaf ist für den ganzen Menschen, was das Aufziehen für die Uhr. *Schopenhauer*

Schlaf ist Zurücksinken ins Chaos.
Hebbel

Der Schlaf ist der Waffenstillstand im Kampf ums Dasein.
Aus den «Fliegenden Blättern»

Schlaflosigkeit – Krankheit einer Epoche, in der man den Menschen befiehlt, vor vielen Tatsachen die Augen zu schließen. *Lec*

Schlagfertigkeit

Schlagfertigkeit: Erwiderung in Form einer vorsichtigen Beleidigung. *Bierce*

Schlagfertigkeit ist eine Beleidigung im Frack. *Unbekannt*

Schlagfertigkeit ist die schnellste Bestätigung des Selbstgefühls.
Hans Arndt

Schlagfertig ist jede Antwort, die so klug ist, daß der Zuhörer wünscht, er hätte sie gegeben. *Hubbard*

Schlagfertigkeit ist der höchste Grad des Verstandes, denn er läßt auf die rascheste und kühlste Weise Genius in einem Augenblick sichtbar werden, da die Leidenschaften erhitzt sind.
Colton

Schlagfertigkeit liefert Denken als Fertigprodukt. *Wiesner*

Schlagfertigkeit ist etwas, worauf du erst 24 Stunden später kommst.
Mark Twain

Schlagfertigkeit ist das, was dir auf dem Nachhauseweg einfällt.
Unbekannt

Schlagwort

Das Schlagwort ist eine Idee auf dem Wege zur Phrase. *Haller*

Ein Schlagwort ist immer eine heruntergekommene Idee. *Silone*

Schlagwörter sind keine Argumente, sondern nur zur Faust geballte Gedanken. *Wildner*

Was ist das Bleibende der großen Denker von heute? Die Schlagworte von morgen. *Krailsheimer*

Schlagworte sind Kommandos der Dummheit. *Lohberger*

Schlagwort: der spektakuläre Auftritt einer wahrhaft gemeinten Lüge, die so vieldeutig ist, daß man sie nicht erfaßt, und so kurz, daß man sie nicht vergißt. *Wolfgang Herbst*

Schlauheit

Schlauheit ist der Zwerg der Weisheit. *Alger*

Schlauheit: die Eigenschaft, durch die sich schwache Tiere oder Menschen von starken unterscheiden. Sie bringt ihrem Besitzer viel geistige Befriedigung und große materielle Nachteile. Ein italienisches Sprichwort sagt: «Der Kürschner bekommt mehr Fuchs- als Eselsfelle.» *Bierce*

Schlauheit ist die Kunst, eigene Fehler zu verbergen und die Schwächen anderer bloßzulegen. *Hazlitt*

Weisheit und Lüge ergeben die Schlauheit. *Lohberger*

Schlauheit ist die Stimulans der mürbe Gewordenen. *Diettrich*

Schlecht

Wen nennst du schlecht? – Den, der immer beschämen will. *Nietzsche*

Schleier

Der Schleier ist ein Vorhang, durch den die Vorstellungskraft die Natur verbessern soll. *Unbekannt*

Schloß und Riegel

Schloß und Riegel: kennzeichnendes Werkzeug von Zivilisation und Aufklärung. *Bierce*

Schmeichelei

Schmeichelei ist eine Huldigung, die das Laster der Tugend darbringt. *La Rochefoucauld*

Schmeichelei ist Aggression auf Knien. *Branstner*

Die Schmeichelei ist die Macht des Kleinen. *Aus den «Fliegenden Blättern»*

Schmeichelei ist eine falsche Münze, die ihren Kurswert nur durch unsere Eitelkeit erhält. *La Rochefoucauld*

Schmeicheleien sind wie Falschgeld; sie machen denjenigen ärmer, der sie empfängt. *Herbert George Wells*

Gerechtes Lob ist lediglich eine Schuld; die Schmeichelei aber ist ein Geschenk. *Samuel Johnson*

Die Schmeichelei ist wie Kölnischwasser: zum Riechen, nicht zum Schlucken. *Josh Billings*

Schmeichelei ist der Diebesschlüssel zum Herzen. *Sprichwort*

Schmeicheln: das Fundament für einen Oberbau der Übervorteilung legen. *Bierce*

Schmeichler

Der Schmeichler ist jemand, der dir ins Gesicht sagt, was er nicht hinter deinem Rücken sagen würde.
Millington

Der Schmeichler ist ein Mensch, der seiner Meinung nach deine Fähigkeiten außerordentlich übertreibt, so daß sie näher an deine eigene Vorstellung von ihnen herankommen. *Wilde*

Die Schmeichler sind geschickte Gedankenleser; sie sagen genau das – was du denkst.
Aus den «Fliegenden Blättern»

Ein Schmeichler ist ein Freund, der dir unterlegen ist oder vorgibt, es zu sein. *Aristoteles*

Schmeichler sind wie Sonnenblumen, blicken nach dem Himmel hin, wurzeln aber in der Erde, suchen Vorteil und Gewinn. *von Logau*

Schmerz

Der Schmerz ist ein Hilfsmittel der Schöpfung. *Bloy*

Schmerz: eine unbehagliche Stimmung, die entweder eine physische Ursache hat, wenn dem Körper etwas zustößt, oder die rein psychischer Art ist, wenn sie durch das Glück anderer hervorgerufen wird. *Bierce*

Der Schmerz ist das Glück der Seligen. Am meisten lebt, wer am meisten leidet. *Börne*

Schmerz ist der Vater und Liebe die Mutter der Weisheit. *Börne*

Der Schmerz ist der geheime Gruß, durch den die Seelen sich verstehn. *Hebbel*

Der Schmerz ist der große Lehrer der Menschen. Unter seinem Hauche entfalten sich die Seelen.
Ebner-Eschenbach

Schmollen

Das Schmollen ist eigentlich das Aufprotzen der weiblichen Artillerie; wer bereits öfter beschossen wurde, fühlt sich schon versucht, bei der bloßen Veranstaltung die weiße Fahne auszustecken. *Bentzel-Sternau*

Schmutz

Schmutz ist das Schmutzigste auf den saubersten Stellen. *Bohn*

Schnupftabakhersteller

Ein Schnupftabakhersteller ist ein Mann, der sein Geschäft in fremder Leute Nasen steckt. *Quinn*

Schön

Das Schöne ist ein Schein der zeitlichen Wirklichkeit. *Strindberg*

Der Qualität nach ist das Schöne der Gegenstand eines reinen uninteressierten Wohlgefallens. *Kant*

Was ist das Schöne? Eine reiche Idee, dargestellt mit Zweckmäßigkeit, Klarheit, gelungener Absicht.
Gottfried Keller

Das Schöne ist das Scheinen der Idee durch ein sinnliches Medium (Stein, Farbe, Ton, gebundene Rede), die Wirklichkeit der Idee in der Form begrenzter Erscheinung. *Hegel*

Schön ist, was zugleich reizend und erhaben ist.
August Wilhelm Schlegel

Etwas schön finden, heißt ja wahrscheinlich vor allem: es finden.
Musil

Schön ist eigentlich alles, was man mit Liebe betrachtet. *Morgenstern*

Die Form des Schönen ist nur ein freier Vortrag der Wahrheit, der Zweckmäßigkeit, der Vollkommenheit.
Schiller

Schönheit

Schönheit ist selektive Präsentation des Angenehmen. *Nahr*

Schönheit ist schweigende Beredsamkeit. *Französisches Sprichwort*

Schönheit ohne Anmut ist ein Angelhaken ohne Köder. *de Lenclos*

Schönheit ist ein offener Empfehlungsbrief, der die Herzen zum voraus für uns gewinnt. *Schopenhauer*

Schönheit ist das von uns erblickte Spiegelbild einer außerordentlichen Freude der Natur. *Nietzsche*

Schönheit ist Tiefe der Fläche.
Hebbel

Die Schönheit ist das Gebet der Götter. *Lohberger*

Wirkliche Schönheit endet dort, wo der geistige Ausdruck beginnt.
Wilde

Schönheit ist eine Form des Genius – eine höhere Form sogar als Genius, denn sie braucht keine Erklärung.
Wilde

Schönheit ist Gesetzmäßigkeit. Schönheit erscheint, solange die Gesetzmäßigkeit empfunden wird. Sie schwindet, wenn unsere Sinne die Gesetzmäßigkeit nicht mehr erkennen. *Rathenau*

Die Schönheit ist nichts als das Versprechen des Glücks. *Stendhal*

Man hat gesagt, die Schönheit sei ein Versprechen des Glücks. Es ist nicht gesagt worden, daß das Versprechen gehalten wird. *Toulet*

Schönheit ist immer etwas Hinzugekommenes, und wir wissen nicht was. *Rilke*

Schönheit ist die Natur in der Kunstmäßigkeit. – Schönheit ist durch sich selbst gebändigte Kraft, Beschränkung aus Kraft. *Schiller*

Liebe durch Schönheit ist Geschmack. Das Schaffen von Schönheit ist Kunst. *Emerson*

Schönheit ist das Kind der Liebe.
Henry Havelock Ellis

Schönheit ist das Geschenk des Liebenden. *Congreve*

Schönheit ist Logik, die wir als Vergnügen empfinden.
de Gourmont

Was ist Schönheit anderes als eine Quelle der Lust? Das Lustgefühl ist individuell verschieden und bei verschiedenen Menschen geradezu entgegengesetzt; daher erklärt es sich, daß einer etwas für schön hält, was dem anderen häßlich vorkommt.
Stendhal

Schönheit: die Macht, womit eine Frau einen Liebhaber bezaubert und einen Ehegatten in Schrecken hält. *Bierce*

Schönheit: eine Melodie, die stumm geworden ist. *Lohberger*

Schönheit ist empfundener Rhythmus. *Morgenstern*

Die Schönheit hat so viele Bedeutungen, wie der Mensch Stimmungen hat. Die Schönheit ist das Symbol der Symbole. Die Schönheit offenbart alles, weil sie nichts ausdrückt. Zeigt sie sich selbst, so zeigt sie die ganze Welt in ihren Feuerfarben. *Wilde*

Schönheit ist der Sinn der Welt. Schönheit genießen, heißt die Welt verstehn. *Bierbaum*

Schönheit ist eines der seltenen Wunder, die unsere Zweifel an Gott verstummen lassen. *Anouilh*

Eine Definition des Schönen ist: Zweckdienlichkeit. *Ezra Pound*

Schreiben

Schreiben heißt einen Gedanken in Starrkrampf versetzen. Lesen heißt den Starrkrampf lösen. *Kudszus*

Schreiben: Über dem Abgrunde schweben, gehalten nur von der Grammatik. *Heimito von Doderer*

Schreiben ist, wie mir scheint, Kraftüberschuß. *Tucholsky*

Schreiben ist geschäftiger Müßiggang. *Goethe*

Wer präzis schreiben will, muß unter- oder übertreiben. Profile sind Dichtungen. *Kudszus*

Schreibtisch

Schreibtisch: Papierkorb mit Schubläden. *Unbekannt*

Schriften

Schriften sind die Gedanken des Staates, die Archive sein Gedächtnis. *Novalis*

Schriftsteller
→ Dichter, Essayist, Poet

Ein großer Schriftsteller ist einer, der unvergeßliche Sätze schreibt. *Montherlant*

Großer Schriftsteller: ein Autor, aus dessen Anmerkungen sich en passant Bücher machen lassen. *Lichtenberg*

Was eigentlich den Schriftsteller für den Menschen ausmacht, ist, beständig zu sagen, was der größte Teil der Menschen denkt oder fühlt, *ohne es zu wissen.* Der mittelmäßige Schriftsteller sagt nur, was jeder würde gesagt haben. *Lichtenberg*

Die echten Schriftsteller sind die Gewissensbisse der Menschheit. *Ludwig Feuerbach*

Ein Schriftsteller ist im Grunde ein Mensch, der seinen Schatten verloren hat. Überlebt er sich und wird zu einer alten, Worte zerkleinernden Mühle, so ist er, richtiger gesagt, ein Schatten, der seinen Menschen verlor. *Mauriac*

Schriftsteller wird man, wenn man alle Dinge beim Wort nimmt. *Kudszus*

Was sind die gewöhnlichen Schriftsteller anderes als Anschlagsäulen, die sich dem Publikum in den Weg pflanzen, mit den Bulletins des Tages an sich – Vergnügungen, verlorenen Hunden und Geldbeuteln usw. usw.? *Raabe*

Heutzutage machen drei Pointen und eine Lüge einen Schriftsteller. *Lichtenberg*

Ein Schriftsteller ist arriviert, wenn alles, was er schreibt, gedruckt wird. Ein Schriftsteller ist berühmt, wenn alles, was von ihm gedruckt wird, gelobt wird. *Laub*

Schriftsteller: einer, der Leuten Vergnügen liefert, die selbst nicht genug Witz haben, sich zu unterhalten. *Shaw*

Romanschriftsteller: einer, der aus Feigheit seine Gedanken in fremden Köpfen versteckt. *Lec*

«Ein Schriftsteller ist ein Mann, dem das Schreiben schwerfällt» (*Thomas Mann*).
Kommentar: Sagen wir: aber nicht zu schwer. *Ludwig Marcuse*

Schüchternheit

Schüchternheit ist eine Form der Aufrichtigkeit. *Christina von Schweden*

Schüchternheit ist eine Art Furcht vor sich selbst. *Hilsbecher*

Schulpsychologe

Schulpsychologe: ein Psychologe, der nicht von Freud allein lebt. *Steffen*

Schurke

Schurke: ein Mensch, dessen Qualitäten wie Beeren in einer Kiste auf dem Markt zur Schau lagen – die schönsten obenauf –, der aber auf der falschen Seite geöffnet wurde: ein umgestülpter Gentleman. *Bierce*

Schweigen

Schweigen ist die Stimme der Menschen, die überzeugt sind; Lautheit ist die Stimme derer, die sich selbst eine Überzeugung schaffen wollen. *Runes*

Schweigen, wenn nichts gesagt zu werden braucht, ist die Beredsamkeit der Diskretion. *Bovee*

Schweigen ist die ärgste oder die bescheidenste Form der Kritik. *Reverdy*

Schweigen ist der vollkommenste Ausdruck der Verachtung. *Shaw*

Schweigen ist die unerträglichste Erwiderung. *Chesterton*

Schweigen ist eines der am schwierigsten zu widerlegenden Argumente. *Josh Billings*

Schweigen ist die zweckmäßigste Haltung für den, der sich seiner selbst nicht sicher fühlt. *La Rochefoucauld*

Schweigen ist halbe Einwilligung. *Afrikanisches Sprichwort*

Schweigen heißt, nichts zu sagen haben, und es sagen. *Unbekannt*

Schweigen heißt: nicht sagen, was man sagen kann. *Ortega y Gasset*

Schweigen ist das Gold der Armen. *Lohberger*

Schweigen ist die Mutter der Wahrheit. *Disraeli*

Schwein

Das Schwein ist das Nonplusultra von Glück. *Hebbel*

Schweiß

Der Schweiß ist die Träne der Arbeit. *Spruchweisheit*

Science-fiction

Science-fiction ist eine Art Archäologie der Zukunft. *Fadiman*

Seele

Die Seele ist jene Welt, die wir uns selber erschaffen. *Lohberger*

Die Seele ist ein und dasselbe Wasser, das in uns allen enthalten ist; sie wechselt Form und Farbe, je nach der Form und Farbe der Flaschen. *Cocteau*

Die Seele des Menschen ist der Pfad der Götter. *Lohberger*

Was nennst du eine schöne Seele? Eine schöne Seele nennst du, die das Bessere schnell gewahr wird, rein heraushebt, unbeweglich festhält. *Jacobi*

Sehen

Sehen, das heißt glauben; aber fühlen, das heißt sicher sein. *Ray*

Das wirkliche Sehen drückt ein Objekt zusammen und damit zurück – in der Art einer Harmonika – und schafft so noch mehr Distanz, zu jener hinzu, welche es schon zur Voraussetzung hatte. *Heimito von Doderer*

Sehnsucht

Sehnsucht ist die Sucht, sich zu sehnen – der Fluch des Menschen seit seiner Vertreibung aus dem Paradies. *Anita*

Sehnsucht ist kein Schicksal, Sehnsucht ist vielmehr, wenn man sich dem Schicksal verweigert, Sehnsucht ist, wenn man das Schicksal nicht annimmt. *Le Fort*

Der leere Wunsch, die Zeit zwischen dem Begehren und Erwerben des Begehrten vernichten zu können, ist Sehnsucht. *Kant*

Sein

Das Sein ist eine aus lauter Knoten bestehende Linie. *Hebbel*

Das Sein ist eine leere Fiktion. *Nietzsche*

Selbstachtung

Selbstachtung: eine falsche Einschätzung. *Bierce*

Selbstaufopferung

Selbstaufopferung ist das wirkliche Wunder, aus dem alle anderen Wunder entspringen. *Emerson*

Selbstaufopferung ist eine Sache, welche die Menschen demoralisiert, für die wir uns aufopfern. *Wilde*

Selbstaufopferung ist ein Überbleibsel jener Selbstverstümmelung der Wilden, ein Stück jener Anbetung des Schmerzes, die in der Weltgeschichte eine so schlimme Rolle spielt und jetzt noch ihre Opfer fordert. *Wilde*

Selbstbeherrschung

Das Festhalten und Befolgen der Grundsätze, den ihnen entgegenwirkenden Motiven zum Trotz, ist Selbstbeherrschung. *Schopenhauer*

Selbstliebe
→ Egoismus, Eigenliebe, Selbstsüchtig

Selbstliebe ist die Quelle, der Ursprung und das Prinzip aller unserer Leidenschaften; sie allein entsteht mit dem Menschen und verläßt ihn nie, solange er lebt. *Rousseau*

Selbstlos

Selbstlosigkeit ist Eigenliebe, die sich schämt. *Lohberger*

Selbstlosigkeit ist ausgereifter Egoismus. *Herbert Spencer*

Selbstmord

Selbstmord ist das größte Kompliment, das man der Gesellschaft machen kann. *Wilde*

Selbstsüchtig, Selbstsucht

Selbstsüchtig: ohne Rücksicht auf die Selbstsucht anderer. *Bierce*

Selbstsucht liegt nicht darin, daß man nach eigenem Gutdünken lebt, sondern darin, daß man von anderen jene Lebensführung verlangt, die man sich selber gesetzt hat. *Wilde*

Selbstverleugnung

Selbstverleugnung: einer Verzichtsneigung frönen. *Bierce*

Selbstverleugnung ist einfach eine Methode, durch die der Mensch seine Weiterentwicklung hemmt. *Wilde*

Selbstverleugnung ist keine Tugend, sondern nur die Wirkung der Vorsicht auf die Schurkerei. *Shaw*

Selbstverständlich

Selbstverständlich: mir selbst verständlich und keinem anderen sonst. *Bierce*

Selbstverständlichkeiten sind Ungeheuer, die so reglos und so lang schon neben uns schlafen, daß wir sie nicht als solche mehr wahrnehmen können. *Heimito von Doderer*

Selbstvertrauen

Selbstvertrauen ist der Name, den wir dem Egoismus der Erfolgreichen beilegen. *Hubbard*

Sentenz
→ Aphorismus, Aphoristische Definition, Epigramm, Maximen, Zitat

Eine Sentenz ist eine Anmaßung oder eine Vorsicht. *Nietzsche*

Sentimentalität

Sentimentalität – nennen wir das Gefühl, das wir nicht teilen. *Greene*

Ein Sentimentalist ist einfach ein Mensch, der den Luxus eines Gefühls begehrt, ohne dafür zahlen zu wollen. *Wilde*

Was ist Sentimentalität? Nichts als die Unfähigkeit, Abschied nehmen zu können, ein Zuviel an Sirup im Blute. *Thieß*

Sentimentalität ist der Irrtum, zu glauben, daß in moralischen Konflikten Pardon gegeben oder genommen werden kann. *Shaw*

Sentimentalität ist das Sich-Erlaben an Gefühlen, die man in Wirklichkeit nicht ernst genug nimmt, um ihnen irgendein Opfer zu bringen, um sie irgend je zur Tat zu machen. *Hesse*

Sex
→ Erotik, Sinnlichkeit

Sex ist Werbung mit sich selbst. *Unbekannt*

Sichtbar

Alles Sichtbare ist nur die äußere Gestalt, in die sich ein Unsichtbares hüllt. *Le Fort*

Sie

Sie: ein appetitanregendes Fürwort. *Niederreuther*

Sinn

Sinn ist das am Sein verwirklichte Sollen, der in der Wirklichkeit erscheinende Wert. *Radbruch*

Sinngedicht
→ Gedicht

Was ist ein Sinngedicht? Wie Mann und Weib verbunden
Ein Zeilenpaar, das sich vereint, im Reim empfunden. *Rückert*

Sinnlichkeit

Sinnlichkeit ist trauliche Vorhandenheit ohne Gespräche. *Hille*

Sinnlichkeit: Symbolik unstillbarer geistiger Bedürfnisse. *Hebbel*

Sittlichkeit

Was ist Sittlichkeit? Verinnerlichte Sinnlichkeit. *Hille*

Sittlichkeit ist das, was ohne unzüchtig zu sein mein Schamgefühl gröblich verletzt. *Karl Kraus*

Skelett

Skelett: übertriebener Striptease. *Unbekannt*

Skepsis

Die Skepsis ist die Eleganz der Angst. *Cioran*

Skepsis: Wettstreit der Gedanken. *Lohberger*

Skepsis ist der erste Schritt auf dem Wege zur Philosophie. *Diderot*

Die Skepsis ist das Reizmittel der jungen Zivilisation und die Scham der alten. *Cioran*

Skepsis bedeutet nicht intellektueller Zweifel allein, sondern moralischer Zweifel. *Carlyle*

Die Skepsis, die nicht zur Zerrüttung unserer Gesundheit beiträgt, ist nur ein intellektuelles Exerzitium. *Cioran*

Skepsis ist die Wurzel aller «Demütigkeit» (wie man einst sagte), ein herrliches Gegengift. Man zeige sie am besten nicht in der Öffentlichkeit, weil sie mit Recht unter dem Verdacht steht, maskierter Stolz zu sein. *Ludwig Marcuse*

Der Skeptizismus ist der Anfang des Glaubens. *Wilde*

Sklave

Sklaven: das waren Menschen, die einen bestimmten Preis hatten. *Laub*

Niemand ist mehr Sklave als ein – Freier.
Aus den «Fliegenden Blättern»

Die glücklichen Sklaven sind die erbittertsten Feinde der Freiheit.
Ebner-Eschenbach

Sklaverei

Die Regierung des Menschen über den Menschen ist die Sklaverei.
Proudhon

Sklaverei: das Anwerben von Arbeitskräften auf Versorgungsbasis; heute auf die Form der Ehe beschränkt.
Unbekannt

Slang

Slang ist eine Sprache, die den Rock ablegt, sich in die Hände spuckt und an die Arbeit geht. *Sandburg*

Slang ist die Sprache, die ihre Lehrlingszeit abdient. *Buckle*

Slang: die Redeweise dessen, der mit der Zunge ausdrückt, was er mit dem Ohr denkt, und den sein Papageienkunststück mit Schöpferstolz erfüllt. Ein Mittel, sich ohne ein Kapital an Verstand als geistreicher Mensch zu erweisen. *Bierce*

Slogan

Slogan ist das Wort, das die Konkurrenz schlägt. *Korn*

Snob, Snobismus

Der Snob ist ein Mensch, der scheinbare Selbsterhöhung auf dem Wege tatsächlicher Selbsterniedrigung anstrebt. Er ist im eigentlichen Sinne der Masochist der Gesellschaftsordnung. *Schnitzler*

Der Snobismus folgt keinem Muster; er ist ein Mischmasch von Bezugssystemen, die Anwendung der Regeln eines Spiels auf ein anderes: Werte werden nach falschen Skalen bestimmt – Schönheit mit dem Thermometer, Gewicht mit der Uhr ...
Koestler

Snobismus ... die Sehnsucht ... zu einer Art von Menschen gerechnet zu werden, die irgendeine Eigenschaft höher ausgebildet besitzen als wir.
Schnitzler

Der Snobismus ist die Demut der Reichen. *Eschmann*

Sonne

Die Sonne ist die Universalarznei aus der Himmelsapotheke. *Kotzebue*

Sorge

Sorgen sind die scharfen Zacken der Nervensäge. *Reitz*

Sorgen sind ein dünner Strom von Furcht, der den Verstand durchzieht. Werden sie ermuntert, so schneiden sie einen Kanal, in den alle anderen Gedanken hineinfließen. *Roche*

Sorgen sind bezahlte Zinsen auf Schwierigkeiten, bevor sie eintreten. *William Ralph Inge*

Die Sorge ist das Verhältnis zum Leben. *Kierkegaard*

Sorgen sind die Obertöne jeder Freude. *Hubbard*

Sorge ist gebremste Sorglosigkeit.
Hilsbecher

Soziales Dreieck

Das soziale Dreieck wird gebildet durch Kunst, Wissenschaft und Geld. *Balzac*

Soziales Gleichgewicht

Es ist wohl zweckmäßig, einen Ausdruck zu prägen, der ein befriedigendes Verhältnis zwischen dem Angebot privatwirtschaftlicher Güter und Dienste und dem Angebot öffentlicher Dienste kennzeichnet: Nennen wir ihn *Soziales Gleichgewicht.*
Galbraith

Sozialismus
→ Normerfüllung

Unter Sozialismus verstehen viele manches. *Rudolf Rolfs*

Sozialismus ist nichts anderes als der pflichtgemäße Entschluß, den Kopf nicht mehr in den Sand himmlischer Dinge zu stecken, sondern sich auf die Seite derer zu schlagen, die der Erde einen Sinn geben. Menschensinn. *Thomas Mann*

Der Sozialismus, der diese Übereinstimmung des monetären Gewinns und seines konkreten Sinns beschleunigte, ist vielleicht nichts anderes als das Erspüren, das In-Worte-Fassen eines natürlichen Verlaufs der Ereignisse, der auf zahlreiche, von Herrn *Marx* unabhängige Faktoren zurückgeht. *Saint-Exupéry*

Der Sozialismus ist eine Reaktion gegen das Individuellwerden. *Nietzsche*

Sozialismus ist Teilung der Gewinne ohne Verantwortlichkeit für Verluste. *Hubbard*

Was der Sozialismus will, ist nicht Eigentum aufheben, sondern im Gegenteil individuelles Eigentum, auf Arbeit gegründetes Eigentum erst einführen. *Lassalle*

Die Schwäche des Sozialismus liegt darin, daß nicht das größte Wohl, sondern das geringste Übel erstrebt wird. *Poulet*

Sozialismus: das Überleben der Schwachen. *Hubbard*

Der Sozialismus ist die zu Ende gedachte Herdentiermoral.
Nietzsche

Sozialismus nennt man einen ungeheuren Aufwand zum Wohle der Menschheit, welcher sich selbst so restlos konsumiert, daß am Ende tatsächlich jeder alles, nämlich das übriggebliebene Nichts hat.
Heimito von Doderer

Sozialismus ist eine Frage der Macht, nicht des Rechts. *Nietzsche*

Der Sozialismus zwingt die Menschen, froh zu werden, ohne zu bedenken, daß sie froh *sind,* wenn man sie nicht zwingt. *Lohberger*

Dem Kapitalismus wohnt ein Laster inne: die ungleichmäßige Verteilung der Güter; dem Sozialismus hingegen wohnt eine Tugend inne: die gleichmäßige Verteilung des Elends.
Churchill

Sozialismus ist lediglich der degenerierte Kapitalismus zahlungsunfähiger Kapitalisten. *Mencken*

Sozialismus: die Praxis der Philosophie des «als ob». *Lohberger*

Der Sozialismus ist bloß ein Agitationsmittel des Individualismus.
Nietzsche

Soziologie

Soziologie ist der Mißbrauch einer zu diesem Zweck erfundenen Terminologie. *Tucholsky*

Zeitgenössische Soziologie: am sechsten Tag vormittags schuf Gott die Gesellschaft; nachmittags, als er schon müde war, den Menschen nach ihrem Bilde. *Ludwig Marcuse*

Soziologie ist die Kunst, zwischenmenschliche Probleme mit unscharfen Definitionen zu beleuchten. *Nahr*

Spannung

Spannung: das Leben einer Spinne. *Swift*

Sparen, Sparsamkeit

Was man sparen nennt, heißt nur, einen Handel für die Zukunft abschließen. *Shaw*

Sparen: die Steuergelder nur mit *einer* Hand zum Fenster hinauswerfen. *Nahr*

Die Sparsamkeit ist die Kunst, aus dem Leben so viel wie möglich herauszuschlagen. *Shaw*

Die Sparsamkeit ist die Tochter der Vorsicht, die Schwester der Mäßigkeit und die Mutter der Freiheit. *Smiles*

Sparsamkeit: ein Faß Whisky, das man nicht braucht, für den Preis einer Kuh kaufen, die man sich nicht leisten kann. *Bierce*

Spekulation

Alle Spekulation, vielleicht alles Philosophieren ist nur ein Denken in Spiralen; wir kommen wohl höher, aber nicht eigentlich weiter, und dem Zentrum der Welt bleiben wir immer gleich fern. *Schnitzler*

«Die Spekulation ist die betrunkene Philosophie», sagt *Feuerbach.* Die Philosophie werde daher wieder nüchtern, dann wird sie dem Geiste sein, was das reine Quellwasser dem Leibe ist. *Büchner*

Spezialisierung

Spezialisierung ist Parzellierung der Verantwortung. *Hans Kasper*

Spezialisierung – Kennwort aller Methoden unseres Jahrhunderts. Ihr verdanken wir es, daß ungezählte Menschen heute Scheuklappen vor den Augen tragen. *Frank Thieß*

Spezialist

Spezialist ist jemand, der sich auf eine von ihm gewählte Form der Unwissenheit beschränkt hat. *Hubbard*

Spezialisten sind Leute, die nur eine Saite auf ihrer Fiedel haben. *Henry Miller*

Spielen

Spielen ist Experimentieren mit dem Zufall. *Novalis*

Spielen ist das dem Menschen innewohnende Prinzip. *Edmund Burke*

Wollen heißt: den Mut haben, sich einer Unnannehmlichkeit auszusetzen; sich dieser aussetzen, heißt: den Zufall wagen, also spielen. *Stendhal*

Spitzfindigkeit

Die Spitzfindigkeit ist eine Nadel ohne Faden. *Hans Kasper*

Spontaneität

Spontaneität: Atem, der in die Statue fährt . . . *Hilsbecher*

Sport

Der Sport ist eine Tätigkeitsform des Glücks. *Kessel*

Der Sport ist ein Sohn des Fortschritts, und er trägt schon auf eigene Faust zur Verdummung der Familie bei. *Karl Kraus*

Spott

Spott ist der Dunst kleiner Herzen. *Tennyson*

Spott ist das Wetterleuchten der Verleumdung. *Sprichwort*

Spott ist Geistesarmut. *La Bruyère*

Spott ist der Prüfstein der Eigenliebe. *Vauvenargues*

Feiner Spott ist ein Dorn, der etwas von dem Duft der Blume konserviert hat. *d'Houdetot*

Sprache

→ Dichtung, Grammatik, Literatur, Orthographie, Poesie, Satz, Wort

Die Sprache ist, wie Raum und Zeit, eine dem menschlichen Geist notwendige Anschauungsform, die uns die unsrer Fassungskraft fort und fort sich entziehenden Objekte dadurch näherbringt, daß sie sie bricht und zerbricht. *Hebbel*

Die Sprache ist gleichsam der Leib des Denkens. *Hegel*

Die Sprache ist äußeres Denken, das Denken innere Sprache. *Rivarol*

Die Sprache ist die Sortiermaschine des Denkens. Leider programmiert sie sich auch weitgehend selbst. *Schlosser*

Die Sprache ist nicht nur die Grundlage des gesamten Denkvermögens, sondern auch das Zentrum, von dem die durch sie verursachten Mißverständnisse der Vernunft ausgehen. *Hamann*

Sprache ist unter anderem auch Expression, durchaus nicht immer Kommunikation. *Ludwig Marcuse*

Die Sprache ist die Kleidung der Gedanken. *Samuel Johnson*

Alle Sprache ist Bezeichnung der Gedanken. *Kant*

Die Sprache ist die Mutter, nicht die Magd des Gedankens. *Karl Kraus*

Die Sprache Mutter des Gedankens? Dieser kein Verdienst des Denkenden? O doch, er muß jene schwängern. *Karl Kraus*

Eine Sprache mit Geschick handhaben heißt eine Art Beschwörungszauber treiben. *Baudelaire*

Und wie ich's überdenke,
's bleibt eine wunderliche Sache:
Die Sprache ist Gottes Geschenk,
Und Gott ist ein Geschenk der Sprache. *von Bauernfeld*

Wahrscheinlich ist die Sprache eine Folge der Fähigkeit zu lachen. *Wolfgang Herbst*

Sprache: die Musik, mit der wir die Schlangen beschwören, die einen fremden Schatz bewachen. *Bierce*

Zeichnung ist Sprache für die Augen, Sprache Malerei für das Ohr. *Joubert*

Die Sprache ist die Quelle der Mißverständnisse. *Saint-Exupéry*

Sprache ist versteinerte Poesie. *Emerson*

Die Sprache ist ein unvollkommenes Werkzeug. Die Probleme des Lebens sprengen alle Formulierungen. *Saint-Exupéry*

Sprache: Worte, die zeigen sollen, daß dem, auf den sie gemünzt sind, die charakterliche Würde fehlt, welche den auszeichnet, der sie ausspricht. *Bierce*

Die Sprache ist ein Zauberstab. Also kann sie auch zum Marterinstrument und zur Mordwaffe werden. *Diettrich*

Die Zukunft der Sprache ist die Formel. *Ceram*

Die ganz in Information verwandelte Sprache ist die gehärtete Spitze einer nicht gehärteten Masse. *von Weizsäcker*

Sprachen

Sprachen sind die Stammbäume der Nationen. *Samuel Johnson*

Die alten Sprachen sind die Scheiden, darin das Messer des Geistes steckt. *Goethe*

Sprechen

Sprechen, das heißt vor sich selbst hermarschieren. *Queneau*

Sprechen heißt urteilen, Schweigen heißt geurteilt haben. *Lohberger*

Sprichwort

→ Maximen, Sentenz

Ein Sprichwort ist ein kurzer Satz, der sich auf lange Erfahrung gründet. *Cervantes*

Das Sprichwort ist eines Menschen Witz und aller Menschen Weisheit. *John Russell*

Sprichwörter sind die Philosophie der einfachen Leute. *Howell*

Sprichwörter sind die Zufluchtsstätte der Intuition. *Lowell*

Sprichwörter sind die Weisheit der Straßen. *Sprichwort*

Das Sprichwort ist das Blatt, das man braucht, um ein Wort zu essen. *Afrikanisches Sprichwort*

Sprichwörter sind die Spiegel der Denkart einer Nation. *Herder*

Volkesstimme ist Gottesstimme. Und was sind Sprichwörter anderes als Gottesstimmen? *Howell*

Sprichwörter sind kurzgefaßte Evangelien. *Spanisches Sprichwort*

Ein Sprichwort ist eine allgemein bekannte Weisheit, an die sich niemand hält. *Wolfgang Herbst*

Sprichwort: entbeinte Weisheit für schwache Zähne. *Bierce*

St

Staat

→ Haushalt, Rechtsstaat, Republik, Verfassung, Verwaltung

Der moderne Staat ist das sichtbarste und bekannteste Erzeugnis der Zivilisation. *Ortega y Gasset*

Der Staat ist die Einheit eines Systems von Normen, die regeln, unter welchen Bedingungen ein bestimmter Zwang von Mensch zu Mensch geübt werden soll. *Kelsen*

Der Staat ist eben auch nur ein Menschengebilde – und kann verlangen, daß wir ein bißchen nachsichtig mit ihm sind. *Ludwig Marcuse*

Der Staat ist eine Maschine zur Aufrechterhaltung der Herrschaft einer Klasse über eine andere. *Lenin*

Der Staat ist eine Institution, die immer mehr Geld ausgibt als sie einnimmt. In Zeiten guter Konjunktur geschieht dies, um sie zu erhalten, in Zeiten schlechter Konjunktur geschieht dies, um sie zu erzielen. *Nahr*

Der Staat ist eine Gesellschaft mit beschränkter Haftung – die ihre Geschäftsführer von Zeit zu Zeit aufhängt. *Niederreuther*

Die Wohltat des Staates besteht darin, daß er der Hort des Rechts ist. *Burckhardt*

Eine Staatsform und eine Wanzenjagd sind nah miteinander verwandt: das Ungeziefer kommt immer wieder; aber es ist doch einstweilen dafür gesorgt, daß es den Menschen nicht bei lebendigem Leibe auffrißt. *Hebbel*

Die Not führt die Menschen zusammen und vereinigt sie; dieses zufällige Flickwerk nimmt dann gesetzliche Formen an. *Montaigne*

Der einzig und allein gerechte und einzig und allein rechtfertigende Endzweck des Staates ist: das größte Glück der größten Zahl. *Bentham*

Der Staat ist die eiserne Klammer, die der Gesellschaftsprozeß erzwingt. *Nietzsche*

Staat ist diejenige menschliche Gemeinschaft, welche innerhalb eines bestimmten Gebietes das Monopol legitimer physischer Gewaltsamkeit für sich (mit Erfolg) beansprucht. *Max Weber*

Der Staat ist eine kluge Veranstaltung zum Schutze der Individuen gegeneinander. *Nietzsche*

Der Staat ist die Wirklichkeit der sittlichen Idee. *Hegel*

Staaten sind Gedanken Gottes. *Ranke*

Der Staat ist eine Allianz der vorangegangenen Generationen mit den nachfolgenden und umgekehrt. *Adam Müller*

Das Fundament aller Staatskünste besteht darin, die Menschen zu täuschen über das, was ihr eigner Vorteil ist. *Mohr*

Staatskunst besteht darin, eine Nation, von dem, was sie ist, in das, was sie sein könnte, umzuwandeln. *Alger*

Der Staat – eine Abstraktion, die das Leben des Volkes verschlingt, ein unermeßlicher Friedhof, auf dem . . . alle wahren Hoffnungen, alle Lebenskräfte eines Landes großzügig und andächtig sich haben hinschlachten und begraben lassen. *Bakunin*

Jeder Staat ist eine Despotie, sei nun einer oder viele der Despot. *Max Stirner*

Der Staat ist immer – welches auch seine Verfassung sei, ob primitiv, mittelalterlich oder modern – die Einladung, die eine Gruppe von Menschen an andere menschliche Gruppen zur gemeinsamen Ausführung eines Unternehmens ergehen läßt. Dieses Unternehmen besteht letzten Endes – wie immer seine Zwischenstufen seien – darin, eine gewisse Art des Gemeinschaftslebens zu schaffen. Die verschiedenen Staatsformen entstehen aus den verschiedenen Arten, nach denen die *Unternehmensgruppe* die Zusammenarbeit mit *den anderen* einrichtet. *Ortega y Gasset*

Staat: Unwirtschaftlich geführtes Großunternehmen. *Schiff*

Der Staat ist eine Notordnung gegen das Chaos. *Heinemann*

Der Staat ist die organisierte Unmoralität – inwendig: als Polizei, Strafrecht, Stände, Handel, Familie; auswendig: als Wille zur Macht, zum Kriege, zur Eroberung, zur Rache. *Nietzsche*

Zweck des Staates ist, daß ein Volk nicht als solches Aggregat zur Existenz, zur Gewalt und Handlung komme. *Hegel*

Der Zweck des Staates ist das Glück seiner Bürger. *Unbekannt*

Der Staat ist die vernünftige und sich objektiv wissende und für sich seiende Freiheit. *Hegel*

Der Staat ist die Wirklichkeit des substantiellen Willens. *Hegel*

Der Staat ist die große Fiktion, mit deren Hilfe sich alle bemühen, auf Kosten aller zu leben. *Bastiat*

Der Staat ist eine historische Übergangserscheinung, eine vergängliche Form der Gesellschaft. *Bakunin*

Was sind denn Staaten mit aller ihrer künstlichen, nach außen und nach innen gerichteten Maschinerie und ihren Gewaltmitteln anders als Vorkehrungen, der grenzenlosen Ungerechtigkeit der Menschen Schranken zu setzen? *Schopenhauer*

Der Staat beruht so wenig auf einem bloßen Vertrag als der Mensch. *Hebbel*

Der Staat ist die Wirklichkeit der konkreten Freiheit. *Hegel*

Der Staat ist der Herr der Gesellschaft, indem er ihr dient. *Haller*

Der Staat, wie er auch sei, ist der Beamte der Gesellschaft. *Maurras*

Der Staat ist ein Volk, das sich selbst beherrscht. *Kant*

Staatsmann
→ Minister, Politiker

Ein Staatsmann ist im allgemeinen ein Mann mit gewöhnlichen Meinungen und außergewöhnlichen Fähigkeiten. *Bagehot*

Der Staatsmann ist jemand, der glaubt, er gehöre dem Staate, während der Politiker meint, der Staat gehöre ihm. *Unbekannt*

Der Politiker wird zum Staatsmann dadurch an welche Antriebe im Volk er sich wendet. Er ruft aus der Tiefe nicht den Wahn und die Wildheit, nicht die Dummheit und Verführbarkeit, sondern die Vernunft der Völker. Er gibt den Interessen ihr Teil, aber begrenzt ihre Ansprüche. *Jaspers*

Der Politiker sagt: «Ich werde dir geben, was du wünschst.» Der Staatsmann sagt: «Was du zu wünschen glaubst, ist dies. Was für dich möglich ist, zu bekommen, ist jenes. Was du deshalb wirklich wünschst, ist das folgende . . .» *Lippmann*

Der Staatsmann ist ein Politiker, der aufrecht erhalten wird durch gleichen Druck von allen Seiten. *Johnston*

Ein Staatsmann ist ein Politiker, der seit zehn oder fünfzehn Jahren tot ist. *Truman*

Alter Staatsmann: einer, der alt genug ist, seine Meinung zu haben, und der darüber schweigt. *Baruch*

Staatsmännische Kunst ist der weise Einsatz individueller Unzulänglichkeit für das Gemeinwohl.
Abraham Lincoln

Standesbewußtsein

Standesbewußtsein: Damit bezeichnen wir eine streng umschriebene Gruppe von Vorurteilen, von denen jedes einzelne nicht nur auf sich selbst, sondern auf die übrigen stolz ist, und die einander gegenseitig automatisch zu hoch zu steigern pflegen, daß daraus eine partielle Unzurechnungsfähigkeit der Standesbewußten und Gefahr für die Umgebung resultiert.
Schnitzler

Stark

Stark ist, wer Kraft – bändigt.
Lohberger

Statistik

Die Statistik ist das Märchen der Vernunft. *Kessel*

Statistik: verlogene Wahrheiten.
Strachey

Statistik: sichtbar gemachte Assoziation. *Lohberger*

Statistik ist ein Verfahren, welches gestattet, geschätzte Größen mit der Genauigkeit von Hundertstelprozent auszudrücken. *Nahr*

Status seekers

Status seekers sind Leute, die sich dauernd anstrengen, um sich mit dem sichtbaren Beweis des höheren Ranges zu umgeben, den sie beanspruchen. *Vance Packard*

Staunen

Staunen ist unfreiwilliges Lob.
Edward Young

Staunen, das ist der Same des Wissens. *Bacon*

Steckenpferd

Das Steckenpferd ist das einzige Pferd, welches über jeden Abgrund trägt.
Hebbel

Sterben

Sterben heißt, dem Leben unerträglich werden. *Kudszus*

Sterben: einwintern.
Wilhelm Busch

Sterne

Sterne sind Gottestänzer. *Hille*

Sterne sind die Vergißmeinnicht der Engel. *Longfellow*

Die Sterne sind der blitzende Tau auf den Fluren der Ewigkeit.
Aus den «Fliegenden Blättern»

Sternbilder, die sichtbaren Akkorde des Himmels. *Lohberger*

Steuergerechtigkeit

→ Gerechtigkeit

Steuergerechtigkeit ist das Gleichgewicht der Lobbies. *Nahr*

Steuern

Steuern sind ohne Zweifel die in der Gesellschaft bekannteste und die einfachste Hebelkraft, um soziale Impulse zu lenken. *Morris L. West*

Steuern sind die andere Gewißheit. *Unbekannt*

Steuern einheben heißt, die Gans so zu rupfen, daß man möglichst viele Federn mit möglichst wenig Gezische bekommt. *Colbert*

Stil

Der Stil ist die Physiognomie des Geistes. *Schopenhauer*

Dein Stil – daß deine Augen siebenhundert Male sehen und im Grunde nur das eine. *Björling*

Stil ist die Kleidung der Gedanken. *Chesterfield*

Unter Stil verstehe ich die Fähigkeit, komplizierte Dinge einfach zu sagen – nicht umgekehrt. *Cocteau*

Den Stil verbessern, das heißt den Gedanken verbessern. *Nietzsche*

Stil haben: daß heißt die Worte so zu setzen, daß die Gedanken spazieren können. *Lohberger*

Stil ist richtiges Weglassen des Unwesentlichen. *Anselm Feuerbach*

Der Stil ist ein gefährlicher Nebel, aus dem stammelnde Metaphern undeutlich herausragen. *Ricks*

Der Stil ist der Mensch selbst.
Buffon

Le style c'est l'homme: dieses Wort ist so wahr, daß der Schreibende sich am sichersten dort zu verraten pflegt, wo er sich am ängstlichsten zu verstellen trachtete. *Schnitzler*

Wer es versteht, an sich Zweideutiges so auszudrücken, daß er nur eindeutig ausgelegt werden kann, ist ein Meister des Stils. *Vauvenargues*

Jedes Wort hat fließende Grenzen; diese Tatsache zu ästhetischer Wirkung auszunützen ist das Geheimnis des Stils. *Schnitzler*

Stilmodelle: der Fluch, das Telegramm und der Grabspruch.
Cioran

Stolpern

Stolpern ist die Beschleunigung des Ganges. *Afrikanisches Sprichwort*

Stolz

Der Stolz ist das Rückgrat des Menschen, und die Eitelkeit ist das Schwänzchen daran.
Aus den «Fliegenden Blättern»

Demnach ist Stolz die von innen ausgehende, folglich direkte Hochschätzung seiner selbst, hingegen Eitelkeit das Streben, solche von außen her, also indirekt zu erlangen. Dementsprechend macht die Eitelkeit gesprächig, der Stolz schweigsam.
Schopenhauer

Der Stolz ist eine Art Vergnügen, das jeder selbst erzeugt, der zu gut von sich denkt. *Spinoza*

Stolz ist das Selbstgefühl, ist Vergnügen an der eigenen Identität.
Kesten

Stolz, der Luxus Unterdrückter.
Rudolf Rolfs

Der Stolz ist die Tugend des Unglücks. *Châteaubriand*

Stoßen

Stoßen: eines der beiden Dinge, die meist zum Erfolg führen – besonders in der Politik. Das andere ist Ziehen. *Bierce*

Strafe

Strafe ist Gerechtigkeit für die Ungerechten. *Augustinus*

Die Strafe ist die Gerechtigkeit, welche die Schuldigen an die austeilen, die gefaßt werden. *Hubbard*

Die Strafe ist der Preis für etwas, das nicht zu verkaufen war.
Unbekannt

Der Sinn der Strafe ist: jemanden in der gesellschaftlichen Ordnung niedriger zu setzen. *Nietzsche*

Strafen heißt, absichtlich ein Übel zufügen. Wer in diesem Sinne strafen will, muß sich eines höheren Auftrags zuversichtlich bewußt sein.
Radbruch

Die Strafe, die züchtigt, ohne zu verhüten, heißt Rache. *Camus*

Die Strafe ist auch ein Recht für den Übertretenden. *Nietzsche*

Die Strafe ist eine hoheitliche Trotzreaktion. *Nahr*

Strategie
→ Taktik

Die Strategie ist eine Ökonomie der Kräfte. *Clausewitz*

Strategie ist ein System von Notbehelfen. *Moltke*

Strategie ist die Wissenschaft des Gebrauchs von Zeit und Raum.
Gneisenau

Strauß

Strauß: das einzige Tier, das einen offiziell anerkannten Sinn für Politik hat. *Daninos*

Studenten

Die Studenten sind das Fieberthermometer der Gesellschaft. *Moravia*

Studium

Das Studium ist das Brot der Seele. *Mazzini*

Stunde

Die Stunde ist das Kleingeld des Lebens. *Lohberger*

Subjektivität

Subjektivität ist Wahrheit.
Kierkegaard

Subjektivität: eine Sonnenuhr mit Hilfe einer Taschenlampe ablesen. *Piet Hein*

Subventionen

→ Marktwirtschaft, Wirtschaft

Subventionen sind politische Beschwichtigungsmittel. *Wiggins*

Subventionen: wirtschaftspolitischer Denkmalschutz. *Nahr*

Subvention: ein «Allheilmittel», welches ein Kurpfuscher dem falschen Patienten verschreibt. *Wittrich*

Sünde

Die Sünde ist eine religiöse Vorstellung, die Schuld eine moralische. *Kesten*

Was man die Sünde nennt, ist ein wesentliches Glied in der Kette des Fortschritts. Ohne sie würde die Welt zum Sumpfe, würde sie alt und farblos. Durch ihre Einzigkeit schon vermehrt die Sünde die Erfahrung einer Rasse. Durch die starke Betonung der Individualität rettet sie uns vor der Einförmigkeit des Typus. *Wilde*

Sünde: ein Bruch des Gleichgewichts. *Pavese*

Sünde ist Gegenverkehr auf moralischer Einbahnstraße. *Rudolf Rolfs*

Symbol

Symbole: das sind die Ideen im Reiche der Kunst. *Lohberger*

Sympathie

Sympathie ist eine Allegorie der Seele. *Otto Michel*

Sympathische Menschen sind Leute, die von uns eine hohe Meinung haben. *Unbekannt*

System

System: ein Platz für alles und alles auf seinem Platz. *Smiles*

T

Tag

Der Tag ist eine Miniaturewigkeit. *Emerson*

Tag: eine Folge von 24 meist übel angewendeten Stunden. *Bierce*

Daß der Tag das Inkognito des «Ewigen» ist, verleiht dem Journalisten einen priesterlichen Zug. *Kudszus*

Tagebuch

Tagebuch: ein täglicher Bericht über jenen Teil des Lebens, den man sich ohne zu erröten eingestehen kann. *Bierce*

Takt

Takt ist der Verstand des Herzens. *Gutzkow*

Takt ist die Fähigkeit, andere so darzustellen, wie sie sich selbst gern sehen. *Abraham Lincoln*

Takt ist der ungesagte Teil dessen, was du denkst. *Henry van Dyke*

Heucheln, das Wort klingt schlecht, drum nennt man's Takt. *Spitteler*

Takt ist die Fähigkeit, Rat annehmbar zu machen. *Unbekannt*

Takt ist die Fähigkeit, einem anderen auf die Beine zu helfen, ohne ihm dabei auf die Zehen zu treten.
Curt Goetz

Takt ist eine Geschicklichkeit, die den Menschen besser als Talent und Wissen über alle Schwierigkeiten führt. *Smiles*

Takt ist der auf das Benehmen angewandte gute Geschmack.
Chamfort

Takt besteht darin, daß man weiß, wieweit man zu weit gehen darf.
Cocteau

Takt ist die Musik der Seele. *Anita*

Takt ist das absolute Gehör des Herzens. *Unbekannt*

Taktik

→ Strategie

Die Taktik ist die Lehre vom Gebrauch der Streitkräfte im Gefecht, die Strategie die Lehre vom Gebrauch der Gefechte zum Zwecke des Krieges.
Clausewitz

Taktik ist ein Modewort für Hinterlist. *Rudolf Rolfs*

Taktik: sie ließen ihn steigen, um ihn besser treffen zu können.
Brudziński

Talent

→ Begabung, Genie

Was ist Talent? Ruhmvoll offenbar gewordene Vernunft.
Marie Joseph de Chénier

Talent ist das, was in eines Menschen Macht steht; Genius – in wessen Macht der Mensch steht. *Lowell*

Leicht tun können, was schwierig für andere ist – das ist Talent; tun können, was für das Talent unmöglich ist – das ist Genie. *Amiel*

Talent ist spezifische, Genie allgemeine Befähigung, welche der Mensch sich nicht nur durch eigene selbstbewußte Tätigkeit zu geben die Macht hat. *Hegel*

Das Talent weiß, was zu tun ist; der Takt weiß, wie es zu tun ist.
Unbekannt

Talente sind Genies, die von außen her befruchtet werden, Genies Talente, die aus sich selbst Früchte tragen.
Lohberger

Talent ist Form, Genie Stoff.
Gutzkow

Was die Epoche besitzt, das verkündigen hundert Talente;
Aber der Genius bringt ahnend hervor, was ihr fehlt. *Geibel*

Das Talent ist die Eins, aber das Genie setzt die Nullen hinzu. *Seunig*

Meine Definition des Talents lautet: eine Gabe, die Gott uns im geheimen geschenkt hat und die wir unbewußt enthüllen. *Montesquieu*

Tanz

Tanzen ist die Poesie des Fußes.
Dryden

... Tanz ist die einzige Kunst, in der wir selbst der Stoff sind, aus dem sie gemacht ist. *Schnabel*

Tanzen ist eine wundervolle Übung für die Mädchen. Sie lernen dabei am ehesten vermuten, was der Mann tun wird, bevor er es wirklich tut.
Christopher Darlington Morley

Tapferkeit

Tapferkeit ist stets ein Widerspruch in sich. Sie ist der mächtige Wille, am Leben zu bleiben, gekleidet in die Bereitschaft zu sterben. *Chesterton*

Tapferkeit ist die letzte Waffe, die die Natur dem Menschen gelassen hat gegen die Leiden des Lebens und des Sterbens. *Coudenhove-Kalergi*

Vollendete Tapferkeit besteht darin, ohne Zeugen zu tun, was man vor aller Welt zu tun vermöchte.
La Rochefoucauld

Taschendieb

Taschendiebe nennt man diejenigen Mitglieder der menschlichen Gesellschaft, die die weitverbreitete Kunst, dem anderen Geld aus der Tasche zu ziehen, nur manuell ausüben.
Hans Kasper

Der Taschendieb ist ein Optimist in der Menge. *Unbekannt*

Tat

Eine Tat ist ein in die Wirklichkeit umgesetztes Bekenntnis. *Kessel*

Tat heißt eine Handlung, sofern sie unter Gesetzen der Verbindlichkeit steht. *Kant*

Die Tat ist nicht das Leben, sondern die Livree des Lebens. *Suarès*

Jede Tat ist ein Schicksal, verkleidet in ein Wollen. *Spengler*

Tatsachen

Eine Tatsache ist in der Wissenschaft nicht eine bloße Tatsache, sondern ein Beispiel. *Bertrand Russell*

Tatsachen sind die wilden Bestien im intellektuellen Gelände. *Holmes*

Technik

Technik: das sind auch die aufgespeicherten Resultate der langen Kämpfe gegen die Feinde der Menschen. Insofern ist sie zu preisen.
Ludwig Marcuse

Als die Technik noch eine Seele besaß, hieß sie Kunst. Seit die Kunst keine Seele mehr hat, ist sie Technik.
Lohberger

Modelländerungen sind die Trippelschritte der Technik. *Nahr*

Technokratie

Technokratie ist, wenn Probleme gelöst statt zerredet werden. *Nahr*

Technokratie: Sozialismus mit Rechenschieber. *Unbekannt*

Technokratie: Kommunismus mit Gamaschen. *Stevens*

Technologie

Technologie ist die systematische Anwendung wissenschaftlicher Erkenntnisse bei praktischen Aufgaben.
Galbraith

Teilnahme

Die Teilnahme vieler Menschen dokumentiert sich darin, daß jeder seinen Teil nimmt.
Aus den «Fliegenden Blättern»

Teilnahme ist der goldene Schlüssel, der die Herzen anderer öffnet.
Smiles

Theater
→ Drama, Komödie, Schauspieler

Das Theater ist die tätige Reflexion des Menschen über sich selbst.
Novalis

Das Theater besteht nur aus verwirklichten Träumen. *Max Reinhardt*

Theke

Die Theke ist der Rangierbahnhof der menschlichen Seele, ein Bebra des Gemüts auf der Fahrt von des Tages Mühe in den Frieden der Nacht. *Bamm*

Theologie

Die Theologie ist immer eine mystisch verkleidete Anthropologie.
Gardavský

Die Theologie ist Anthropologie, d. h. in dem Gegenstande der Religion, den wir griechisch Theos, deutsch Gott nennen, spricht sich nichts andres aus als das Wesen des Menschen.
Ludwig Feuerbach

Theorie
→ Praxis

Eine Theorie ist nichts als die Haut der Wahrheit – gestützt und ausgestopft. *Henry Ward Beecher*

Die Theorie ist eine Vermutung mit Hochschulbildung. *J. A. Carter*

Die Theorie sollte nie vergessen, daß sie nichts weiter ist als angewandte Praxis. *Laub*

Die Theorie ist ein Zusammenhang von Begriffen – und zwar im strengen Sinne des Wortes Begriff.
Ortega y Gasset

Theorien sind gewöhnlich Übereilungen eines ungeduldigen Verstandes, der die Phänomene gern los sein möchte und an ihrer Stelle deswegen Bilder, Begriffe, ja oft nur Worte einschiebt. *Goethe*

Was ist eine Theorie anderes als eine unvollkommene Verallgemeinerung, die von einer Prädisposition eingeholt wurde? *Froude*

Theorie: ein unbegrenzter Zitatenschatz für alle Gelegenheiten.
Laub

Titel

Titel sind tiefe Gräben um die Festung Mensch. *Hans Arndt*

Tod

Tod ist die Voraus-Erfahrung von der Auflösung eines Alls, das Ich zu sich sagt. Die Erfahrung des Todes ist gebunden an die Erfahrung des Ich: seine Universalität und Inselhaftigkeit. *Ludwig Marcuse*

Tod: atemberaubende Erfahrung.
Unbekannt

Tod ist ewiger Schlaf.
Spruchweisheit

Der Tod ist ein Schlaf, in welchem die Individualität vergessen wird: alles andere erwacht wieder, oder vielmehr ist wach geblieben. *Schopenhauer*

Der Tod ist der Preis des Lebens.
Giraudoux

Tod, das ist nicht das gelebte, sondern das kommende Leben. *Lohberger*

Tod ist anerkanntes Ende.
Spengler

Der Tod ist der Dernier cri des Lebens. *Kudszus*

Der Tod ist kein Ereignis des Lebens. Den Tod erlebt man nicht.
Wittgenstein

Den Tod fürchten, das heißt dem Leben viel Ehre erweisen. *Jouffroy*

Der Tod ist ein Opfer, das jeder Mensch der Idee bringt. *Hebbel*

Der Tod ist die Ruhe, aber der Gedanke an den Tod ist der Störer jeglicher Ruhe. *Pavese*

Der Tod ist die sozialste Fortschrittspartei. Er setzt alle gleich. Tief.
Wiesner

Der Tod ist der Gerichtsvollzieher der Ewigkeit.
Aus den «Fliegenden Blättern»

Der Tod ist der siegreiche Wurm.
Poe

Der Tod ist der Beginn der Unsterblichkeit. *Robespierre*

Töten

Töten: einen freien Platz schaffen, ohne einen Nachfolger zu ernennen. *Bierce*

Toleranz

Toleranz ist ein Beweis des Mißtrauens gegen ein eigenes Ideal.
Nietzsche

Toleranz ist das unbehagliche Gefühl, der andere könne am Ende vielleicht doch recht haben. *Frost*

Toleranz ist die Tugend des Mannes, der keine Überzeugungen hat.
Chesterton

Toleranz ist ein anderes Wort für Gleichgültigkeit. *Maugham*

Toleranz heißt: die Fehler der anderen entschuldigen. Takt heißt: sie nicht bemerken. *Schnitzler*

Toleranz ist immer das Zeichen, daß sich eine Herrschaft als gesichert betrachtet; wo sie sich gefährdet sieht, erhebt sich immer auch der Anspruch, unbedingt zu sein, also die Verlogenheit, das Gottesgnadentum meines Vorteils, die Inquisition.
Max Frisch

Tradition
→ Konservatismus

Tradition ist gesiebte Vernunft des gesamten Volkes aus einem Jahrhundert in das andere. *Ricarda Huch*

Tradition ist die Behauptung, daß das Gesetz bereits seit uralten Zeiten bestanden habe. *Nietzsche*

Die Dogmen der Bequemlichkeit: genannt Traditionen. *Lohberger*

Traditionen sind Bleisohlen.
Rudolf Rolfs

Tradition: Erbadel des Plagiats. *Lec*

Tradition ist die sublimste Form der Nekrophilie. *Kudszus*

Es ist doch klar, daß Tradition nichts anderes ist als eine über die Zeit sich hinstreckende Demokratie. Sie ist die Bevorzugung einer Stimmenmehrheit vor der einzelnen und willkürlichen Stimme. *Chesterton*

Tradition ist die gewaltsame Fortsetzung einer abgeschlossenen Geschichte. *Wolfgang Herbst*

Die Tradition ist eine Ausdehnung des Wahlrechts. Tradition heißt, der unbekanntesten aller Klassen – unseren Vorfahren – Stimmen zu geben. Tradition ist die Demokratie der Toten. *Chesterton*

Trägheit
→ Faulheit

Die Trägheit ist eine Art Ewigkeits-Drang. *Hilsbecher*

Trägheit ist der Schlummer des Geistes. *Vauvenargues*

Die Trägheit ist das Zentralhaus im weitläufigen Gebäudekomplex der Dummheit. *Heimito von Doderer*

Träne

Tränen sind die vornehme Sprache der Augen. *Herrick*

Tränen sind die schweigende Sprache des Kummers. *Voltaire*

Die Träne ist die Sprache der Seele und die Stimme des Gefühls. *Pananti*

Die Träne – das edelste Kunstprodukt. *Hebbel*

Tragisch

Tragisch ist jede Erscheinung im Leben, die zwischen zwei sittliche Prinzipe gestellt, das eine nur durch die Vernichtung des anderen erreichen kann. *Frank Thieß*

Tragödie

Die Tragödie des Menschen: durch immer feinere Siebe gerüttelt zu werden, bis nichts als Staub übrigbleibt. *Diettrich*

Tragödie: keinen einzigen eigenen Gedanken zu haben und als Intellektueller verfolgt zu werden. *Laub*

Träumen
→ Schlaf

Träumen, das heißt schlafen mit Illustrationen im Text. *d'Ors*

Das Träumen ist der Sonntag des Denkens. *Amiel*

Traum

Der Traum ist der Wächter des Schlafes, nicht sein Störer. *Freud*

Traum ist Bann; man ist, während man träumt, gebannt in einer eigentümlichen Weise durch sich selbst in sich selbst. *Struve*

Träume sind Gedanken in vielen Richtungen und Zusammenhängen zugleich. *Lohberger*

Der Traum ist eine Wirklichkeit erster Ordnung; alle übrigen Realitäten sind aus zweiter Hand.
Wolfgang Herbst

Traum: die Wirklichkeit des Unbewußten. *Lohberger*

Träume sind Schäume. *Sprichwort*

Treue

Treue ist die dauernde Hinwendung zur Seele eines anderen, um in ihr oder mit ihr konstant gewollte Lebenswerte zu verwirklichen.
Spranger

Die Treue ist der längere oder kürzere, mitunter fast wehmütige Nachhall der Liebe. *Heimito von Doderer*

Treue ist, meist nur noch, die zur Moral erstarrte Liebe von gestern. *Lohberger*

Lieben können ist Gnade. Treu sein können ist Gnade, die der Gnade widerfährt. *Ludwig Strauß*

Treue – auch einer der Wege zum Verrat. *Japanisches Sprichwort*

Treue: eine Tugend, welche jenen eigentümlich ist, die wissen, daß sie bald betrogen werden. *Bierce*

Eifersucht ist Erpressung zur Treue. Treue ist Konkurrenzausschluß. *Nahr*

Trost

Trost: das Wissen, daß ein besserer Mensch unglücklicher ist als du. *Bierce*

Trost und Rat sind oft die Abwehr eines Nichtbetroffenen gegen das Leid eines Betroffenen. *Ludwig Marcuse*

Trösten heißt, an den Egoismus erinnern. *Jouffroy*

Trotz

Der Trotz ist die einzige Stärke des Schwachen – und eine Schwäche mehr. *Schnitzler*

Trunkenheit

Trunkenheit ist ein zeitweiliger Selbstmord; das Glück, das sie bringt, ist lediglich negativ: ein vorübergehendes Aufhören des Kummers. *Bertrand Russell*

Tugend

→ Prüderie, Unschuld

Tugend ist die Gesundheit der Seele. *Joubert*

Tugend ist zur Energie gewordene Vernunft. *Friedrich Schlegel*

Tugend ist die moralische Stärke in Befolgung seiner Pflicht, die niemals zur Gewohnheit werden, sondern immer ganz neu und ursprünglich aus der Denkungsart hervorgehen soll. *Kant*

Insofern die Erfüllung der Pflichten mehr als subjektives Eigentum des Individuums erscheint und mehr seinem natürlichen Charakter angehört, ist sie Tugend. *Hegel*

Die Tugend ist eine Fackel, welche nicht nur die Menschen beleuchtet, die sie tragen, sondern alle, die sie betrachten. *de Méré*

Man kann die Tugend nach meiner Ansicht kurz und gut definieren als die rechte Ordnung der Liebe. *Augustinus*

Die Tugend besteht nicht im Verzicht auf das Laster, sondern darin, daß man es nicht begehrt. *Shaw*

Tugend besteht nicht in der Abwesenheit der Leidenschaften, sondern in deren Kontrolle. *Josh Billings*

Die negative Tugend: der Gefrierpunkt des Ich. *Hebbel*

Die Tugend ist bei einigen Furcht vor der Gerechtigkeit, bei vielen Schwäche, bei anderen Berechnung. *de Nerval*

Tugend erregt keinen Neid; vielleicht deshalb, weil sie oft nur Furcht vor übler Nachrede ist. *Wiggins*

Tugenden sind meist nur verkleidete Laster. *La Rochefoucauld*

Viele Menschen sehen die Tugend mehr im Bereuen der Fehler als im Vermeiden. *Lichtenberg*

Tugenden nennt man insgeheim diejenigen Charaktereigenschaften, von denen andere den meisten Vorteil haben.
Aus den «Fliegenden Blättern»

Die Tugend ist eine Eigenschaft, die nie so angesehen war wie das Geld. *Mark Twain*

Was ist die Tugend denn anderes als die Gewerkschaftsbewegung der Verheirateten? *Shaw*

Tugenden: gewisse Enthaltsamkeiten. *Bierce*

Tyrann, Tyrannis
→ Diktator, Diktatur

Der Tyrann ist ein Gemisch aus Feigheit, Borniertheit, Willkür, Unverantwortlichkeit und Selbstgefälligkeit. Er repräsentiert also wirklich die Majorität. *Laub*

Tyrannen sind in unseren Tagen die gefährlichsten Freiheitsprediger.
Börne

Der Wille zum Überleben ist der Tyrann aller Tyrannen.
Ludwig Marcuse

Wo das Recht endet, beginnt Tyrannis. *Pitt*

Schlechte Gesetze sind die schlimmste Form der Tyrannis.
Edmund Burke

Besteuerung ohne Repräsentation ist Tyrannis. *Otis*

U

Überflüssig

Das Überflüssige ist das zutiefst Notwendige, weil es der Wunsch der Freiheit ist. *Eschmann*

Überlegen

Überlegen: Wahrscheinlichkeiten auf der Waagschale der Wünsche wiegen. *Bierce*

Übersetzer

Übersetzer sind als geschäftige Kuppler anzusehen, die uns eine halbverschleierte Schöne als höchst liebenswürdig anpreisen: Sie erregen eine unwiderstehliche Neigung nach dem Original. *Goethe*

Übersetzung

Die Übersetzung ist günstigenfalls ein Echo. *Borrow*

Übertreibung

Die Übertreibung ist eine Wahrheit, welche die Ruhe verloren hat.
Kahlil Gibran

Die Übertreibung ist der Betrug der ehrlichen Leute. *de Maistre*

Die Übertreibung ist lediglich ein bestätigendes Detail, das einer sonst schmucklosen und wenig überzeugenden Schilderung Ansehen verleihen soll. *Gilbert*

Übertreibungen sind ein Vergrößerungsglas des Geistes, durch welches man die objektive Glätte an der betrachteten Stelle wieder in ihre rauhen

Fasern auflöst.
Heimito von Doderer

Überzeugung

Überzeugung ist das Gewissen des Geistes. *Ward*

Überzeugungen sind Hypotheken auf den Verstand. *Unbekannt*

Die Überzeugung ist der Glaube, in irgendeinem Punkt der Erkenntnis im Besitz der Wahrheit zu sein.
Nietzsche

Überzeugung heißt der Standpunkt, den du vertreten kannst, ohne ärgerlich zu werden. Gegensatz: Vorurteil. *Unbekannt*

Überzeugungen sind das Gegenteil von Eigenschaften.
Heimito von Doderer

Überzeugungen sind Gefängnisse.
Nietzsche

Überzeugt: aus voller Kehle im Irrtum. *Bierce*

Ultimatum

Ultimatum in der Diplomatie: eine letzte Forderung, bevor man seine Zuflucht zu Konzessionen nimmt.
Bierce

Umgangsformen

Umgangsformen sind Ausdruck der Statusbeziehungen – ein symbolisches Gebärdenspiel von Herrschaft und Unterwerfung. *Veblen*

Umgangsformen: Verhaltensweisen, die nicht durch Grundsätze, sondern durch Erziehung bestimmt sind.
Bierce

Umstürzler
→ Revolutionär

Umstürzler ist jeder, der die bestehende soziale Ordnung abschaffen und eine andere erproben will. *Shaw*

Unabhängigkeit

Unabhängigkeit ist die Form der Entsagung, welche der Herrschsüchtige endlich annimmt. *Nietzsche*

Unaufrichtigkeit

Unaufrichtigkeit ist lediglich eine Methode, durch die wir unser Wesen vervielfältigen können. *Wilde*

Unbedingt

Unbedingt – das heißt eigentlich: nicht durch Dinge eingeschränkt: dinglos. *Struve*

Unbescheiden

Unbescheiden: ein starkes Gefühl für eigene Verdienste und ein schwaches Gefühl für die anderer. *Bierce*

Unbesonnen

Unbesonnen: unempfänglich für den Wert unserer Ratschläge. *Bierce*

Undankbarkeit
→ Dankbarkeit

Die Undankbarkeit ist eine Tochter des Stolzes. *Cervantes*

Der Undankbare ist ein Mensch, der etwas für nichts bekommen hat, und der zu denselben Bedingungen mehr haben will. *Hubbard*

Undankbarer: jemand, der von einem anderen eine Wohltat empfängt oder sonstwie Gegenstand der Nächstenliebe ist. *Bierce*

Unendlich

Das Unendliche ist dort, wo Dinge geschehen, die es nicht gibt.
Definition eines Schülers

Ungeduld

Ungeduld ist Warten in Eile.
Unbekannt

Ungeduld ist die Vergangenheit von Liebenswürdigkeit. *Unbekannt*

Ungeduld ist die einzige Eigenschaft der Jugend, deren Verlust man im Alter nicht beklagt. *Frank Thieß*

Ungehorsam

Ungehorsam: ein Silberstreifen am Horizont der Knechtschaft. *Bierce*

Ungerechtigkeit

Ungerechtigkeit: eine Last, welche von allen, die wir anderen aufbürden oder selber tragen, in der Hand am leichtesten und auf dem Rücken am schwersten ist. *Bierce*

Unglück
→ Glück, Glücklich, Glückseligkeit

Unglück ist versäumtes Glück.
Lohberger

Unglück ist: keine Pflichten zu haben. *Eichbaum*

Unglück ist der Diamantenstaub, mit dem der Himmel seine Juwelen schleift. *Leighton*

Unglück: der erste Weg zur Wahrheit. *Byron*

Unglück ist ein vollkommener Spiegel, in dem wir uns sehen und erkennen. *Davenant*

Fast immer ist das Unglück Anzeichen einer Fehlinterpretation des Lebens.
Montherlant

Unglück: eine derbe und unmißverständliche Erinnerung, daß die Dinge des Lebens nicht nach unserem Willen laufen. – Es gibt Unglück in zweierlei Form: das Unglück, das uns selber zustößt, und das Glück, das andere haben. *Bierce*

Unglücklich

Wenn ein Mensch nichts mehr zu bauen oder zu zerstören hat, ist er sehr unglücklich. *Alain*

Unglücklich sind die, die gerade so viel Verstand haben, um ihre Dummheiten einzusehen.
Aus den «Fliegenden Blättern»

Unglücklich ist nicht, wer etwas auf Befehl tut, sondern wer es widerwillig tut. Wir sollten daher die innere Einstellung gewinnen, daß wir wollen, was die Umstände von uns verlangen. *Seneca*

Unhöflichkeit

Unhöflichkeit ist häufig das Merkmal einer geschickten Bescheidenheit. *Nietzsche*

Universalität

Wahre Universalität besteht nicht darin, daß man vieles weiß, sondern daß man vieles liebt. *Burckhardt*

Universität
→ Professor, Student

Universität: ein Ort, an dem man keinen Schritt tun kann, ohne jemandem

auf die Zehen zu treten. Oder ist das eine Definition des Universums?
Kenneth Burke

Die wahre Universität dieser Tage ist eine Sammlung von Büchern.
Carlyle

Eine Universität ist ein Ort, wo Kieselsteine geschliffen und Diamanten getrübt werden. *Ingersoll*

Die Universität ist ihrer Natur nach eine Oligarchie ihrer Fakultäten.
Galbraith

Unkraut

Unkraut ist eine Pflanze, deren Tugenden noch nicht entdeckt wurden. *Emerson*

Unmoral
→ Moral

Unmoral ist die Moral derer, die sich amüsieren. *Mencken*

Unparteiisch

Unparteiisch: unfähig einzusehen, inwiefern es einen persönlichen Vorteil verheißt, wenn man sich in einem Streit auf eine der beiden Seiten schlägt oder wenn man sich zu einer der widerstreitenden Meinungen bekennt. *Bierce*

Unrecht
→ Recht

Alle auf das Recht anderer Menschen bezogene Handlungen, deren Maxime sich nicht mit der Publizität verträgt, sind unrecht. *Kant*

Das Recht des Stärkeren ist das stärkste Unrecht. *Ebner-Eschenbach*

Unruhe

Ständige Unruhe ist Trägheit.
Hilsbecher

Unruhig sein, heißt seinen Mittelpunkt suchen. *Gabriel Marcel*

Unschuld

Unschuld ist erwachende Sinnlichkeit, die sich selbst nicht versteht. *Hebbel*

Es ist deine Unschuld, nicht zu wissen, was Unschuld ist. *Nietzsche*

Die Unschuld eines Wesens ist die vollkommene Angepaßtheit an seine Welt. *Giraudoux*

Unschuld – eine nicht greifbare Stille. *Björling*

Unschuld ist moralischer Instinkt. *Novalis*

Unschuld heißt willenlos sein, ohne böse und eben damit ohne gut zu sein. *Hegel*

Die Unschuld des Mannes heißt Ehre; die Ehre der Frau heißt Unschuld.
Ebner-Eschenbach

Unsterblichkeit
→ Sterben, Tod

Unsterblichkeit ist die Größe unseres Seins. *Simmons*

Unsterblichkeit, das heißt an einem ewigen Werk arbeiten. *Renan*

Unsterblichkeit heißt: ein Mensch stirbt und seine Worte leben.
Chinesisches Sprichwort

Jeder Unsterbliche ist ein unverdauter Stein im Magen der Menschheit.
Hebbel

Sag etwas, was sich von selbst versteht, zum erstenmal, und du bist unsterblich. *Ebner-Eschenbach*

Untergebener
→ Beamter

Untergebener: einer, der sich kurzfassen muß. *Brudziński*

Unterhaltung

Die gute Unterhaltung besteht nicht darin, daß man selbst etwas Gescheites sagt, sondern daß man etwas Dummes anhören kann. *Wilhelm Busch*

Untertan

Untertanen sind Verschwender. Sie verschenken ihre Macht. *Rudolf Rolfs*

Untreue

Untreue ist oft nichts als ein Mangel an Phantasie. *Krailsheimer*

Untreue: nichts dem Ehegatten zu sagen haben, weil man schon alles jemandem anderem gesagt hat. *Sagan*

Unverstand

Der Unverstand ist die unbesiegbarste Macht auf der Erde. *Anselm Feuerbach*

Unwissenheit

Unwissenheit ist freiwilliges Unglück. *Ling*

Unwissenheit ist die Amme des Vorurteils. *Josh Billings*

Unwissenheit ist das, was uns ein ewiges Verbundensein mit Vorurteilen verschafft und beständigem Irrtum. *Hall*

Unwissenheit ist ein Nebenprodukt der Erziehung. *Unbekannt*

Unwissenheit ist die Mutter der Bewunderung. *Chapman*

Unwissenheit ist eine Sache, die eine Menge interessanter Argumente verursacht. *Unbekannt*

Unwahrheit

Die gefährlichsten Unwahrheiten sind Wahrheiten, mäßig entstellt. *Lichtenberg*

Urgemeinsamkeit

Urgemeinsamkeit: die Gemeinsamkeit der Vorurteile. *Brudziński*

Ursache und Wirkung
→ Wirkung

Ursache und Wirkung sind zwei Seiten einer einzigen Tatsache. *Emerson*

«Ursache und Wirkung» ist nur die populäre Verallgemeinerung von «Mittel und Zweck», der nichts in der Wirklichkeit entspricht. *Nietzsche*

Urteil

Ein Urteil ist die Vorstellung der Einheit des Bewußtseins verschiedener Vorstellungen, oder die Vorstellungen des Verhältnisses derselben, sofern sie einen Begriff ausmachen. *Kant*

Das Urteil ist die am Begriffe selbst gesetzte Bestimmtheit desselben. *Hegel*

Das Urteil – das ist der Glaube: «Dies und dies ist so.» Also steckt im Urteil das Geständnis, einem «identischen Fall» begegnet zu sein: es setzt also Vergleichung voraus, mit Hilfe des Gedächtnisses. *Nietzsche*

Die Wahrheit des Urteils ist der Schluß. *Hegel*

Alle Urteile, die wir – auch über andere – fällen, sind eigentlich immer nur Schmeicheleien, die wir uns selber sagen. *Lohberger*

Urteilen

Das Urteilen ist das Beziehen eines einzelnen auf den Begriff. *Hegel*

Etwas als ein Merkmal mit einem Dinge vergleichen heißt urteilen. *Kant*

Das eigentliche Urteilen über einen Gegenstand ist das Vergleichen seiner Natur oder wahren Allgemeinheit mit seiner Einzelheit oder mit der Beschaffenheit seines Daseins; das Vergleichen dessen, was er ist, mit dem, was er sein soll. *Hegel*

Urteilskraft: das Vermögen, unter Regeln zu subsumieren, d. i. zu unterscheiden, ob etwas unter einer gegebenen Regel stehe oder nicht. *Kant*

Die Urteilsweise der meisten Menschen besteht einfach darin, daß sie ihre eigenen Ausdünstungen generalisieren. *Heimito von Doderer*

Über Personen urteilen heißt groteske Bilder von ihnen zeichnen. *Pavese*

Usw.

Usw. ist ein Zeichen, das verwendet wird, um die Leute glauben zu machen, daß man mehr wüßte als man ihnen erzählt. *Unbekannt*

Utopie

Die Utopie besteht im Erfinden einer Gemeinschaftsform. *Saint-Exupéry*

Die utopischsten Träume sind oft nur vorzeitige Wahrheiten. *Lamartine*

Utopist

Ein Utopist kann ein Mann sein, der zu wollen wagt, was noch keinen Präzedenzfall gehabt hat. Aber auch ein Mann, der es sich leistet, alles auszuklammern, was der Utopie im Wege steht. *Ludwig Marcuse*

Der Utopismus ist heute die «Moral» militanter Soziologen. Sie würden die Untersuchung ihres Lebens für kleinbürgerlich halten. *Ludwig Marcuse*

V

Vaterland, Vaterlandsliebe → Patriotismus

Das «Vaterland» ist der Alpdruck der Heimat. *Tucholsky*

Vaterland nennt sich der Staat immer dann, wenn er sich anschickt, auf Menschenmord auszugehen. *Dürrenmatt*

Vaterlandsliebe ist erweiterte Familienliebe. *Ebner-Eschenbach*

Vegetarier

Der Vegetarier ist ein Mensch, der kein tierisches Leben ißt, das man ohne Mikroskop sehen kann. *Unbekannt*

Verabsolutieren

Jedes Verabsolutieren ist ein eiserner Lukendeckel, den der Mensch, wieder in seinen Bau hinabsteigend, dem Himmel und allen Göttern vor der Nase zuwirft. *Heimito von Doderer*

Verachtung

Verachtung ist schlechtgelaunter Egoismus. *Coleridge*

Verachtung: das Gefühl eines vorsichtigen Mannes für einen Feind, der zu mächtig ist, als daß man ihm gefahrlos entgegentreten könnte. *Bierce*

Verachtung ist der schärfste Tadel. *Bohn*

Verachtung ist Würde als Ersatz von Geist. *Unbekannt*

Verallgemeinerung

Eine Verallgemeinerung ist ein Plateau, auf dem sich ein müder Geist ausruht.
Zitiert nach «Das Beste» 1968

Verantwortung

Verantwortung ist der Preis der Größe. *Churchill*

Verbieten

Uns etwas verbieten heißt uns danach lüstern machen. *Montaigne*

Verbrechen

Verbrechen: Muse der Prediger und der Moralisten. *Lec*

Verbrechen ist lediglich der Name für die offenkundigsten und äußersten Formen des Abweichens von der Norm der Sitte und der Gewohnheit. *Henry Havelock Ellis*

Verbrechen ist, was das Recht als Verbrechen ansieht; das Recht aber repräsentiert den Willen der herrschenden Klasse. *Roginskij/Kamitzkij*

Verdacht

Verdacht ist die Freundschaft, die eine Schauspielerin für die andere empfindet. *Duse*

Verehrung

Verehrung ist tiefgekühlte Liebe.
Sagan

Vereine

Vereine bieten die Möglichkeit, sich mit anderen Menschen zu schmücken. *Rudolf Rolfs*

Vereine fördern die Bestrebungen ihrer Mitglieder und stören die der anderen. *Musil*

Das Vereinswesen ist die Festung der Mittelmäßigkeit. Von dem Vereinswesen geht der Verdammungsklatsch gegen das Talent aus.
Anselm Feuerbach

Vererbung

Vererbung ist ein Autobus, in dem alle unsere Vorfahren sind, und aus dem ab und zu einer von ihnen den Kopf heraussteckt und uns außer Fassung bringt. *Holmes*

Vererbung ist das, woran Eltern glauben, die ein kluges Kind haben.
Unbekannt

Vererbung ist nichts als gespeicherte Umwelt. *Burbank*

Vererbung ist eine Theorie, die besagt, daß wir unsere schlechtesten Eigenschaften von den Vorfahren haben. *Unbekannt*

Verfassung

Die Verfassung ist ein Mittel, das sicherstellen soll, daß die Herrschenden ihre Macht nicht mißbrauchen. *Mill*

Unter Verfassung muß die Bestimmung der Rechte, das ist der Freiheiten überhaupt, und die Organisation der Verwirklichung derselben verstanden werden, und die politische Freiheit kann auf jeden Fall nur einen Teil derselben ausmachen. *Hegel*

Die politische Verfassung einer Gesellschaft ist zugleich Ausdruck und Anerkennung ihrer Wirtschaftsverfassung. *Kropotkin*

Vergangenheit

Alles, was man gemeinhin Vergangenheit nennt, ist im Grunde nur eine leiser und dunkler gewordene Art von Gegenwart. *Le Fort*

Sich seiner Vergangenheit bewußt zu sein, heißt Zukunft haben. *Lohberger*

Vergeben

Vergeben und vergessen heißt kostbare Erfahrungen zum Fenster hinauswerfen. *Schopenhauer*

Vergeltung

Vergeltung ist eine Art wilder Gerechtigkeit. *Bacon*

Vergeltung: der natürliche Fels, auf dem der Tempel des Rechts errichtet ist. *Bierce*

Vergessen

Das Vergessen ist eine Wahl, dank der allein das Wesentliche übrigbleibt. *Green*

Jemanden vergessen wollen heißt an ihn denken. *La Bruyère*

Vergessen, das ist die Kunst, Bewußtes unbewußt zu machen. *Hans Lohberger*

Vergnügen
→ Amüsement

Vergnügen: die am wenigsten hassenswerte Form der Niedergeschlagenheit. *Bierce*

Vergnügen: die Belohnung einer Erwartung an der Schwelle einer Enttäuschung. *Unbekannt*

Das Vergnügen besteht in der Harmonie zwischen der besonderen Erregbarkeit eines lebenden Geschöpfes und den ihm genehmen erregenden Anlässen. *Coleridge*

Vergnügen ist ein billiger Ersatz für Glück. *Unbekannt*

Das Vergnügen ist ein Prüfstein der Natur, ein Zeichen ihrer Zustimmung. Wenn wir glücklich sind, sind wir immer gut. Aber nicht jeder, der gut ist, ist glücklich. *Wilde*

Manches Vergnügen besteht darin, daß man mit Vergnügen darauf verzichtet. *Rosegger*

Verhältnis

Das Verhältnis ist die kleinste Form gesellschaftlicher Verhältnisse. Es hat kein öffentliches Recht, obschon sich die Öffentlichkeit das Recht nimmt, es zu beurteilen. Das Urteil ist aber unverhältnismäßig, weil nur urteilt, wem jegliches Verhältnis zu einem Verhältnis fehlt. *Bayr*

Verleumden

Verleumden: Lügen über einen anderen verbreiten. Die Wahrheit über einen anderen verbreiten. *Bierce*

Verleumdung
→ Verunglimpfung

Was ist Verleumdung? Ein Schuldspruch, der in Abwesenheit des Angeklagten hinter verschlossenen Türen, ohne Verteidigungs- oder Berufungsrecht, von einem voreingenommenen Richter verkündet wird. *Roux*

Verleumdungen sind Krankheiten anderer, die an deinem Leibe ausbrechen. *Nietzsche*

Verleumdung ist die Erleichterung der Bösartigkeit. *Joubert*

Verleumdung ist der schlechte Atem der Feigheit. Die meisten denunzieren nicht aus Haß, sondern aus Furcht, selbst denunziert zu werden. *Frank Thieß*

Verliebt
→ Kuß, Lieben

Die Verliebtheit ist in erster Linie ein Phänomen der Aufmerksamkeit. *Ortega y Gasset*

Alle Verliebtheit, wie ätherisch sie sich auch gebärden mag, wurzelt allein im Geschlechtstriebe, ja ist durchaus nur ein näher bestimmter, spezialisierter, wohl gar im strengsten Sinne individualisierter Geschlechtstrieb. *Schopenhauer*

Ein Verliebter ist, der liebenswerter sein will als er ist; darum sind fast alle Verliebten lächerlich. *Chamfort*

Eine verliebte Frau ist eine Sklavin, die ihre Ketten von ihrem Geliebten tragen läßt. *Rey*

Verlogenheit
→ Lüge

Verlogenheit ist die Fähigkeit, auf schizophrene, also wenigstens ehrliche Weise unehrlich zu sein. *Ludwig Marcuse*

Vernünftig

Vernünftig: frei von allen Selbsttäuschungen, außer den im Beobachten, Erfahren und Denken enthaltenen. *Bierce*

Was vernünftig ist, das ist wirklich; und was wirklich ist, das ist vernünftig. *Hegel*

Es gibt Fälle, in denen vernünftig sein feige sein heißt. *Ebner-Eschenbach*

Vernunft
→ Verstand, Verstehen, Vorurteil

Die Vernunft ist die Arithmetik der Gefühle. *Hubbard*

Vernunft ist die sanfte Gewalt, die allem, und selbst der Gewalt, Grenze und Maß setzt. *Jaspers*

Vernunft ist das Bewußtsein des Geistes. *Jacobi*

Die Vernunft ist das Gleichgewichtsorgan des Geistes. *Lohberger*

Vernunft ist ein Verhältniszustand verschiedener Leidenschaften und Begehrungen. *Nietzsche*

Die Vernunft ist Historikerin, während die Leidenschaften Schauspielerinnen sind. *Rivarol*

Die Vernunft ist der Eichstrich der Leidenschaft.
Aus den «Fliegenden Blättern»

Wir glauben an die Vernunft: diese aber ist die Philosophie der grauen Begriffe. *Nietzsche*

Leidenschaft und Vorurteil regieren die Welt – unter dem Namen Vernunft. *Wesley*

Die reine Vernunft ist das sich selbst überlassene Verstehen, das ganz aus eigener Kraft wunderbare Gebilde von hoher Genauigkeit und Strenge hervorbringt. *Ortega y Gasset*

Die Vernunft ist die höchste Vereinigung des Bewußtseins und des Selbstbewußtseins oder des Wissens von einem Gegenstande und des Wissens von sich. *Hegel*

Von Vernunft ist die Wurzel Vernehmen. – Reine Vernunft ist ein Vernehmen, das nur sich selbst vernimmt. Oder die reine Vernunft vernimmt nur sich. *Jacobi*

Der Kampf der Vernunft besteht darin, dasjenige, was der Verstand fixiert hat, zu überwinden. *Hegel*

Die Vernunft ist nur der durch die Phantasie erweiterte Verstand.
Grillparzer

Das Vermögen, welches die Verbindung der Wahrheiten untereinander einsieht, heißt im eigentlichen Sinne die Vernunft. *Leibniz*

Vernunft: das Vermögen, von dem Allgemeinen das Besondere abzuleiten und dieses letztere also nach Prinzipien und als notwendig vorzustellen. *Kant*

Die Vernunft ist die Gardedame des Herzens.
Aus den «Fliegenden Blättern»

Die Vernunft ist der Ofenschirm für das Herz.
Aus den «Fliegenden Blättern»

Was ist Vernunft? Der Wahnsinn aller.
Was ist Wahnsinn? Die Vernunft des einzelnen.
Was nennt ihr Wahrheit? Die Täuschung, die Jahrhunderte alt geworden.
Was Täuschung? Die Wahrheit, die nur eine Minute gelebt. *Spinoza*

Vernunft: Hang zum Vorurteil.
Bierce

Die Vernunft ist nur als Kleingeld zu werten. Sie ist brauchbar im Tagesverkehr, aber sie vermag den Karren der Geschichte nicht zu ziehen.
Frank Thieß

Veröffentlichen

Veröffentlichen: in der Literatur das Grundelement einer Pyramide von Kritiken zu werden. *Bierce*

Verschroben

Verschroben: hartnäckig und eifrig einer Meinung anhängend, die du nicht teilst. *Bierce*

Verse
→ Dichtung, Gedicht

Wer Verse schreibt, baut seinen Ruhmestempel in Granit.
Bulwer-Lytton

Einen Band Verse veröffentlichen heißt: ein Rosenblatt in den Grand Cañon hinabfallen lassen und auf ein Echo warten. *Don Marquis*

Versicherung

Versicherung: ein geniales modernes Glücksspiel, bei dem sich der Spieler der angenehmen Überzeugung hingeben darf, den Mann, der die Bank hält, zu schlagen. *Bierce*

Verständig

Verständig: anfällig für die Ansteckung durch unsere eigenen Meinungen. Empfänglich für Überredung, Warnungen und Ausflüchte. *Bierce*

Verstand

→ Vernunft, Verstehen, Wissen

Der Verstand ist ein Hemmungsapparat gegen das Sofortreagieren auf das Instinkturteil. *Nietzsche*

Der Verstand ist das nächstliegende Werkzeug, mit dem der Mensch rechnen kann. *Ortega y Gasset*

Verstand: das Vermögen der Verknüpfungen der Vorstellungen mit Bewußtsein. *Kant*

Das Denken, nur endliche Bestimmungen hervorbringend und in solchen sich bewegend, heißt Verstand. *Hegel*

Verstand ist die Erkenntnis des Allgemeinen. Urteilskraft ist die Anwendung des Allgemeinen auf das Besondere. Vernunft ist das Vermögen, die Verknüpfung des Allgemeinen mit dem Besonderen einzusehen. *Kant*

Der Verstand ist eine Warnung, in den Konsequenzen des Lebens die letzte Weisheit zu sehen oder die letzte Rettung. *Kessel*

Der Verstand ist das denkende Bestimmen überhaupt und das Festhalten in gedachten Bestimmungen. *Hegel*

Verstand ist mechanischer, Witz ist chemischer, Genie ist organischer Geist. *Friedrich Schlegel*

Der Verstand ist der Träger des Glaubens. *Jüdische Lebensweisheit*

Der Verstand erfaßt, wie etwas gewollt, das Herz vernimmt, wie etwas gemeint ist. *Kessel*

Etwas sich durch Begriffe, d. i. im allgemeinen vorstellen, heißt denken, und das Vermögen zu denken: der Verstand. *Kant*

Verstand, der das Gefühl unterschätzt, und Gefühl, das keinen Verstand hat – diese im Mangel verwandten Brüder Intellekt und Sentimentalität. *Hans Kasper*

Verstehen

Verstehen heißt, eine Sache so bestimmt als möglich sich auf uns abgrenzen zu lassen. *Nietzsche*

Das Verstehen ist eine Laterne, der von einer Hand die Richtung gewiesen werden muß, und die Hand muß ihrerseits von einem Drang in Bewegung gesetzt werden, der im voraus auf diese oder jene Gattung möglicher Dinge zielt. *Ortega y Gasset*

Verstehen heißt, sich eine Frage stellen, die durch das, was man versteht, genau beantwortet wird. *Gide*

«Verstehen», das heißt: etwas Neues ausdrücken können in der Sprache von etwas Altem. *Nietzsche*

Verstehen ist der Anfang von Gutheißen. Um mit Überzeugung etwas abzulehnen, darf man das, was man ablehnt, nie angesehen haben. *Gide*

Verstehen, das heißt verzeihen. *Madame de Staël*

Alles verstehen heißt alles verzeihen; – das wäre sehr edel gedacht und gesagt. Nur schade, daß das Verzeihen neunundneunzigmal unter hundert aus Bequemlichkeit und höchstens einmal aus Güte geschieht; und daß die Güte unter hundert Fällen neunundneunzigmal keineswegs in Reichtümern des Herzens, sondern vielmehr in Mängeln des Verstandes ihre Ursache zu haben pflegt. *Schnitzler*

Versuchung

Die Versuchung ist eine unwiderstehliche Macht, die auf einen beweglichen Körper einwirkt. *Mencken*

Versuchung, das ist: versucht werden, die eigene Suchspur zu verlassen, Versuch eines andern Prinzips, uns auf *seine* Spuren zu lenken. *Hilsbecher*

Vertrag

Der Vertrag ist eine Vereinbarung, etwas zu tun, wenn nichts geschieht, was er vereitelt. *Unbekannt*

Der Vertrag ist ein System, unter dem die Treuen immer gebunden, die Treulosen immer frei sind. *Vansittart*

Vertrauen

Vertrauen ist das Gefühl, einem Menschen sogar dann glauben zu können, wenn man weiß, daß man an seiner Stelle lügen würde. *Mencken*

Vertrauen ist Mut, und Treue ist Kraft. *Ebner-Eschenbach*

Vertrauen ist die größte Selbstaufopferung. *Hebbel*

Verunglimpfung

→ Verleumdung

Verunglimpfung: Satire, wie Dummköpfe und alle anderen Geistesbehinderten sie verstehen. *Bierce*

Verwaltung

→ Bürokratie, Verfassung

Verwaltung: Zwangsinterpretation der Bürgerrechte. *Faber*

Regierungstätigkeit ist Politik en gros; Verwaltungstätigkeit ist Politik en détail. *Wiggins*

Verwaltung: eine geniale Abstraktion in der Politik, dazu bestimmt, die Schläge und Stöße auszuhalten, die dem Premierminister oder Präsidenten gebühren. Ein Strohmann, dem faule Eier und Tomaten nichts anhaben können. *Bierce*

Verwandte

Verwandte sind einfach eine Gesellschaft von Leuten, die weder im geringsten ahnen, wie man leben soll, noch den Takt besitzen, im rechten Augenblick zu sterben. *Wilde*

Verwöhntheit

Verwöhntheit ist die Fähigkeit, einer Versuchung in der Hoffnung wider-

stehen zu können, daß später eine bessere kommen werde.
John A. Lincoln

Verwöhntheit ist nur eine andere Form des Egoismus. *Lowell*

Verwunderung

Verwunderung: ein Anstoß des Gemüts an der Unvereinbarkeit einer Vorstellung und der durch sie gegebenen Regel mit den schon in ihm zugrunde liegenden Prinzipien, welcher also einen Zweifel, ob man auch recht gesehen oder geurteilt habe, hervorbringt. *Kant*

Verzeihung

Verzeihung bedeutet, daß alles vorbei ist.
Sagan

Verzichten

Verzichten: einer Ehre um eines Vorteils willen entsagen; einen Vorteil eines größeren Vorteils wegen aufgeben. *Bierce*

Der Verzicht ist die Bereitschaft zu einem anderen Verhältnis.
Heidegger

Verzweiflung

Die Verzweiflung ist die Hoffart des Unglücks, eine Form der Herausforderung, eine Philosophie für indiskrete Epochen. *Cioran*

Verzweiflung ist die Schlußfolgerung der Narren. *Disraeli*

Die Verzweiflung ist eine Hyäne, die sich von der Leiche des Glaubens nährt. *Frank Thieß*

Verzweiflung ist der größte unserer Irrtümer. *Vauvenargues*

Vielleicht

«Vielleicht» ist ein schlauer Krebs, der vor- und rückwärts gehen kann.
Wilhelm Busch

Das Wörtchen «vielleicht» ist die Visitenkarte der Hoffnung.
Aus den «Fliegenden Blättern»

«Vielleicht»: das ist eine prekäre Position auf der Grenze zwischen leichtsinniger Gewißheit und verzagtem Unglauben. *Ludwig Marcuse*

Vitamine

Vitamine: kleine, bekömmliche Tiere, die am Salat entlangklettern.
Definition eines Schülers

Völkerbund

Der Völkerbund ist eine Liebeserklärung ohne Heiratsversprechen.
von Tirpitz

Vogel

Vogel in der Hand: schlechte Tischsitten. *Unbekannt*

Volk

→ Nation

Das Volk, insofern mit diesem Worte ein besonderer Teil der Mitglieder eines Staates bezeichnet ist, drückt den Teil aus, der nicht weiß, was er will. *Hegel*

Völker sind Herden auf einer stets zu kargen Weide. *Niederreuther*

Das Volk ist eine Idee. Wir sollen ein Volk werden. Ein vollkommener Mensch ist ein kleines Volk. Echte Popularität ist das höchste Ziel des Menschen. *Novalis*

Vollkommenheit

Vollkommenheit ist die Norm des Himmels; Vollkommenes wollen die Norm des Menschen. *Goethe*

Vollkommenheit ist schon da, wenn das Notwendige geleistet wird. Schönheit, wenn das Notwendige geleistet, doch verborgen ist. *Goethe*

Voraussagen

Voraussagen heißt beobachten, was geschehen ist, und vermuten, daß es wieder geschehen wird. *Hubbard*

Vorliebe

Vorliebe: das Vorbereitungsstadium einer Enttäuschung. *Bierce*

Vornehmheit

Vornehmheit ist Entsagen. *Rathenau*

Zeichen der Vornehmheit: nie daran denken, unsre Pflichten zu Pflichten für jedermann herabzusetzen. *Nietzsche*

Vornehmheit ist nichts als alter Reichtum. *Gay*

Vorsätze

Gute Vorsätze sind Schecks, auf eine Bank gezogen, bei der man kein Konto hat. *Wilde*

Gute Vorsätze sind vorsorgliche Bußübungen. *Nahr*

Vorsicht

Vorsicht ist die Spionin des Eigennutzes. *Woodrow Wilson*

Vorsicht ist die Einstellung, die das Leben sicher macht, aber selten glücklich. *Samuel Johnson*

Vorsicht ist das, was wir bei anderen Feigheit nennen. *Wilde*

Vortrag
→ Beredsamkeit, Rede

Der Vortrag ist gewissermaßen die Beredsamkeit des Körpers. *Cicero*

Vorurteil

Ein Vorurteil ist eine vagabundierende Meinung ohne ersichtliche Mittel der Unterstützung. *Bierce*

Vorurteile sind die Stützen der Zivilisation. *Gide*

Das Vorurteil ist ein Floß, an das sich der schiffbrüchige Geist klammert und ins Sichere rudert. *Hecht*

Das Vorurteil ist ein unentbehrlicher Hausknecht, der lästige Eindrücke von der Schwelle weist. Nur darf man sich von seinem Hausknecht nicht selber hinauswerfen lassen. *Karl Kraus*

Die Vorurteile sind so zu reden die Kunsttriebe der Menschen; sie tun dadurch vieles, das ihnen zu schwer werden würde, bis zum Entschluß durchzudenken, ohne alle Mühe. *Lichtenberg*

Vorurteil: eine Meinung, die einen Menschen hat. *Unbekannt*

Vorurteile, Freund, sind die Könige des Vulgären. *Voltaire*

Vorurteil: ein Grundsatz aus subjektiven Ursachen der Sinnlichkeit, welche fälschlich für objektive Gründe des Verstandes gehalten werden. *Kant*

Der Glaube an Vorurteile gilt in der Welt als gesunder Menschenverstand. *Helvétius*

Vorurteile sind Hindernisse auf der Rennbahn des Lebens.
Aus den «Fliegenden Blättern»

Die menschlichen Vorurteile sind wie jene bissigen Hunde, die nur den Furchtsamen angreifen.
Isolde Kurz

Das Vorurteil ist das Kind der Unwissenheit. *Hazlitt*

Ererbtes Urteil: Vorurteil.
Spitteler

Vorurteil: Abwägen der Tatsachen – mit dem Daumen auf der Waagschale. *Unbekannt*

Vorurteile sind die Vernunft der Narren. *Voltaire*

Vorurteile: vorläufige Urteile, insofern sie als Grundsätze angenommen werden. *Kant*

Vorurteile ablegen, heißt vereinsamen. *Wertheimer*

Das Vorurteil ist die hochnäsige Empfangsdame im Vorzimmer der Vernunft. *Waggerl*

W

Waffe

Die gefährlichste Waffe sind die Menschen kleinen Kalibers.
Brudziński

Wagemut

Wagemut: eine der auffälligsten Eigenschaften eines Menschen in Sicherheit. *Bierce*

Wähler
→ Politiker

Wähler: einer, der sich des geheiligten Privilegs erfreut, für den Mann stimmen zu dürfen, den ein anderer für ihn gewählt hat. *Bierce*

Wahl
→ Politik

Eine ehrliche Wahl ist ein Akt der Unschuld, den es in der Geschichte einer Nation nicht mehr als einmal gibt. *Robles*

Die Wahl ist eine Entscheidung für das vermeintlich geringere Übel.
Unbekannt

Totalitäre Scheinwahlen: Das schlechte Gewissen sammelt Autogramme der Furcht. *Hans Kasper*

Wahlbetrug

Wahlbetrug: verbotene Beeinflussung des Wahlergebnisses nach der Wahl. Gegensatz: Wahlversprechen. *Haller*

Wahlgeschenk

Wahlgeschenke sind äußere Zeichen des heroischen Kampfes, den die Parteien führen, um das Hohe Haus gegen Einwirkungen der Wählerschaft abzuschirmen. *Nahr*

Wahlredner

Wahlredner sind die Sturmtruppe der Parteien. *Nahr*

Wahlredner: einer, der es allen recht zu machen verspricht. *Haller*

Wahlredner: einer, der weiß, daß jedes Ding zwei Seiten hat, und der gewöhnlich für beide ist. *Renner*

Wahlsystem

Das allgemeine Wahlsystem in einem gleichgültigen Land läuft immer darauf hinaus, die Macht in die Hände deklassierter Schwätzer zu legen. *Taine*

Wahlversprechen

Wahlversprechen: Versprechen eines Politikers, Steuergelder in Subventionen umwandeln zu wollen. *Haller*

Wahrheit

→ Unwahrheit, Vernunft, Wissen

Die Wahrheit ist ein Wanderpokal. *Hans Kasper*

Die Wahrheit ist Geschäftsgeheimnis. *Nahr*

Die Wahrheit ist der Amboß, der viele Hämmer überdauert hat. *Sprichwort*

Die Wahrheit ist die Tochter der Zeit. *Unbekannt*

Wahrheit ist nicht nur eine Angelegenheit der Argumente – sie ist eine Angelegenheit der Attraktion oder der Anziehung. *Gombrowicz*

Die Wahrheit ist ein schlichtes, rotwangiges Bürgermädchen, das im Salon über die Achsel angesehen wird. *Aus den «Fliegenden Blättern»*

Die Wahrheit suchen, ist das Leben des Denkens; sie finden: sein Tod. *Kudszus*

Wahrheit besteht nicht in Beweisen, sie besteht im Zurückführen auf die letzte Einfachheit. *Saint-Exupéry*

Das Wahre ist eine Fackel, aber eine ungeheure; deswegen suchen wir alle nur blinzelnd, so daran vorbeizukommen, in Furcht sogar, uns zu verbrennen. *Goethe*

Wahrheit ist ein Ausgleich von Gegensätzen. *Bahr*

Die Wahrheit ist die Übereinstimmung des Begriffs mit seiner Gegenständlichkeit. Im Urteil fängt diese Darstellung des Begriffs und seiner Gegenständlichkeit, somit das Gebiet der Wahrheit, an. *Hegel*

Wahrheit ist die Sonne des Geistes. *Vauvenargues*

Die Wahrheit, die in einen Gerichtssaal gelangt, ist nicht die nackte Wahrheit, sondern die Wahrheit in Gerichtskleidung, die alle ihre weniger anständigen Teile verhüllt. *Bertrand Russell*

Die Wahrheit ist das Auge der Geschichte. *Polybios*

Wahrheit ist der Punkt, wo Glaube und Wissen einander neutralisieren. *Hebbel*

Ich verstehe unter dem Wahren etwas, was vor und außer dem Wissen ist, was dem Wissen und dem Vermögen des Wissens, der Vernunft, erst einen Wert gibt. *Jacobi*

Wahrheit ist innere Harmonie. *Rathenau*

Die Wahrheit ist eine gedachte Linie, die den Irrtum in zwei Teile teilt. *Hubbard*

Wahrheit ist die Art von Irrtum, ohne welche eine bestimmte Art von lebendigen Wesen nicht leben könnte.
Nietzsche

«Wahrheit» ist nur der zweckmäßigste Irrtum. Es ist ein Irrtum zu meinen, daß eine absolute Wahrheit zu finden sei, oder ein absoluter Maßstab von Wissen und Handeln: das höhere Leben beruht auf edlen Täuschungen. *Vaihinger*

Der Irrtum ist die Regel; die Wahrheit ist der Zufall des Irrtums.
Duhamel

Die Wahrheiten des Menschen sind die unwiderlegbaren Irrtümer.
Nietzsche

Niemand spricht eine Wahrheit aus, die er nicht mit einem Irrtum verzollen müßte. *Hebbel*

Zu jeder Zeit liegen einige große Wahrheiten in der Luft. Sie bilden die geistige Atmosphäre des Jahrhunderts. *Ebner-Eschenbach*

Die Wahrheit ist das Kind der Zeit, nicht der Autorität.
Brecht

Wahrheit ist ein Tuch zum Kleiden, zwar das allerbeste, aber nicht auf alle Tage, nur auf hohe Feste.
Logau

Die Wahrheit ist ein Kleinod, darum will sie mancher nicht alle Tage zur Schau tragen. *Sprichwort*

Die Wahrheit sagen heißt mit Liebe reden. *Thoreau*

Die Wahrheit, die überlebt, ist lediglich die Lüge, die am angenehmsten zu glauben ist. *Mencken*

Die Wahrheit ist die Meinung, die immer überlebt. *Hubbard*

Die Wahrheit ist das Herz der Moral. *Thomas Henry Huxley*

Die Wahrheit ist das Geheimnis der Beredsamkeit, die Grundlage moralischer Autorität, der höchste Gipfel der Kunst und des Lebens. *Amiel*

Die Wahrheit ist nicht eine ausgeprägte Münze, die fertig gegeben und so eingestrichen werden kann. *Hegel*

Wahrheit ist jener Irrtum, welcher der täglichen Neuüberprüfung bedarf.
Wiesner

Die Wahrheit ist ein Polarstern.
Kessel

Was ist Wahrheit? In Sachen der Religion: die Meinung, die überlebte Meinung. In den Dingen der Wissenschaft: die letzte Entdeckung. In der Kunst: unsere letzte Stimmung.
Wilde

Das Wahre ist das Seiende selber.
Thomas von Aquin

Wahrheit ist der Gipfel des Seins. Gerechtigkeit ist ihre Anwendung auf die Praxis des Lebens. *Emerson*

Wahrheit ist Selbsterkenntnis.
Lohberger

Die Wahrheit ist eine Halluzination, zu der sich die Mehrheit bekennt.
Unbekannt

Wahrheit ist eine Sprache, die Allgültiges sagt. *Saint-Exupéry*

Die Wahrheit ist keine Dirne, die sich denen an den Hals wirft, welche ihrer nicht begehren: vielmehr ist sie eine so spröde Schöne, daß selbst, wer ihr alles opfert, noch nicht ihrer Gunst gewiß sein darf.
Schopenhauer

Zwei Elemente braucht man für eine Wahrheit: eine Tatsache und eine Abstraktion. *de Gourmant*

Die Wahrheit ist das erste Opfer des Krieges. *Boake Carter*

Die Wahrheit ist nur eine gut maskierte Unwahrheit. *Farquhar*

Die Wahrheit ist ein Verdacht, der andauert. *Campoamor*

«Wahrheit» ist Wille, Herr zu werden über das Vielerlei der Sensationen. *Nietzsche*

Die Wahrheit ist der offenbarende Glanz der Wirklichkeit.
Simone Weil

Wahrheit heißt Übereinstimmung des Begriffs mit seiner Wirklichkeit.
Hegel

Wahrheit ist die Bedeutung der Wirklichkeit – also was ist Wirklichkeit? *Edel*

Die Wahrheit ist nicht das mehr oder weniger gut Nachgewiesene, sondern das in seiner Wirklichkeitsfunktion mehr oder weniger Wirksame.
Saint-Exupéry

Die Wahrheit ist die Grundlage allen Wissens und der Zement aller Gesellschaften. *Dryden*

Wahrheit: eine kunstvolle Verbindung von Wunsch und Schein. Das Finden der Wahrheit ist der einzige Zweck der Philosophie, der ältesten Beschäftigung des Menschengeistes, die gute Aussichten hat, mit wachsender Betriebsamkeit bis zum Ende aller Zeiten fortzubestehen. *Bierce*

Wankelmut

Wankelmut: die wiederholte Sättigung einer unternehmungslustigen Neigung. *Bierce*

Weib

→ Frau, Geliebte, Liebe, Witwe

Das Weib ist ein vernünftiges Märchen. *Hille*

Weiber sind Bilder, Männer sind Probleme. Wenn Sie wissen wollen, was ein Weib wirklich meint – was, nebenbei bemerkt, stets eine sehr gefährliche Sache ist –, so sehen Sie sie an, aber hören Sie ihr nicht zu. *Wilde*

Ein Weib ist ein Komma, ein Mann ein Punkt; hier weißt du, woran du bist, dort lies weiter! *von Hippel*

Das Weib ist ein Herrgottsschnitzer. *Unbekannt*

Das Weib ist nicht das passive, sondern das abwartende Geschlecht.
Lohberger

Die Politik der Weiblichkeit besteht darin, daß sie jederzeit und sofort ans Mögliche denkt.
Kessel

Die Geschichte der Weiber ist die Geschichte der ärgsten Tyrannei, die die Welt gekannt hat. Nämlich der Tyrannei der Schwachen über die Starken. *Wilde*

Weigerung

Weigerung: etwas Begehrtes abschlagen. Weigerungen werden in einer absteigenden Stufenfolge der Endgültigkeit folgendermaßen unterschieden: die absolute Weigerung, die bedingte Weigerung, die vorläufige Weigerung und die weibliche Weigerung. Letztere bezeichnen manche Spitzfindige als zustimmende Weigerung. *Bierce*

Wein

Wein ist der Glättstein des Trübsinns,
Der Wetzstein des Stumpfsinns, der Brettstein des Siegers im Schach,
Ja, Wein ist der Meister der Menschen und Geister,
Der Feige macht dreister und stärker, was schwach.
Der Kranke gesund macht, Blaßwangiges bunt macht,
Verborgenes kund macht und Morgen aus Nacht! *Rückert*

Der Wein ist die Milch der Alten. *Spruchweisheit*

Weise

Weise sein heißt: sich nicht darüber schämen, daß man nichts weiß; sich nicht davor fürchten, daß man nichts weiß, und nicht darauf stolz sein, daß man nichts weiß. *Krailshaimer*

Der Weise ist der ins Geheimnis der Welt Entrückte. *Kessel*

Weisheit

→ Vernunft, Wahrheit, Wissen

Weisheit ist ein besonderes Wissen, das über alles bisher Gewußte hinausgeht. *Bierce*

Weisheit: Zusammenstimmung des Willens eines Wesens zum Endzweck. *Kant*

Den Augenblick zu nützen, bei jedem Schritt auf dem Wege an den Abend zu denken, die größtmögliche Zahl glücklicher Stunden zu verleben, das ist Weisheit. *Emerson*

Weisheit ist von der Liebe programmiertes Wissen. *Edel*

Weisheit ist nicht so sehr das Wissen darum, was schließlich zu tun ist, sondern darum, was zunächst getan werden soll. *Hoover*

Die Kunst der Weisheit besteht darin, zu wissen, was man übersehen muß. *William James*

Der hat die Weisheit erfaßt, der ebenso sorglos stirbt, wie er geboren wurde. *Seneca*

Weisheit ist Harmonie. *Novalis*

Die Weisheit ist nur der Schnee des Alters. *Thieß*

Es gibt nur ein Anzeichen für Weisheit: gute Laune, die anhält. *Montaigne*

Weisheit besteht oft darin, Öl auf die Wogen der Wahrheit zu gießen. *Hans Kasper*

Weisheit ist der rechte Gebrauch des Wissens. *Spurgeon*

Weisheit: die Idee vom gesetzmäßigen vollkommenen Gebrauch der Vernunft. *Kant*

Die Unerschütterlichkeit der Weisen ist nichts als die Kunst, Stürme im Herzen verschlossen zu halten. *La Rochefoucauld*

Die Weisheit ist eine Göttin, die Klugheit eine gute Hausfrau.
Aus den «Fliegenden Blättern»

Alle Weisheit ist im Kern ein Vorliebnehmen. *Krailsheimer*

Welt

Die Welt ist ein Datendorf.
Aus einer SPIEGEL-Anzeige der Firma MDS-Deutschland GmbH, Köln

Welt: eine Dichtung in Taten.
Hille

Die Welt ist nichts als Eitelkeit, die in verschiedene Formen geschnitten ist. *Halifax*

Die Welt ist eine Bühne, aber die Rollen sind schlecht verteilt. *Wilde*

Die Welt ist ein großes Schauspielhaus, in welchem auf die ersten Plätze immer abonniert ist.
Aus den «Fliegenden Blättern»

Die Welt ist ein Gefängnis. *Goethe*

Die Welt ist ein Gefängnis, in dem Einzelhaft vorzuziehen ist.
Karl Kraus

Die Herrlichkeit der Welt ist immer adäquat der Herrlichkeit des Geistes, der sie betrachtet. *Heine*

Die Welt ist eine Glocke, die einen Riß hat: Sie klappert, aber klingt nicht. *Goethe*

Die Welt Gottes ist lebendiges Abbild! *Campanella*

Die Welt ist eine Privatangelegenheit Gottes. *Morgenstern*

Die Welt ist Gottes Sündenfall.
Hebbel

Die ganze Welt besteht aus Machenschaften und Plänen, von denen die einen den anderen entgegengesetzt sind. *Cervantes*

Die Welt ist wie Brei. Zieht man den Löffel heraus, und wär's der größte, gleich klappt die Geschichte wieder zusammen, als ob gar nichts passiert wäre. *Wilhelm Busch*

Für den Dialektiker ist die Welt ein Begriff, für den Schöngeist ein Bild, für den Schwärmer ein Traum, für den Forscher Wahrheit. *Büchner*

Die Welt ist ein Sardellensalat;
Er schmeckt uns früh, er schmeckt uns spat. *Goethe*

Die Welt ist ein Schachspiel, tag- und nachtgeschrägt,
Wo das Schicksal Menschen hin und her bewegt,
Sie durcheinander schiebt,
Schach bietet, schlägt
Und nacheinander in die Schachtel legt. *Omar Chajjam*

Die Welt ist ein Schauplatz: Du kommst, siehst, gehst vorüber.
Claudius

Die Welt ist das Werden des Guten durch das Böse, das Werden der Zwekke aus dem Zufalle. *Nietzsche*

Die Welt: die große Wunde Gottes. *Hebbel*

Die Welt in ihrer Tiefe verstehen, heißt den Einspruch verstehen.
Nietzsche

Die Welt ist nichts als eine immerwährende Schaukel. *Montaigne*

Die Welt ist für uns nur ein Zusammenfassen von Relationen unter einem Maße. *Nietzsche*

Die Welt ist die Summe des Vergangenen. *Novalis*

Weltall

Das Weltall ist ein Kreis, dessen Mittelpunkt überall und dessen Umfang nirgendwo ist. *Pascal*

Weltanschauung
→ Ideologie

Weltanschauung ist zeitgemäß gewordene Philosophie. *Lohberger*

Weltanschauungen sind nichts weniger als Anschauungswelten, nichts mehr als Begriffswelten. *Kudszus*

Der ganzen modernen Weltanschauung liegt die Täuschung zugrunde, daß die sogenannten Naturgesetze die Erklärungen der Naturerscheinungen seien. *Wittgenstein*

Weltanschauung ist nicht selten Mangel an Anschauung. *Ludwig Marcuse*

Weltgeschichte
→ Geschichte, Historie

Weltgeschichte, dieser lächerlich kleine Ausschnitt des menschlichen Daseins, im Grunde ein Lärm um die letzten Neuigkeiten. *Nietzsche*

Die Weltgeschichte ist die Summe dessen, was vermeidbar gewesen wäre. *Bertrand Russell*

Die Weltgeschichte: Ein Hemd, das nicht gewaschen wird, sondern nur gewendet. *Niederreuther*

Andere Definitionen der Weltgeschichte: ein Wechsel von Irrtümern und Erholungen. *Eschmann*

Die ganze Weltgeschichte verdichtet sich in die Lebensgeschichte weniger und ernster Menschen. *Emerson*

Die Weltgeschichte ist nichts anderes als das Verschweigen großer – guter – schöner Menschen. *Nowaczyński*

Die Weltgeschichte ist das Weltgericht. *Schiller*

Die Weltgeschichte ist nicht das Weltgericht, sondern ein Produkt des Zufalls und das Resultat der Gewalt. *Panizza*

Die Weltgeschichte ist die Zucht von der Unbändigkeit des natürlichen Willens zum Allgemeinen, zur subjektiven Freiheit. *Hegel*

Die Weltgeschichte ist eine Schreckenskammer, ein Meer von Blut und Tränen, in dem die wenigen ruhigen und friedlichen Zeiten wie einsame Inseln schwimmen. *Frank Thieß*

Die Weltgeschichte ist eine Verschwörung der Diplomaten gegen den gesunden Menschenverstand. *Schnitzler*

Die Weltgeschichte ist der Fortschritt im Bewußtsein der Freiheit. *Hegel*

Weltmann

Der vollkommene Weltmann wäre der, welcher nie in Unschlüssigkeit stockte und nie in Übereilung geriete. *Schopenhauer*

Werbung

Die Werbung besteht aus einer Anzahl stiller Aufmerksamkeiten, die

weder so stark hervortreten, daß sie alarmieren, noch so vage sind, daß sie nicht verstanden werden können.
Sterne

Werbung: jene Wissenschaft, welche die Aufmerksamkeit des menschlichen Verstandes lange genug erregt, um Geld herauszuschlagen.
Leacock

Werbung ist die Mystik des 21. Jahrhunderts. *Niederreuther*

Werturteil

Wert-Urteile sind nie Wahrheiten, sondern Wünsche, die wahrgemacht werden sollen. *Ludwig Marcuse*

Widerspruch

Der Widerspruch ist die Probe auf die Notwendigkeit. *Simone Weil*

Widerstand

Der Widerstand ist die Rechtfertigung jeder Kraft vor sich selbst.
Lohberger

Widerwärtig

Widerwärtig nennen wir das Traurige, dem es nicht vergönnt ist, sich auf irgendeine Weise in Schönheit aufzulösen. *Schnitzler*

Widerwärtigkeiten sind Pillen, die man schlucken muß und nicht kauen. *Lichtenberg*

Wille

Wille ist nichts als magisches, kräftiges Denkvermögen. *Novalis*

Der Wille wird als Vermögen gedacht, die Vorstellung gewisser Gesetze gemäß sich selbst zum Handeln zu bestimmen. *Kant*

Der Wille ist Charakter in Aktion. *Unbekannt*

In Wahrheit heißt etwas wollen ein Experiment machen, um zu erfahren, was wir können. *Nietzsche*

Des Menschen Wille, das ist sein Glück. *Schiller*

Wille ist geformtes Temperament.
Lohberger

Was wir Willen nennen, ist der in Vergessenheit geratene Befehl unserer Existenz. *Hans Kasper*

Willensfreiheit

Die Willensfreiheit besteht darin, daß zukünftige Handlungen jetzt nicht gewußt werden können. Nur dann könnten wir sie wissen, wenn die Kausalität eine *innere* Notwendigkeit wäre. *Wittgenstein*

Wirklichkeit
→ Real, Realismus, Utopie

Das Sichtbare ist ein Sekundärvorgang, die Wirklichkeit ist ein Nachzügler. *Hans Kasper*

Das Wirkliche ist das sich herausstellende Anwesende. *Heidegger*

Realität: der Unterschied zwischen dem, was uns freut, und dem, womit wir uns trösten. *Laub*

Die Wirklichkeit ist ein fader Abklatsch unserer Träume. *Nahr*

Wirkung
→ Ursache und Wirkung

Wirkung ist die Vergeltung der Ursache. *Japanisches Sprichwort*

Wirkung ist die zweite von zwei Erscheinungen, die immer in derselben Aufeinanderfolge vorkommen. Von der ersten, Ursache genannt, sagt man, sie bringt die zweite hervor – was nicht vernünftiger ist, als würde jemand ein Kaninchen für die Ursache des Hundes halten, nur weil er noch nie einen Hund anders als bei der Verfolgung eines Kaninchens gesehen hatte. *Bierce*

Die Wirkung beseitigen, heißt die Ursache aufstacheln. *Lohberger*

Wirtschaft

→ Marktwirtschaft, Nationalökonomie, Subvention, Wohlstand, Zoll

Jede Wirtschaft beruht auf dem Kreditsystem, das heißt auf der irrtümlichen Annahme, der andre werde gepumptes Geld zurückzahlen. *Tucholsky*

Wirtschaften ist nichts anderes als die fortgesetzte Wahl zwischen verschiedenen Möglichkeiten, und die Nationalökonomie im Grunde nichts anderes als die Lehre von den Alternativen. *Röpke*

Wissen

→ Bewußtsein, Vernunft, Wahrheit, Wissenschaft

Wissen: das Bedeutende der Erfahrung, das immer ins Allgemeine hinweist. *Goethe*

Die gewöhnlichste Form des Wissens ist die ohne Bewußtsein. Bewußtsein ist Wissen um ein Wissen. *Nietzsche*

Wissen ist das Erkennen von etwas Abwesendem; Wissen ist ein Gruß, nicht eine Umarmung. *Santayana*

Wissen: Fürwahrhalten aus einem Erkenntnisgrunde, der sowohl objektiv als subjektiv zureichend ist. *Kant*

Alles Wissen ist Erinnerung. *Hobbes*

Wissen gibt es in zweierlei Form: Wir kennen den Gegenstand selbst oder wir wissen, wo wir Information über ihn erlangen. *Samuel Johnson*

Wissen sind die aufgespeicherten Gedanken und Erfahrungen unzähliger Geister. *Emerson*

Wissen ist: Zweifel auf harten Wegen in Glauben verwandeln. *Anita*

Alles Wissen geht aus einem Zweifel hervor und endigt in einem Glauben. *Ebner-Eschenbach*

Nach Wissen verlangen heißt im tiefsten Grunde immer: nach einem Sinn des Lebens suchen. *Margolius*

Wissen ist Macht. *Bacon*

Wissen ist der einzige Produktionsfaktor, der nicht unter das Gesetz des abnehmbaren Ertrags fällt. *John Maurice Clark*

Wissen ist ein Schatz, der seinen Besitzer überallhin begleitet. *Chinesisches Sprichwort*

Wissen nennen wir jenen kleinen Teil der Unwissenheit, den wir geordnet und klassifiziert haben. *Bierce*

Wissen ist eine verzweigte Schichtung von Vermutungen. *Unbekannt*

Unser Wissen ist Vermutung und unser Tun ist Streben. *Hippel*

Wissen ist eine Vorratskammer, ein Vorrat; Wissen ist ein geistiges Haben. Durch Wissen ist man überzeugt: Liebe ist Überzeugung.
Rahel Varnhagen von Ense

Wenn die Neugier sich auf ernsthafte Dinge richtet, dann nennt man sie Wissensdrang. *Ebner-Eschenbach*

Das Wissen beruht auf der Kenntnis des zu Unterscheidenden, die Wissenschaft auf der Anerkennung des nicht zu Unterscheidenden. Das Wissen wird durch das Gewahrwerden seiner Lücken, durch das Gefühl seiner Mängel zur Wissenschaft geführt, welche vor, mit und nach allem Wissen besteht. *Goethe*

Wissen ist die niederste Art nicht vereinigten Wissens; Wissenschaft ist teilweise vereinigtes, Philosophie völlig vereinigtes Wissen.
Herbert Spencer

Wissenschaft
→ Philosophie, Wissen

Wissenschaft ist organisiertes Wissen. *Herbert Spencer*

Wissenschaft ist nichts als geordneter und erprobter gesunder Menschenverstand. *Thomas Henry Huxley*

Die Aufgabe der Wissenschaft besteht darin, Erscheinungen durch Tatsachen und Einwirkungen durch Beweise zu ersetzen. *Ruskin*

Die Wissenschaft überbrückt nicht die Abgründe des Denkens, sie steht bloß als Warnungstafel davor. Die Zuwiderhandelnden haben es sich selbst zuzuschreiben. *Karl Kraus*

Wissenschaft ist die systematische Klassifizierung der Erfahrung. *Lewis*

Jede Wissenschaft ist, unter andrem, ein Ordnen, ein Vereinfachen, ein Verdaulichmachen des Unverdaulichen für den Geist. *Hesse*

Schließlich und endlich ist Wissenschaft nichts anderes als die Anstrengung, die wir machen, um etwas zu begreifen. *Ortega y Gasset*

Wissenschaft: statt vieler kleiner X macht man *ein* großes. *Lohberger*

Ich halte dafür, daß das einzige Ziel der Wissenschaft darin besteht, die Mühseligkeit der menschlichen Existenz zu erleichtern. *Brecht*

Die Grade des Falschen festzustellen, ist die Aufgabe der Wissenschaft.
Nietzsche

Die Wissenschaft stellt auf, worin der Mensch fest geworden ist. *Nietzsche*

Wissenschaftliche Wahrheiten entstehen nur durch das Ausschalten störender und widerstreitender Faktoren und das Erkennen grundlegender Faktoren. *Herbert Spencer*

Wissenschaft ist die Kenntnis von den Wirkungen und von der Abhängigkeit eines Faktums von einem anderen. *Hobbes*

Alles wissenschaftliche Arbeiten ist nichts anderes, als immer neuen Stoff in allgemeine Gesetze zu bringen. *Wilhelm von Humboldt*

Die Geschichte der Wissenschaften ist eine große Fuge, in der die Stimmen der Völker nach und nach zum Vorschein kommen. *Goethe*

Der *Glaube* an die Abwendbarkeit des Schicksals heißt Wissenschaft.
Lohberger

Wissenschaft ist nur eine Hälfte. Glauben ist die andere. *Novalis*

Die Wissenschaft war bisher die Beseitigung der Verworrenheit der Dinge durch Hypothesen. *Nietzsche*

Wissenschaft ist ein Friedhof toter Ideen. *Unamuno*

Das allein nenne ich Wissenschaft: die Kenntnis der Pässe in ein Jenseits im Diesseits, der Saumpfade unserer Intelligenz.
Heimito von Doderer

Die Wissenschaft ist nur eine Art kürzester Beschreibung des Geschehens. *Nietzsche*

Eine jede Lehre, wenn sie ein System, d. i. ein nach Prinzipien geordnetes Ganzes der Erkenntnis sein soll, heißt Wissenschaft. *Kant*

Die Wissenschaft ist ein erstklassiges Möbelstück für das Oberstübchen eines Mannes, der gesunden Menschenverstand im Erdgeschoß hat.
Holmes

Wissenschaft: die Nachahmung der Natur in Begriffen. *Lohberger*

Die Wissenschaft ist die Geschichte toter Religionen. *Wilde*

Unsere moderne Wissenschaft ist eine eigentliche Wirklichkeits-Philosophie. *Nietzsche*

Die Wissenschaft ist die Methode, viele kleine Unklarheiten auf ein einziges großes Rätsel, dem man einen Namen gibt, zurückzuführen. *Lohberger*

Wissenschaft ist eine Sammlung erfolgreicher Rezepte. *Valéry*

Jede menschliche Wissenschaft ist nichts als ein Zuwachs des Sehvermögens. *Fiske*

Die Wissenschaft, die heute gemacht wird, ist der magische Spiegel, in den wir zu blicken haben, wollen wir ein Bild des Zukünftigen erhaschen.
Ortega y Gasset

Wissenschaft ist Spektralanalyse. Kunst ist Lichtsynthese.
Karl Kraus

Die Tragödie der Wissenschaft – das Erschlagen einer schönen Hypothese durch eine häßliche Tatsache.
Thomas Henry Huxley

Die Wissenschaft ist die Ortsbeschreibung der Unwissenheit. *Holmes*

Wissenschaft: das selbstbewußteste aller Vorurteile. *Lohberger*

Der Endzweck der Wissenschaft ist: Wahrheit; der Endzweck der Künste hingegen ist: Vergnügen. *Lessing*

Das Wiederfinden dessen, was der Mensch in die Dinge gesteckt hat, heißt sich Wissenschaft. *Nietzsche*

Die Wissenschaft ist die Voraussicht von Wiederholungen.
Saint-Exupéry

Das Problem der Wissenschaft ist: die Welt zu erklären, ohne zu Empfindungen als Ursache zu greifen.
Nietzsche

Wissenschaft ist nichts als entwickeltes Wahrnehmungsvermögen.
Santayana

Wissenschaftler

Wissenschaftler ist jemand, dessen

Einsichten größer sind als seine Wirkungsmöglichkeiten. Gegenteil: Politiker.
Nahr

Der Wissenschaftler ist ein Mann, der lieber zählt als zumutet.
Unbekannt

Witwe

Witwe: die finanziellen Überbleibsel einer Liebesgeschichte.
George Jean Nathan

Witz

Witz ist eine Explosion von gebundenem Geist.
Friedrich Schlegel

Witz ist Wissen um die Ähnlichkeit verschiedener Dinge und die Verschiedenheit ähnlicher Dinge.
Madame de Staël

Der Witz ist ein brillanter Emporkömmling von zweifelhafter Abstammung.
Ebner-Eschenbach

Der Witz ist ein Epigramm auf den Tod eines Gefühls.
Nietzsche

Der Witz ist das einzige Ding, was um so weniger gefunden wird, je eifriger man es sucht.
Hebbel

Der Witz ist ein zündender Funken, mit dem sich schon mancher die Finger verbrannt hat.
Aus den «Fliegenden Blättern»

Witz: Es gibt auch eine rohe Form. Die ist physiologisch, ein Jucken des Geistes.
Hille

Der Witz ist die Krätze des Geistes. Er juckt sich heraus.
Seume

Witz ist eine Erscheinung, der äußere Blick der Phantasie. Daher seine Göttlichkeit und das Witzähnliche der Mystik.
Friedrich Schlegel

Der Witz ist eine Form blitzschneller Kalkulation: Humor – die Ausbeutung eines Mißverhältnisses.
Green

Witz ist glitzernder Schaum der Oberfläche. Humor ist die Perle aus der Tiefe.
Sirius

Witz ist Intellekt auf dem Bummel.
Wilde

Was ist Witz? Verschmitzt ausgedrückte Vernunft.
Marie Joseph de Chénier

Der Witz ist der verkleidete Priester, der jedes Paar traut.
Jean Paul

Witz ist die plötzliche Hochzeit zweier Ideen, vor deren Verbindung keiner geglaubt hat, daß sie Beziehungen zueinander hätten.
Unbekannt

Der Witz ist ein überlisteter Schmerz.
Kessel

Der Witz ist das Salz der Unterhaltung, nicht die Nahrung.
Hazlitt

Der Witz ist ein spielendes Urteil.
Fischer

Ein Witz ist nur ein Hüpfen der Seele, ein Tanzschritt des Geistes, ein Kurzschluß der Melancholie, nur die Kehrseite der Verzweiflung.
Kesten

Witz ist nichts als amüsant gemachte Wahrheit.
Bulwer-Lytton

Witzige Einfälle sind die Sprichwörter der gebildeten Menschen.
Friedrich Schlegel

Der Witzling ist der Bettler im Reich der Geister; er lebt von Almosen, die das Glück ihm zuwirft – von Einfällen. *Ebner-Eschenbach*

Wohlstand
→ Wirtschaft

Wohlstand ist das Durchgangsstadium von der Armut zur Unzufriedenheit. *Nahr*

Wohltäter

Wohltäter: einer, der Undank in großen Mengen einkauft, ohne jedoch den Preis wesentlich in die Höhe zu treiben. Undank bleibt für jedermann erschwinglich. *Bierce*

Wohltäter: der einzige Täter, der sich gern entdecken läßt. *Unbekannt*

Ein Wohltäter hat immer etwas von einem Gläubiger. *Hebbel*

Wollen

Wollen heißt Widersprüche wekken. *Camus*

Wollen ist soviel wie Stärker-werden-Wollen. *Nietzsche*

Wollen heißt: den Mut haben, sich einer Unnannehmlichkeit auszusetzen; sich dieser auszusetzen heißt: den Zufall wagen, also spielen. *Stendhal*

Wollust
→ Erotik, Sex, Sinnlichkeit

Die Wollust ist die Prämie der Natur für die Mühen von Zeugung und Geburt. *Freud*

Wollust – Wohl-Lust – *wohl* Lust! Tiefsinnige Wortbildung. *Hebbel*

Wort
→ Literatur, Satz, Sprache

Jedes Wort ist ein Wort der Beschwörung. Welcher Geist ruft – ein solcher erscheint. *Novalis*

Worte sind Brücken. *Ebner-Eschenbach*

Worte: die Eisenspäne im Magnetfeld der Sprache. *Lohberger*

Worte sind die mächtigste Droge, welche die Menschheit benutzt. *Kipling*

Das Wort ist Medium der Erinnerung. *Ebner*

Worte sind die einzigen Dinge, die ewig währen. *Hazlitt*

Das Wort ist ein Fächer! Zwischen den Stäben
blicken ein Paar schöne Augen hervor.
Der Fächer ist nur ein lieblicher Flor;
er verdeckt mir zwar das Gesicht,
aber das Mädchen verbirgt sich nicht,
weil das Schönste, was sie besitzt,
das Auge mir ins Auge blitzt.
Goethe

Jedes ausgesprochene Wort ist die Kapitulation eines Gefühls vor einem Gedanken. *Lohberger*

Worte sind die Kleider, welche die Gedanken tragen – nur die Kleider. *Samuel Butler*

Worte sind oft nur Vorhänge der Gedanken. *Plutarch*

Das Wort ist nur ein Zeichen für den Gedanken. *Nietzsche*

Die Worte sind Gewalten. *Weyrauch*

Worte sind Gegenstände: man kann sich an ihnen stoßen.
Wolfgang Herbst

Das Wort ist der Hammer, der aus dem Bergwerk des Geistes Edelsteine schlägt. *Otto Michel*

Ein Wort ist die Abbildung eines Nervenreizes in Lauten. *Nietzsche*

Das Wort ist das Band zwischen dem Ich und Du. *Ebner*

Worte sind Werkzeuge, die von selbst Ideen aus der Erfahrung herausschnitzen. *Julian Sorell Huxley*

Wir würden viel weniger Streit in der Welt haben, nähme man die Worte für das, was sie sind – lediglich die Zeichen unserer Ideen und nicht die Dinge selbst. *Locke*

Wörter sind Laternen: steckt ein Licht hinein, und sie geben einen guten Schein. *Hebbel*

Worte sind Taschen, in die bald dies, bald jenes, bald mehreres auf einmal hineingesteckt worden ist.
Nietzsche

Worte sind Taten des Geistes.
Ebner-Eschenbach

Unsere Worte sind Trümmer von einem Tempelbau, der nie zum Abschluß kam. *Diettrich*

Worte sind die leichten, feenhaften Kolibris der Vorstellungskraft.
Hubbard

Jedes Wort ist ein Vorurteil . . .
Nietzsche

Worte sind Zwerge, Beispiele sind Riesen. *Sprichwort*

Wortklauberei

Wortklauberei: ein Krieg, in dem Worte Waffen sind und die Wunden Einstiche in die Schwimmblase des Selbstgefühls – ein Wettstreit, bei dem der Besiegte seiner Niederlage nicht bewußt wird und der Sieger um den Lohn seines Erfolges kommt.
Bierce

Wortspiel

Wortspiel: Sprache auf Ferien.
Christopher Darlington Morley

Das Wortspiel ist eine der kleineren Vortrefflichkeiten einer lebendigen Unterhaltung. *Boswell*

Wortspiel: ein Witz, der sich auf die Gebrechlichkeiten der Sprache stützt. *Unbekannt*

Die Fähigkeit zum Wortspiel ist ein Talent, das keiner verachtet, ausgenommen der, welcher es nicht besitzt. *Swift*

Wortverdreher
→ Lüge

Wortverdreher: ein Lügner im Larvenstadium. *Bierce*

Würde

Würde ist die Verstellungsform derer, welche im Grunde furchtsam sind. *Nietzsche*

Vielleicht besteht die einzige Würde des Menschen in seiner Fähigkeit, sich achten zu können. *Santayana*

Die Würde ist ein Schleier zwischen uns und der wirklichen Wahrheit der Dinge. *Whipple*

Beherrschung der Triebe durch die moralische Kraft ist Geistesfreiheit, und Würde heißt ihr Ausdruck in der Erscheinung. *Schiller*

«Würde» ist die konditionale Form von dem, was einer ist. *Karl Kraus*

Würde ist eine körperliche Kunst, erfunden, um die Mängel des Geistes zu verbergen. *La Rochefoucauld*

Die Würde ist ein Mantel, welcher die Dummheit am besten verbirgt.
Aus den «Fliegenden Blättern»

Die Würde des Menschen besteht in der Wahl. *Max Frisch*

Wüstling

Wüstling: einer, der dem Vergnügen so eifrig nachjagte, daß er es unglücklicherweise überholte. *Bierce*

Was ist ein Wüstling? Einer, der auch dort noch Geist hat, wo andere nur Körper haben. *Karl Kraus*

Wunder

Ein Wunder ist eine Wirkung, welche die für sie eingesetzten natürlichen Mittel übersteigt. *Pascal*

Wunder: eine Begebenheit, deren Grund nicht in der Natur zu finden ist. *Kant*

Wunder. Die Kausalität zerbricht sich den Kopf. *Wiesner*

Das Wunder ist nicht ein Widerspruch zu den Naturgesetzen, sondern ein Widerspruch zu dem, was wir von diesen Gesetzen wissen. *Augustinus*

Wunder sind Erfolge durch die Macht des Geistes über den natürlichen Zusammenhang, ein Eingreifen in den Gang und in die ewigen Gesetze der Natur. *Hegel*

Das große unzerstörbare Wunder ist der Menschenglaube an Wunder.
Jean Paul

Das Wunder ist des Glaubens liebstes Kind. *Goethe*

Ein Wunder ist ein Ereignis, das Glauben schafft. Das ist der Zweck und die Natur der Wunder. Sie mögen den Leuten, die ihnen beiwohnen, sehr wunderbar erscheinen und sehr einfach denen, die sie vollbringen. Das ist einerlei. Wenn sie Glauben festigen oder schaffen, sind es echte Wunder. *Shaw*

Wunder sind Gehirnurlaub.
Rudolf Rolfs

Wunsch

Der Wunsch ist ein Wille, der sich selbst nicht ganz ernst nimmt.
Musil

Der Wunsch ist der Traum der Wachen. *Wiggins*

Unsere Wünsche sind Wohlgefühle der Fähigkeiten, die in uns liegen, Vorboten desjenigen, was wir zu leisten imstande sein werden.
Goethe

Wünsche sind das Rauschen in den Kronen der Bäume.
Kessel

Wünschen ist ein Anzeichen von Genesung oder Besserung.
Nietzsche

Z

Zärtlichkeit
→ Erotik, Leidenschaft

Zärtlichkeit ist das Ruhen der Leidenschaft. *Joubert*

Zärtlichkeit ist zielgehemmte Erotik. *Lohberger*

Zahl

Die Zahl ist das Wesen aller Dinge. *Pythagoras*

Zahlen sind Symbole des Vergänglichen. *Spengler*

Zank

Zank ist Rauch der Liebe. *Börne*

Zauberer

Wahnsinn und Bezauberung haben viel Ähnlichkeit. Ein Zauberer ist ein Künstler des Wahnsinns. *Novalis*

Zeit

Die unheimlichste Erscheinung des Lebens ist die Zeit: undefinierbar, unerkennbar, unmeßbar. Eines Tages kommt man dahinter, daß sie nicht einmal existent ist. *Frank Thieß*

Die Zeit ist Bewegung im Raum. *Joubert*

Die Zeit ist die Larve der Ewigkeit. *Jean Paul*

Die Zeit ist die Arznei der Seele. *Unbekannt*

Die Zeit ist eine geräuschlose Feile. *Italienisches Sprichwort*

Die Zeit, die sich ausbreitet, ist die Zeit der Geschichte. Die Zeit, die hinzufügt, ist die Zeit des Lebens. Und die beiden haben nichts gemeinsam, aber man muß die eine nutzen können wie die andere. *Saint-Exupéry*

Zeit ist Geld. Aber nur, wenn man keine Zeit hat. *Frenzel*

Zeit ist Geldverschwendung. *Wilde*

Zeit ist Leid, Zeit ist Hoffnung, Zeit ist Einkehr. Aber nicht mehr: Geld. *Anita*

Die Zeit ist das kostbarste Gut: Man kann sie für Geld nicht kaufen. *Jüdische Lebensweisheit*

Unsre Zeit ist eine Parodie aller vorhergehenden. *Hebbel*

Zeit:
a) Reichtum der Armen
b) Armut der Reichen *Schiff*

Die Zeit ist die Seele der Welt. *Griechisches Sprichwort*

Die zwei größten Tyrannen der Erde: der Zufall und die Zeit. *Herder*

Die Zeit ist eine Uhr ohne Ziffern. *Bloch*

Die Zeit ist ein kostbares Geschenk, uns gegeben, damit wir in ihr klüger, besser, reifer, vollkommener werden. Sie ist der Friede selbst, und Krieg ist nichts als das wilde Verschmähen der Zeit, der Ausbruch aus ihr in sinnloser Geduld. *Thomas Mann*

Die Zeit ist das schlechthin Unvollendete. *Hilsbecher*

Die Zeit ist eine Vase. Es kommt darauf an, ob man Disteln oder Rosen hineinstellt. *Rudolf Rolfs*

Denn Zeit ist wie ein Wirt nach heut-'ger Mode,
Der lau dem Gast die Hand drückt, wenn er scheidet,
Doch ausgestreckten Arms, als wollt er fliegen,
Umschlingt den, welcher eintritt.
Shakespeare

Die Zeit wäre jenes Bindemittel, das die Welt aus etwas Zusammenhanglosem zu etwas Stetigem werden läßt. *Saint-Exupéry*

Zeit haben, heißt den Tod duzen.
Frank Thieß

Zeitung
→ Journalismus, Presse

Die Zeitung ist die Konserve der Zeit. *Karl Kraus*

Zeitungen sind die Spiegel der Welt. *James Ellis*

Die Zeitungen sind die Sekundenzeiger der Geschichte. Derselbe aber ist meistens nicht nur von unedlerem Metalle als die beiden andern, sondern geht auch selten richtig.
Schopenhauer

Eine Zeitung ist nicht nur ein kollektiver Propagandist und kollektiver Agitator; sie ist auch ein kollektiver Organisator. *Lenin*

Zeitung: Politisches Druck-Erzeugnis. *Schiff*

Zensor

Ein Zensor ist ein menschgewordener Bleistift oder ein bleistiftgewordener Mensch. *Nestroy*

Zensur

Die Zensur ist die jüngere von zwei schändlichen Schwestern, die ältere heißt Inquisition. *Nestroy*

Zentaur

Zentaur: Angehöriger einer Rasse, die lebte, ehe die Arbeitsteilung eine so weitgehende Spezialisierung erreicht hatte, und die der einfachen ökonomischen Maxime folgte: «Jeder sein eigenes Pferd». *Bierce*

Zeugen

Zeugen: Entleerung des Individuums vom Weltstoff. *Hebbel*

Ziel

Ein Ziel ist: der ganze Weg zusammengerollt. *Ekelund*

Das Ziel finden, heißt den Ursprung wiederfinden. *Claudel*

Zigarette

Die Zigarette ist der vollendete Typus eines vollkommenen Genusses: sie ist köstlich und läßt uns unbefriedigt. *Wilde*

Zivilisation
→ Barbarei, Kultur

Zivilisation ist nichts weiter als der Versuch, Gewalt auf die Stufe eines letzten Zufluchtsmittels herabzudrücken. *Ortega y Gasset*

Was die Menschen Zivilisation nennen, ist der Zustand gegenwärtiger Sitten; was sie Barbarei nennen, das sind die Sitten der Vergangenheit. *France*

Zivilisation ist einfach eine Reihe von Siegen über die Natur. *Harvey*

Zivilisation ist die unablässige Vermehrung unnötiger Notwendigkeiten. *Mark Twain*

Zivilisation: der Osten verliert sein Östliches, der Westen sein Westliches: beide ihr Köstliches! *Gerhart Hauptmann*

Zivilisation ist nicht durch sich selbst Kultur, sondern nur ein Instrument der Kultur. *Christensen*

Zivilisation ist der Apparat der Kultur. *Lohberger*

Die Zivilisation ist eine Krankheit, die durch die Gepflogenheit, Gesellschaften mit verdorbenem Material aufzubauen, hervorgerufen wird. *Shaw*

Die wahre Zivilisation ist da, wo jeder seinem Mitmenschen jedes Recht gibt, das er selbst beansprucht. *Ingersoll*

Zivilisation ist das Fortschreiten von einer unbestimmbaren zusammenhanglosen Gleichartigkeit zu einer bestimmbaren zusammenhängenden Ungleichartigkeit. *Herbert Spencer*

Zivilisation ist erzwungene Tierzähmung des Menschen. *Nietzsche*

Zoll

Zoll: eine gestaffelte Einfuhrsteuer, die dazu bestimmt ist, den heimischen Erzeuger vor der Gier seiner Käufer zu schützen. *Bierce*

Zorn

Zorn: ein Schreck, der zugleich die Kräfte zum Widerstand gegen das Übel schnell rege macht. *Kant*

Zorn ist eine impulsive Form des Eigentrostes. *Lohberger*

Der Zorn ist ein kurzer Wahnsinn. *Horaz*

Das Aufbrausen ist die Lebensäußerung des Zorns und zugleich sein Tod. *Hebbel*

Zorn: ein Windsturm, der die Lampe des Verstandes ausbläst. *Ingersoll*

Zorn ist ein kostspieliger Luxus, den sich nur Menschen von einem bestimmten Einkommen an leisten können. *George William Curtis*

Zorn. Eine in Fahrt geratene Verstimmung. *Wiesner*

Der Zorn der Zahmen ist die Gereiztheit. *Schaukal*

Zucht

Zucht heißt: in sich selber Ordnung verwirklichen. *Pieper*

Zucker

Der Zucker ist ein weißer Stoff, der dem Kaffee einen schlechten Geschmack verleiht, wenn man vergißt, ihn hineinzutun. *Definition eines Schülers*

Zufall

Zufall: ein unvermeidliches Ereignis, das auf unveränderlichen Naturgesetzen beruht. *Bierce*

Zufall ist lebendiges Gesetz. *Lohberger*

Die Zufälle sind die einzelnen Tatsachen; die Zusammenstellung der Zufälle, ihr Zusammentreffen ist nicht wieder Zufall, sondern Gesetz – Erfolg der tiefsinnigsten, planmäßigsten Weisheit. *Novalis*

Der Zufall ist die in Schleier gehüllte Notwendigkeit.
Ebner-Eschenbach

Auch das Zufällige ist nur ein auf entfernterem Wege herangekommenes Notwendiges. *Schopenhauer*

Zufall ist ein Wort ohne Sinn; nichts kann ohne Ursache existieren.
Voltaire

Es gibt keinen Zufall; und was uns blindes Ohngefähr nur dünkt, gerade das steigt aus den tiefsten Quellen. *Schiller*

Der Zufall ist der einzig legitime Herrscher des Universums. *Napoleon I.*

Sofern eine Begebenheit nicht unter einer besonderen Regel ihrer Ursache geschieht, so ist's Zufall.
Kant

Was wir Zufall nennen, ist vielleicht die Logik Gottes? *Bernanos*

Zufall ist der Spitzname für Vorsehung. *Chamfort*

Zufall ist vielleicht das Pseudonym Gottes, wenn er nicht unterschreiben will. *France*

Zufall ist erlebtes Schicksal.
Spengler

Der Zufall ist ein Rätsel, welches das Schicksal dem Menschen aufgibt.
Hebbel

Der sogenannte Zufall ist ein falsch errechnetes X aus der Gleichung zwischen Charakter und Schicksal.
Frank Thieß

Zufall oder Schicksal sind zwei Worte für etwas, das wir nicht kennen.
Otto Michel

Der Zufall ist das Schicksal des einzelnen, die Statistik das Schicksal der vielen, die Geschichtsphilosophie der Aberglaube an die Menschheit als ein Kontinuum. *Ludwig Marcuse*

Der Zufall, das ist der Name, mit dem man die Verdienste des anderen bezeichnet. *Deval*

Zufriedenheit

Zufriedenheit ist das Gefühl der Übereinstimmung unserer einzelnen Subjektivität mit dem Zustande unseres bestimmten, uns gegebenen oder durch uns hervorgebrachten Zustandes. *Hegel*

Zufriedenheit ist Glück.
Thomas Fuller

Zufriedenheit ist der Stein der Weisen: Zufriedenheit wandelt in Gold, was immer sie berührt.
Benjamin Franklin

Zufriedene sind Resignierende, ohne es zu wissen. *Rudolf Rolfs*

Zuhörer

Der Zuhörer ist ein schweigender Schmeichler. *Unbekannt*

Zukunft

Zukunft ist die Zeit, in der man die ganze Vergangenheit kennen wird. Solange man die Vergangenheit nur teilweise kennt, lebt man in der Gegenwart. *Laub*

Die Gutwilligen sind Barfüßler, und die Zukunft ist ein Dornengestrüpp. *Hans Kasper*

Zukunft, das heißt: nutzbarer Wert, bezeichnender Wert, Einzigartigkeit. *Valéry*

Die Zukunft ist als Raum der Möglichkeiten der Raum unserer Freiheit. *Jaspers*

Zuneigung

Die Zuneigung ist die listige Form der Besitzgier. *Hilsbecher*

Was man Zuneigung nennt, ist in Wirklichkeit nichts anderes als Gewohnheit gewordene Sympathie. *Swift*

Zunge

Die Zunge ist ein Dolch aus Fleisch. *Spanisches Sprichwort*

Zwang

Zwang ist negativer Triumph der Freiheit. *Kudszus*

Zwang: die Beredsamkeit der Macht. *Bierce*

Zweck

Der «Zweck» ist das Ersatzmittel der Gefühlslosigkeit. *Lohberger*

Das Ideal des Materialisten heißt Zweck. Der Materialismus des Idealisten Mittel. *Lohberger*

Der Zweck ist der Schöpfer des ganzen Rechts. *Ihering*

Zweifel

Des Glaubens Sonde ist der Zweifel. *Seume*

Jeder Zweifel ist die Forderung nach einer Methode. *Ortega y Gasset*

Zyniker

Ein Zyniker ist, wer niemals eine gute Eigenschaft eines Menschen sieht, wohl aber jede schlechte. *Henry Ward Beecher*

Ein Zyniker ist ein Mensch, der von allen Dingen den Preis und von keinem den Wert weiß. Ein Sentimentaler ist ein Mensch, der allen Dingen einen lächerlichen Wert gibt und von keinem einzigen den Marktpreis kennt. *Wilde*

Ein Zyniker ist jeder, der für den Bewußtseinszustand seiner Mitmenschen nur ein Achselzucken übrig hat. *Enzensberger*

Zyniker: ein Schurke, dessen fehlerhafte Sicht die Dinge sieht, wie sie sind, und nicht, wie sie sein sollen. *Bierce*

Ein Zyniker ist ein Mann, der die Welt durch das Monokel seines geistigen Auges betrachtet. *Carolyn Wells*

Der Zyniker ist ein Mensch, der auf die, die über ihm stehen, verächtlich herabblickt. *Unbekannt*

Zyniker: ein Mensch, der, wenn er Blumen riecht, nach einem Sarg Ausschau hält. *Mencken*

Zyniker ist, wer alle menschlichen Handlungen in zwei Gruppen einteilt: offenkundig schlechte und verschleiert schlechte. *Henry Ward Beecher*

Zyniker: so nennen wir Menschen, die laut sagen, was wir denken.
Daninos

Zynismus

Zynismus ist Genuß in der letzten Konsequenz. *Kessel*

Zynismus ... ist das Ergebnis einer Verbindung von Bequemlichkeit mit Machtlosigkeit. *Bertrand Russell*

Zynismus kann ein Präludium echter Moral sein. *Ludwig Marcuse*

Zynismus ist die Erwartung der historischen Perspektive. *Green*

Zynismus ist die Fühllosigkeit der Gefühlvollen. *Wiesner*

Zynismus: ein Ding zu betrachten, wie es wirklich ist, nicht wie es sein sollte. *Wilde*

Zynismus: Die trüben Aspekte des Menschen nicht nur kennen, sondern mit ihnen protzen.
Ludwig Marcuse

Zynismus: daß man von niemand *mehr* erwartet, als man selber ist.
Canetti

Der Zynismus der Zyniker besteht nicht darin, daß sie sagen, was sie denken, sondern darin, daß sie denken. *Laub*

Zynismus ist der Triumph des Verstandes auf Kosten der Scham.
Kessel

Anhang

Verzeichnis der Quellen

Im folgenden werden nur Werke noch lebender oder erst nach 1915 verstorbener Autoren aufgeführt.

A

Adler, Bill, Winston Churchills gesammelte Bosheiten. Englisch und deutsch. rororo-Taschenbuch 1002, Reinbek/Hamburg 1965

Adler, Hans Günther, Eine Reise. Bibliotheca Christiana, Bonn 1962

Adorno, Theodor W., Minima moralia. Suhrkamp Verlag, Frankfurt am Main 1964
– Jargon der Eigentlichkeit. Zur deutschen Ideologie. edition suhrkamp 91. Suhrkamp Verlag, Frankfurt am Main 1964

Alain, Die Pflicht glücklich zu sein. 3. Aufl., Karl Rauch Verlag, Düsseldorf 1965

Allen, Fred, Treadmill to Oblivion. Verlag Little Brown and Company, Boston 1954

Andreae, Daniel Johannes Edfelt, Paul Fröberg (Redaktion); *Citatboken.* Sjuttontusen citat fran tretio sprakomraden och fem artusenden. Bokförlaget natur och kultur, Stockholm 1967

Anita, Ein bißchen Liebe. Verlag Birkhäuser, Basel und Stuttgart 1957
– Ein bißchen Glück. Verlag Birkhäuser, Basel und Stuttgart 1953

Anouilh, Jean, Hermelin. Dichtungen VII. Verlag Langen-Müller/Herbig, München 1960

Arndt, Adolf, Geist der Politik. Reden. Literarisches Colloquium, Berlin 1965

Arndt, Hans, Im Visier. Verlag Langen-Müller/Herbig, München 1959

Augstein, Rudolf, Warum Reformen so schwierig sind. DER SPIEGEL 28/1974, S. 24

Aymé, Marcel, Clérambard. Grasset-Fasquelle, Paris o. J.

B

Bachmann, Ingeborg, Die Zikaden (Hörspiel). Piper Verlag, München o. J. (Auch als dtv-Taschenbuch, Sonderreihe, Bd. 14)

Bacmeister, Ernst, Essays. Bürger Verlag, Lorch 1948

Bahr, Hermann, Liebe der Lebendigen. Bd. II und III. Verlag Otto Borgmeyer, Breslau 1927
– Der Zauberstab. Tagebücher 1924/1926. Verlag Otto Borgmeyer, Breslau 1927

Barrès, Maurice. Mes Cahiers, Bd. XII. Plon, Paris 1929–1957

Bayr, Rudolf, Brevier für Verliebte. Residenz Verlag, Salzburg 1967
– Brevier der Heiterkeit. Residenz Verlag, Salzburg 1969

Benjamin, Walter, Einbahnstraße. Bibliothek Suhrkamp, Suhrkamp Verlag, Frankfurt am Main 1969

Benn, Gottfried, Werke I und IV. Limes Verlag, Wiesbaden 1961

Bergson, Henri, Denken und schöpferisches Werden. 4. Aufl. Verlag Anton Hain, Meisenheim am Glan 1944

Bernanos, Georges, Tagebuch eines Landpfarrers. Jakob Hegner Verlag, Köln 1952
– Die begnadete Angst. Jakob Hegner Verlag, Köln 1949
– La liberté pour quoi faire. Herausgegeben von A. Béguin. Editions Gallimard, Paris 1953

Bernstein, Eduard, Zur Geschichte und Theorie des Sozialismus. 3 Teile. Berlin 1900

Beutelrock, Friedl, Splitter und Späne. Drei-Fichten-Verlag, München 1948
– Neue Aphorismen. Gerlach'sche Verlagsbuchhandlung, München – Innsbruck – Zürich 1955

Bierce, Ambrose, The Devil's Dictionary. Dover Book T 487. Dover Publications, Inc., New York 1958 (1962). (Unaltered republication of the work originally published in 1911)

Bloch, Ernst, Tübinger Einleitung zur Philosophie. Ges. Werke, Bd. 3. Suhrkamp Verlag, Frankfurt am Main 1970

Blondel, Maurice, Tagebuch vor Gott. Johannes Verlag, Einsiedeln 1964

Bloy, Léon, Pages de Léon Bloy, choisies par Raissa Maritain. Bernouard 1951

von Bodman, Emanuel, Tagebücher. Werke X., Phil. Reclam Verlag, Stuttgart 1960

Böll, Heinrich, Die Freiheit der Kunst. Dritte Wuppertaler Rede. Verlag Kiepenheuer & Witsch, Köln – Berlin 1967

Bonhoeffer, Dietrich, Bonhoeffer-Brevier. Christian Kaiser Verlag, 3. Aufl., München 1968

Bourget, Paul, Physiologie de l'amour moderne. Verlag Plon, Paris 1890

Branstner, Gerhard, Ist der Aphorismus ein verlorenes Kind? Aufbau Verlag, Berlin 1959

Brecht, Bertolt, Gesammelte Werke. Suhrkamp Verlag, Frankfurt am Main 1967

Brudziński, Wiesław, Katzenjammer, Aphorismen. edition suhrkamp 162, Suhrkamp Verlag, Frankfurt am Main 1966

Brunet, Jeanne, Le livre d'or de l'esprit français. Les Productions de Paris, Paris 1962

Buber, Martin, Einsichten. Insel Verlag, Frankfurt am Main 1953

Burke, Kenneth, The Complete Poems. 1915–1967. University of California Press, Berkeley 1968

C

Camus, Albert, Der Belagerungszustand. Rowohlt Verlag, Reinbek/Hamburg 1960
– Caligula. Rowohlt Verlag Reinbek/Hamburg 1960
– Fragen der Zeit. Rowohlt Verlag, Reinbek/Hamburg 1960

Canetti, Elias, Aufzeichnungen 1942 bis 1948. Carl Hanser Verlag, München 1965

Carmen, Sylva, Vom Amboß. Emil Strauß Verlag, Bonn 1890

Carrick, John, Der Geier. Kriminalroman. rororo thriller 2100, Rowohlt Taschenbuch Verlag, Reinbek/Hamburg 1966

Ceram, C. W., Provokatorische Notizen. Rowohlt Verlag, Reinbek/Hamburg 1960

Chaval, Cartoons. Diogenes Sonderband, Diogenes Verlag, Zürich 1969

Chesterton, Gilbert Keith, Ein Pfeil vom Himmel. Verlag Ludwig Auer, Donauwörth 1949
– Aphorismen und Paradoxa. Auswahl und Übertragung von Dr. Franz Simeth, mit einem Nachwort von Friedrich Knapp. Manz Verlag, München 1961

Christina von Schweden, Memoiren. Aphorismen. Winkler Verlag, München 1967

Cioran, E. M., Syllogismen der Bitterkeit. S. Fischer Verlag, Frankfurt am Main 1969

Claudel, Paul, Kritische Schriften. Gesammelte Werke in 6 Bänden. F. H. Kerle Verlag, Heidelberg 1958

Cocteau, Jean, Leben und Werk des Jean Cocteau. 2 Bde. Verlag Kurt Desch, München 1961

Colerus, Egmont, Vom Einmaleins zum Integral. Zsolnay Verlag, Hamburg – Wien 1934

Graf von Coudenhove-Kalergi, Richard, Gebote des Lebens. Paneuropa Verlag 1931

Crnčević, Brana, Staatsexamen. Aphorismen. edition suhrkamp 192, Suhrkamp Verlag, Frankfurt am Main 1966

Croce, Benedetto, Grundlagen der Politik. Verlag Meyer & Co., München 1924

D

Dahl, Jürgen, Mitteilungen eines Überlebenden. Langewiesche-Brandt Verlag, Ebenhausen bei München 1969

Daninos, Pierre, Bla-bla. 1000 Worte für Cocktailparties. Ein Buch der Arche im Ullstein Verlag. Berlin 1964 (Originalausgabe: Le jacassin. Noveau traité des idées reçues, folies bourgeoises et automatismes. Hachette, Paris 1962)

Dawson, Christopher, Gestaltungskräfte der Weltgeschichte. R. Oldenbourg Verlag, München 1959

Decasseres, Benjamin, Fantasis Impromtu. Paris 1933

Delp, Alfred, Im Angesicht des Todes. Josef Knecht Verlag, 9. Aufl., Frankfurt am Main 1965

Diettrich, Fritz, Werke. Bd. III. Friedrich Wittig Verlag, Hamburg 1966

von Doderer, Heimito, Tangenten. Tagebuch eines Schriftstellers. 1940 bis 1950. Biederstein Verlag, München 1964
– Repertorium. Ein Begreifbuch von höheren und niederen Lebens-Sachen. Hrsg. von Dietrich Weber. Biederstein Verlag, München 1969

Donnay, Maurice, L'Esprit de Maurice Donnay. Cir. Léon Treich, Paris o. J.

Dos Passos, John, Die schönen Zeiten. Jahre mit Freunden und Fremden. Rowohlt Verlag, Hamburg/Reinbek 1969

Dürrenmatt, Friedrich, Komödien. Verlag Die Arche, Zürich 1966, 1970

Duhamel, Georges, Discours de Réception à l'Académie Française. Paris 1935

E

Ebner, Ferdinand, Fragmente, Aufsätze, Aphorismen. Kösel Verlag, München 1963

von Ebner-Eschenbach, Marie, Gesammelte Werke in drei Bänden: Nach dem Text der ersten Gesamtausgabe, Berlin 1893. Winkler Verlag, München 1956

Edel, Gottfried, Mehr Tierliebe für die Menschen. Aphorismen. 2. erw. Aufl., Relief-Verlag Eilers, München – Würzburg – Wien 1974

Eichbaum, Maximilian, Viel wissen ist viel fragen . . . Hoffmann & Campe Verlag, Hamburg 1957

Eliot, Thomas Stearns, Die Cocktail Party. Aus dem Englischen von Nora Wydenbruck. Suhrkamp Verlag, Frankfurt am Main 1962

vom Endt, Rudi, Liebe unter der Lupe. Droste Verlag, Düsseldorf 1957

Enzensberger, Hans Magnus, Einzelheiten I. Bewußtseins-Industrie. edition suhrkamp 63, Suhrkamp Verlag, Frankfurt am Main 1962

Ernst, Paul, Jugenderinnerungen. Verlag Langen-Müller/Herbig, München 1944

Eschmann, Ernst Wilhelm, Einträge. Notizen im Raum. Claassen Verlag, Hamburg und Düsseldorf 1967

Estang, Luc, Was ich glaube. F. H. Kerle Verlag, Heidelberg 1958

F

Faber, Gerhard, Persönliche Mitteilung. 1970

Fadiman, Clifton, The Selected Writings of Clifton Fadiman: The Reading Lamp. 1955
– Reading I've Liked, 1956
– Any Number can Play. World Publishing Company, Cleveland, Ohio 1957

Flake, Otto, Gedankengut. Dortmund 1948

France, Anatole, Ges. Werke. Verlag Hans Carl, Nürnberg 1948 ff.

Frenzel, Herbert A., Wenn der Groschen fällt. Aphorismen für den Hausgebrauch. Dietrich Reimer, Berlin 1953

Friedell, Egon, Wozu das Theater? Verlag C. H. Beck, München 1965

- Friedell-Bevier. Verlag Erwin Müller, Wien 1947
- Aphorismen zur Geschichte. Prachner Verlag, Wien 1947
- Aphorismen und Briefe, List Bücher 192, Paul List Verlag, München 1961

Frisch, Max, Tagebuch 1946–1950. Suhrkamp Verlag, Frankfurt am Main 1950

Frost, Robert, Zit. nach Reader's Digest, April 1960

Fry, Christopher, Zit. nach Time vom 3. 4. 1950

Fussenegger, Gertrud, In deine Hände gegeben. Eugen Diederichs Verlag, Düsseldorf 1964

G

Galbraith, John Kenneth, Gesellschaft im Überfluß (The Affluent Society). Droemersche Verlagsanstalt Th. Knaur Nachf., München/Zürich 1959
- Wirtschaftliches Wachstum (Economic Development). Europäische Verlagsanstalt, Frankfurt am Main 1967
- Die moderne Industriegesellschaft (The New Industrial State). Droemersche Verlagsanstalt Th. Knaur Nachf., München – Zürich 1968

Gardavský, Vítězslav, Gott ist nicht tot. Ein Marxist über Religion und Atheismus. Betrachtungen eines Marxisten über Bibel, Religion und Atheismus. Mit einer Einleitung von Jürgen Moltmann. Chr. Kaiser Verlag, München 1969

Gibran, Kahlil, Comité National de Gibran. Becherry, Libanon o. J.

Gide, André, Tagebuch 1889–1939. Bde. II und III. Deutsche Verlagsanstalt, Stuttgart 1954

Glass, Carter, Associated-Press-Interview vom 24. 9. 1938

Goetz, Curt, Dreimal täglich, Rezepte von Curt Goetz. Deutsche Verlagsanstalt, Stuttgart 1964
- Viermal täglich. Weitere Rezepte von Curt Goetz. Deutsche Verlagsanstalt, Stuttgart 1968

Gogarten, Friedrich, Der Mensch zwischen Gott und Welt. Verlag Lambert Schneider, Heidelberg 1952

Gombrowicz, Witold, Aus dem Tagebuch des –. Neske Verlag, Pfullingen 1961

Grass, Günter, Hundejahre. Hermann Luchterhand Verlag, Neuwied 1963

Grasset, Bernhard, Remarques sur l'Action. Editions Gallimard, Paris 1940

Griffith, Thomas, The Waist-High Culture. New York 1960

Guardini, Romano, Briefe vom Comer See. Matthias Grünewald Verlag, Mainz 1927
- Sorge um den Menschen. Werkbund-Verlag, Würzburg 1962

Guéhenno, Jean, Voyages. Editions Gallimard, Paris 1960

Guérin, Daniel, Anarchismus. Begriff und Praxis. edition suhrkamp 240, Suhrkamp Verlag, Frankfurt am Main 1967

Gütersloh, Albert Paris, Der innere Erdteil. Aus den «Wörterbüchern». Piper Verlag, München 1966

H

Hagemann, Carl, Aphorismen zur Liebesweisheit. Verlag Der Greif, Walther Gericke, Wiesbaden o. J.

Haller, Rolf, Definitionen. Unveröffentliches Manuskript. 1970

Hecht, Ben, A Guide for the Bedeviled. New York o. J.

Heidegger, Martin, Vorträge und Aufsätze. Neske Verlag, Pfullingen 1960
– Unterwegs zur Sprache. Neske Verlag, Pfullingen 1960

von Heiseler, Henry, Marginalien. Verlag Lambert Schneider, Heidelberg 1965

Henriot, Emile, Au bord du temps. Plon, Paris o. J.

Herbst, Theo, Mit gezückter Feder. Stiasny Verlag, Graz 1955

Herbst, Wolfgang, Gedanken mbH. Aphorismen. Unveröffentlichtes Manuskript. 1969

Hesse, Hermann, Das Glasperlenspiel. Ges. Werke Bd. IV. Suhrkamp Verlag, Frankfurt am Main 1952
– Die Morgenlandfahrt. Ges. Werke Bd. IV. Suhrkamp Verlag, Frankfurt am Main 1952
– Bilderbuch. Ges. Werke Bd. III. Suhrkamp Verlag, Frankfurt am Main 1952
– Lektüre für Minuten. Gedanken aus Briefen und Büchern. suhrkamp taschenbuch 7. Suhrkamp Verlag, Frankfurt am Main 1971

Hillman, Sidney, Political Primer for All Americans. New York 1944

Hilsbecher, Walter, Sporaden. Aufzeichnungen aus zwanzig Jahren. Aus der Reihe «Versuche» 14. Ernst Klett Verlag, Stuttgart 1969

Höffding, Harald, Psychologiske Undersögelser, Kopenhagen 1889

von Hofmannsthal, Hugo, Buch der Freunde. Insel Verlag, Frankfurt am Main 1965

Holthusen, Hans Egon, Der unbehauste Mensch. Piper Verlag, München 1964

Horatzuk, Michael, Frontwechsel zum Guten. Herold Druck- und Verlagsgesellschaft, Wien – München 1964

Huch, Ricarda, Gesammelte Schriften. Atlantis Verlag, Freiburg – Zürich 1964

Huizinga, Johan, Geschichte und Kultur. Alfred Kröner Verlag, Stuttgart 1954

Huneker, James Gibbons, Iconoclasts. New York 1916

Huxley, Aldous [Leonard], Die Graue Eminenz. Ein Leben zwischen Religion und Politik. Piper Verlag, München o. J.
– Die Pforten der Wahrnehmung. Piper-Bücherei, Bd. 207, München 1966
– Schöne neue Welt. Fischer Bücherei 26, Frankfurt am Main 1969

Huxley, Julian [Sorel], Demokratie marschiert. Europa Verlag, Zürich 1942
– Wunderbare Welt der Evolution. Verlag Herder, Freiburg i. Br. 1970

I

Ionesco, Eugène, Tagebuch. Journal en miettes. Luchterhand Verlag, Neuwied und Berlin 1969

J

Jahnn, Hans Henny, Werke. Heinrich Heine Verlag, Frankfurt am Main 1968

Jaspers, Karl, Philosophie. Bd. I. Springer Verlag, Berlin 1956
- Die Atombombe und die Zukunft des Menschen. Piper Verlag, München 1958
- Hoffnung und Sorge. Piper Verlag, München 1965
- Vom Ursprung und Ziel der Geschichte. Piper Verlag, München 1952

Jean-Charles, Die Knilche von der letzten Bank. Lothar Blanvalet Verlag, Berlin 1966

Jouhandeau, Marcel, Bausteine. Wancura Verlag, Wien 1958

Jüdische Aphorismen aus zwei Jahrtausenden. Eingeleitet von Egon Zeitlin. Ner-Tamid-Verlag, Frankfurt am Main 1963

Jüdische Weisheit aus drei Jahrtausenden. Gesammelt von Israel Steinberg. Ausgewählt und ins Deutsche übertragen von Salcia Landmann. Deutscher Taschenbuch Verlag, Bd. 486, München 1968

Juul, Ole, Das tosende Paradies. Ein heiterer Roman. Droste Verlag, Düsseldorf o. J.

K

Kästner, Erich, Werke. Atrium Verlag AG, Zürich o. J.

Kasack, Hermann, Mosaiksteine. Suhrkamp Verlag, Frankfurt am Main 1956

Kaschnitz, Marie Luise, Wohin denn ich? Claassen Verlag, Hamburg – Düsseldorf 1963

Kasper, Hans, Expedition nach innen. Aktuelle Aphorismen III. Econ Verlag, Düsseldorf 1965
- Revolutionäre sind Reaktionäre. Sätze zur Situation. Econ Verlag, Düsseldorf 1969
- Abel, gibt acht! Econ Verlag, Düsseldorf 1962
- Nachrichten und Notizen. Henry Goverts Verlag, Stuttgart 1957

Kassner, Rudolf, Geistige Welten. Eine Auswahl. Ullstein Verlag, Nr. 202, Berlin – Frankfurt am Main – Wien o. J.

Kayssler, Friedrich, Besinnungen. Verlag Paul List, München 1947

Kessel, Martin, Musisches Kriterium. Aphorismen. Akademie der Wissenschaft und Literatur. Abhandlungen der Klasse Literatur. Jahrgang 1952, Nr. 3. Wiesbaden 1952
- Gegengabe. Luchterhand Verlag, Neuwied 1960
- Aphorismen. rororo, Rowohlt Taschenbuch Verlag, Reinbek/Hamburg 1948

Kesten, Hermann, Lauter Literaten. Verlag Kurt Desch, München 1963

Kesten, Hermann, Die Abenteuer eines Moralisten. Verlag Kurt Desch, Neuauflage, München 1969

Kipling, Rudyard, Gesammelte Werke in 3 Bänden. Verlag Paul List, München 1965

Klabund, eigentlich Alfred Henschke, Werke. Verlag Kiepenheuer & Witsch, Köln – Berlin 1961

Klages, Ludwig, Grundlagen der Charakterkunde. H. Bouvier & Co. Verlag, Bonn 1916

Knittel, John, Werke. Wolfgang Krüger Verlag, Stuttgart 1961 ff.

Koestler, Arthur, Der göttliche Funke. Der schöpferische Akt in Kunst und Wissenschaft. Scherz Verlag, Bern – München 1966

Korn, Karl, Sprache in der verwalteten Welt. Walter Verlag, Olten und Freiburg i. Br. 1959

Kräftner, Hertha, Warum hier? Warum heute? Stiasny Verlag, Graz 1963

Krailsheimer, Hans, Kein Ausweg ist auch einer. Aphorismen. Heimeran Verlag, München 1954

Kraus, Karl, Werke. 3. Band. «Beim Wort genommen». 2. Auflage, Kösel Verlag, München 1965 (Mit freundlicher Genehmigung von Ben Fischer, London)

Kudszus, Hans, Jaworte, Neinworte. Aphorismen. Mit einer Einführung von Dieter Hildebrandt. Suhrkamp Bibliothek, 252. Suhrkamp Verlag, Frankfurt am Main 1970

Kurz, Isolde, Im Zeichen des Steinbocks. Rainer Wunderlich Verlag, Tübingen 1927

L

La Cour, Paul, Fragmente eines Tagebuches. Verlag Bahlsen, Hamburg 1953

Laffitte, Paul, Jeroboam ou la Finance sans méningite, La Sirène. 1901

Lasswell, Harold D., Politics: Who Gets What, When, How. McGraw-Hill Book Co., New York 1936

Latzarus, Louis, La Politique. Hachette, Paris o. J.

Laub, Gabriel, Verärgerte Logik. Aphorismen. Aus dem Tschechischen von Friedrich Torberg. Reihe Hanser 21, Carl Hanser Verlag, München 1969
– Enthüllung des nackten Kaisers. Satire in Begriffen. Carl Hanser Verlag, München 1970

Lec, Stanislaw Jerzy, Unfrisierte Gedanken. Hrsg. und aus dem Polnischen übersetzt von Karl Dedecius. Carl Hanser Verlag, München 1959
– Neue unfrisierte Gedanken. Hrsg. und aus dem Polnischen übersetzt von Karl Dedecius. Carl Hanser Verlag, München 1964
– Letzte unfrisierte Gedanken. Hrsg. und aus dem Polnischen übersetzt von Karl Dedecius. Carl Hanser Verlag, München 1968

von Le Fort, Gertrud, Die Ewige Frau. Kösel Verlag, München 1962
– Aphorismen. Ehrenwirth Verlag, München 1962

Leist, Fritz, Existenz im Nichts. Manz Verlag, München 1961

Lembke, Robert, Zynisches Wörterbuch. Mit Zeichnungen von Franziska Bilek. Wilhelm Goldmann Verlag, 3. Aufl., München 1970

Lenin, Wladimir Iljitsch, Aus den Schriften 1895–1923. Hrsg. Hermann Weber. dtv-dokumente, Deutscher Taschenbuch Verlag, München 1967

Levinson, Leonard Louis, The Left-Handed Dictionary. Collier Books. The Macmillan Company, New York 1963
Zitiert: Levinson I
– Webster's Unafraid Dictionary. Collier Books, New York. The Macmillan Company, New York 1967
Zitiert; Levinson II

Lewis, Wyndham, Inferior Religion. New York 1920

Limpach, Erich, Felsen im Strom. Türmer Verlag, München 1962

Lindenberg, Wladimir, Mysterium der Begegnung. Verlag Ernst Reinhardt, München 1959

Lin Yutang, Weisheit des lächelnden Lebens. Deutsche Verlagsanstalt, Stuttgart 1938

Lippmann, Walter, A Preface to Morals. XIII. 1929

Litt, Theodor, Werke. Verlag Quelle & Meyer, Heidelberg 1961

Lohberger, Hans, Zwischenland Seele. Nachdenkliches oder Vordenkliches. Aphorismen. Kommissionsverlag Leykam, Graz 1967
– Aphorismen. Unveröffentlichte Manuskripte. 1970–1974

Lombardi, Franco, Die Geburt der modernen Welt. Verlag Kiepenheuer & Witsch, Köln – Berlin 1961

M

Maier, Hans, Persönliche Mitteilung. 1974

Malaparte, Curzio, Technik des Staatsstreichs. Verlag Stahlberg, Stuttgart 1968

Mann, Heinrich, Essays. Claassen Verlag, Hamburg – Düsseldorf 1960
– Das Bekenntnis zum Übernationalen. Berlin 1967
– Sieben Jahre. 1929. Berlin 1967

Mann, Thomas, Neue Studien. S. Fischer Verlag, Frankfurt am Main 1948

Marcel, Gabriel, Gegenwart und Unsterblichkeit. Verlag J. Knecht, Frankfurt am Main 1961

Marcuse, Ludwig, Argumente und Rezepte. Ein Wörterbuch für Zeitgenossen. Szczesny Verlag, München 1967
– Aus den Papieren eines bejahrten Philosophie-Studenten. Szczesny Verlag, München 1964
– Philosophie des Glücks. List Taschenbuch 222, Paul List Verlag, München 1962

Margolius, Hans, Aphorismen zur Ethik. Verlag Lambert Schneider, Heidelberg 1957
– Das Gute im Menschen. 2. erweiterte Aufl., Verlag Wilhelm Ennsthaler, Steyr 1970
– Aphorismen. Unveröffentlichtes Manuskript. 1970

Marianowicz, Antoni, und Ryszard Groński (Hrsg.), Denkspiele. Polnische Aphorismen des zwanzigsten Jahrhunderts. insel taschenbuch 76. Insel Verlag, Frankf. a. M. 1974

Marney, Carlyle, Structures of Prejudice. Abingdon Press, New York – Nashville 1961

Marquis, Donald, The Sun Dial. o. J.

Masaryk, Thomas, On Thought and Life. Conversations with Carl Capek. Auszüge in: Great Companions. Hrsg. von Robert French Leavens und Mary Agnes Leavens (Bd. 2). Beacon Press, Boston 1946

Mauriac, François, Die Pharisäerin. Steinberg Verlag, Zollikon – Zürich 1946

Maurois, André, Ce que je crois. Editions Bernard Grasset, Paris 1950

Maurras, Charles, La Dentelle du Rempart. Grasset-Fasquelle, Paris 1942

McLuhan, Marshall, Die magischen Kanäle. «Understanding Media». Econ Verlag, Düsseldorf 1968
– Für und Wider, hrsg. von Gerald Emanuel Stearn. Evon Verlag, Düsseldorf 1969

Mencken, Henry Louis, Prejudices. Copyright 1919, 1920, 1922, 1924, 1926, 1927, 1958 by Alfred A. Knopf, New York

Meyer, Eduard, Kleine Schriften I. Verlag Max Niemeyer, Tübingen 1924

Michel, Otto, Weg und Wesen. Aphorismen. Verlag Hermann Meister, Heidelberg 1930
– Reflexe. Neue Aphorismen. Unveröffentliches Manuskript. 1970

de Montherlant, Henry, Tagebücher 1933. Verlag Kiepenheuer & Witsch, Köln – Berlin 1961
– Über die Frauen. Verlag Kiepenheuer, Köln – Berlin 1961

Morgenstern, Christian, Aphorismen und Sprüche, Piper Verlag, München 1960

Muschg, Walter, Tragische Literaturgeschichte. Francke Verlag, Bern 1948

Musil, Robert, Der Mann ohne Eigenschaften. Rowohlt Verlag, Reinbek/Hamburg 1968
– Tagebücher, Aphorismen, Essays u. Reden. Rowohlt Verlag, Reinbek/Hamburg 1955

N

Nahr, Helmar, Definitionen. Unveröffentliche Manuskripte. 1970 bis 1974

Nettlau, Max, Der Anarchismus von Proudhon zu Kropotkin. Berlin 1927. (Zitiert nach: Daniel Guérin, Anarchismus, Begriff und Praxis. edition suhrkamp 240, Suhrkamp Verlag, Frankfurt am Main 1967)

Niederreuther, Thomas, Wer hat schon Mitleid mit einem Krokodil. Aphorismen. Peter Kirchheim Verlag, Gauting 1967

Nowaczyński, Adolf, Polnische Eulenspiegeleien. Übertragen und hrsg. von Karl Dedecius. Luchterhand Verlag, Neuwied am Rhein 1962

O

O'Malley, Austin, Keystons of Thought. Devin-Adair & Co., New York 1928

d'Ors, Eugenio, Au Grand Saint-Christoph. Corrêa o. J.

Ortega y Gasset, José, Aufstand der Massen. Deutsche Verlagsanstalt, Stuttgart 1949
– Buch des Betrachters. Deutsche Verlagsanstalt, Stuttgart 1952
– Über die Liebe. Deutsche Verlagsanstalt, Stuttgart 1963
– Signale unserer Zeit. Europ. Buchklub, Lizenzausgabe 1953

P

Packard, Vance, Die Pyramiden-Kletterer. Econ Verlag, Düsseldorf 1965

Pagnol, Marcel, Notes sur le rire. Paris 1938

Panizza, Oskar, Über das Unsichtbare. Hermann Luchterhand Verlag, Neuwied 1962
– Das Liebeskonzil und andere Schriften. Hermann Luchterhand Verlag, Neuwied 1964

Pavese, Cesare, Das Handwerk des Lebens. Claassen Verlag, Hamburg – Düsseldorf 1956

Picard, Emile, Cité par le Duc de Broglie à l'Academie Française. Paris 1936

Pieper, Josef, Verteidigungsrede für die Philosophie. Kösel Verlag, München 1964
– Das Viergespann. Kösel Verlag, München 1964

Polgar, Alfred, Im Laufe der Zeit. rororo-Taschenbuch 107, Reinbek/Hamburg 1959

Pound, Ezra, ABC des Lebens. Bibliothek Suhrkamp, Nr. 40. Suhrkamp Verlag, Frankfurt am Main 1967 (Originalausgabe: ABC of Reading. New York 1934)

Prochnow, Herbert V., and Herbert V. Prochnow, Jr., Dictionary of Wit, Wisdom, and Satire. Harper & Row, Publishers, New York – Evanston – London 1962
Zitiert: Prochnow I
– The Public Speaker's Treasure Chest. A Compendium of Source Material to Make Your Speech Sparkle. Harper & Row, Publishers, New York – Evanston – London 1964
Zitiert: Prochnow II

Proust, Marcel, Tage der Freuden. Propyläen Verlag, Berlin. Zitiert nach Ullstein Taschenbuch 71, Berlin 1967

R

Radbruch, Gustav, Aphorismen zur Rechtsweisheit. Verlag Vandenhoeck & Ruprecht, Göttingen – Zürich 1963

Rathenau, Ernst. Auf dem Fechtboden des Geistes. Verlag Der Greif, Walter Gericke, Wiesbaden 1953

Reich-Ranicki, Marcel, Literatur der kleinen Schritte – Deutsche Schriftsteller heute. Piper Verlag, München 1967

Reinhardt, Max, Ausgewählte Briefe, Reden, Schriften und Szenen aus Regiebüchern. Verlag Prachner, Wien 1963

Reininger, Robert, Nachgelassene philosophische Aphorismen. Österreichische Akademie der Wissenschaften. Phil.-Hist. Klasse. Sitzungsberichte. Bd. 37. Abh. 5. Böhlau Verlag, Köln – Wien 1961

Reitz, Adolf, Ketzereien. Aphorismen und Essays. Gerhard Hess Verlag, Ulm/Donau 1961

Renner, Paul, Persönliche Mitteilung. 1969

Rey, Etienne, De l'Amour. Grasset-Fasquelle, Paris o. J.

Rilke, Rainer Maria, Sämtl. Werke, Bd. V. Insel Verlag, München 1965

Ringelnatz, Werke. Henssel Verlag, Berlin 1964

Röpke, Wilhelm, Die Lehre von der Wirtschaft. Eugen Rentsch Verlag, 11. Aufl., Erlenbach/Zürich und Stuttgart 1968

Roginskij/Kamitzkij, Ugolownyj Kodex RSFSR. Moskau 1963 (Übersetzung zitiert nach: Lothar Schmidt, Die Strafzumessung in rechtsvergleichender Darstellung. Zugleich ein Beitrag zur Strafrechtsreform. Duncker & Humblot, Berlin 1961)

Rolfs, Rudolf, schlag nach bei rolfs. Röderberg-Verlag, Frankfurt am Main 1967

Rolland, Romain, Clerambault. Verlag Ruetten & Leoning, Bern 1922
– Jean Christophe. Verlag Ruetten & Loening, Bern 1924

Rosegger, Peter, Heimgärtners Tagebuch. Staackmann Verlag, München 1912
– Die Schriften des Waldschulmeisters. Staackmann Verlag, München o. J.

Russell, Bertrand, Warum ich kein Christ bin. rororo Taschenbuch 1019/20. Reinbek/Hamburg 1962
– Skepsis. Athenäum Verlag, Frankfurt am Main 1964
– Unpopuläre Betrachungen. Europa Verlag, Zürich o. J.
– Über den Schaden, den gute Menschen anrichten. Europa Verlag, Zürich o. J.
– Denker des Abendlandes. Belser Verlag, Stuttgart 1962

Rychner, Max, Lavinia oder die Suche nach Worten. Erato-Presse, Darmstadt 1962
– Bedachte und bezeugte Welt. Max Rychner zum 65. Geburtstag. Agora. Marion von Schröder, Darmstadt 1962
– Zeitgenössische Literatur. Manesse Verlag Zürich 1947

S

Sachs, Maurice, Derrière Cinq Barreau. Editions Gallimard, Paris o. J.

Sagan, Françoise, Werke. Verlag Ullstein, Berlin – Frankfurt am Main – Wien o. J.

de Saint-Exupéry, Die Stadt in der Wüste. Verlag Karl Rauch, Düsseldorf 1959
– Carnets. Verlag Karl Rauch, Düsseldorf 1958

Sandburg, Carl, Ten Definitions of Poetry. New York 1950

Santayana, George, The Life of Reason. London 1905

Sartre, Jean-Paul, Nekrassow. Rowohlt Verlag, Reinbek/Hamburg 1966

– Das Sein und das Nichts. Rowohlt Verlag, Reinbek/Hamburg 1962
– Bei geschlossenen Türen. Rowohlt Verlag, Reinbek/Hamburg 1962

Seidel, Heinrich Wolfgang, Aus dem Tagebuch der Gedanken und Träume. Piper Verlag, München 1946

Seunig, Waldemar, Frauen, Pferde, Bücher. Einsichten und Ansichten. Aphorismen. Erich Hoffmann Verlag, Heidenheim 1955

Shaw, George Bernard, Lustspiele. Suhrkamp Verlag, Frankfurt am Main 1962
– Der Katechismus des Umstürzlers. edition suhrkamp 75, Suhrkamp Verlag, Frankfurt am Main 1964

Silone, Ignazio, Die Kunst der Diktatur. Kiepenheuer & Witsch, Düsseldorf 1938

Simpson, James B., Contemporary Quotations. Thomas Y. Crowell Company, Publishers, New York. Copyright © 1964 James B. Simpson
Zitiert: Simpson

Sombart, Werner, Vom Menschen. Versuch einer geisteswissenschaftlichen Anthropologie. Duncker & Humblot, Berlin 1938

Spengler, Oswald, Urfragen. Verlag C. H. Beck, München 1965
– Untergang des Abendlandes. Verlag C. H. Beck, München 1950
– Frühzeit der Weltgeschichte. Verlag C. H. Beck, München 1966
– Gedanken. Verlag C. H. Beck, München 1951
– Jahre der Entscheidung. Verlag C. H. Beck, München 1933

Spitteler, Carl, Gesammelte Werke. Artemis Verlag, Zürich 1958

Spranger, Eduard, Menschenleben und Menschheitsfragen. Piper Verlag, München 1963
– Lebensformen. Verlag Max Niemeyer, Tübingen 1925

Suarès, André, Voici l'homme. Editions Albin Michel, Paris o. J.

von Schaukal, Richard, Beiläufig. Verlag Langen-Müller/Herbig, München 1913

Scheler, Max, Vom Umsturz der Werte. Francke Verlag, 4. Aufl., Bern 1955

Schiff, Michael, Von Abs bis Zwiebelmuster. Verlag Moderne Industrie, München 1969

Schleich, Carl Ludwig, Die Weisheit der Freude. Rowohlt Verlag, Reinbek/Hamburg 1920

Schlick, Moritz, Natur und Kultur. Humboldt Verlag, München 1952

Schlosser, Horst Dieter, Persönliche Mitteilung. 1970

Schmidt, Lothar, Artikel «Gesetz», in: Handlexikon zur Rechtswissenschaft. Hrsg. von A. Görlitz. Ehrenwirth Verlag, München 1972
– (Hrsg.), Hochverrat ist eine Frage des Datums. Definitionen – Aphorismen – Maximen. 2. Aufl., dtv-Taschenbuch Bd. 370. Deutscher Taschenbuch Verlag, München 1967 (146 S.)
– (Hrsg.), Das große Handbuch geflügelter Definitionen. 2. Aufl., mvg – Moderne Verlags GmbH, München 1973 (620 S.)

Schneider, Reinhold, Innozenz III. Jakob Hegner Verlag, Köln 1960
– Verhüllter Tag. Jakob Hegner Verlag, Köln 1956
– Erfüllte Einsamkeit. Verlag Herder, Freiburg i. Br. 1963

Schnitzler, Arthur, Buch der Sprüche und Bedenken. S. Fischer Verlag, Frankfurt a. Main 1961

von Scholz, Wilhelm, Irrtum und Wahrheit. Bertelsmann Verlag, Gütersloh 1950

Schumpeter, Joseph A., Kapitalismus, Sozialismus und Demokratie. Francke Verlag, Bern – München 1950

Schweitzer, Albert, Kultur und Ethik. Kulturphilosophie I. C. H. Beck Verlag, München 1953
– Waffen des Lichts. Eugen Salzer Verlag, Heilbronn 1962

Steffen, Rolf, Persönliche Mitteilung. 1970

Stehr, Hermann, Ges. Werke in 12 Bde. Paul List Verlag, Leipzig 1927/36

Steinbuch, Karl, Programm 2000. Deutsche Verlagsanstalt, Stuttgart 1970

Strauß, Ludwig, Dichtungen u. Schriften. Kösel Verlag, München 1963

Struve, Wolfgang, Der andere Zug. Stifterbibliothek, Salzburg – München 1969

T

Teilhard de Chardin, Pierre, Die Zukunft des Menschen. Walter Verlag, Olten und Freiburg i. Br. 1963

Thieß, Frank, Die Blüten welken, aber der Baum wächst. Verlag Paul Zsolnay, Hamburg – Wien 1950
– Über die Fähigkeit zu lieben. Verlagsanstalt Hermann Klemm, Erich Seemann, Freiburg i. Br. 1958

Tolstoi, Leo, Aphorisms. In: World's Wit and Wisdom. Hrsg. von Norman Lockridge. Biltmore, New York 1954

Torres, Camilo, zitiert nach DER SPIEGEL, 52/1969, S. 145

Toulet, Paul-Jean, Almanach des trois impostures. Emile-Paul. Paris o. J.

Tschopp, Charles, Neue Aphorismen. Schweizer Spiegel Verlag, Zürich 1947

Tucholsky, Kurt, Gesammelte Werke I–III. Rowohlt Verlag, Reinbek/Hamburg 1967

U

de Unamuno, Miguel, Das tragische Lebensgefühl. Ges. Werke. Hrsg. von O. Bueck. Verlag Meyer & Jessen, Wien 1925

Urzidil, Johannes, Prager Triptychon. Verlag Langen-Müller/Herbig, München 1960

V

Vaihinger, Hans, Die Philosophie des Als-Ob. 1911

Valentin, Karl, Ges. Werke. Hrsg. von M. Schulte. Piper Verlag, München 1968

Valéry, Paul, Schlimme Gedanken und andere. Insel Verlag, Frankfurt am Main 1963
– Windstriche. Insel Verlag, Frankfurt am Main 1959
– Gedanken. Insel Verlag, Frankfurt am Main 1962

Vanderem, Fernand, Gens de Qualité. Plon, Paris o. J.

Varé, Daniele, Der lachende Diplomat. Zsolnay Verlag, Hamburg – Wien 1958

Veblen, Thorstein, The Nature of Peace. New York 1919

Véron, Pierre, Le Carnaval du Dictionnaire. Editions Calmann-Lévy, Paris o. J.

W

Waggerl, Karl Heinrich, Kleine Münze. Otto Müller Verlag, 3., veränd. Aufl., Salzburg 1957

Walser, Martin, Erfahrungen und Lebenserfahrungen. Suhrkamp Verlag, Frankfurt am Main 1965

Wannenmacher, Walter, Vivisektion der Schlagworte. Eine Zersetzungsarbeit von –. Seewald Verlag, Stuttgart 1968

Weber, Max, Politik als Beruf. Dunkker & Humblot, Berlin 1919

Wedekind, Frank, Gesammelte Werke. Hrsg. von M. Hahn. Verlag Langen-Müller/Herbig, München 1969

Weil, Simone, Das Unglück und die Gottesliebe. Kösel Verlag, München 1961
– Schwerkraft und Gnade. Kösel Verlag, München 1954
– Die Einwurzelung. Kösel Verlag, München 1956

Weisenborn, Günther, Die Neuberin. Verlag Kurt Desch, München 1964
– Das Glück der Konkubinen. Verlag Kurt Desch, München 1964

von Weizsäcker, Carl Friedrich, Sprache als Information. Beitrag im Jahrbuch «Gestalt und Gedanke», Folge V., R. Oldenbourg, München 1959

Wells, Carolyn (Frau Hadwin Houghton), The Spelling Lesson o. J.

Wells, Herbert George, Werke. 9 Bde. Wien 1926/33

Wenzl, Aloys, Philosophie der Freiheit. 2 Bde. Filser Verlag, Pasing 1947/49

Werfel, Franz, Zwischen oben und unten. Bermann-Fischer Verlag, 1946

Wertheimer, Emanuel, Buch der Weisheit. Aphorismen. Hamburg 1920

Weyrauch, Wolfgang, Jon und die großen Geister. Walter Verlag, Olten und Freiburg i. Br. 1962

White, Elwyn Brooks, World Government and Peace. New York 1938

Whitehead, Alfred North, The Wit and Wisdom of A. N. Whitehead. The Beacon Press, Boston 1947

Wiener, Norbert, Mensch und Menschmaschine. – Kybernetik und Gesellschaft. 3. Aufl., Athenäum Verlag, Frankfurt am Main 1966

Wiesner, Heinrich, Lakonische Zeilen. Mit Zeichnungen von Celestino Piatti. Piper Verlag, München 1965
– Die Kehrseite der Medaille. Neue lakonische Zeilen. Mit Zeichnungen von Celestino Piatti. Piper Verlag, München 1972

Wiggins, Richard, Definitions and Aphorisms. Unpublished Manuscript. 1969

Wildgans, Anton, Der geöffnete Schrank. Wancura Verlag, Wien 1957

Wildt, Dieter, Deutschland deine Preußen. Mehr als ein Schwarzweiß-Porträt. Hoffmann und Campe Verlag, Hamburg 1966

Wilson, Colin, zit. nach Lexikon der modernen Konversation. Ausgabe 1969/70, zusammengestellt von Hans Kurth. Wilhelm Heyne Verlag, München 1969

Wittgenstein, Ludwig, Tractatus logicophilosophicus. Logisch-philosophische Abhandlung. edition suhrkamp 12, Suhrkamp Verlag, Frankfurt am Main 1966
– Zettel. Engl.-dt. Ausgabe. Hrsg. von Rhees, Anscombe und Wright. Basil Blackwell & Mott Ltd., Oxford 1967

Verzeichnis der Autoren

G

M

N

O

P

S

(Stand: März 1992)